A negociação da intimidade

– *A educação moral*
Émile Durkheim
– *A Pesquisa Qualitativa – Enfoques epistemológicos e metodológicos*
VV.AA.
– *Sociologia ambiental*
John Hannigan
– *O poder em movimento – Movimentos sociais e confronto político*
Sidney Tarrow
– *Quatro tradições sociológicas*
Randall Collins
– *Introdução à Teoria dos Sistemas*
Niklas Luhmann
– *Sociologia clássica – Marx, Durkheim e Weber*
Carlos Eduardo Sell
– *O senso prático*
Pierre Bourdieu
– *Comportamento em lugares públicos – Notas sobre a organização social dos ajuntamentos*
Erving Goffman
– *A estrutura da ação social – Vols. I e II*
Talcott Parsons
– *Ritual de interação – Ensaios sobre o comportamento face a face*
Erving Goffman
– *A negociação da intimidade*
Viviana A. Zelizer

Viviana A. Zelizer

A negociação da intimidade

Tradução de Daniela Barbosa Henriques

Petrópolis

Título original inglês: *The Purchase of Intimacy*

Direitos de publicação em língua portuguesa – Brasil:
2011, Editora Vozes Ltda.
Rua Frei Luís, 100
25689-900 Petrópolis, RJ
Internet: http://www.vozes.com.br
Brasil

Diretor editorial
Frei Antônio Moser

Editores
Aline dos Santos Carneiro
José Maria da Silva
Lídio Peretti
Marilac Loraine Oleniki

Secretário executivo
João Batista Kreuch

Editoração: Maria da Conceição B. de Sousa
Projeto gráfico: Sheilandre Desenv. Gráfico
Capa: Juliana Teresa Hannickel / Célia Regina de Almeida

ISBN 978-85-326-4228-8 (edição brasileira)
ISBN 978-0-691-13063-7 (edição inglesa)

Dados Internacionais de Catalogação na Publicação (CIP)
(Câmara Brasileira do Livro, SP, Brasil)

Zelizer, Viviana A.
A negociação da intimidade / Viviana A. Zelizer ; tradução de Daniela Barbosa Henriques. – Petrópolis, RJ : Vozes, 2011 – (Coleção Sociologia)

Título original: The purchase of intimacy
Bibliografia

1. Casais – Finanças pessoais 2. Relações interpessoais – Aspectos econômicos 3. Segurança financeira I. Título. II. Série.

11-08974 CDD-332.0240655

Índices para catálogo sistemático:
1. Casais : Finanças : Economia financeira
332.0240655

Editado conforme o novo acordo ortográfico.

Este livro foi composto e impresso pela Editora Vozes Ltda.

Para Jerry.

Sumário

Apresentação da coleção

A **Coleção Sociologia** ambiciona reunir contribuições importantes desta disciplina para a análise da sociedade moderna. Nascida no século XIX, a Sociologia se expandiu rapidamente sob o impulso de intelectuais de grande estatura, considerados hoje clássicos da disciplina, formulou técnicas próprias de investigação e fertilizou o desenvolvimento de tradições teóricas que orientam o investigador de maneiras distintas para o mundo empírico. Não há que lamentar que falte à sociologia um *corpus* teórico único e acabado. E, menos ainda, há que esperar que ele seja construído no futuro. É da própria natureza da disciplina – de fato, uma de suas características mais estimulantes intelectualmente – renovar conceitos, focos de investigação e conhecimentos produzidos. Este é um dos ensinamentos mais duradouros de Max Weber: a Sociologia e as outras disciplinas que estudam a sociedade estão condenadas à eterna juventude, a renovar permanentemente seus conceitos à luz de novos problemas suscitados pela marcha incessante da história. No período histórico atual este ensinamento é mais verdadeiro do que nunca, pois as sociedades nacionais, que foram os alicerces da construção da disciplina, estão passando por processos de inclusão, de intensidade variável, em uma sociedade mundial em formação. Os sociólogos têm respondido com vigor aos desafios dessa mudança histórica, ajustando o foco da disciplina em suas várias especialidades.

A **Coleção Sociologia** busca oferecer aos leitores de língua portuguesa um conjunto de obras que espelhe, tanto quanto possível, o desenvolvimento teórico e metodológico da disciplina. A coleção conta com a orientação de uma comissão editorial, composta de profissionais relevantes da área, para selecionar os livros a serem nela publicados.

A par de editar autores clássicos, a **Coleção Sociologia** abre espaço para obras representativas de suas várias correntes teóricas e de suas especialidades, voltadas para o estudo de esferas específicas da vida social. Visa também suprir as necessidades de ensino da Sociologia para um público mais amplo, inclusive por meio de manuais didáticos. Por último – mas não menos importante –, a **Coleção Sociologia** almeja oferecer ao público trabalhos sociológicos sobre a sociedade brasileira. Deseja, desse modo, contribuir para que ela possa adensar a reflexão científica sobre suas próprias características e problemas. Tem a esperança de que, com isso, possa ajudar a impulsioná-la no rumo do desenvolvimento e da democratização.

Agradecimentos

Este livro levou dez anos para amadurecer. Durante esse período, eu estava cada vez mais envolvida na área emergente da sociologia econômica. Concordando ou discordando, aprendi muito dialogando com os colegas dessa área, além das áreas de economia e direito. Inseri neste livro várias lições que aprendi. Apesar das suas origens no século XIX, com grandes nomes como Karl Marx, Georg Simmel e Max Weber, as mudanças mais recentes na sociologia econômica emergiram de um diálogo instável entre a sociologia e a economia. Caracteristicamente, os sociólogos econômicos tentam criticar, ampliar, melhorar ou contextualizar as análises dos economistas sobre o comportamento econômico. A minha abordagem é um tanto diferente. Embora o meu relacionamento com os meus colegas economistas seja cordial e respeitoso, eu tento, da mesma forma que outros profissionais, analisar os processos interpessoais que de fato penetram no que os economistas geralmente abstraem como produção, consumo, distribuição e transferência de bens.

Tanto os meus textos sobre sociologia econômica quanto as minhas aulas sobre o tema na Universidade de Princeton reforçaram a minha convicção de que um programa distinto de teoria e pesquisa está à espera daqueles que desejam trabalhar fora do alcance da sombra da economia neoclássica. Para a minha grata surpresa, isso significa que inúmeras correntes inovadoras na economia contemporânea – por exemplo, a economia comportamental, a economia institucional e a economia feminista – estão tecendo definições complementares dos problemas a analisar. Este livro baseia-se repetidamente em contribuições dessas áreas inovadoras.

Devo muito a profissionais de direito americanos. Eles foram surpreendentemente receptivos a mim, que não sou advogada e recorri a eles várias vezes em busca de informações e consultoria para a preparação deste livro. Os meus prestativos informantes e consultores incluem Ariela Dubler, Hendrik Hartog, Barbara Hauser, Marjorie Kornhauser, Mark Momjian, Claire Priest, Carol Sanger, Reva Siegel, Rebecca Tushnet, Joan Williams e John Witt. Dirk Hartog examinou o texto com sabedoria em busca de imprecisões e ambiguidades na história do direito e encontrou algumas; sou grata a Dirk por sua atenção.

Além de profissionais da área de direito, diversos especialistas ajudaram-me: Bernard Barber, Sara Curran, Paul DiMaggio, Mitchell Duneier, Marion Fourcade, Susan Gal, Michael Katz, Daniel Miller, Julie Nelson, Charles Tilly, Florence Weber e Eviatar Zerubavel. Enquanto eu escrevia o livro, Chuck Tilly agraciou-me com a sua crítica e ajuda fabulosa. Um grupo talentoso de assistentes de pesquisa também colaborou com este projeto: Nicole Esparza, Alexandra Kalev e Anna Zajacova. Na última hora, Alexis Cocco conseguiu citações precisas para vários processos judiciais. Agradeço à Thomson-West pelo acesso aos processos do *Westlaw*.

Pela crítica e reações úteis, sou grata aos alunos da Faculdade de Direito de Columbia; Faculdade de Direito de Harvard; Faculdade de Direito da Universidade de Miami; Faculdade de Direito de Yale; às reuniões anuais da Associação Antropológica Americana; Centro de Famílias Operárias da Universidade da Califórnia em Berkeley; École Normale Supérieure, Paris; Reunião do 9º Prêmio Europeu Amalfi; Oficina de Teoria Jurídica Feminista; Escola Sloan de Administração do MIT; Instituto Radcliffe; Oficina de Gênero e Sociedade, Universidade de Chicago; e aos departamentos de sociologia da Universidade Rutgers, Universidade de Princeton, Universidade de Yale, Universidade da Pensilvânia, Universidade do Estado de Nova York em Albany e Universidade da Califórnia em Los Angeles.

O Fundo Nacional de Doações para as Ciências Humanas do Instituto de Estudos Avançados, a Fundação Memorial John Simon Guggenheim e a Universidade de Princeton concederam-me uma licença para que eu pudesse desenvolver a minha pesquisa. Beth Gianfagna aplicou seus conhecimentos elegantes na revisão do meu texto. Deborah Tegarden, da Princeton University Press, administrou os originais com mestria. Durante todo o tempo, o virtuoso editor Peter Dougherty animou-me com seu entusiasmo pelos originais e seu compromisso em disponibilizar o livro amplamente. E, finalizando, pelo apoio moral enquanto eu me dedicava a esta longa busca, sou grata às minhas famílias na Argentina e nos Estados Unidos.

Alguns trechos deste livro adaptam materiais de minhas publicações anteriores: "Pagamentos e laços sociais". *Sociological Forum*, 11, set./1996, p. 481-495. • "Transações íntimas". In: GUILLÉN et al. (orgs.). *The New Economic Sociology*: Developments in an Emerging Field. Nova York: Russell Sage Foundation, 2002, p. 274-300 [a tradução francesa foi intitulada "Transactions intimes". In: *Genèses*, 42, mar./2001, p. 121-144]. • "Circuitos de comércio". In: ALEXANDER; MARX & WILLIAMS (orgs.). *Self, Social Structure, and Beliefs*: Explorations in Sociology. Berkeley: University of California Press, 2004, p. 122-144. • "As crianças e o comércio". *Childhood*, 4, Nov./2002, p. 375-396. • "A compra da intimidade". *Law & Social Inquiry*, 25, verão de 2000, p. 817-848. • "A importância do cuidado". *Contemporary Sociology*, 31, mar./2002, p. 115-119. • "Cultura e consumo". In: SMELSER & SWEDBERG (orgs.). *Handbook of Economic Sociology*. 2. ed. Princeton, NJ/Nova York: Princeton University Press/Russell Sage Foundation, 2005, p. 331-354). • "A criança sem preço revisitada". In: QVORTRUP (org.). *Studies in Modern Childhood*: Society, Agency and Culture. Londres: Palgrave, 2005.

Prólogo

Todos nós, às vezes, devoramos as notícias que trazem detalhes sobre o divórcio de um casal famoso, preocupamo-nos se certas crianças estão sofrendo com o comportamento perdulário dos pais, ficamos indignados quando alguém próximo deixa de cumprir obrigações econômicas importantes ou reclamamos de propostas de cortes de financiamentos de creches. Quando alguma dessas coisas acontece, entramos no território onde a atividade econômica e a intimidade se encontram. Ali, muita gente acha que duas forças incompatíveis confrontam-se e agridem-se: a atividade econômica – especialmente o uso do dinheiro – degrada os relacionamentos íntimos, enquanto a intimidade interpessoal torna a atividade econômica ineficaz.

Assim, a vida social rotineira faz de todos nós peritos na compra da intimidade. Porém, este livro mostra que o território inclui arestas surpreendentes. O direito americano, por exemplo, emprega descrições da vida social íntima significativamente diferentes daquelas que prevalecem nas práticas americanas cotidianas. Um dos principais objetivos deste livro, de fato, consiste em analisar o relacionamento entre as práticas cotidianas e as disputas judiciais referentes a interações econômicas íntimas. De forma mais geral, o livro trata da maneira pela qual as pessoas e a lei gerenciam a mistura de atividades que às vezes parecem incompatíveis: a manutenção de relações pessoais íntimas e a condução da atividade econômica. Os tabus contra relacionamentos amorosos no local de trabalho e contra o sexo de aluguel pautam-se nas crenças idênticas de que a intimidade corrompe a economia e a economia corrompe a intimidade. Todavia, conforme este livro mostra, as pessoas costumam misturar atividade econômica com intimidade. Em geral, as duas se apoiam. Será difícil de entender a coexistência entre economia e intimidade se você achar que o próprio interesse econômico determina todas as relações sociais, se imaginar que o mundo está acentuadamente dividido em esferas separadas de racionalidade e sentimento, ou se você supuser que a intimidade é uma planta delicada que somente consegue sobreviver numa estufa bem vedada. Este livro desenreda esses mal-entendidos, substituindo-os por uma visão mais clara das condições sob as quais a intimidade e a atividade econômica complementam-se.

Porém, o livro não simplesmente ignora as preocupações das pessoas com a intimidade. Um subproduto valioso desse questionamento é uma nova visão sobre como e por que as pessoas preocupam-se tanto com a mistura da intimidade com a atividade econômica, por exemplo, por medo de que a introdução do dinheiro na amizade, no casamento ou nas relações entre pais e filhos corrompa-os. É por isso que o título deste livro, *A negociação da intimidade*, tem duplo sentido: negociação no sentido de pagar pela intimidade, mas também no sentido de captação – como o domínio poderoso da intimidade afeta as formas pelas quais organizamos a vida econômica. O livro mostra que as pessoas vivem vidas conexas, e que muito da atividade econômica penetra na criação, definição e sustentação dos laços sociais.

Em 1994 publiquei um livro chamado *The Social Meaning of Money*. De certa forma, esse livro preparou o terreno para esta nova investigação. Ele documentou, por exemplo, o emprego difundido do dinheiro em um grande número de relações interpessoais e questionou como as pessoas administram a conjunção. Contudo, se alguém tivesse me pedido para predizer, em 1994, o assunto e o conteúdo do meu próximo livro, eu jamais teria esperado que fosse assim. *The Social Meaning of Money* explorou as mudanças nas práticas sociais estadunidenses resultantes da expansão das transações monetárias. Mostrou que a monetização de fato acarretou novos desafios aos americanos. Mas também documentou que, em vez de darem as costas ao dinheiro ou deixarem as suas relações sociais definharem na busca impetuosa pelo lucro, os americanos na verdade incorporaram o dinheiro à sua construção de novos laços sociais e transformaram seu significado à medida que agiam assim. Embora ainda use os conhecimentos históricos, este livro, em contrapartida, concentra-se nos processos pelos quais as pessoas negociam conexões coerentes entre a intimidade e a atividade econômica. Aqui, a atividade econômica inclui os usos do dinheiro, mas ultrapassa o dinheiro e adentra a produção, o consumo, a distribuição e as transferências de bens não monetários.

Essa expansão do problema leva a novos entendimentos das formas pelas quais as pessoas de fato constroem relações interpessoais viáveis e modos de vida. Ela propicia percepções inesperadas sobre o discurso moral e as distinções práticas que tanto as pessoas comuns quanto os especialistas jurídicos empregam ao lidar com formas de intimidade interpessoal em litígio. Diante disso, suscita-se uma questão frequente entre colunistas, críticos, filósofos e políticos: a penetração de um mercado em franca expansão ameaça a vida social íntima? Muitas pessoas acham que sim. Elas insistem que a política pública deve afastar as relações familiares, o cuidado pessoal e o próprio amor de um mundo econômico invasivo e predatório. Este livro rejeita essas visões. Ele analisa como todos nós usamos a atividade econômica para criar, manter e renegociar laços importantes – especialmente laços íntimos – com os outros. Não é fácil. No cotidiano, as pessoas investem esforços intensos e preocupações constantes para encontrar a combinação correta entre as relações econômicas e os laços íntimos: responsabilidade compartilhada pelos afazeres domésticos, gastos da renda familiar, cuidado com as crianças e os idosos, presentes que transmitam a mensagem certa, provisão de moradia adequada aos entes queridos e muito mais. Além disso, quando tais questões tornam-se assuntos de litígios judiciais, novas distinções, novas regras e novas definições de comportamento apropriado em diferentes relações sociais passam a fazer parte do jogo. Este livro mostra como esses processos cruciais funcionam.

Listo a seguir algumas questões muito gerais que o livro aborda e tenta responder:

- O que explica os temores e tabus que circundam a mistura da atividade econômica com as relações sociais íntimas?
- Tendo em vista a fragilidade da mistura de atividade econômica e intimidade, como as pessoas administram essa situação?
- Como as pessoas equilibram as exigências econômicas de curto prazo das relações íntimas (p. ex., a alimentação, o aluguel e o transporte de um casal que vive em união estável) com o acúmulo de longo prazo de direitos, obrigações e meios compartilhados de sobrevivência?
- O que acontece quando a mistura torna-se objeto de litígio judicial, por exemplo, em divórcios contestados e reclamações de influência indevida na feitura de um testamento?
- Como as explicações existentes para tais questões sustentam-se, e como devemos mudá-las?
- Que implicações as respostas corretas para essas questões têm para políticas relacionadas, como a ética profissional e o pagamento por cuidados pessoais?
- Este livro oferece respostas a todas essas questões. Problemas mais específicos são gerados por esses pontos gerais. Considere os seguintes exemplos:
- Como as pessoas comuns e os tribunais distinguem transferências de dinheiro legítimas e ilegítimas entre parceiros sexuais?
- O serviço remunerado de um profissional que toma conta de uma criança é fundamentalmente inferior aos cuidados não remunerados providos por familiares?
- Sob que condições o(a) pai(mãe) divorciado(a) tem a obrigação judicial de custear a educação universitária do filho?
- Quando os familiares ajudam-se, dividindo as responsabilidades domésticas, que direitos morais e judiciais adquirem sobre os próprios bens?
- Como os tribunais valorizam esses serviços familiares quando eles se tornam casos de litígio?

Neste livro, elaboro respostas a tais questões através de histórias sobre como as transações íntimas de fato desenrolam-se, notadamente nas áreas de união afetiva, relações de cuidado e vida familiar. Muitas das minhas histórias são extraídas da lei e dos tribunais, que precisam lidar frequentemente com situações em que as transações íntimas das pessoas degeneram-se. Ali, vemos claramente a lacuna entre as convenções tradicionais e as práticas sociais emergentes. Os casos mostram tanto paralelos marcantes quanto diferenças fascinantes entre as práticas cotidianas e a lei. Também mostram como a lei ajusta-se às regras sociais emergentes e às formas sociais em desenvolvimento, como as parcerias sem casamento. As disputas dentro da lei levam a questões mais gerais de política pública, como obrigações de casais divorciados com seus filhos, responsabilidade pelos cuidados de doentes e idosos, direitos de casais do mesmo sexo e remuneração apropriada por cuidados familiares. Embora não proponha um programa geral de reforma social, este livro esclarece por que e como esses pontos são importantes.

O livro pauta-se especialmente na obra de cientistas sociais, especialistas em política e profissionais jurídicos, mas também usa uma ampla gama de outros materiais, como, por exemplo, relatórios sobre indenizações aos sobreviventes das vítimas de 11 de setembro, websites sobre administração financeira e livros de consultoria para casais do mesmo sexo. Ele apresenta vários processos judiciais em que autores, réus, advogados, juízes e jurados debateram questões de intimidade. Apesar de sua linguagem jurídica, os materiais dos processos transpiram vida. Eles também agregam-se a uma nova história sobre as relações íntimas, que é bem diferente da ideia de intimidade como uma flor frágil que murcha ao entrar em contato com o dinheiro e o próprio interesse econômico.

Embora analise um vasto material jurídico, este livro não é, todavia, um tratado jurídico sobre as relações íntimas. Como ficará bem claro, os especialistas jurídicos abraçam de modo enérgico e proveitoso inúmeras questões aqui abordadas, mas de perspectivas diferentes daquelas empregadas neste estudo. A minha intenção não é oferecer pesquisas sobre a história do direito concernente à intimidade e à atividade econômica, tampouco analisar as grandes escolas concorrentes de pensamento da doutrina jurídica contemporânea e muito menos resolver controvérsias existentes na área contenciosa. Eu também não falo muito sobre como e por que os tratamentos jurídicos da intimidade mudaram com o passar do tempo. Contudo, advogados e profissionais de direito devem achar o livro interessante simplesmente porque se concentra na relação entre as práticas cotidianas e os processos judiciais. Qualquer leitor que já tenha estado envolvido em litígios de herança, rompimento de noivado, divórcio, cuidados infantis, obrigações com pais idosos ou indenização pela perda de entes queridos também tem algo a aprender pela observação da arena jurídica à luz deste livro.

Assim, você tem duas opções de leitura: ler capítulo por capítulo, na ordem em que eu escrevi, começando com questões gerais sobre a intimidade e a atividade econômica, passando para os tratamentos jurídicos da intimidade, depois partindo para inspeções mais detidas de casais íntimos, relações de cuidado e famílias, até as conclusões gerais, incluindo implicações de política. Ou pode consultar diretamente os tópicos do seu interesse, como, por exemplo, iniciar no capítulo sobre famílias, que analisa a produção, o consumo, a distribuição, as transferências de bens familiares e a sua ligação com as relações íntimas antes de analisar como as relações familiares tornam-se questões de litígio. De qualquer maneira, prometo que você terá ideias novas a respeito de tópicos sobre os quais todos nós imaginamos saber muito, tendo em vista os nossos próprios encontros constantes com a intimidade.

1
Encontros de intimidade e economia

No condado de Catahoula, Louisiana, por volta do ano de 1840, Samuel Miller vivia em sua fazenda com Patsy, sua escrava mulata e parceira sexual. Em 1843, Miller adoeceu de hidropisia e vendeu suas terras e escravos a Hugh Lucas, recebendo nove notas promissórias de $ 3.000 cada uma, a serem pagas anualmente. Em abril de 1844, Miller, cuja saúde ficava cada vez mais comprometida, saiu da Louisiana com Patsy e foi para St. Louis, Missouri. Antes de partir, Miller deu as notas promissórias a William Kirk, pedindo-lhe que "as guardasse em benefício de Patsy", já que "ele pretendia emancipá-la e queria que as promissórias a beneficiassem" (*Cole vs. Lucas*, 2 La. Ann., 1.946, 1.948 (1847))[1]. No ano anterior, Miller havia concedido uma procuração a Kirk, autorizando-o a emancipar Patsy.

Ainda em 1844, Kirk levou as notas promissórias para o Missouri e devolveu-as a Miller. Patsy recebeu sua emancipação na cidade de Madison, Indiana, em maio de 1844. Ao retornar ao Missouri, Miller entregou as notas a Patsy. Ele faleceu mais ou menos uma semana depois, em 21 de maio. Aparentemente, Patsy e Miller viviam com modéstia; o inventário de suas posses conduzido em janeiro de 1845 listava estes itens: "Um escravo e quatro crianças, e uma mulher que havia fugido no último mês de outubro, não sendo mais encontrada, um registro contábil de $ 500 contra William Kirk, uma mesa de jantar, duas mesas de café da manhã, uma cama e um colchão de penas, um estrado pequeno de cama ou divã e um revólver" (949-950). Depois que Miller morreu, Cole, seu antigo vizinho em Catahoula, viajou ao Missouri e comprou as notas promissórias de Patsy.

Sabemos desses eventos e pessoas porque no tribunal de Catahoula foi ajuizado um processo de Cole contra Lucas, o devedor das promissórias. Cole, na quali-

---

1. Todas as citações judiciais aparecem entre parênteses somente no texto; elas não se repetem na lista de referências. A maioria segue este formato: (nome vs. nome, número da página de abertura do relator do volume (ano dos autos)). Dependendo do relator, algumas citações de processos não requerem o nome do tribunal antes da data. Ocasionalmente, os pareceres "não são relatados" pelos relatores oficiais, mas estão disponíveis no Westlaw ou Lexis, de qualquer forma. Nesses casos, um asterisco antecede o número da página. A fim de facilitar a leitura, divergi da convenção jurídica em um aspecto: onde as fontes jurídicas que repetem a citação normalmente usam a forma "(Id. em 85)", eu simplesmente menciono o número da página entre parênteses: "(85)".

dade de titular das promissórias, exigia que Lucas pagasse as parcelas anuais. Enquanto o processo tramitava, porém, um certo Griffin, representando os herdeiros de Miller, interveio, reivindicando a posse das notas promissórias. Porém, o júri decidiu contra Griffin e a favor de Cole, confirmando-o como titular legítimo das promissórias.

Que argumentos os herdeiros usaram para intervir? Até esse momento, afinal de contas, as transações pareciam objetivas. Embora reconhecendo que Miller havia dado a Patsy as notas promissórias e que ela as havia vendido a Cole, a família alegava que Patsy não tinha direito legal nem moral às promissórias. Se a reivindicação da família estivesse correta, o próprio Cole, então, não tinha a posse legal das promissórias. O caso girava em torno do relacionamento entre Miller e Patsy: ela era escrava de Miller? Era sua concubina? Ou eles eram essencialmente marido e mulher? Segundo a lei da Louisiana, se ela fosse escrava, não poderia receber legalmente doação alguma. Como concubina, somente poderia receber o equivalente a um décimo do valor dos bens de seu companheiro em bens móveis, não imóveis. Se fosse esposa, poderia receber qualquer doação. O júri de Catahoula decidiu que a doação foi legal, porque Patsy já estava livre ao receber as notas promissórias. Também aceitou a alegação de Cole de que as leis mais liberais do Missouri aplicavam-se à condição legal dela e à transferência.

Mas os herdeiros não desistiram: recorreram da sentença de Catahoula e levaram o caso ao Supremo Tribunal da Louisiana. O tribunal aceitou os argumentos dos herdeiros de que a mudança de Miller para o Missouri havia burlado a lei da Louisiana e que os amigos de Miller não comprovaram que Patsy havia recebido as promissórias após a sua emancipação. Mais uma vez, observe o que está acontecendo: exceto por algumas questões sobre datas, ninguém discordava do fato de que Miller e Patsy viviam juntos ou que Miller havia dado as promissórias a ela. A questão crítica era que tipo de relacionamento eles tinham aos olhos da lei no momento da doação. O tribunal de segunda instância que reformou o veredicto inicial do júri estava ansioso por defender a lei da Louisiana: "Já proferimos o nosso parecer sobre as relações subsistentes entre as partes desta doação. As limitações que a lei impinge às pessoas que vivem nessa condição são criadas para a preservação da moral, da ordem pública e dos melhores interesses da sociedade" (952). Assim, o tribunal inseriu uma condenação de concubinato inter-racial num julgamento referente em domicílio.

Aos olhos do século XXI, toda essa história é espantosa. Vemos um tribunal destruindo os esforços de um homem prestes a morrer, que sabia claramente o que fazia, para proteger o bem-estar financeiro de sua antiga companheira. O casal havia vivido junto por um bom tempo, e amigos confiáveis sabiam da sua união. De fato, o tribunal descreveu o seu relacionamento como "público e notório". Porém, o tribunal de segunda instância decidiu que a situação legal do relacionamento invalidava a doação de Miller: Patsy havia sido sua escrava e concubina. O tribunal optou por interpretar esses relacionamentos como se fossem pertinentes ao momento da transferência. As questões suscitadas pelo caso de Patsy, em 1847, não desapareceram com a chegada do século XX. Elas permanecem entre nós até hoje. A justiça ainda julga disputas ferozes sobre obrigações e direitos econômicos estabelecidos por relacionamentos pessoais opostos. Em geral, duas relações íntimas diferentes confrontam-se: reivindicações opostas de irmãos pelos bens dos pais, cônjuges contra ex-cônjuges, parentes contra amigos próximos etc. Segundo a lei, que relações sugerem quais obrigações e direitos econômicos?

As indenizações para as vítimas dos ataques suicidas da Al-Qaeda ao World Trade Center e ao Pentágono em 2001 provocaram um número surpreendente de questões judiciais exatamente nessa seara. Tentando deter o enorme volume de processos contra companhias aéreas e outras organizações que os sobreviventes e as famílias ameaçavam ajuizar, o Congresso dos Estados Unidos criou um Fundo Indenizatório às Vítimas para aqueles que conseguissem provar seus prejuízos e renunciassem aos processos. O experiente advogado Kenneth Feinberg tornou-se o responsável pelo fundo, julgando milhares de pedidos de indenização. Feinberg resolveu a maioria dos pedidos com pagamentos substanciais baseados em fórmulas que mediam os prejuízos financeiros presentes e futuros devido a óbito, lesões e danos materiais. Porém, em vários casos, mais de uma pessoa reivindicou indenização pela morte do mesmo indivíduo. Em algumas situações, cônjuges, pais, filhos, irmãos e amantes alegavam ao mesmo tempo serem os beneficiários legítimos do fundo.

Tais reivindicações tornaram-se especialmente contenciosas nos casos de casais que não eram casados, mas viviam em união estável, casais separados e famílias de casais do mesmo sexo. Patricia McAneney, de 50 anos, por exemplo, trabalhava numa empresa de seguros no 94° andar do World Trade Center 1, onde também era responsável pela segurança contra incêndio do seu andar. Ela morreu no desastre de 11 de setembro. McAneney e sua companheira lésbica, Margaret Cruz, haviam vivido juntas por quase vinte anos. O Estado de Nova York, ao lidar com a tragédia de 11 de setembro, reconheceu tais uniões domésticas. Além do Conselho das Vítimas de Crimes de Nova York, a Cruz Vermelha e outras organizações concederam $ 80.000 a Cruz. O fundo federal, por outro lado, geralmente nomeava um cônjuge ou parente como único representante oficial da vítima. No caso de McAneney, o seu irmão James solicitou e recebeu indenização pela morte da irmã. Cruz contestou ferozmente a concessão do Fundo Indenizatório às Vítimas exclusivamente a James.

Cruz apresentou sua própria declaração a Feinberg, detalhando o relacionamento do casal. Então, Feinberg dobrou a concessão original, favorecendo McAneney em aproximadamente meio milhão de dólares, baseando a sua nova estimativa em uma família de duas pessoas. Mas ainda assim o fundo pagou a importância adicional a James, na qualidade de representante oficial da irmã. James recusou-se a liberar qualquer quantia a Cruz, que, então, ajuizou um processo contra James, alegando que no mínimo $ 253.000 da concessão pertenciam a ela. James rejeitou a reivindicação, alegando que, segundo a lei do estado de Nova York, Cruz não tinha direitos legais aos bens de sua irmã: as duas mulheres não tinham um vínculo legalmente reconhecível, nunca haviam se registrado como companheiras, e Patricia havia morrido sem deixar testamento. Cruz respondeu, entretanto, que

> a sua condição de companheira da vítima é autenticada pelo fato de terem vivido juntas desde 1985; terem recentemente ocupado a mesma casa em Pomona, NY; terem pagado a hipoteca e compartilhado despesas domésticas básicas; terem compartilhado cartões de crédito conjuntos e associações conjuntas no clube AAA; e possuírem um fundo conjunto, sendo ambas beneficiárias de suas respectivas apólices de seguro de vida. Ademais, a Sra. Cruz observa que tanto o Fundo de Amparo ao World Trade Center do Estado de Nova York quanto o Conselho de Vítimas de Crimes do Estado de Nova York trataram-na como cônjuge sobrevivente, concedendo-lhe o mesmo benefício que ela teria recebido se tivesse sido casada legalmente com a Sra. McAneney (*New York Law Journal*, 2004: 2).

A juíza Yvonne Lewis, do Supremo Tribunal de Nova York, aceitou o pedido de Cruz. Ela indeferiu a solicitação de James McAneney para negar o pedido de Cruz e sentenciou que Cruz de fato tinha direito ao menos a uma parte da concessão. A juíza explicou que "à luz do relacionamento da autora com a falecida, é justo que ela receba uma parte de qualquer fundo de 11 de setembro" (EATON, 2004; LEONARD, 2004). Porém, a juíza Lewis adiou a sua decisão final, tendo em vista que faltavam mais informações de Feinberg concernentes ao fundamento para o aumento que ele autorizou na concessão a McAneney. Até julho de 2004, os tribunais americanos ainda estavam decidindo litígios ferozes sobre os direitos judiciais e econômicos vinculados a relacionamentos íntimos.

Os processos ajuizados no Supremo Tribunal da Louisiana em 1847 e no Supremo Tribunal do Estado de Nova York em 2004 apontam dois grandes temas para este livro. Primeiro, a mistura de transações econômicas e relações íntimas costuma surpreender participantes e observadores, e não os surpreende por acontecer raramente. Ao contrário, as pessoas constantemente misturam suas relações íntimas com transações econômicas. Essa mistura surpreende os observadores por causa de uma crença comum de que a racionalidade econômica e os laços íntimos contradizem-se, porque cada uma dessas interseções suscita questões delicadas sobre a natureza dos relacionamentos dos envolvidos, e porque as atividades econômicas compartilhadas estabelecem direitos e obrigações fortes entre os participantes. Segundo, a interpretação jurídica das relações econômicas íntimas causa mais perplexidade. O direito americano enfrenta dificuldades nessas relações porque abriga algumas das mesmas suspeitas referentes à compatibilidade dos cálculos econômicos com a solidariedade interpessoal, e porque os processos ajuizados geralmente originam-se de disputas sérias entre pessoas íntimas sobre quem deve o que para quem.

Este livro aborda esses pontos fazendo três perguntas:

1) Sob que condições, como e com quais consequências as pessoas combinam as transações econômicas com as relações íntimas?

2) Por que e como criam histórias e práticas complicadas para situações diferentes que misturam transações econômicas com intimidade?

3) Como o sistema jurídico americano (advogados, tribunais, juízes, jurados e juristas) negocia a coexistência de reivindicações econômicas e relações íntimas?

O livro orienta-se por essas três perguntas, analisando uma ampla variedade de práticas sociais reais, assim como um conjunto de processos judiciais e litígios concernentes à intimidade e às transações econômicas. Assim, ele explora a compra da intimidade. Atribuo dois sentidos a *compra*: primeiro, a suposição frequente de que as pessoas usam o dinheiro para comprar as relações íntimas e, segundo, o domínio – a compra – da intimidade nas formas e significados das transações econômicas.

Os indícios mostram, por um lado, que em uma ampla variedade de circunstâncias as pessoas de fato negociam a coexistência do intercâmbio econômico e relações sociais íntimas. Por outro lado, entretanto, mostram que a preservação da sua coexistência requer uma série de distinções, defesas e crenças que exercem um substancial poder social. Confrontados com a mistura da intimidade e da atividade econômica, participantes, observadores, autoridades jurídicas e cientistas sociais apresentam histórias poderosas concernentes aos efeitos mútuos das transações econômicas e relações sociais íntimas. Também apresentam distinções cruciais entre diferentes combinações de relações, transações e meios de pagamento; defendem tais distinções com práticas morais; e pressionam os participantes a respeitar códigos morais e jurídicos relevantes. Essas histórias e distinções moldam tanto o comportamento social quanto as decisões judiciais.

O caso de Catahoula dependeu enfaticamente da definição apropriada do relacionamento de Patsy e Miller no momento em que este entregou as notas promissórias a Patsy. Se o tribunal de segunda instância da Louisiana houvesse reconhecido o casal como marido e mulher, os herdeiros não teriam tido nada a reclamar sobre as promissórias em litígio; segundo a legislação da Louisiana, casais casados tinham todo o direito de possuir e transferir meios desse tipo, como documentos comerciais. Porém, o tribunal de segunda instância optou por interpretar o relacionamento como de escrava e senhor, consequentemente beneficiando os herdeiros. Assim, estas definições estavam em jogo: o relacionamento entre Patsy e Miller, a especificação dos direitos e deveres inerentes ao relacionamento, questões sobre a propriedade de transferências econômicas dentro do relacionamento, além de certa preocupação com a coabitação entre homens brancos e mulheres negras (cf. DAVIS, 1999; PASCOE, 1999; ROMANO, 2003; VAN TASSEL, 1995).

Por estar tão enraizado nas histórias de Louisiana, Missouri, escravidão, relações de raça e leis de propriedade, o litígio de Catahoula não distingue um conjunto de circunstâncias raras, excepcionais e agora irrelevantes. A mistura de economia e intimidade continua a gerar desafios para as práticas sociais, doutrinas judiciais e explicações sociológicas. Até 2004, os processos de 11 de setembro apresentavam desafios similares, igualmente urgentes para os seus participantes. Considerando a história americana desde 1840, este livro examina uma ampla gama de interseções entre as transações econômicas e as múltiplas formas de intimidade. As transações econômicas incluem todas as interações sociais envolvendo consumo, produção e distribuição de bens, serviços ou os meios para adquiri-los – por exemplo, quando um irmão compra o carro do outro, um pai imigrante supervisiona o trabalho da filha na loja da família, um vendedor distribui amostras grátis para os amigos, ou os pais emprestam dinheiro aos filhos para comprar uma casa.

Na maioria dos casos, as análises a seguir envolvem transferências monetárias. Em última análise, o dinheiro não consiste em notas de dólares, mas em sistemas contábeis – os sistemas que produzem equivalência entre bens, serviços e os títulos deles, além dos meios usados para representar o valor inerente aos sistemas. Para fins práticos, contudo, aqui podemos chamar os meios propriamente ditos de dinheiro. Os meios variam de símbolos muito específicos, como cupons de mercadorias, até dispositivos extremamente gerais, como transferências monetárias eletrônicas. Os meios usados nas transações econômicas que são o foco deste estudo em sua maioria consistem em dinheiro legal e seus equivalentes próximos, como cheques, cartões de crédito e títulos comerciais. Selecionei transações de base monetária por três motivos: primeiro, porque elas deixam um rastro óbvio em registros disponíveis; segundo, porque dramatizam questões de valoração suscitadas nesta zona de intimidade misturada com transações econômicas; e, terceiro, porque muita gente (inclusive cientistas sociais) considera a monetização uma forma de racionalização econômica extrema e ameaçadora (ZELIZER, 2001).

E a intimidade?[2] Como a maioria dos termos com atribuição de valor, a intimidade cintila vários sentidos, variando da observação serena e atenta até o envolvimento acalorado. O *Oxford English Dictionary* oferece estas definições principais: "1) (a) o estado de ser pessoalmente íntimo; amizade ou conhecimento íntimo; intercâmbio familiar; familiaridade próxima. (b) eufemismo de relação sexual. (c) proximidade de observação, conhecimento ou similar. 2) União ou vínculo íntimo ou próximo."

Seguindo a definição do dicionário, pensemos em relações tão íntimas a ponto de suas interações dependerem de conhecimentos particularizados recebidos e atenção dispensada por no mínimo uma pessoa – conhecimentos e atenção que

2. Bawin e Dandurand, 2003; Cancian, 1987; Cohen, J., 2002; Collins, 2004; Davis, 1973; Giddens, 1992; Hochschild, 2003; Neiburg, 2003; Simmel, 1988; Swidler, 2001.

não estejam amplamente disponíveis a terceiros. Os conhecimentos envolvidos incluem elementos tais como segredos compartilhados, rituais interpessoais, informações corporais, consciência da vulnerabilidade pessoal e memórias compartilhadas de situações embaraçosas. A atenção envolvida inclui elementos tais como termos de cuidado, serviços corporais, linguagens privadas, apoio emocional e correção de defeitos embaraçosos. As relações sociais íntimas assim definidas dependem de vários graus de confiança. Positivamente, a confiança significa que as partes compartilham tais conhecimentos e atenção voluntariamente diante de situações arriscadas e suas possíveis consequências. Negativamente, a confiança dá a alguém certos conhecimentos ou atenção que, se amplamente disponibilizados, prejudicariam a situação social de quem os confiou. A confiança em qualquer sentido costuma ser assimétrica – por exemplo, uma criança confia mais nos pais do que os pais confiam na criança –, mas relações plenamente íntimas envolvem certo grau de confiança mútua[3].

Essa definição ampla de intimidade abrange uma série de relações pessoais, inclusive laços com um quê sexual do tipo ilustrado por Patsy e Miller, mas também aquelas entre pais e filhos, padrinhos e afilhados, irmãos e amigos chegados. Estende-se também aos graus e tipos variáveis de intimidade envolvidos nas relações entre psiquiatra e paciente, advogado e cliente, padre e paroquiano, empregado e chefe, prostituta e cliente, espião e objeto de espionagem, guarda-costas e magnata, funcionária da creche e pais, chefe e secretária, porteiro e morador, *personal trainer* e aluno, e cabeleireiro e cliente. Em todos esses relacionamentos sociais, ao menos uma pessoa está confiando, e ao menos uma pessoa tem acesso a informações ou atenção que, se forem amplamente disponibilizadas, prejudicariam a outra. Todas essas relações, ademais, geram suas próprias formas de transferências econômicas.

Os especialistas em direito às vezes reconhecem essas variedades de intimidade, incluindo tanto relações pessoais abrangentes quanto aspectos especializados de serviços profissionais. Kenneth Karst, por exemplo, apresenta uma distinção entre dois tipos de intimidade. O primeiro envolve a transferência de informações privadas possivelmente prejudiciais de uma parte para outra, informações normalmente não disponíveis a terceiros. O segundo envolve relações próximas e duradouras entre duas pessoas. Karst destaca que, legalmente, o segundo tipicamente acarreta o primeiro. Ele ainda comenta: "Informações pessoais reveladas somente a um advogado ou a um médico podem ser fatos íntimos; similarmente, até mesmo um relacionamento sexual casual envolve intimidade no sentido de revelações seletivas de informações íntimas" (KARST, 1980: 634 n. 48). Este livro trata de ambos os tipos de intimidade – transferência de informações pessoais e relações duradouras abrangentes –, mostrando como eles conectam-se e sobrepõem-se.

---

3. Cf. uma análise e síntese do papel da confiança na estrutura social em Barber, 1983; para conhecer uma visão oposta, cf. Weitman, 1998.

De fato, as relações íntimas apresentam-se em muito mais do que duas variedades. Elas variam em tipo e grau: a quantidade e a qualidade das informações disponíveis aos cônjuges certamente diferem daquelas entre uma assistente de creche e os pais ou entre um padre e um paroquiano. Como consequência, a amplitude da confiança também varia. Por estarmos lidando com uma linha contínua, o local exato onde demarcamos o limite entre relações íntimas e impessoais permanece arbitrário. Mas é importante ver que, em alguns aspectos, até mesmo o porteiro do prédio que sabe o que uma família joga no lixo todos os dias adquire acesso a informações com algumas das mesmas propriedades que as informações que circulam em relações íntimas mais óbvias. A variedade de relações íntimas poderia complicar este livro sem esclarecer os seus argumentos. Simplifiquei as coisas em dois passos. Primeiro, concentrei minha atenção em relações mais duradouras, mais abrangentes e mais intensas em que ao menos uma das partes obtém acesso a informações íntimas. Segundo, nesse espectro, incluí e comparei deliberadamente diferentes *tipos* de intimidade: física, informativa e emocional. A comparação será útil para nós, pois contraria a suspeita difundida de que alguns tipos de intimidade são necessariamente mais profundos, mais cruciais ou mais autênticos do que outros.

Fugindo da confusão

A intimidade não é um bem em si mesma, um conjunto de emoções calorosas que promovem uma atenção cuidadosa? Desenhar uma linha que vai do impessoal ao íntimo ajuda-nos a evitar algumas confusões comuns e de âmbito moral nos seguintes aspectos: intimidade como emoção, intimidade como atenção cuidadosa, intimidade como autenticidade e intimidade como um bem intrínseco. Muitos analistas sentem-se tentados a definir a intimidade pelas emoções que ela normalmente evoca, como sentimentos internos e calorosos. Isso é um erro. As relações íntimas, desde ginecologista e paciente até marido e mulher, variam sistematicamente na forma pela qual expressam ou inibem as emoções. Tampouco (como bem sabe a maioria dos médicos e dos cônjuges) a intimidade exclui a raiva, o desespero ou a vergonha. A palavra *intimidade* também costuma evocar a atenção cuidadosa. Muitas relações íntimas incluem uma medida de cuidado: a atenção constante que melhora o bem-estar de quem a recebe. Mas, em outros relacionamentos íntimos, as partes permanecem indiferentes entre si ou até mesmo prejudicam-se. Relações sexualmente abusivas, por exemplo, certamente são íntimas, mas não são cuidadosas. Tais relacionamentos fornecem informações arriscadas ao menos a uma parte e, então, acarretam certa confiança, porém não incluem a atenção cuidadosa. A intimidade e o cuidado costumam se complementar, mas não estão necessariamente ligados.

E a autenticidade? Os analistas das relações interpessoais frequentemente tecem uma distinção entre sentimentos reais e simulados, depreciando a simulação com termos como *pseudointimidade* e *administração de emoções*. Em geral, eles se baseiam na ideia de que a rotinização da expressão emocional em empregos como de garçonete, aeromoça ou vendedora priva as relações sociais em questão de seu significado e prejudica a vida interior das pessoas envolvidas. Em tal visão, os relacionamentos verdadeiramente íntimos pautam-se em expressões autênticas de sentimentos (cf., p. ex., CHAYKO, 2002; HOCHSCHILD, 1983)[4]. Quanto mais nos aproximarmos da intimidade, porém, mais descobriremos duas falhas nesse raciocínio. Primeiro, não existe uma única pessoa "real" em determinado corpo; sentimentos e significados variam de forma significativa, compreensível e apropriada de um relacionamento interpessoal para outro. De fato, os sentimentos e os significados que brotam regularmente em relacionamentos entre mãe e filho podem prejudicar seriamente relacionamentos entre namorados. Segundo, a simulação de sentimentos e significados às vezes torna-se uma obrigação, ou ao menos um serviço, em alguns tipos de relacionamentos. Veja as relações íntimas entre filhos adultos e seus pais idosos ou entre enfermeiros e seus pacientes em fase terminal.

A intimidade, finalmente, costuma parecer um bem em si mesma, especialmente para os críticos sociais que lamentam a perda da intimidade num mundo impessoal. Contudo, uma pequena reflexão sobre os usos indesejáveis da intimidade – estupro cometido por alguém conhecido, chantagem, fofoca maliciosa etc. – destaca mais dois fatos. Primeiro, ela varia do prejuízo à preservação, da ameaça à satisfação, de um extremo a outro. Segundo, ela é tão importante para os seus participantes e terceiros que as pessoas constantemente traçam limites morais entre os usos próprios e impróprios dela. Sim, a intimidade comporta um ônus moral, mas exatamente porque tipos diferentes de intimidade variam em suas qualidades morais. Quando as pessoas distinguem a intimidade "verdadeira" da "falsa", tratando o tipo "verdadeiro" como bom em si mesmo, estão fazendo tais distinções.

Em todos os relacionamentos íntimos, então, participantes e observadores tomam muito cuidado para distingui-los de outros relacionamentos que compartilham algumas propriedades com eles. Como veremos, as relações de intimidade sexual com frequência incluem transferências monetárias. Os envolvidos, porém, têm o cuidado de estabelecer se o relacionamento é casamento, namoro, prostituição ou algum outro tipo diferente de laço social. Quando não há intimidade sexual, as pessoas também estabelecem distinções sutis, por exemplo, entre serviços de cuidados providos por médicos, enfermeiros, cônjuges, filhos, vizinhos ou empregados que dormem no emprego. Em cada caso, participantes e observadores frequentemente participam de debates ferozes sobre a propriedade de diferentes formas e níveis de compensação para os cuidados envolvidos. Geralmente banem certas combinações de relações, transações e meios, por considerarem-nas absoluta-

4. Discussões mais gerais sobre as emoções na vida social podem ser lidas em Collins, 2004; Hochschild, 2003; Katz, 1999; Kemper, 1990; sobre o papel das emoções no direito, cf. Kahan e Nussbaum, 1996.

mente impróprias. Os outros capítulos deste livro fornecerão inúmeros exemplos de variação e estabelecimento de limites morais. Proporão até mesmo explicações para a variação e o estabelecimento de limites morais nas relações sociais íntimas.

Considere o exemplo da psicoterapia. Esse tipo de relacionamento é necessariamente delicado, já que a eficácia do tratamento depende da qualidade do relacionamento propriamente dito. Um guia americano semioficial sobre questões jurídicas em psicoterapia faz as seguintes recomendações concernentes aos sistemas de pagamento apropriados a uma relação terapêutica:

> Acordos de cobrança "especiais" tornam o paciente "diferente", ensejando mal-entendidos (reais, deslocados ou projetados) e, quando a contratransferência surge, entende-se que o cuidado é impróprio ou inferior (cf. tratamento de pacientes VIP). Acordos de troca podem ser especialmente problemáticos. O dinheiro é um meio muito consistente de permuta, e as reações dos pacientes a ele são razoavelmente previsíveis e compreensíveis pelo psicoterapeuta (e juiz ou jurados, se chegar a esse ponto). A troca de serviços clínicos por outros itens, como bens ou serviços, embora não seja ilegal ou necessariamente antiética, complica o tratamento e aumenta a probabilidade de problemas de limites e transferência-contratransferência. O mesmo aplica-se a atendimentos gratuitos ou com desconto (REID, 1999: 60).

O guia delineia quais meios (dinheiro lícito, ausência de "cobranças especiais") e transferências (pagamento, e não trocas ou presentes) correspondem ao relacionamento terapeuta-paciente.

Ademais, o manual diferencia explicitamente os relacionamentos terapeuta-paciente permissíveis e não permissíveis. Ele chama atenção especificamente para os delimitadores das fronteiras entre relações permissíveis e não permissíveis. No que tange às relações sexuais, alguns "sinais vermelhos" simbolizando "violações de limites" incluem o seguinte:

- Evitar a documentação de incidentes ou partes do tratamento na ficha que seria esperada de um terapeuta sensato (p. ex., omitir presentes, telefonemas para o/do paciente, material sexual ou a discussão clínica que deveriam gerar).
- Atender sozinho pacientes do sexo oposto em clínica ou consultório deserto, especialmente em horários estranhos ou à noite.
- Mudar os horários das sessões ou as circunstâncias de encontro para outro lugar sem documentar um bom motivo.
- Atender os pacientes sozinhos na casa deles ou na sua.
- Evitar supervisão, consultas ou documentação com uma ou duas pacientes quando tais atividades são rotineiras para os outros pacientes.
- Trancar a porta do consultório durante as sessões de terapia (83-84).

O guia também delineia "violações de limites" não sexuais entre terapeuta e paciente, inclusive a aceitação de presentes substanciais ou pagamento extra de paciente, ou tirar proveito de "informações sigilosas" de um paciente sobre determinado investimento. "A sua utilidade para os pacientes", declara, "está em sua competência clínica e na separação da sua função profissional de outras funções mais cabíveis em outras áreas da vida deles" (89-90).

Em Ontário, um texto canadense comparável para psicólogos clínicos vai ainda mais longe. Ele fornece uma verdadeira matriz do que os autores identificam como "relacionamentos duais" problemáticos. Relacionamentos duais, de acordo com o manual, não apenas ameaçam o vínculo terapêutico, mas também sujeitam os terapeutas a punições jurídicas. A Tabela 1.1 apresenta excertos de tal matriz elaborada. Embora possamos pensar que a predação sexual constitui o maior risco nesse tipo de relacionamento, a matriz tem dois componentes espantosos: primeiro, ela alerta sobre várias relações não sexuais arriscadas e, segundo, às vezes o risco ao vínculo terapêutico surge de relacionamentos previamente existentes, e não o contrário. Assim como em outros relacionamentos profissional-cliente, os psicoterapeutas e os psicólogos em exercício estabelecem um conjunto complexo, mas relativamente claro de distinções entre combinações apropriadas e inapropriadas entre relações, meios e transações.

O que explica a proliferação de distinções, práticas, histórias e proibições morais referentes à interação de transações econômicas e intimidade? Por que participantes, críticos, moralistas, juristas e observadores preocupam-se tanto em achar o tipo "correto" de pagamento para as suas várias relações íntimas? Que tipos de efeitos sociais participantes e observadores estão produzindo, ou ao menos tentando produzir?

Tabela 1.1 Relacionamentos duais arriscados para psicólogos em exercício

Principal relacionamento profissional	Outros relacionamentos	Exemplo
Terapeuta/consultor	Político	Um cliente pede que você participe de uma organização eleitoral local e apoie um cliente para o qual o seu cliente está trabalhando nas eleições. O cliente também está solicitando fundos para esse fim.

Principal relacionamento profissional	Outros relacionamentos	Exemplo
Terapeuta/consultor	Sexual	Você trata de um cliente há algum tempo. Você acha o cliente atraente; você começa a se vestir para agradar o cliente; você marca sessões no fim da tarde que tendem a se estender até a noite. O cliente começou a expressar o desejo de fazer sexo com você.
Terapeuta/consultor	Comercial	Um advogado, que é uma de suas melhores fontes de referência, aproxima-se de você e solicita o seu envolvimento profissional referente a problemas pessoais.
Educacional	Terapeuta	Um aluno de sua turma aborda você para tratar de problemas pessoais e pede a sua ajuda porque você é considerado competente e confiável. Uma variante é um pedido em favor de um familiar ou parceiro.
Defesa	Terapeuta	Você é membro do comitê de defesa do seu colegiado, e um político local torna-se seu cliente.

Adaptada de Evans e Hearn, 1997: 55-57.

Esferas separadas? mundos hostis?

Os especialistas e críticos sociais criaram três grupos de respostas para essas perguntas. O primeiro grupo, o mais numeroso, propõe há muito tempo as ideias gêmeas de "esferas separadas e mundos hostis": arenas distintas para a atividade econômica e as relações íntimas, com contaminação inevitável e resultante desordem quando as duas esferas entram em contato. Um segundo grupo, menor, responde com "nada além de": longe de constituir um encontro entre dois princípios contraditórios, a mistura da atividade econômica e da intimidade, propriamente vista, nada mais é além de outra versão da atividade de mercado normal, nada além de uma forma de expressão cultural ou nada além de um exercício de poder. Um terceiro grupo bem menor – ao qual pertenço – argumenta que as duas primeiras posições estão erradas, que as pessoas que misturam a intimidade e a atividade econômica participam ativamente da construção e da negociação das "vidas conexas"[5].

Como funciona a primeira visão? Uma tradição antiga e influente afirma a existência de esferas separadas e mundos hostis. Segundo essa ótica, existe uma acentuada divisão entre as relações sociais íntimas e as transações econômicas. Por um lado, descobrimos uma esfera de sentimento e solidariedade; por outro lado, uma esfera de cálculo e eficiência. Isoladas, diz a doutrina, cada esfera trabalha mais ou menos automaticamente e bem. Mas as duas esferas permanecem hostis entre si. O contato entre elas produz contaminação moral. A monetização dos cuidados pessoais, tomando um exemplo importante que revisitaremos adiante, corrompe esses cuidados, transformando-os em venda de serviços de interesse próprio. A doutrina dos mundos hostis pauta-se (às vezes de modo invisível) na doutrina de esferas separadas. A intimidade somente prospera, então, se as pessoas construírem barreiras eficazes ao redor dela. Assim emerge a visão das esferas separadas como mundos perigosamente hostis, domínios propriamente segregados cuja administração sanitária requer limites bem resguardados. As partes das relações íntimas costumam falar a língua dos mundos hostis e das esferas separadas, insistindo que a introdução dos cálculos econômicos nas relações íntimas seria corruptora. Críticos e analistas costumam seguir essa ideia.

Em uma versão normativa, a visão de mundos hostis estabelece limites morais rígidos entre os domínios comerciais e íntimos. Ela condena qualquer interseção de dinheiro e intimidade por ser perigosamente corruptora. Amor e sexo, diz Michael Walzer, pertencem proeminentemente às "permutas bloqueadas": esferas de vida onde as trocas monetárias são "bloqueadas, banidas, ressentidas, convencionalmente deploradas" (WALZER, 1983: 97). No contexto de nossa "sensibilidade e moralidade compartilhada", ele explica, "homens e mulheres casam-se por dinheiro, mas não é um 'casamento de almas sinceras'". O sexo está à venda, mas a venda não compõe 'um relacionamento significativo'" (103). Ou, como Fred Hirsch avisa de modo mais pungente: "o orgasmo como um direito do consumidor, ao contrário, não permite que seja uma experiência etérea" (HIRSCH, 1976: 101). Essa visão origina-se de preocupações populares bem difundidas. Murray Davis afirma:

> Sexo por dinheiro [...] confunde a distinção entre o sistema sexual de nossa sociedade e seu sistema econômico. Todas as transações entre prostituta e cliente são um ponto coincidente em que cada sistema so-

5. Declarações anteriores dos meus argumentos (ex.: ZELIZER, 2004) usavam os termos *laços diferenciados, pontes* e *encruzilhadas* para identificar a visão alternativa. Todos esses termos captam parte da realidade, mas *vidas conexas* aponta mais diretamente a interação e a interdependência que eu desejo destacar aqui.

cial troca características: o sexo torna-se comercializado, enquanto o comércio torna-se sexualizado. A tentativa da nossa sociedade de evitar essa contaminação entre sistemas ajuda a explicar por que ela nos proíbe de vender nosso corpo, mas não o nosso tempo, energia, pensamento e comportamento – ainda que a maioria das pessoas identifique-se tanto com o último caso quanto com o primeiro (DAVIS, 1983: 274 n. 9).

De fato, a temida contaminação aponta para ambas as direções: de acordo com a visão dos mundos hostis, a intimidade também pode contaminar o comportamento econômico racional (SAGUY, 2003; SALZINGER, 2003; SCHULTZ, 1998; WILLIAMS; GIUFFRE & DELLINGER, 1999). Os locais de trabalho, como demonstrou James Woods, são normalmente interpretados como esferas assexuadas onde a sexualidade assoma como "uma ameaça externa a uma organização [...] algo que precisa ser regulado, proibido ou tratado de outra forma por trás dos portões da empresa" (WOODS, 1993: 33). O que ele chama de "imperativo assexuado" vai além de proteger os funcionários vulneráveis, tipicamente as mulheres, do assédio sexual. Isso apoia as proibições empresariais contra o uso da sexualidade para determinar questões referentes à contratação, pagamento, promoção ou demissão de funcionários. Uma das piores calúnias que alguém pode espalhar sobre um(a) diretor(a) em ascensão na empresa é que ele(a) só chegou ao topo porque dormiu com alguém. (Igualmente maledicente é a acusação de que o amante foi incluído na folha de pagamento da empresa.) Assim, a corrupção direciona-se a ambas as direções. É melhor manter as esferas separadas bem distantes.

Tais preocupações com a incompatibilidade, incomensurabilidade ou contradição entre as relações íntimas e impessoais são duradouras e persistentes. Desde o século XIX, os analistas sociais repetidamente pressupõem que o mundo social organiza-se ao redor de princípios competitivos e incompatíveis: *Gemeinschaft* e *Gesellschaft*, atribuição e êxito pessoal, sentimento e racionalidade, solidariedade e interesse próprio. A sua mistura, continua a teoria, contamina ambos; a invasão do mundo sentimental pela racionalidade instrumental seca-o, enquanto a introdução do sentimento nas transações racionais produz ineficiência, favoritismo, compadrio e outras formas de corrupção. Somente os mercados limpos de sentimento podem gerar uma verdadeira eficiência.

A teoria fortaleceu-se com as reações ao capitalismo industrial do século XIX. Embora teóricos mais antigos tenham frequentemente levado em conta a coexistência da solidariedade e do interesse próprio, tanto defensores quanto críticos do capitalismo industrial adotaram a pressuposição de que a racionalidade industrial estava expulsando a solidariedade, o sentimento e a intimidade dos mercados, das firmas e economias nacionais (HIRSCHMAN, 1977; TILLY, 1984). Independentemente de lamentarem o avanço do capitalismo, celebrarem-no ou tratá-lo como um mal necessário, eles comumente concordavam com uma ideia de contaminação: o sentimento dentro da esfera econômica gera favoritismo e ineficiência, enquanto a racionalidade dentro da esfera sentimental destrói a solidariedade. Assim, a forte segregação das esferas serviu a ambas. A ideologia de domesticidade do século XIX permitiu uma justificação forte e maior para a doutrina das esferas separadas. Apesar das críticas de algumas feministas, os teóricos sociais defendiam que as visões de esferas separadas e mundos hostis eram essenciais para preservar a sacralidade da família. Nesse esquema profundamente sexista, as famílias, as mulheres e as crianças precisavam de proteção contra o mercado perigosamente invasivo e agressivamente masculino (BOYDSTON, 1990; COTT, 1977; WELTER, 1966).

A teoria reapareceu camuflada quando os analistas organizacionais observaram novas formas de capitalismo emergindo após a Segunda Guerra Mundial. Antes, firmas, mercados, amizades, famílias, governos e associações pareciam estar se diferenciando de forma cada vez mais acentuada à medida que o capitalismo avançava; agora, novas formas organizacionais traziam à tona termos como produção flexível, firma híbrida e formas de redes. Paul DiMaggio destaca o seguinte:

> Por toda a sua diversidade, as firmas para as quais os pesquisadores chamaram a atenção compartilhavam várias características notáveis: maior flexibilidade do que suas congêneres mais tradicionalmente burocráticas, maior disposição em confiar nos funcionários e sócios, preferência por "contratação relacional" duradoura à permuta por muitas transações do mercado de curta duração, compromisso com aprimoramento tecnológico contínuo – e uma aparente renúncia aos componentes centrais do modelo de Weber [de burocratização] (DiMAGGIO, 2001: 19).

Considerando as teorias dicotômicas de sentimento e racionalidade, as novas formas organizacionais apresentaram um enigma agudo: essas novas formas de fazer negócios não acabariam sofrendo de ineficiência, compadrio e corrupção precisamente por terem ultrapassado os limites entre racionalidade e sentimento? Em grande parte, os analistas de mudanças econômicas apegaram-se à ideia de esferas separadas incompatíveis.

Alunos profissionais de processos econômicos comumente incorporam versões mais sofisticadas da mesma doutrina em suas análises de globalização, comoditização e racionalização. Eles acham que a expansão do mercado desgastou inexoravelmente os laços sociais íntimos e estreitou o número de cenários onde a intimidade pudesse prosperar, enquanto aumentava os contrastes entre esses cenários e o mundo frio da racionalidade econômica. Assim, eles costumam se unir aos críticos sociais ao suporem que a globalização do século XXI solapará as atividades que envolvem cuidados, esgotará a riqueza da vida social e, então, ameaçará a solidariedade social. Considere como uma instância dessa perspectiva a análise provocadora de Robert Kuttner sobre os mercados contemporâneos. "À medida que a moda do mercado fortaleceu-se [pondera Kuttner em *Everything for Sale*], os domínios antes abrandados por instituições e normas extramercado estão sendo mercadizados com uma força em aceleração" (KUTTNER, 1997: 55). Esta "invasão implacável do mercado e seus valores [afirma] transforma o retrato superficial do homem econômico numa profecia autorrealizável" (57).

Acentuando a posição já extremada de Kuttner, o crítico-ativista Jeremy Rifkin argumenta que o mundo do "hipercapitalismo", com suas transferências instantâneas de dinheiro e informação, está acelerando e agravando a substituição das transações de mercado por relacionamentos humanos genuínos. "Quando a maioria dos relacionamentos tornam-se relacionamentos comerciais [questiona] o que resta para os relacionamentos sem natureza comercial [...]? [Quando] a vida de alguém torna-se pouco mais que uma série contínua de transações comerciais agrupadas por contratos e instrumentos financeiros, o que acontece com os tipos de relacionamentos recíprocos tradicionais que nascem do afeto, amor e dedicação?" (RIFKIN, 2000: 112). A resposta implícita de Rifkin: nada sobra além da fria racionalidade instrumental.

Jean Bethke Elshtain concorda: enquanto "antigamente algumas coisas, áreas completas da vida, não estavam disponíveis como partes do mundo de compra e venda [hoje, lamenta ela] nada é sacro, sagrado ou inacessível num mundo em que tudo está à venda" (ELSHTAIN, 2000: 47). As doutrinas dos mundos hostis estão muito vivas no século XXI. Elas continuam a tratar da mistura difundida de intimidade e transações econômicas como uma anomalia perigosa, que requer medidas de proteção contra a contaminação em ambas as direções.

Dinheiro e intimidade

Analisemos o caso especial do dinheiro. Muitos críticos sociais consideram que famílias camponesas, oficinas artesanais e vilas de pescadores inevitavelmente misturaram a atividade econômica com as relações íntimas, mas, de alguma forma, escaparam da maldição dos mundos hostis. Elshtain e outros reservam seus temores e condenações às relações sociais monetizadas, as quais veem como invasoras das esferas íntimas à medida que os mercados expandiram-se pelo mundo. Certamente o meio impessoal quintessencial – afirma esse raciocínio – arrasta as pessoas para relações superficiais, frágeis e calculistas com os outros.

Até agora, entretanto, a ideia de que o dinheiro age como um meio universalizador e padronizador tem sofrido duros golpes. Cientistas sociais, críticos sociais e atores econômicos comuns reconhecem como uma questão prática – se não for necessariamente por uma questão de princípio – que vales-refeições, passagens de metrô, moedas locais e títulos comerciais de alguma forma definem-se como variantes de dinheiro, mas circulam em circuitos restritos, sem fundirem-se num único meio homogêneo. Dentro da zona monetária, ideias de esferas separadas e mundos hostis figuram com proeminência ainda maior do que em qualquer outra parte da análise econômica. Uma ideia muito próxima persiste: o dinheiro e a intimidade representam princípios contraditórios cuja interseção gera conflito, confusão e corrupção. Assim, as pessoas debatem apaixonadamente a propriedade de doações de óvulos remuneradas, venda de sangue e órgãos humanos, compra de atendimento infantil ou atendimento a idosos, e pagamento de salário às donas de casa.

O que surpreende em tais debates é a falha usual em reconhecer como as transações sociais regularmente íntimas coexistem com as transações monetárias: pais pagam babás ou *baby-sitters* para tomar conta dos filhos, pais adotivos pagam para obter bebês, cônjuges divorciados pagam ou recebem pensão alimentícia e pensão alimentícia para os filhos, e pais dão mesadas aos filhos, pagam sua faculdade, ajudam-nos com a sua primeira hipoteca e oferecem-lhes heranças significativas em seus testamentos. Amigos e parentes dão presentes de casamento em dinheiro, e amigos fazem empréstimos entre si. Enquanto isso, imigrantes fazem remessas regulares de dinheiro aos parentes em sua terra natal.

Coletivamente, tais transações íntimas não são triviais. Elas têm grandes consequências macroeconômicas, por exemplo, na geração de amplos fluxos de dinheiro dos países ricos para os países pobres e na transmissão de riqueza de uma geração a outra. Assim como ilustra a transmissão de riqueza entre gerações, ademais, as transações íntimas também criam ou sustentam desigualdades em larga escala por classe, raça, etnia e até mesmo gênero. Para os participantes, o segredo é combinar o tipo certo de pagamento monetário com a transação social em vista. Essa combinação depende muito da definição de laços mais gerais entre as partes. De fato, os significados e as consequências de transferências monetárias ostensivamente similares, como pensões, remessas, taxas, propinas, gorjetas, quitações de dívidas, doações filantrópicas e doações eventuais, surgem somente a partir da identificação dos laços sociais em questão. Todos esses pagamentos, e tudo mais, em geral ocorrem paralelamente às transações íntimas, assumem seu significado a partir de laços sociais mais duradouros nos quais essas transações ocorrem, e variam nas consequências como uma função desses laços mais duradouros – um caso limitante e excepcional é o laço definido como nada mais do que momentâneo.

Meus argumentos concernentes a dinheiro, então, constituem nada mais do que um caso especial do argumento geral deste livro. Eu argumento, em primeiro lugar, que as pessoas participam rotineiramente do processo de diferenciar relações sociais significativas, inclusive seus laços mais íntimos. Elas assumem o trabalho relacional. Dentre outros marcadores, usam diferentes sistemas de pagamento – meios – para criar, definir, afirmar, desafiar ou derrubar tais distinções. Quando as pessoas lutam por pagamentos, é claro que costumam discutir o valor do dinheiro devido, mas é impressionante a frequência com a qual discutem a forma de pagamento e sua propriedade para a relação em questão. Discutem, por exemplo, as distinções entre pagamentos como indenização, direito ou doação. Ao me dar aquela nota de cem dólares, você estava me pagando por meus serviços, dando-me a minha mesada semanal ou sendo generoso?

Segundo, eu argumento que tais distinções aplicam-se às relações sociais íntimas. As pessoas regularmente diferenciam formas de transferências monetárias correspondentes às suas definições do tipo de relacionamento obtido entre as partes. Elas adotam símbolos, rituais, práticas e formas monetárias fisicamente distinguíveis para marcar relações sociais distintas. Precisamente por causa da confiança e do risco envolvidos, o trabalho relacional torna-se ainda mais delicado e consequencial quando a intimidade entra em cena. Embora as doutrinas de mundos hostis causem a expectativa de que as transações monetárias corromperão tais relações e acabarão transformando-as em exploração mútua impessoal, estudos detalhados dessas relações invariavelmente geram uma conclusão contrária: numa ampla gama de relações íntimas, as pessoas conseguem integrar as transferências monetárias a redes maiores de obrigações mútuas sem destruir os laços sociais envolvidos. O dinheiro coabita regularmente com a intimidade e até mesmo a sustenta.

Então os mundos hostis não passam de uma invenção? Bem examinados, os argumentos a favor dos mundos hostis não podem simplesmente ser descartados como se fossem fantasia. Em sua forte defesa das esferas separadas, as pessoas certamente estão fazendo algum tipo de trabalho importante. Como veremos com mais detalhes, na verdade as pessoas evocam regularmente as doutrinas de mundos hostis ao tentar estabelecer ou manter os limites entre as relações íntimas que podem ser facilmente confundidas, por exemplo, quando o pai emprega a filha em sua firma, ou quando o advogado trata do divórcio de um amigo antigo. Em tais circunstâncias, os participantes costumam empregar *práticas* de mundos hostis, usando formas de discurso, linguagem corporal, vestuário, uniformes e pontos espaciais para sinalizar se o relacionamento entre um homem e uma mulher é de chefe-secretária, marido-mulher, cliente-prostituta, amantes, pai-filha, cliente-garçonete ou outra coisa. Assim, elas evitam a confusão com o relacionamento "errado". Um dos principais objetivos deste livro é analisar quando, onde, como, por que e com que efeitos as pessoas envolvidas em relacionamentos íntimos evocam as ideias e práticas que segregam ostensivamente os mundos hostis entre si.

Nada além de...?

Se as análises dominantes de intimidade e atividade econômica interpretam mal causas e efeitos, mas ainda assim apontam problemas que as pessoas reais enfrentam, como podemos melhorar os argumentos falhos de esferas separadas e mundos hostis? Uma possibilidade é que algum princípio mais simples – econômico, cultural ou político – realmente explique o que está acontecendo; essa é a linha de argumento "nada além de". A segunda possibilidade é que precisamos de uma descrição melhor de como as pessoas constroem e negociam suas relações sociais: a alternativa das vidas conexas. Vamos analisar os pontos fortes e fracos do "nada além de" antes de prosseguir com a própria descrição de vidas conexas deste livro.

Impacientes com dualismos absolutos, os críticos às vezes opõem-se às descrições de esferas separadas e mundos hostis com argumentos reducionistas "nada além de": o mundo ostensivamente separado das relações sociais íntimas, argumentam, não é nada além de um caso especial de algum princípio geral. Os defensores do "nada além de" dividem-se em três princípios: nada além de racionalidade econômica, nada além de cultura e nada além de política. Assim, para os reducionistas econômicos, o cuidado, a amizade, a sexualidade e as relações entre pais e filhos tornam-se casos especiais de opção individual em busca de vantagens sob condições restritivas – em suma, de racionalidade econômica. Para os reducionistas culturais, as relações íntimas tornam-se expressões de crenças distintas ou roteiros ideológicos, independentemente de qual conexão econômica possam causar. Outros insistem nas bases políticas, coercivas e exploradoras dos mesmos fenômenos. Ocasionalmente, os próprios participantes de relações íntimas insistem em "nada além de": precisamos administrar este relacionamento racionalmente; o seu comportamento ofende a nossa religião; ou "Se você não... machucarei você". Os críticos sociais e os cientistas sociais costumam seguir uma dessas direções.

Na ciência social como um todo, o reducionismo econômico apresenta-se como o desafio mais coerente e poderoso às visões de esferas separadas e mundos hostis. Essa categoria é exemplificada por Richard Posner, que, na tradição de Gary Becker, afirma a equivalência de todas as transferências como trocas racionais compensadoras. Posner defendeu o paradigma influente "lei e economia" e promoveu a sua extensão à sexualidade. Se removermos qualquer camuflagem cultural, assim sustentam esses teóricos do "nada além de", veremos que as transferências íntimas – sejam elas de sexo, bebês ou sangue – funcionam de acordo com princípios idênticos que regem as transferências de ações da bolsa ou carros usados. Considere como Posner justifica "a viabilidade e a fertilidade de uma abordagem econômica à [sexualidade]":

> O esforço pode parecer quixotesco, pois é lugar-comum que a paixão sexual pertence ao domínio do irracional; mas é um lugar-comum falso. Ninguém deseja ter apetite sexual – tampouco deseja sentir fome. O primeiro fato não exclui mais a possibilidade de uma economia da sexualidade do que o último exclui a possibilidade de uma economia da agricultura (POSNER [1992], 1997: 4-5).

Similarmente, David Friedman, outro entusiasta da "lei e economia", explica por que contratos de longo prazo funcionam com eficiência tanto para casamentos quanto para negócios:

> Depois de um casal estar casado por um período, muitos investimentos específicos do relacionamento terão sido feitos, além de despesas que produzirão retorno somente se permanecerem juntos. Cada um tornou-se, a um custo considerável, perito em como conviver com o outro. Ambos investiram, material e emocionalmente, em seus filhos. Embora tenham começado num mercado competitivo, agora estão

trancados num monopólio bilateral com custos de barganha associados (FRIEDMAN, 2000: 172).

Os analistas da "lei e economia" afirmam que os mercados fornecem soluções eficientes. Soluções eficientes, dizem eles, enfraquecem os problemas jurídicos levantados pela intimidade. As relações íntimas, nessa visão, apresentam os mesmos problemas de escolha dentro de restrições como transações de mercado comuns.

Os teóricos culturais do "nada além de", ao contrário, substituem eficiência, racionalidade e troca por significado, discurso e simbolismo. Em sua posição extrema, essa visão encara as representações culturais como determinantes tanto do caráter da intimidade quanto da posição das transferências econômicas. Observemos, por exemplo, a análise de Noah Zatz sobre a troca da prostituição como "um terreno de poderoso pluralismo sexual, capaz de contestar as construções hegemônicas da sexualidade que, em princípio, parecem bem afastadas: o movimento desde o sexo anatômico até a sexualidade e a identidade, e a manutenção da distinção pública/privada através do afastamento da sexualidade e da intimidade do trabalho produtivo e da troca comercial" (ZATZ, 1997: 306). Embora concorde com os componentes institucionais, ao chegar a uma conclusão, Zatz argumenta que a prostituição não tem uma ligação necessária com a genitália ou a gratificação sexual: "teorias construtivistas da sexualidade precisam considerar [diz ele] que a sexualidade pode ser não genital e que a genitália pode ser não sexual" (281)[6].

Uma terceira análise "nada além de" influente sustenta que as relações íntimas não são nada além do resultado de estruturas coercivas e mais especificamente patriarcais e de poder. A análise de Kathleen Barry sobre a "prostituição da sexualidade", por exemplo, atribui a subordinação sexual da mulher às "relações de gênero de poder sexual" (BARRY 1995: 78). Dessa perspectiva, o sexo comercializado, como na prostituição, não difere do sexo não remunerado num estupro, namoro ou casamento. O problema aqui não é a comoditização, mas a coerção feminina feita pelos homens.

Interpretações comuns da interseção entre o intercâmbio econômico e as relações íntimas, como vemos, variam desde as preocupações morais dos teóricos de mundos hostis até o pragmatismo das visões econômicas "nada além de", o construtivismo dos culturalistas "nada além de" e a crítica política dos analistas de poder "nada além de". No caso dos argumentos de esferas separadas e mundos hostis, as esferas das transações econômicas e da intimidade permanecem moralmente irreconciliáveis e praticamente antagônicas; no caso das visões "nada além de", somente uma esfera é importante.

---

6. Para consultar outro exemplo de abordagem culturalista, leia Laqueur, 1990. Uma excelente análise de estudos sobre prostituição, inclusive análises culturalistas, pode ser encontrada em Gilfoyle, 1999. Uma descrição culturalista influente consta em Butler, 1990, 1993.

Em alguns aspectos, as descrições "nada além de" melhoram as formulações de mundos hostis. Quando unidas, ao menos indicam que a atividade econômica, o poder e a cultura desempenham papéis importantes nas relações íntimas. As relações matizadas pela intimidade costumam figurar crucialmente na atividade econômica, como, por exemplo, em remessas de famílias migrantes e na produção familiar. Às vezes, somente a compreensão das distinções culturais permite-nos explicar os padrões de conexão entre a atividade econômica e a intimidade, como no pagamento de dote. Às vezes, finalmente, as relações íntimas suscitam sérias questões de poder, como, por exemplo, quando chefes buscam favores sexuais de suas funcionárias. Porém, nenhuma das alternativas "nada além de" provê por si mesma um conjunto plausível de explicações para a variação amplamente observada em combinações de transações econômicas e relações íntimas. Na vida cotidiana, como as pessoas negociam as interseções da atividade econômica com as relações sociais íntimas?

Vidas conexas

No sentido mais amplo, as pessoas criam vidas conexas pela diferenciação de seus laços sociais múltiplos entre si, marcando os limites entre os laços diferentes por meio de práticas cotidianas, sustentando os laços por meio de atividades conjuntas (inclusive atividades econômicas), mas negociando constantemente o conteúdo exato de laços sociais importantes. A fim de entender esses processos complicados, devemos começar com três fatos que todos nós vivenciamos na condição de seres humanos, mas sobre os quais temos dificuldade para falar.

Primeiro, construímos o conjunto mais coerente de mundos sociais possíveis negociando e adotando laços significativos com os outros, mas tecendo uma diferenciação acentuada entre direitos, obrigações, transações e significados que pertencem a laços diferentes. Segundo, marcamos as diferenças entre os laços com nomes, símbolos, práticas e meios de troca distintos; apesar de algumas semelhanças nas intensidades emocionais e na relevância para a nossa vida, estabelecemos distinções agudas entre nossos laços pessoais com médicos, pais, amigos, irmãos, filhos, cônjuges, namorados e colaboradores próximos. Terceiro, as atividades econômicas de produção, consumo, distribuição e transferências de bens desempenham importantes papéis na maioria dessas relações. As relações interpessoais familiares fornecem o exemplo óbvio: nenhuma família dura muito tempo sem uma extensa interação econômica entre seus membros.

Um quarto fato é menos óbvio, porém não menos importante. Em qualquer cenário social particular – não apenas famílias, mas também locais de trabalho, escolas, igrejas e clubes –, múltiplos laços de diferentes tipos coexistem e costumam cruzar a fronteira, entrando em outros cenários. Os próprios laços variam de íntimos a impessoais e de duráveis a efêmeros. Mas quase todos os cenários sociais contêm misturas de laços que diferem nesse aspecto. Os participantes de relações íntimas costumam sinalizar suas conexões com os outros indiretamente, de duas formas. Eles o fazem insistindo nas características especiais de suas relações, por exemplo, ligações entre mãe e filha ou relacionamento com o ginecologista. Também adotam práticas econômicas – formas de pagamento, rotinas para divisão de trabalho, participação conjunta nas compras etc. – que se conformam ao seu entendimento dos relacionamentos em questão. Esses quatro fatos perfazem um retrato das vidas conexas.

A minha análise sobre as interseções entre intimidade e transações econômicas deriva de uma visão mais geral das relações interpessoais. A minha opinião é que todas as relações sociais em andamento (íntimas ou não) ao menos incluem um mínimo de significados compartilhados, regras funcionais e fronteiras separando uma relação da outra. Por uma questão de senso comum, por exemplo, as pessoas de determinada cultura reconhecem as diferenças em significados compartilhados, regras funcionais e fronteiras entre as relações de balconista e cliente, e aquelas de enfermeiro e paciente. Na maioria dessas relações, os apoios institucionais, definições amplamente compartilhadas e o aconselhamento de terceiros reduzem a incerteza e a negociação referentes aos significados, às regras e aos limites; poucos, por exemplo, sentem dificuldade em entender como desempenhar os papéis de aluno e professor.

Entretanto, quando as relações parecem com outras que têm consequências significativamente diferentes para as partes, as pessoas esforçam-se mais para distinguir as relações, marcando seus limites e negociando acordos sobre suas definições. Como veremos a seguir, mesmo se tiverem relações sexuais, os casais que namoram normalmente tomam muito cuidado para estabelecer que o seu relacionamento não é o de prostituta e cliente. Mais precisamente, considerando que duas relações são facilmente confundidas, importantes em suas consequências para os participantes, e/ou significativamente diferentes em suas implicações a terceiros, participantes e terceiros dedicam um esforço excepcional para marcar o que o relacionamento é e não é; as distinções entre filhos biológicos, adotados, de criação e crianças que frequentam creche, por exemplo, têm um grande significado para as relações entre adultos e crianças, sem mencionar as relações com os outros parentes da criança.

Por que, então, a forma pela qual a atividade econômica cruza-se com as relações interpessoais faz diferença? A inclusão de transações econômicas nas relações sociais geralmente amplia o esforço investido pelas pessoas na definição e disciplinamento de suas relações. É assim porque a coordenação de consumo, distribuição, produção e transferências de bens com suas consequências agora torna-se parte integrante das relações. Quando cônjuges e namorados conseguem sustentar a vida mútua, isso não é feito somente com amor, mas com contribuições concretas para o seu bem-estar material comum. Porém, as pessoas variam significativamente na extensão e facilidade com que mantêm as relações íntimas. Como resultado de inúmeras circunstâncias antigas e atuais – incluindo a socialização da infância, a localização cultural, as diferenças de condições entre as partes e a disponibilidade atual de outras relações íntimas –, as pessoas variam dramaticamente na maneira e nos limites pelos quais buscam expandir ou contrair o grau de intimidade que prevalece em relações que já não são profundamente íntimas.

Outro ponto importante surge imediatamente. As pessoas dedicam um esforço significativo à negociação dos significados das relações sociais e à demarcação de suas fronteiras, agindo assim especialmente quando as relações envolvem intimidade e transações econômicas. Elas participam de *trabalhos relacionais* de dois tipos importantes. Primeiro, criam laços diferenciados que distinguem as relações em questão de outras com as quais possam ficar confusas, com consequências deletérias para uma das partes, ambas as partes ou terceiros. Segundo, sustentam, reparam e renegociam esses laços à medida que novas oportunidades, ameaças e problemas surgem. O trabalho relacional inclui o estabelecimento de laços sociais diferenciados, sua manutenção, remodelação, distinção de outras relações e às vezes seu fim. Laços diferenciados formam-se em todas as arenas da vida social, inclusive escolas, forças armadas, igrejas, corporações e associações voluntárias. As relações entre proprietário e cliente funcionam em firmas, por exemplo, assim como redes de amizade costumam organizar boa parte da desigualdade nas escolas. Como as formulações dos mundos hostis e "nada além de" causaram, várias vezes, confusão na análise das transações íntimas, aqui eu me concentro nas questões suscitadas pelas relações de cuidado, amizade, sexualidade ou pais-filhos.

Compras da intimidade

Aonde nos leva a perspectiva de vidas conexas? Resumidamente, o argumento pauta-se em três pontos principais:

1) Para cada categoria significativamente distinta de relações sociais, as pessoas criam um limite, marcam-no por meio de nomes e práticas, estabelecem um conjunto de práticas e entendimentos distintos que funcionam dentro desse limite, designam que certos tipos de transações econômicas são apropriados para a relação, rejeitam outras transações, por serem inapropriadas, e adotam certos meios para consolidar e facilitar as transações econômicas na relação. Todos esses esforços pertencem ao trabalho relacional.

2) Na arena judicial, ocorre uma combinação paralela, porém estilizada, das relações, entendimentos, práticas, transações e meios sociais. Apesar dessa estilização, as negociações jurídicas sobre as transações apropriadas por tipo de relação valem-se das relações sociais dominantes fora da arena jurídica, mas também influenciam a forma pela qual as pessoas tratam-se na vida social cotidiana.

3) As ideias e práticas de mundos hostis emergem do esforço de marcar e defender os limites entre as categorias das relações que contêm alguns elementos comuns, podendo ameaçar as relações de confiança existentes se ficassem confusas.

Como interagem as relações íntimas e as atividades econômicas? A manutenção de qualquer tipo de relação social durável depende da criação de apoios institucionais culturalmente significativos. Considere o que as relações marido-mulher admitem com naturalidade: entre outras coisas, um código para imposto de renda que distingue pessoas solteiras de casadas; negócios que proveem gratificações especiais para casais; e associações de casais em academias de ginástica. Esses mesmos tipos de apoios institucionais culturalmente importantes subjazem a todas as relações sociais íntimas. De fato, tais relações somente sobrevivem com apoios institucionais. Isso também vale para várias formas de relações de mercado. Essas relações também dependem de apoios institucionais extensos e importantes, mas de um tipo diferente. Pense, por exemplo, nos leilões, que os economistas costumam proclamar como o tipo mais puro de processo impessoal, que combina com eficiência as preferências individuais de compradores e vendedores. As observações de Charles Smith (1989) sobre leilões reais mostram que um conjunto vasto de convenções e conexões institucionais atuam e de fato reforçam a definição de preço[7].

Não precisamos negar a distinção entre intimidade e impessoalidade. Uma dimensão da variação nas relações sociais vai do íntimo ao impessoal. A qualidade das transações nessas relações varia significativamente. Mas as relações também variam em termos da sua durabilidade, escopo, atividade predominante e risco. Aqui enfocamos a linha contínua que vai do íntimo ao impessoal, apenas ocasionalmente examinando as outras dimensões. Em todas essas dimensões, as pessoas tomam o cuidado de estabelecer limites entre relações significativamente diferentes, marcando esses limites por meio de rótulos e práticas simbolicamente potentes. Esses limites emergem da negociação interpessoal. Os limites mudam cada vez mais à medida que as pessoas interagem dentro deles e entre eles. Por exemplo, as pessoas estabelecem, negociam e reformulam os limites entre amigos, parentes e vizinhos.

Estamos, então, lidando com conexões entre quatro elementos: relações, transações, meios e limites. As relações consistem em grupos duráveis e definidos de entendimentos, práticas, direitos e obrigações que ligam duas ou mais pessoas. As transações consistem em interações delimitadas e de curto prazo entre as pessoas. Os meios consistem em sistemas descritivos e seus símbolos. Os limites consistem, nesse caso, em perímetros conhecidos traçados ao redor de combinações distintas de relações, transações e meios. O trabalho relacional envolve a criação de correspondências viáveis entre as relações, transações, meios e limites.

No que tange à atividade econômica – transações envolvendo produção, distribuição e consumo de produtos e serviços de valor –, as pessoas demarcam limites

7. Para outros tipos de mercado, leia Abolafia, 2001; Hochschild, 2003: esp. 30-44; Ingram e Roberts, 2000; Keister, 2002; Knorr Cetina e Bruegger, 2002; Uzzi e Lancaster, 2004; Velthuis, 2003; White, 2001.

relevantes através da identificação de combinações aceitáveis de relações, transações e meios (o mesmo raciocínio aplica-se às transferências de títulos para produtos e serviços, como heranças). Elas distinguem tipos diferentes de relações sociais, estabelecem que tipos de transações são pertinentes a cada relação, empregam meios apropriados para essas transações e assinalam a combinação por meio de nomes, símbolos e práticas. Seguindo uma antiga tradição americana, por exemplo, os chefes às vezes dão um relógio de ouro a um funcionário que está se aposentando. Os meios costumam incluir o dinheiro propriamente marcado, mas também variam através de diversas formas de permuta, sistemas múltiplos de crédito e símbolos que têm apenas conexões distantes com o dinheiro legal.

Os meios e as transações costumam aparecer para transformar as relações. A difusão de cuidados infantis comercializados, nessa visão, necessariamente reduz a qualidade do cuidado, se comparado à atenção previamente dispensada pelos parentes. Tal visão é retrógrada. Na verdade, ao escolherem certos meios e transações, as pessoas de fato escolhem as relações. Vejamos o simbolismo óbvio de um homem solteiro que coloca uma aliança de diamante recém-comprada no terceiro dedo da mão esquerda de uma mulher solteira. A partir daquele momento, na cultura americana contemporânea, o casal ficou noivo. O diamante não provoca mudanças no relacionamento do casal. Ao contrário, o casal anuncia a mudança no relacionamento através do diamante. Porém, mudanças autônomas nos meios e nas transações às vezes afetam os termos pelos quais as pessoas conduzem as relações sociais. Quando os governos impõem o dinheiro legal, por exemplo, doações de dinheiro e títulos governamentais a pessoas íntimas tornam-se mais comuns. Similarmente, quando certos tipos de transações tornam-se muito mais dominantes, elas também transformam as relações através do questionamento de distinções anteriores. Por exemplo, as adoções difundidas através de serviços comerciais, a expansão de cuidados infantis comerciais e a indicação de filhos adotivos por agências públicas alteram as definições dominantes de paternidade. Nesses casos, as pessoas de fato começam a renegociar marcadores, limites e relacionamentos. Elas elaboram novas distinções entre filhos biológicos, filhos de clientes, filhos adotados, filhos de criação, filhos de relacionamentos anteriores etc.

Como funciona a intimidade

Como e por quê? Precisamos ir até o fim deste livro para responder adequadamente. Mas algumas respostas preliminares merecem atenção agora. Durante toda a história, as autoridades embutiram seus próprios modelos de relações sociais e seus limites em direitos e obrigações a cumprir. Na maior parte da história, porém, a valoração e o pagamento ocorreram em formas não monetárias, por exemplo, concedendo terras, serviços, símbolos ou pessoas. Isso ainda acontece em alguns ramos jurídicos, notadamente no direito criminal, onde a valoração, a retribuição e o pagamento comumente concernem a vida, a honra e a liberdade. Em casos de desastre, acidente e crime letal, as famílias avaliam a justiça em termos de retribuição, responsabilidade e reconhecimento do sofrimento pessoal, assim como o prejuízo financeiro.

Porém, com a expansão dos mercados monetizados, os sistemas jurídicos ocidentais mudaram cada vez mais para a valoração, retribuição e pagamento monetário. Assim, a arena jurídica costuma combinar as transações monetárias com as relações sociais, empregando padrões de propriedade que dependem implicitamente dos modelos amplamente derivados de padrões sociais não jurídicos, conforme a tradução jurídica de advogados e juízes. Ambos influenciam-se: os participantes de um litígio baseiam-se em catálogos implícitos de relações sociais que dependem muito da interação social rotineira (e, ao menos em sistemas de jurisprudência, costumam ficar atrasados em relação à prática atual), mas as decisões judiciais (p. ex., condições de elegibilidade para a assistência social pública) também influenciam as relações sociais rotineiras e as distinções entre elas.

Embora de modo confuso, então, os críticos da comoditização vêm apontando algumas mudanças que de fato ocorreram. No direito, padrões monetários de perdas e ganhos tornaram-se cada vez mais proeminentes. Consequentemente, questões como se a morte de um assalariado adulto merece maior indenização do que a morte de um dependente menor ou idoso têm um peso maior em disputas judiciais. De forma mais geral, em todo o mundo ocidental, o espectro de produtos e serviços disponíveis em troca de dinheiro expandiu-se enormemente durante os dois últimos séculos; a comoditização difundida realmente aconteceu. A comoditização, ademais, significa que as diferenças no bem-estar humano dependem cada vez mais da posição do mercado.

Quando as pessoas produzem a maioria dos produtos e serviços fora das economias de mercado organizadas, a sua renda monetária variável e o seu acesso ao capital monetário não necessariamente determinam o seu sucesso ou sofrimento. Em economias extensamente monetizadas, todavia, a variação no bem-estar social depende muito das diferenças entre salários altos, salários baixos e a falta de salário; entre benefícios públicos generosos e escassos; entre uma herança pródiga, modesta e nenhuma herança. Ademais, à medida que aumentam salários, benefícios e desigualdade de renda, também aumentam as desigualdades no bem-estar social. Em relação a esse aspecto fundamental, a comercialização dos mercados para trabalho, produtos, serviços e capital aumenta os dilemas morais enfrentados por tribunais e cidadãos. A monetização por si só não corrompe a vida moral, mas empurra cada vez mais as questões morais para a arena do pague e leve.

Considerando todos esses aspectos, é útil separar os argumentos normativos das afirmações fatuais, possibilidades e relações de causa e efeito que comumente acompanham-nas em qualquer programa de mudanças. Devemos reconhecer que as disputas de mundos hostis costumam envolver questões de justiça, desigualdade, poder e exploração. Simplesmente "deixar o mercado funcionar" raramente produz igualdade. Os mercados existentes costumam gerar resultados desiguais. Isso acontece por dois motivos principais. Primeiro, como resultado de experiências sociais sobre as quais têm pouco controle ou controle nenhum, as pessoas trazem recursos desiguais para os mercados. Segundo, os próprios mercados regularmente incorporam desigualdades categóricas, como pagamentos altamente desiguais para trabalhos similares, dependendo do sexo do trabalhador, trabalha-se numa grande empresa ou em casa, prestam-se serviços a ricos ou pobres. Ainda que (conforme afirmam alguns economistas) o funcionamento geral de tais mercados produza eficiência no sentido de maiores resultados *per capita* para incentivos equivalentes, categorias inteiras de pessoas têm qualidade de vida inferior. Reformistas e radicais costumam reagir a tais circunstâncias com uma conclusão de mundos hostis: os mercados corrompem.

A fim de chegar a políticas mais claras, mais equitativas e mais eficazes, contudo, devemos ignorar a simples oposição de intimidade estável e mercados corruptores. Qualquer programa normativo, como igualdade salarial para as mulheres, envolve não apenas uma declaração de preferências (seria melhor se as mulheres recebessem salários iguais para trabalhos iguais), mas também afirmações fatuais (a nossa situação atual), afirmações de possibilidade (como a igualdade funcionaria de verdade), afirmações de causa e efeito (o que seria preciso para mudar de lugar). Para entender as relações de fato, possibilidade e causa e efeito, não temos escolha, a não ser distribuir as relações existentes entre várias formas de intimidade e transações econômicas. Descrições e explicações mais claras, assim, facilitarão o desenvolvimento de programas normativamente superiores. A ideia de vidas conexas promove descrições e explicações mais claras sobre o que acontece quando intimidade e atividade econômica coincidem.

O século XXI pode trazer terríveis mudanças para a vida social, mas elas não ocorrerão porque a comoditização por si mesma geralmente destrói a intimidade. Este livro desafia o famoso pressuposto de que os mercados, *ipso facto*, solapam as relações pessoais de solidariedade-estabilidade. Ele oferece uma alternativa à descrição convencional da interação entre as transações de mercado e as relações pessoais. A sua análise de vidas conexas mostra que, num amplo espectro de relações íntimas, na provisão de cuidados pessoais e nas complexidades da vida familiar, as pessoas gerenciam a mistura da atividade econômica com a intimidade através da criação, execução e renegociação de uma extensa diferenciação entre os laços sociais, seus limites e combinação apropriada com os meios comerciais e transações de produção, consumo e distribuição.

Intimidade, lei e atividade econômica

Os capítulos seguintes pautam-se extensamente em litígios americanos. Um exame detalhado de tais litígios mostra, entre outras coisas, que o trabalho relacional assume formas distintas na arena jurídica. A lei, por exemplo, define as obrigações e os direitos mútuos dos cônjuges de uma forma um tanto diferente das definições dos próprios cônjuges sobre tais relações. O tratamento de processos judiciais americanos dado por este livro pode, todavia, parecer estranho ou até mesmo perigoso para os profissionais jurídicos. O livro não oferece uma descrição geral para o tratamento dispensado pela lei americana à intimidade, muito menos uma explicação sobre como a intimidade veio a ocupar a sua posição peculiar na lei. Às vezes oferece esboços históricos de mudanças significativas no tratamento jurídico de questões que se baseiam na intimidade, como a indenização à mulher que perdeu a atenção do marido. Mas esses esboços nunca reconstroem detalhadamente o processo judicial que produziu as mudanças nem lidam sistematicamente com suas implicações para os processos judiciais.

Em geral optei pelas doutrinas e práticas jurídicas mais gerais da forma como eu as entendo. Duas características do sistema americano tornam a minha abordagem arriscada e talvez até ofensiva para os especialistas jurídicos. A primeira é a variação considerável entre tribunais e áreas judiciais – especialmente tribunais estaduais – a respeito das práticas e doutrinas precisas empregadas no que tange a intimidade e transações econômicas. Já vimos como as discrepâncias entre as leis da Louisiana e do Missouri moldaram o processo *Cole vs. Lucas*, em 1840. A segunda característica é o caráter controverso e sob constante mudança das leis existentes. O direito americano funciona através de procedimentos antagônicos e concorrência entre argumentos. As leis que privaram Patsy de sua herança em 1847 desapareceram, mas as leis que regem as reivindicações de indenização dos sobreviventes de 11 de setembro estão vivas, apesar de intensa oposição. A oposição legal significa que doutrinas, práticas e regras contraditórias prevalecem em algum momento, em um ou outro segmento do sistema jurídico americano. Em vez de observar essas variações e discrepâncias todas as vezes em que aparecem, eu optei por pontos convergentes.

Processos judiciais específicos constam do livro a fim de explicar como advogados, juízes e profissionais jurídicos lidam com as distinções delicadas que quase sempre surgem em litígios acerca da interseção de transações econômicas e relações pessoais íntimas. Após extensa busca de críticas, tratados e diários jurídicos, complementada por consultas a especialistas da área, localizei centenas de casos. Desses, selecionei um grupo de processos excepcionalmente bem documentados que ilustram o espectro de variação em litígios unindo a contestação de transações econômicas e relações íntimas. Não quero dizer, de forma alguma, que reuni uma amostra representativa de todos esses processos.

Embora respeitando a melhor doutrina jurídica sobre o assunto, ademais, não ofereço a minha própria análise, síntese ou crítica sobre a atual situação da lei relevante, muito menos exibo ou endosso programas de reforma jurídica. Os leitores verão que eu eventualmente assumo posições normativas, notadamente no que tange a desigualdades no tratamento judicial da intimidade por gênero, classe ou raça. Ainda assim, o valor do livro não gira em torno de suas avaliações, implícitas ou explícitas, da condição atual da lei americana. Ao contrário, este livro concentra-se na demonstração de paralelos e contrastes entre o tratamento de economias íntimas na vida cotidiana e na arena jurídica. Cada um serve para iluminar o outro, já que testemunhamos a regularidade com que os participantes de ambos os lados são obrigados a lidar com a mistura incessante de relações econômicas e íntimas, porém tentam repetidamente tratar as relações econômicas e íntimas como se fossem essências independentes, até mesmo antagônicas.

O capítulo seguinte examina como a doutrina e a prática jurídica abordam a conjunção de intimidade e transações econômicas. Quando, por que e como o sistema jurídico americano contempla a valoração econômica da intimidade? Depois, seguem três capítulos que discutem as diferentes searas da intimidade – uniões, cuidado e vida familiar – cada um comparando e conectando as práticas sociais cotidianas e as abordagens jurídicas. Concluo o livro retomando as questões gerais deste capítulo.

APÊNDICE
OBSERVAÇÃO SOBRE A INTIMIDADE NA SOCIOLOGIA ECONÔMICA

Nas ciências sociais, sociólogos e antropólogos assumiram a grande responsabilidade de descrever e explicar as relações íntimas. As minhas análises frequentemente aludirão a estudos antropológicos, mas terão como base especialmente a sociologia. Este apêndice provê um panorama breve de discussões relevantes sobre sociologia econômica para aqueles especialmente interessados na área.

Os sociólogos há muito tempo oscilam entre as descrições de mundos hostis e "nada além de" referentes aos processos econômicos. A visão de mundos hostis pautou-se na ideia de esferas separadas: uma divisão acentuada entre economia e sociedade, em que uma incorpora a racionalidade impessoal e a outra, o sentimentalismo íntimo. Teóricos como Talcott Parsons viam a sociedade como a provedora do contexto normativo e social para os mercados, mas pressupunham que as esferas econômica e pessoal eram altamente diferenciadas entre si e funcionavam com base em princípios contraditórios. Enquanto tentava especificar a articulação de família a mercado, Parsons baseava-se em polaridades convencionais: "a instituição prototípica da economia moderna é o mercado, mas, dentro da família, tudo o que se aproxime muito de relacionamentos de mercado, especialmente os concorrentes, se não for totalmente excluído, é significativamente limitado" (PARSONS, 1978: 15).

À medida que a sociologia econômica tornava-se uma especialidade autodefinida, ela aceitou implicitamente tais divisões entre uma esfera de mercado e uma esfera não econômica. Porém, os sociólogos econômicos começaram a considerar a estrutura social que subjaz ao que eles continuaram a considerar uma esfera econômica semiautônoma. Isso direcionou as pessoas a várias explicações "nada além de". Embora estudos de economias domésticas e de consumo tenham frequentemente adotado um reducionismo cultural e político, o reducionismo econômico é muito comum dentro da sociologia econômica autodefinida. Os argumentos econômicos "nada além de" geralmente entram em cena quando os sociólogos econômicos interpretam uma ampla variedade de processos sociais em modos que se assemelham ao paradigma neoclássico da escolha individual dentro de restrições. Nessas visões, religião, bem-estar, esporte e várias formas de intimidade parecem muito com operações de mercado.

Mais recentemente, os sociólogos econômicos esforçaram-se para ir além do reducionismo econômico de mundos hostis e "nada além de". Eles fazem isso tratando os processos econômicos e as pressuposições comportamentais – como mercados, racionalidade ou autointeresse – como produtos de processos sociais subjacentes. De acordo com Harrison White, a atividade de mercado é "intensamente social" – tão social quanto redes de parentesco ou exércitos feudais" (WHITE, 1988: 232; cf. tb. WHITE 2001). Porém, a sociologia econômica atual ainda não abandonou totalmente a sua tradição de mundos hostis. A área concentra-se repetidamente em firmas e corporações – supostamente "mercados verdadeiros" – enquanto relega outras formas de atividade econômica (como transferências de doações, economias informais, famílias e consumo) a um mundo que não pertence ao mercado.

Os especialistas que desenvolvem visões alternativas, porém, proveem desvios mais radicais dos tratamentos clássicos de economias íntimas; primeiro, expandindo a definição de trabalho; segundo, transferindo a ênfase para o reconhecimento de laços sociais diferenciados; terceiro, observando o conteúdo real das transações entre os atores econômicos; e quarto, localizando o conteúdo cultural dentro dessas mesmas transações, em vez de tratar a cultura como uma restrição externa. Eles mapeiam a encruzilhada das relações interpessoais e da atividade econômica. Chris e Charles Tilly, por exemplo, definem o trabalho de modo a desafiar diretamente a visão rachada das esferas separadas/mundos hostis: "Trabalho [declaram enfaticamente] inclui qualquer esforço humano que agrega valor de uso aos produtos e serviços. Somente um preconceito gerado pelo capitalismo ocidental e seus mercados de trabalho industriais fixa-se em um esforço árduo despendido pelo pagamento monetário fora de casa como 'trabalho de verdade', relegando outros esforços ao lazer, crime e meras tarefas domésticas" (TILLY & TILLY, 1998: 22). Os vários mundos do trabalho, então, incluem o emprego em troca de salário, mas também o trabalho doméstico não remunerado, permuta, produção insignificante de mercadorias e trabalho voluntário.

A análise de Paul DiMaggio e Hugh Louch (1998) do comportamento do consumidor ilustra a segunda transferência em direção ao reconhecimento de laços sociais diferenciados. Enquanto analisam os laços não comerciais preexistentes entre compradores e vendedores nas transações de consumidores envolvendo a compra de carros e casas, assim como serviços de reparos domésticos e jurídicos, DiMaggio e Louch encontram uma incidência visivelmente alta do que chamam de trocas dentro de redes. Um número substancial de tais transações não ocorre através de mercados impessoais, mas entre parentes, amigos ou conhecidos. Observando que esse padrão aplica-se principalmente às arriscadas transações isoladas envolvendo uma grande incerteza sobre a qualidade e o desempenho, concluem ser mais provável que os consumidores confiem em tais laços não comerciais quando não tiverem certeza sobre o resultado.

Analisando o conteúdo real das transações entre atores econômicos, Nicole Woolsey Biggart observa a operação dos laços íntimos dentro de organizações de venda direta. Empresas como a Amway, Tupperware ou Mary Kay Cosmetics, longe de introduzirem relações profissionalizadas estreitas, baseiam-se em redes sociais íntimas para comercializar seus produtos. Parentes próximos – cônjuges, mães, filhas, irmãs, irmãos, primos ou sobrinhos – patrocinam uns aos outros na organização. Além disso, a venda direta é percebida como fortalecedora dos laços familiares e conjugais. Biggart observa: como as trabalhadoras costumam definir a venda direta como "um trabalho paralelo, e não um 'trabalho de verdade', elas podem ter a combinação feliz de ganhar dinheiro e ser uma mãe 'que fica em casa'". Ela relata uma declaração reveladora feita por uma vendedora da Tupperware:

> Eu estava levando o meu filho e quatro colegas para uma festa de aniversário e ouvi-os conversando no banco de trás sobre o trabalho de suas mães. E uma das crianças disse: "E aí, a sua mãe trabalha?" E ele respondeu: "Não". É isso que eu quero. Eu não quero que eles pensem que eu trabalho. Eles nem acham que eu tenho um emprego, porque eu não me ausento das 8 às 5 (BIGGART, 1989: 82).

À medida que descrevem a sua realidade, ironicamente, os próprios participantes recriam as ideias e práticas de esferas separadas e mundos hostis.

E o conteúdo cultural? As minhas próprias análises anteriores das transferências monetárias localizaram o conteúdo cultural dentro dos laços sociais, em vez de ver a cultura como algo externo a esses laços. Por exemplo, as distinções fundamentais entre doações, pagamento e direitos mostram como as pessoas diferenciam formas de pagamentos de forma a correspondê-las às suas definições do tipo de relacionamento que existe entre as partes. Elas adotam símbolos, rituais, práticas e formas fisicamente distinguíveis de dinheiro para marcar relações sociais distintas e formas de transferências monetárias (ZELIZER, 1994).

Os sociólogos econômicos que estudam as interseções de intercâmbio econômico e laços íntimos, em suma, hesitaram há muito tempo entre as formulações de mundos hostis e "nada além de". Eles jamais chegaram a uma decisão satisfatória entre tais visões porque a realidade social em questões não requer uma escolha entre as duas, mas a sua transcendência. O reconhecimento de laços diferenciados, cada um envolvendo formas distintas de transações econômicas, oferece uma saída para o impasse. A concepção de vidas conexas promove explicações superiores.

2
A intimidade na lei

Voltemos a Louisiana mais de um século depois. Em 1958, o empresário do ramo de supermercados John G. Schwegmann Jr. começou a se relacionar (inclusive sexualmente) com Mary Ann Blackledge, de 16 anos. Eles continuaram a ter relações sexuais depois de começarem a viver juntos em maio de 1966. Segundo Blackledge, nesse momento, Schwegmann, de meia-idade e divorciado duas vezes, ofereceu "dividir tudo" com ela, e ela aceitou. Eles viveram juntos por doze anos, até maio de 1978. Durante esse período, eles continuaram a dividir cama e mesa. Schwegmann sustentava Blackledge, pagando suas despesas médicas e odontológicas, vestuário, lazer e despesas de viagem, além de lhe pagar uma mesada. Enquanto isso, ela foi sua companheira, dona de casa, cozinheira e motorista. Ela também cuidava da filha de Schwegmann, Melba Margaret, e dele próprio, depois que ele sofreu um derrame. Blackledge também colaborou como consultora empresarial, assistente política e confidente de Schwegmann e das empresas que ele controlava; por exemplo, ela ajudou a compor anúncios de jornal e ofereceu conselhos sobre investimentos. Embora Blackledge tenha saído de casa em 1978, suas relações sexuais continuaram nas visitas dela a Schwegmann, na casa dele. A mesada também continuou. De acordo com Blackledge, "John e eu assumimos todos os compromissos e acordos que qualquer um assume quando se casa", incluindo fidelidade sexual.

Mais uma vez, sabemos da história desse casal porque ela foi levada à justiça mais tarde. Blackledge processou Schwegmann, seus dois filhos e suas empresas, pleiteando uma indenização substancial além da mesada que costumava receber (*Schwegmann vs. Schwegmann*, 441 So. 2d 316 (Tribunal de Segunda Instância da Louisiana 1983: 3)). Em sua ação, Blackledge alegou várias violações de contrato – de um acordo oral explícito de dividir a renda de seus esforços igualmente, um acordo implícito de compensá-la pelas várias contribuições para o relacionamento, e o estabelecimento de uma sociedade universal de fato, dando a ela direitos a todos os bens de Schwegmann.

Os tribunais de primeira e segunda instância rejeitaram veementemente todas as reivindicações de Blackledge, exceto uma: indenização por seus serviços nos negócios de Schwegmann. Ao contrário de maridos e esposas, casais que vivem em concubinato não têm direitos sobre os bens de cada um, declararam ambos os tribunais. Conforme observou o tribunal de segunda instância, "A lei não poderia ser mais clara: dividir cama e mesa por uma noite ou pela vida inteira não constitui, por si só, casamento" (323). Tampouco Blackledge poderia cobrar por seus serviços domésticos, pois estavam "inextricavelmente entrelaçados com os serviços sexuais" (324), sendo, portanto, parte do concubinato ilegal. Ao confrontar as alegações de Blackledge de que, em tempos modernos, o seu relacionamento com Schwegmann deveria estabelecer os mesmos direitos de um casamento legalmente sacramentado, o tribunal respondeu: "Igualar o relacionamento não marital de concubinato ao relacionamento marital é violentar a própria estrutura de nossa sociedade civilizada" (326). Os tribunais da Louisiana ainda justificaram as sentenças segundo a sua contribuição com a defesa da civilização. Porém, ambos os tribunais permitiram uma indenização pelos serviços empresariais de Blackledge aos réus, inclusive Schwegmann. Tendo em vista que "o empreendimento comercial independe da coabitação ilegal", declarou o tribunal de segunda instância: "cada parte pode fazer valer seus direitos no esforço comum" (325). Na visão deles, os vínculos empresariais de Mary Ann Blackledge com os réus não remunerados anteriormente eram diferentes do relacionamento de concubinato com Schwegmann.

O litígio Blackledge-Schwegmann apresenta a problemática deste capítulo: como a lei americana lida com as interseções entre intimidade e transações econômicas? Como legisladores, advogados, juízes, jurados e especialistas jurídicos criam ou transformam as doutrinas, distinções e práticas pertinentes quando os participantes de relações sociais rotineiras (ou, a propósito, não tão rotineiras assim) levam suas disputas aos tribunais? De que modos o trabalho relacional da lei difere daquele da prática cotidiana? O capítulo documenta a presença de argumentos de esferas separadas e mundos hostis na lei e depois examina como a doutrina e a prática jurídicas tratam a interseção das relações íntimas com as transações econômicas. A partir daí, passamos à contestação e mudança dessas práticas jurídicas, usando as doutrinas de cobertura e consórcio como exemplos principais. Suas seções finais tratam das teorias jurídicas concorrentes, incluindo as teorias feministas, concernentes ao relacionamento próprio entre intimidade e transações econômicas.

Aviso: este livro não é um guia de direito americano referente a relações íntimas. Advogados, juízes, jurados e especialistas jurídicos geralmente envolvem-se em tais casos de uma das seguintes formas: na primeira versão, uma disputa entre duas partes de uma relação íntima gera processos judiciais, e os especialistas jurídicos buscam estatutos, princípios e jurisprudências pertinentes; na segunda versão, os defensores de mudanças na legislação existente que afetam as relações íntimas defendem a aplicação de algum princípio jurídico a um certo grupo de casos, reais ou potenciais. Este livro, porém, recua ao analisar semelhanças e diferenças entre as maneiras pelas quais as pessoas comuns administram a mistura da atividade econômica com as relações íntimas e como o sistema jurídico aborda os mesmos tipos de interseções entre intimidade e atividade econômica. Eu escolhi os casos não para analisar todos os princípios jurídicos que de alguma forma digam respeito à intimidade, muito menos analisar uma amostra representativa de todos esses casos que são levados aos tribunais, mas, ao contrário, para esclarecer semelhanças e diferenças entre as práticas cotidianas e as oposições jurídicas a essas práticas.

Os tribunais executam uma variedade distinta de trabalho relacional. Adotam um procedimento fascinante ao lidar com as relações íntimas e as transações econômicas, evocando uma matriz de relacionamentos possíveis (nesse caso, concubinato, marido-mulher e sócios comerciais) e distinguindo implicitamente essas relações de outras, como prostituta-consumidor, profissional-cliente, amigo-amigo ou irmão-irmã. Depois, combinam os laços e as transações econômicas, conectando o par em análise a essa matriz. De fato, eles combinam transações diferentes com grupos diferentes de laços dentro da matriz. Na qualidade de participante das relações de concubinato, o tribunal considerou que Blackledge já havia recebido os benefícios econômicos da coabitação. Na qualidade de sócia comercial de Schwegmann, porém, ela teve direito a uma indenização ainda maior do que já havia recebido. O tribunal pautou-se em doutrinas clássicas de obrigações e contratos maritais ao tomar a sua decisão.

Em seu raciocínio, os tribunais evocam fortemente argumentos de esferas separadas e mundos hostis. Eles alegam estar protegendo a sacralidade do casamento tanto contra os relacionamentos sexuais ilícitos quanto contra a invasão de considerações econômicas impróprias. Essencialmente, os tribunais defendem o princípio de que os negócios não devem se misturar com o prazer, já que a contaminação corre em ambas as direções. O concubinato e o casamento proveem suas próprias recompensas, não devendo ser tratados como transações comerciais comuns, ao passo que os negócios também necessitam de defesa contra sentimentos de cunho sexual. O raciocínio de mundos hostis dos tribunais não traça simplesmente um perímetro limpo em torno da zona sagrada do casamento tradicional. Ao contrário, distingue uma gama de relações íntimas entre si.

Analisemos uma variação surpreendente sobre o mesmo tema, o processo de 1980 por Leonard Wilson Trimmer contra Catherine Bryer Van Bomel (*Trimmer vs. Bomel*, 434 N.Y.S. 2d 82 (Supremo Tribunal de N.Y. 1980)). O operador de viagens Trimmer, então com 55 anos, conheceu Van Bomel em uma de suas viagens. Ela era uma viúva de 63 anos com um patrimônio de cerca de $ 40 milhões. Trimmer abandonou seu emprego de $ 8.900 anuais para tornar-se seu companheiro em tempo integral. Com o subsídio dela, sua vida se transformou: "Ele mudou-se para um lugar maior e modificou seu guarda-roupa para satisfazer os gostos dela. Ele a acompanhava no almoço e no jantar, ao teatro e a festas, e viajava com ela para a Europa [...] Também foi seu confidente, e os amigos dela tornaram-se seus amigos" (83). Durante os cinco anos seguintes, a Sra. Van Bomel gastou aproximadamente $ 300.000 com as despesas pessoais de Trimmer. Seus pagamentos não cobriam apenas despesas de aluguel e viagens, mas ternos italianos e britânicos feitos à mão, dois Pontiacs e um Jaguar, além de joias e uma mesada. Eles jamais tiveram relações sexuais.

Quando o relacionamento acabou, as vantagens de Trimmer também acabaram. Num processo que se arrastou pelos tribunais de Nova York por oito anos, Trimmer processou Van Bomel, exigindo uma indenização de $ 1,5 milhão por seus serviços como companheiro e acompanhante dela, e pela violação de um acordo oral determinando que Van Bomel cuidaria dos "custos e despesas de uma vida suntuosa e sustento pelo resto de sua vida" (83). O juiz do Supremo Tribunal do Condado de Nova York rejeitou as reivindicações de Trimmer pelo que intitulou "companimônio". O juiz precisou se esforçar para combinar esse relacionamento inusitado com a matriz convencional. Ele disse explicitamente, por exemplo, que não havia envolvimento sexual, "na melhor das hipóteses, o autor pode ser considerado uma companhia e um acompanhante pago, e não um parceiro substituto" (84). Certamente os laços de Trimmer e Van Bomel não eram maritais, nem de concubinato ou de apenas amigos comuns. Seria talvez um relacionamento comum empregador-empregado ou uma forma peculiar de coabitação sem casamento? Com aparente desconforto, a resposta do juiz foi um pouco de cada um, mas não foi suficiente para confirmar as reivindicações de mais pagamentos.

Edward J. Greenfield, o juiz em questão, iniciou seu parecer sobre o caso de maneira filosófica, refletindo que "os relacionamentos complexos e variados entre homem e mulher, ao terminarem, costumam deixar um resíduo amargo e uma irritação latente para os quais o unguento, geralmente o único bálsamo calmante, é o dinheiro. É um substituto pobre do amor, do afeto ou da atenção, mas, para muitos, as suas satisfações duram mais" (83). Mas o juiz Greenfield logo voltou-se para os princípios consagrados de mundos hostis, declarando:

> As afirmações de amizade, como as de parentesco, podem ser muitas e variadas. Insinuar que um amigo rico é obrigado a compensar uma companhia menos rica por estarem juntos, jantarem juntos, conversarem juntos e aceitar presentes vai além dos limites da amizade. A obrigação implícita de compensação surge de coisas pelas quais, na sociedade normal, esperamos pagar. A obrigação de pagar pela amizade não deve estar implícita normalmente – é obtuso demais. A amizade, como a virtude, deve ser a própria recompensa (85-86).

Por esse raciocínio, o tribunal separou o relacionamento anômalo em questão da verdadeira amizade.

Observe os paralelos entre as duas decisões, *Schwegmann vs. Schwegmann* e *Trimmer vs. Van Bomel*. Apesar das diferenças entre as legislações da Louisiana e de Nova York, assim como dos grandes contrastes nas relações entre as partes, os princípios interpretativos nos dois casos são muito parecidos. Ambos os tribunais vociferam uma retórica veemente de esferas separadas distinguindo as relações íntimas das transações econômicas. Mary Ann Blackledge poderia cobrar por serviços comerciais, não pela atenção pessoal; as contribuições de Leonard Trimmer foram consideradas exclusivamente sentimentais, portanto não compensáveis.

Se observarmos esses processos judiciais com mais cuidado, entretanto, veremos tanto as pessoas envolvidas quanto as autoridades judiciais construindo estradas além dos limites das intimidades e das transações econômicas. O tribunal da Louisiana reconheceu que Schwegmann pagou uma mesada a Blackledge, além de subsidiar sua vida e suas despesas de lazer. O tribunal de Nova York, embora declarando o relacionamento de Trimmer com Van Bomel sentimental aos olhos da lei, reconheceu explicitamente a transferência de $ 300.000 em dinheiro e espécie da ré para o autor. Assim, na prática, as pessoas e os tribunais não segregam as esferas da intimidade e das transações econômicas, mas participam de um processo complexo de combinar certas formas de intimidade com tipos particulares de transações econômicas. Eles fazem uma discriminação acentuada entre combinações apropriadas e inapropriadas.

As economias íntimas e a lei

De forma mais geral, os dois casos ilustram pontos importantes concernentes à intervenção da lei nas interseções de intimidade e vida econômica. As relações íntimas somente tornam-se processos judiciais em circunstâncias raras; na maior parte das vezes, pessoas intimamente conectadas resolvem suas diferenças sem litígio. Porém, quando essas disputas privadas transformam-se em processos judiciais, os tribunais adotam regularmente a linguagem de mundos hostis. Ademais, costumam fingir que julgam intenções. E assim também agem as pessoas que levam casos ao tribunal. Trimmer alegou, por exemplo, que Van Bomel pretendia sustentá-lo após o fim do relacionamento. Isso produz esforços interessantes e complexos na tradução e mistificação em ambos os lados.

Os tribunais e as pessoas realmente fazem um trabalho relacional. Eles combinam relações apropriadas, transações e meios. As disputas, então, referem-se à forma pela qual esses três elementos são definidos e combinados. Um casal que está se divorciando, por exemplo, briga para decidir se a compra anterior de um automóvel financiada por seus investimentos conjuntos foi um presente de um cônjuge ao outro, um investimento comum familiar ou um negócio. Os meios e transações apropriados variam sistematicamente nas relações. À medida que as relações mudam com o passar do tempo e variam de acordo com a localização, os meios e as transações mudam também. Enquanto a escravidão durou nos Estados Unidos, o caso de Patsy e Miller descrito no capítulo 1 nos mostra que a lei americana rejeitava a maioria das transferências de riqueza a concubinas escravas, independentemente dos acordos domésticos do casal. Essa categoria jurídica distinta e suas concomitantes combinações de relações, transações e meios desapareceram com a abolição da escravatura.

Os diferentes ramos da lei tratam as relações e as intenções de modo diferente. A lei contratual, como já vimos, distingue um espectro de relações um tanto diferente daquele das leis criminais, testamentos e tributação. Sentenças a respeito de quais relações íntimas de fato existem e conferem direitos legalmente exequíveis constam de várias áreas não muito discutidas por este livro, inclusive elegibilidade de parceiros e dependentes para benefícios ou pensões de idosos, qualificação para pagamentos de pensões, direitos de crianças de se matricular em escolas locais e concessão de licenças de imigração ou trabalho a cônjuges de cidadãos. Esses vários ramos da lei, portanto, apresentam problemas diferentes de tradução e aplicação. A linguagem das intenções, por exemplo, é figura central nas disputas de testamentos e contratos, porém é mais periférica em disputas de tributação; os tribunais da área fiscal preocupam-se mais com o fato de o ato estar ou não em conformidade com a lei do que com aquilo que o contribuinte (ou sonegador) estava tentando fazer.

A prática jurídica também cria enraizamento; a arena jurídica tem certa coerência e inércia, o que significa que a prática jurídica fica para trás em relação à prática social usual e constitui um terreno de perícia, requerendo a tradução em ambas as direções. Ademais, grandes mudanças nas relações dentro da vida social usual afetam definições e práticas jurídicas. Portanto, à medida que a coabitação sem casamento torna-se mais comum, advogados e tribunais começam a criar novas categorias e doutrinas (ou a modificar as antigas) para regulamentar as disputas concernentes a casais não casados.

A ideia de que as relações têm fundamento jurídico foi recorrente no tratamento de relações entre pais e filhos e maridos e mulheres no século XIX, e as questões relacionais continuaram a ser objeto de estudo dos especialistas jurídicos durante o século XX. Em 1934, o jurista Leon Green esclareceu e codificou um aspecto desse processo, definindo o que chamou de interesse "relacional". Para Green, os interesses relacionais são "interesses em relações com outras pessoas [...] Eles vão além da personalidade e não são simbolizados por algo tangível que possa ser legitimamente chamado de bem" (GREEN, 1934: 462). Ele define os interesses relacionais de modo amplo, incluindo relações familiares, comerciais, profissionais e políticas. Green distingue um interesse relacional de interesses da personalidade (reivindicações das pessoas por sua própria integridade individual) e interesses de propriedade (reivindicações das pessoas por produtos e serviços). "Enquanto nos danos à personalidade ou a bens somente duas partes, autor e réu, estão envolvidas [observa Green] damo-nos aos interesses relacionais três partes sempre devem estar envolvidas" (462). Ele aponta que os tribunais concediam tutela jurisdicional embaraçosamente a certos interesses relacionais de casos de danos morais e difamação. Ao mesmo tempo, normalmente resistiam a prolatar sentença para tais danos – tratando-os, ao contrário, como interesses de propriedade. Desde a codificação de Green, juristas e tribunais usam a doutrina mais amplamente[1].

1. Foster, 1962; Leslie, 1999; Macneil, 1980; Prosser, 1971: 873; para consultar declarações mais antigas, leia Pound, 1916.

Na prática jurídica atual, os interesses relacionais ultrapassam a zona da intimidade e invadem os contratos comerciais; nessa zona, a doutrina relacionada do "interesse de confiança" costuma entrar em cena. O que, então, distingue os relacionamentos em que a intimidade e as transações econômicas se cruzam? Qualquer relação assim envolve quatro elementos: primeiro, os laços entre as pessoas; segundo, grupos de transações; terceiro, os meios para essas transações; e quarto, uma fronteira separando esse relacionamento de outros parecidos em alguns aspectos. No relacionamento entre Trimmer e Van Bomel, observamos um laço de companhia (posteriormente sob litígio), uma série de compras e trocas de atenção pessoal da parte do casal e meios que iam de dinheiro e serviços até bens duráveis caros. Também testemunhamos a negociação sobre a fronteira que separa a companhia próxima de um serviço de acompanhante remunerado. Os laços íntimos caracteristicamente incluem atenção, informação, confiança, exclusividade e particularidade. De modo mais concreto, envolvem um conjunto de práticas íntimas: cuidado pessoal, sexo, afeto, tarefas domésticas, cuidados com a saúde, conselhos, conversas, companhia. De fato, os tribunais inspecionam as relações exatamente em busca dessas práticas. Os serviços de Trimmer, observou o juiz, incluíam "tempo e atenção [dedicados] à ré, para que os desejos dela prevalecessem a respeito da conduta, dos hábitos e das associações dele", assim como o fato de ser seu confidente e sua companhia.

Quando é que a lei envolve a intimidade? As partes de relações íntimas normalmente recorrem à lei apenas quando não conseguem solucionar disputas sobre direitos e obrigações com os meios disponíveis em seus próprios cenários pessoais (EWICK & SILBEY, 1998, 2003). Os tribunais intervêm no cumprimento de obrigações ou na resolução de disputas em três circunstâncias bastante diferentes. A primeira envolve o *abuso* de intimidade, por exemplo, quando o psicólogo seduz o paciente. A segunda refere-se à *privação* da intimidade, quando um acidente automobilístico mata o cônjuge, por exemplo. A terceira concentra-se na intimidade *ilegítima*: os herdeiros do falecido contestam a herança que ele deixou à amante. A lei, portanto, com certeza intervém diretamente em disputas entre os participantes de uma relação íntima que é alvo de contestação, mas também envolve-se com terceiros que estejam diretamente ligados e interessados no relacionamento sendo disputado, e também com autoridades interessadas em toda a categoria de relações. Mary Ann Blackledge, por exemplo, não processou apenas John Schwegmann, mas também seus dois filhos e suas empresas. Em processos que envolvem certas classes, os tribunais costumam envolver as autoridades; processos referentes a direitos de casais do mesmo sexo, por exemplo, normalmente envolvem chefes de empresas, agências públicas e grupos de defesa. Mais uma vez, após os ataques devastadores ao World Trade Center em Nova York, em setembro de 2001, os sobreviventes ameaçaram processar várias organizações, incluindo companhias aéreas, as quais eles consideraram responsáveis pela morte indevida de seus entes queridos.

Categorias jurídicas

Analisemos com mais detalhes as práticas jurídicas que regulam as interseções de intimidade e transações econômicas. A prática jurídica exibe certa coerência interna e autonomia, mas não se desenvolve nem existe num mundo totalmente à parte. Como primeira aproximação, é útil distinguir três fenômenos social-interativos: pacotes relacionais, categorias sociais e categorias jurídicas. *Pacotes relacionais* consistem em combinações da vida real entre (a) laços interpessoais nomeados, (b) transações interpessoais e (c) meios. Portanto, pessoas X e Y tratam-se por "querido(a)", participam de transferências de informações, aconselhamentos, presentes, auxílio financeiro e sexo ocasional, usando o telefone, a internet e o dinheiro como meios. *Categorias sociais* classificam relacionamentos amplamente reconhecidos dentro de certa população, mais uma vez usando nomes, transações e meios. Aqui o relacionamento entre X e Y pode se encaixar na categoria social de amigos ou na categoria de namorados, cada um com suas transações e meios distintos. Na verdade, as categorias sociais distinguem os relacionamentos mais acentuadamente do que as práticas da vida real. *Categorias jurídicas* emparelham as categorias sociais ao combinar relacionamentos amplamente reconhecidos, transações e meios, e sujeitando-os a ações jurídicas – execução, indenização e penalidades. Assim, X e Y supostamente poderiam se apresentar perante a lei como partes de um contrato; como amantes, prostituta-cliente, benfeitor-beneficiário, ou até mesmo como membros de uma união estável. As categorias jurídicas sempre diferem em alguns aspectos das categorias sociais, por exemplo, ao aceitar ou rejeitar distinções entre prostituição, concubinato, união estável e casamento.

Um processo de combinação dupla ocorre. Dentro de cada um desses grupos – pacotes relacionais, categorias sociais e categorias jurídicas – os participantes combinam relações, transações e meios. Mas os três grupos também interagem, como, por exemplo, quando defensores jurídicos do casamento entre pessoas do mesmo sexo propõem estender a casais do mesmo sexo os direitos e obrigações que a lei atualmente reconhece para casais heterossexuais. Observe o que acontece com as categorias sociais e jurídicas. Na vida social cotidiana, as pessoas fazem regularmente uma distinção entre categorias de relações que compartilham propriedades importantes. Por exemplo, elas costumam tomar um cuidado considerável na diferenciação de direitos e obrigações atrelados a parentes, amigos e colegas, embora as três categorias geralmente sobreponham-se tanto em pessoas quanto em comportamento. Implicitamente, as pessoas consultam uma grade de relacionamentos organizados por sua semelhança ou dessemelhança, e demarcam fronteiras entre as relações adjacentes. Considere quantas maneiras homens e mulheres diferenciam entre relações que envolvem o fato ou a possibilidade de intimidade sexual:

Namoro
Caso
Noivado
Usar serviços de acompanhante
Frequentar clubes de *strip-tease*
Sexo por telefone
Sexo virtual
Prostituição
Pedofilia
Incesto
Casamento
Terapia sexual
Atuar em filmes pornográficos

Quando um homem e uma mulher fazem sexo, como reconhecer em qual dessas relações o ato se enquadra? Embora seus enredos sobreponham-se em alguns aspectos, cada categoria de relacionamento nomeia uma configuração um tanto diferente. Demarcamos as distinções com rituais e nomes diferentes, assim como com transações e meios especiais. Observe, por exemplo, que todas essas relações incluem transações econômicas distintas determinando quem paga, como, quando, para quê, a que horas, quanto custa, quantas vezes, por quanto tempo. Até mesmo no mundo da prostituição, encontramos diferenciações: as prostitutas distinguem sua renda por tipo de atividade ou por cliente.

E as categorias jurídicas? Os tribunais adotam um procedimento similar, mas a sua matriz tem algumas propriedades distintas. Considere o que acontece quando disputas pessoais chegam ao tribunal. Os nossos quatro casais – Patsy e Miller, Cruz e McAneney, Blackledge e Schwegmann, Trimmer e Van Bomel – tinham suas próprias definições de suas relações, conflitos e dificuldades, seus próprios conceitos de justiça ou injustiça. Mas, quando foram para o tribunal, suas definições e conceitos tiveram de se conformar aos critérios jurídicos existentes. Esses critérios são visivelmente diversos, dependendo da rubrica jurídica particular sob a qual tribunais e advogados situam a disputa. De fato, no caso *Schwegmann vs. Schwegmann*, Mary Ann Blackledge declarou que "era uma esposa" para Schwegmann, sendo sua companheira, dona de casa e cozinheira. Porém, como vimos antes, o tribunal não toleraria nenhuma leitura desse tipo em relação às obrigações de marido e mulher. O tribunal registrou o relacionamento como concubinato. A única vitória de Blackledge no tribunal foi como sócia empresarial, não como esposa.

Embora reconheçam algumas das relações sexualmente íntimas da lista acima, os tribunais americanos têm sua própria classificação de categorias legalmente distintas de relações e transações. Eis algumas definições fundamentais do *Black's Law Dictionary* (1999):

> *Adultério*: Ação criminal por infidelidade ajuizada pelo marido contra um terceiro que teve relações sexuais com a sua esposa.
>
> *Alienação de afeto*: Ação criminal por interferência dolosa ou maliciosa em casamento por um terceiro sem justificativa nem desculpa.
>
> *Consórcio*: Os benefícios que uma pessoa, especialmente um cônjuge, tem o direito de receber de outra, incluindo companhia, cooperação, afeto, ajuda e (entre cônjuges) relações sexuais.

Violação de promessa: Violação da palavra ou compromisso, especialmente de promessa de casamento.

Sedução: Ofensa que ocorre quando um homem provoca uma mulher de caráter anteriormente casto a ter relações sexuais ilícitas com ele por meio de persuasão, aliciamento, promessas ou subornos, ou outro meio que não envolva força.

Casamento: A união legal de homem e mulher como marido e esposa.

Concubinato: Relacionamento entre um homem e uma mulher que coabitam sem o benefício do casamento.

Alimentos: Pensão ordenada pela justiça paga por um membro ao outro, considerando um casal que, embora não seja casado, tenha coabitado.

Estupro marital: Relação sexual do marido com a esposa à força ou sem o consentimento dela.

Contrato pré-nupcial: Contrato feito antes do casamento geralmente para resolver questões de pensão e divisão de bens se o casamento terminar em divórcio ou pela morte de um dos cônjuges.

Meretrício (de um relacionamento amoroso): Envolvimento de ligação sexual ilícita ou falta de capacidade de uma das partes (um casamento meretrício).

Cada um desses termos traz o seu próprio conjunto de outros entendimentos e práticas jurídicas. Observe "meretrício", um conceito de mundos hostis por excelência. Os advogados que atuam no sistema jurídico americano passam um bom tempo evitando qualquer estrutura que possa ser interpretada como indenização judicialmente obrigatória por serviços sexuais. Assim, eles tecem distinções que separam o pagamento direto por serviços sexuais de contratos legítimos. Como ilustra *Schwegmann vs. Schwegmann*, as regras de "individualidade" em litígios de união estável distinguem aspectos sexuais meretrícios ou ilícitos do relacionamento longo de um casal que não é casado dos seus acordos contratuais legítimos, como contratos para serviços domésticos ou parcerias comerciais. Uma das sentenças mais famosas e controvertidas foi a do caso *Marvin vs. Marvin*, de 1976. Ela declarava que "acordos expressos serão executados, a menos que sejam pautados em considerações meretrícias ilícitas" (557 P. 2d 106, 122 (Cal. 1976)). O tribunal distinguiu serviços sexuais de trabalho doméstico e do sacrifício de uma profissão. Essa distinção permitiu que Michelle Marvin recebesse uma indenização pela profissão abandonada.

Aqui também os tribunais debatem quais relacionamentos qualificam-se para receber indenização econômica, quando, por que e o preço. As categorias jurídicas não reconhecem todas as categorias sociais e costumam fazer distinções que não aparecem na vida cotidiana. Os autores de um famoso livro processual de direito de família evidenciam isso:

> Os fatos de um processo, conforme apresentam-se aos advogados em exercício, tendem a ser difusos e complexos. Por exemplo, um caso

> particular onde houve ou não casamento pode ser obscuro. Espera-se que o juiz chegue a um resultado claro, talvez atrelando uma intenção fictícia às partes ou aplicando uma pressuposição. Pode ser difícil, porém, para o advogado dizer se um conjunto de fatos constitui compromisso, união estável, casamento, parceria comercial, moradia conjunta, emprego ou outra coisa. A doutrina tradicional provê poucas instruções aos advogados em exercício para determinar que caracterização adotar, porque geralmente está limitada a classificações artificialmente bem organizadas. Ademais, a doutrina tende a se concentrar em pares de opostos conceituais – como casamento ou não casamento –, excluindo outras possibilidades. O advogado competente escolhe em uma lista ilimitada com várias opções aquelas que são estrategicamente mais vantajosas ao cliente. O que pode aparecer mais tarde no tribunal como fato é somente um reflexo da realidade visto e apresentado pelo advogado para a decisão judicial (WEYRAUCH; KATZ & OLSEN, 1994: v).

Começamos a ver que advogados e tribunais estão juntando três elementos, lutando com eles e, nesse processo, mudando-os. O primeiro é a matriz de relações reconhecidas. Dentro dessa matriz, as distinções e as distâncias mudam; por exemplo, a legalização do casamento entre pessoas do mesmo sexo muda a fronteira do casamento e reduz a distância legal entre relacionamentos homossexuais e heterossexuais. O segundo elemento é um bloco de processos julgados que servem como analogias e precedentes para o processo em questão. Ao longo deste livro, veremos com frequência advogados e juízes usando os processos criativamente, sem combinar o processo em questão mecanicamente com processos já julgados, mas alegando que os processos anteriores incorporaram um princípio que até então ninguém havia reconhecido, forçando a extensão de um princípio para uma área adjacente de aplicação jurídica, ou afirmando que os precedentes contradiziam-se, de forma que o tribunal teve a oportunidade e a obrigação de refazer a lei.

Um terceiro elemento vincula os precedentes disponíveis e a matriz das relações reconhecidas. Um grupo de doutrinas jurídicas incorpora categorias de processos e regras para a sua interpretação. No âmbito mais amplo, figuram distinções convencionais entre doutrinas que distinguem direito tributário, direito contratual, direito penal e outras áreas jurídicas especializadas. Em cada uma dessas áreas, outras doutrinas são dominantes. Neste mesmo capítulo, por exemplo, encontraremos as consagradas doutrinas de cobertura e consórcio, que por muito tempo afetaram os direitos jurídicos reconhecidos de cônjuges nos Estados Unidos. À medida que acompanharmos a intimidade da união, cuidados e famílias até a arena jurídica, além do mais, acabaremos encontrando doutrinas exóticas, como influência indevida, doações condicionais e cônjuge inocente.

Observe a doutrina jurídica da *compensação*. A lei americana em geral não reconhece um contrato como vinculante, exceto se as partes tiverem trocado algo de valor, uma compensação, independentemente de a troca ter valor baixo ou ser desigual. E os compromissos mútuos que os parceiros íntimos fazem sem jamais celebrarem um contrato formal, incluindo condições e prazos de troca? Especialmente após a morte, divórcio ou separação, os tribunais frequentemente veem-se forçados a determinar se tais compromissos (p. ex., dedicar atenção por toda a vida) são legalmente exequíveis. Assim, eles investigam regularmente as origens do compromisso em busca de indícios de trocas de compensações.

Através da interseção de disputas judiciais, legislação e amplas mudanças sociais, todos os três elementos – doutrinas, casos exemplares e matrizes de relações reconhecidas – mudam continuamente, mas a maioria com incrementos pequenos e inconspícuos. Normalmente, as categorias jurídicas tendem a ficar para trás em relação às categorias cotidianas atuais, como em processos de casamentos entre o mesmo sexo ou união estável. De modo geral, advogados e tribunais reagem cautelosamente a mudanças que já tenham ido muito longe no comportamento das pessoas comuns. Eles negociam combinações, mesmo embaraçosas, entre os relacionamentos cotidianos e a matriz jurídica existente antes de solicitar mudanças na matriz propriamente dita. A prática jurídica, portanto, somente reconhece certas combinações de relações, transações e meios como adequadas à sua competência. Por exemplo, a lei americana geralmente proíbe o litígio de obrigações maritais, como preparação da comida, cuidados com os filhos e relações sexuais. Também em geral recusa-se a reconhecer distinções que os próprios membros da família tenham estabelecido entre várias fontes de renda, como ganhos inesperados direcionados às férias e o salário regular direcionado a compras de mantimentos.

Consideremos com mais precisão como a prática jurídica trata as relações interpessoais. Advogados e tribunais combinam pacotes relacionais existentes com categorias jurídicas estabelecidas. A partir dessa combinação, eles extraem elementos apropriados de intimidade, determinando se atenção, informação, conselhos, confiança, exclusividade, particularidade, cuidados pessoais, relações sexuais, trabalhos domésticos, alimentação, cuidados com a saúde, conversas e/ou companhia são pertinentes ao seu relacionamento. A partir desse raciocínio, eles então deduzem direitos e obrigações que vinculam as partes, inclusive terceiros. Também atribuem valores a esses vários tipos de transações, por exemplo, decidindo se algum conselho dado teve valor. Finalmente, eles decidem as indenizações, penalidades, legitimidade e a propriedade das transações (como heranças) com base na categoria jurídica em que o pacote relacional cair.

Observando atentamente, vemos que os tribunais aplicam um questionário simples para as conexões entre as partes envolvidas. Eles perguntam o seguinte:

1) Que tipo de relacionamento é esse?

2) Que direitos, obrigações e interações pertencem a essa classe de relacionamentos? (Interações próprias são aquelas nas quais nenhum terceiro tem o direito ou a obrigação de interferir; impróprias são aquelas em que ao menos um terceiro tem um direito ou uma obrigação legal a contestar.)

3) Uma das transações viola esses direitos e obrigações?

4) Em caso afirmativo, que recursos judiciais são pertinentes?

Repetindo, ao aplicar esses padrões, tribunais e profissionais de direito implicitamente evocam categorias jurídicas: um mapa de relacionamentos, incluindo fronteiras, proximidades e grupos apropriados de direitos, obrigações e interações. Também adotam normalmente e pautam-se em justificativas de mundos hostis para a sua demarcação de fronteiras. Em *Schwegmann vs. Schwegmann*, o tribunal declarou não apenas legalmente incorreto enquadrar o relacionamento como casamento, mas moralmente perigoso: "Igualar o relacionamento não marital de concubinato ao relacionamento marital é violentar a própria estrutura de nossa sociedade civilizada."

A fim de evitar apenas esse tipo de condenação, os advogados aconselham seus clientes sobre como apresentar as suas relações de união estável. A Ordem dos Advogados dos Estados Unidos presta aconselhamento prático específico a possíveis litigantes. Casais não casados e em união estável, instrui o seu *Guide to Family Law*, podem celebrar contratos legalmente vinculantes sobre "quanto cada um pagará pelo aluguel, hipoteca, utensílios, gêneros alimentícios, despesas com o automóvel". Os autores alertam, porém, sobre contratos "entre lençóis" – aquelas declarações do tipo "não se preocupe, eu amo você. Vou cuidar de você. Tudo vai se resolver" que geralmente são feitas quando "o casal está na cama, num momento de intimidade". Esses contratos, alerta o guia, raramente são exequíveis. Ainda mais enfaticamente, o guia desencoraja contratos que entrelacem as relações sexuais com outras obrigações, explicando que "se um tribunal achar que um contrato equivale à prestação de sustento financeiro em troca de relações sexuais, ele não será aceito. Tal contrato será visto como embaraçosamente próximo a um contrato de prostituição" (ORDEM DOS ADVOGADOS DOS ESTADOS UNIDOS, 1996: 6-8).

Advogados, juízes e jurados fazem um trabalho relacional de um tipo distinto: esforçam-se por estabelecer uma correspondência adequada dentro das categorias jurídicas. Considere a provisão de cuidados com a saúde. As pessoas fornecem tratamento para suas doenças em vários relacionamentos – pais e filhos, marido e mulher, amigos, médico e paciente, enfermeiro e paciente, professor e aluno, padre e paroquiano, farmacêutico e consumidor, funcionário e chefe, atendente de casa de repouso e interno etc. Os tribunais repetidamente flagram-se decidindo a propriedade e o valor do tratamento, enquadrando o relacionamento dentro de uma categoria jurídica. Para quais categorias de relações esse tratamento é permissível? Que responsabilidade as partes assumem pelas consequências? Que indenizações, penalidades e restrições a lei deve, portanto, aplicar? Advogados, juízes, jurados e partes de litígios participam, assim, do trabalho delicado de traduzir a linguagem das práticas cotidianas e relações sociais em expressões especializadas da lei (FELSTINER; ABEL & SARAT, 1980-1981; GAL, 1989; ROTMAN, 1995).

Em litígios típicos, alguém usa o espectro disponível de categorias jurídicas para alegar uma combinação errada. Uma parte, como vimos, pode propor a combinação direta de comportamento com um ponto desse espectro. Outra parte pode defender a exclusão do relacionamento da competência legal, como em várias disputas entre cônjuges. As doutrinas e os processos disponíveis como precedentes entram em cena exatamente nesse ponto. As partes podem participar de disputas concernentes às fronteiras ou ao conteúdo das relações; no caso de um casal *gay*, por exemplo, os tribunais podem ter de decidir se eles se qualificam como cônjuges para fins de tributação, se têm o direito de adotar crianças ou se um tem direito sobre os bens do outro. Nesses casos, especialmente quando a classificação apropriada do relacionamento está em disputa, os argumentos em geral são apresentados por analogia e proximidade a outros relacionamentos legalmente reconhecidos. É aí que as categorias jurídicas listadas acima entram em cena. Essa relação é meretrícia? Qualifica-se como concubinato? Os advogados e os tribunais costumam arquitetar mudanças exatamente desse modo, argumentando novas analogias e aplicações para as categorias existentes. Eles criam novas combinações de processos, doutrinas e categorias relacionais.

Contestação e mudança

Como consequência da negociação, a lei muda cada vez mais através de um processo incessante de contestação. Os advogados especializam-se na apresentação de novas distinções, novas analogias, novos argumentos e novas doutrinas. E mais, os tribunais reagem amplamente, ainda que de modo lento, às mudanças da vida social. As legislaturas também promulgam novos estatutos em resposta às mudanças sociais graduais e à pressão de eleitores mobilizados. Dentre essas pressões, porém, os tribunais trilham o seu próprio caminho, deixando precedentes que influenciam as decisões subsequentes. Como consequência, a rede de relações legalmente disponíveis muda, assim como a combinação com os meios e as transações.

O sistema americano envolve a complexidade adicional de variações de um estado para outro. Apesar de certa influência das escolas jurídicas predominantes, doutrinas e tribunais nacionais, além de certa convergência durante o século XX, os estados individuais seguem trajetórias distintas no que concerne às leis que regem a intimidade. Em sua respeitada história jurídica do casamento americano no século XIX, Hendrik Hartog documenta uma grande variação estadual a tal respeito. No que se refere a leis de casamento e divórcio, explica ele, "cada estado tinha uma lei para o casamento, cada estado tinha as suas peculiaridades jurídicas" (HARTOG, 2000: 12). A negociação entre as práticas cotidianas e as práticas jurídicas acontecia não apenas em termos da cultura jurídica americana, mas em termos das leis de cada estado.

Entretanto, algumas tendências gerais ocorriam. Observe o caso da união estável. Antigamente, víamos os tribunais discutindo a propriedade de várias formas de coabitação heterossexual, bem como os direitos e as obrigações pertinentes. Em sua história jurídica do "não casamento", Ariela Dubler traça mudanças marcantes na legitimidade de tais disposições. Os tribunais estaduais do século XIX, por exemplo, endossaram cada vez mais a doutrina da união estável, "pela qual os tribunais poderiam reconhecer uniões sexuais não solenizadas e duradouras como casamentos" (DUBLER, 1998: 1.886). Embora alguns estados tenham rejeitado a doutrina, e os estados em geral variassem em sua definição precisa de união estável, as regras empíricas incluíam coabitação, compartilhamento de cama e mesa, autorrepresentação pública, reconhecimento público e ausência de impedimento legal (como um casamento existente) à união. Até o fim do século XIX, relata Dubler, a maioria dos estados americanos tratava tais relações como legalmente permissíveis e vinculantes. Os estados normalmente distinguiam a união estável de outras formas de coabitação, como a bigamia e ligações temporárias. Embora os opositores censurassem o que consideravam um endosso público de relações imorais, os defensores justificavam a sua aprovação definindo o casamento como um contrato civil privado, sobretudo. O Supremo Tribunal dos Estados Unidos concordou, endossando a validade de uniões informais duradouras em uma decisão de 1877 (*Meister vs. Moore* 96 U.S, 76 (1878); cf. DUBLER, 1998: 1.889).

Por volta da década de 1930, o direito americano referente aos relacionamentos íntimos passou por uma grande mudança. Os tribunais e as legislaturas agiram de forma a destituir a união estável de sua condição de relacionamento legalmente reconhecido. Também conciliaram o reconhecimento do compromisso como contrato legalmente exequível, indeferiram ações contra terceiros por interferência no afeto do casal, porém aumentaram o poder de casais casados de processar terceiros por morte ou lesão que viessem a privar o cônjuge da companhia querida. As legislaturas, os advogados, tribunais e jurados convergiram, na verdade, na ênfase ao limite que separava casamentos legais de todas as outras relações. Durante a década de 1970, outra mudança parcial ocorreu, quando o direito americano começou a reconhecer analogias entre os direitos de casais legalmente casados e outras formas de companhia – jamais apagando a fronteira entre casamento e não casamento, mas com alguns direitos ultrapassando a fronteira. Claramente, o espectro de relacionamentos reconhecidos, distintos, proibidos ou defendidos pela lei foi significativamente alterado com o passar do tempo. Em cada um desses aspectos, os tribunais não meramente nomearam e distinguiram as relações, mas combinaram-nas com as transações e os meios apropriados. Podemos ver a mudança com mais clareza focando os direitos e as obrigações de casais legalmente casados. Considere duas mudanças importantes que ocorreram nos Estados Unidos desde o início do século XIX até o passado recente no que concerne a cobertura e consórcio.

Cobertura

A lei de cobertura é herança da legislação inglesa e regulava transações jurídicas entre marido e mulher. O que mais chamava a atenção era o estabelecimento de uma distinção acentuada entre uma mulher solteira legalmente independente e uma mulher casada. As solteiras obviamente não tinham uma cidadania plenamente legal, por exemplo, a respeito do voto ou participação em júri. Porém, ambas compartilhavam quase todos os outros direitos jurídicos e econômicos, incluindo o direito de dirigir empreendimentos econômicos em seu próprio nome. Ao casar, todavia, a mulher perdia tais direitos. Embora as viúvas retivessem a posse de objetos pessoais e adquirissem direitos a quotas fixas (normalmente um terço) sobre os bens do marido, após a morte do marido as mulheres perdiam seus direitos anteriores ao resto dos bens maritais (para saber sobre dotes, leia DUBLER, 2003).

Em sua forma original, a cobertura tratava marido e mulher como atores legais indistinguíveis, partindo da perspectiva do mundo exterior, mas altamente diferenciados do ponto de vista do contrato de casamento. Isso teve algumas consequências surpreendentes; sob a cobertura, por exemplo, a esposa poderia agir legalmente como agente de seu marido. A chamada lei das necessidades especificava e limitava o direito da esposa a esse respeito. A lei propiciava à esposa algum recurso jurídico ao tornar o marido diretamente responsável perante um vendedor pelas compras feitas por sua esposa. Porém, até mesmo esse direito de usar o crédito do marido como garantia enfrentou limites intrincados. As necessidades eram definidas tão ambiguamente que os vendedores relutavam em oferecer crédito à esposa pelas mercadorias que pudessem não fazer parte da classe. Além disso, o marido tinha o direito de determinar onde as mercadorias necessárias deveriam ser compradas e poderia cancelar a autoridade da esposa de usar o seu crédito, demonstrando que ele já havia providenciado o que era necessário ou uma mesada suficiente para obtê-los. A lei, de fato, estava explicitamente preocupada em proteger o marido das despesas "malucas" de esposas "extravagantes"[2].

No casamento, em sua forma do século XVIII e início do século XIX, a cobertura, portanto, significava enorme desigualdade econômica. Pela lei, todos os bens pessoais ou imóveis possuídos pela esposa, ou qualquer renda que ela obtivesse fora de casa, pertenciam ao marido. O mesmo aplicava-se aos seus serviços domésticos e sexuais. Em troca, o marido era legalmente responsável pelo sustento da esposa. Na verdade, qualquer transação legalmente vinculante conduzida pela esposa passava pelo marido. As implicações jurídicas da cobertura, além disso, privavam a esposa da maioria dos recursos judiciais contra ofensas impostas pelo marido. (Em algumas circunstâncias, porém, a cobertura permitia que a mulher separada reivindicasse pensão do ex-marido (HARTOG, 2000: 125).)

Após lutas jurídicas e políticas, entretanto, os tribunais americanos gradualmente enfraqueceram os dois aspectos da cobertura. Primeiro, marido e mulher

---

2. Sobre a preocupação com "esposas extravagantes", leia *Ryon vs. John Wanamaker; New York, Inc.*, 190 N.Y.S. 250 (Tribunal Superior de Nova York, 1921); *Saks vs. Huddleston*, 36 F. 2d 537 (D.C. Cir. 1929); e W.A.S. 1922. Cf. tb. Salmon, 1986.

tornaram-se cada vez mais capazes de agir como agentes legalmente independentes e, segundo, no casamento, a viúva ganhou maior autonomia econômica. Por exemplo, como acontecia com invenções de escravos, a lei de patentes do século XIX negava ao marido – ou ao senhor – o direito de patentear a invenção da esposa (KAHN, 1996; KAHN & SOKOLOFF, 2004: 395). As leis de propriedade das mulheres casadas em meados do século XIX concediam às mulheres casadas direitos sobre os bens que haviam levado para o casamento ou que haviam herdado. Depois de 1860, algumas legislaturas estaduais aprovaram leis permitindo que as mulheres controlassem seus ganhos – contanto que a renda fosse obtida em trabalho fora do lar.

Linda Kerber (1998) retratou substancialmente uma série de lutas jurídicas e políticas que produziram mudanças na cobertura. Kerber concentra-se nas relações legais entre mulheres e o estado americano. Ela mostra, por exemplo, como, através de conflitos sobre assuntos como tributação, participação em júris e serviço militar, as mulheres adquiriram direitos e obrigações unindo-as diretamente ao estado, e não mediando todos esses direitos e obrigações através dos maridos. A Emenda Dezenove, dando direito de voto às mulheres, marcou uma grande transformação na condição jurídica feminina. É claro que essas mudanças ocorreram muito vagarosamente. Kerber situa dois grandes desafios à cobertura até a década de 1990: solicitações de reconhecimento de casamentos do mesmo sexo e a decisão de Paternidade Planejada, do Supremo Tribunal, em 1992. Ambos os casos, observa Kerber, confirmaram que o casamento poderia conferir direitos legais aos cônjuges, mas esses direitos pertenciam ao indivíduo, não ao seu parceiro. Depois que os direitos políticos passaram a não depender mais do estado civil, a cobertura praticamente desapareceu[3].

A década de 1990 foi o apogeu de uma série de mudanças que estavam em andamento há várias décadas. Como Hartog observa em sua história jurídica do casamento americano, “Vivemos em uma transição marcante na lei marital e no comportamento marital [...] incluindo a obliteração da linguagem jurídica que estabelecia e definia identidades maritais distintas, e o triunfo aparente de um conceito igualitário e contratual do casamento” (HARTOG, 2000: 3). Assim, a cobertura nos Estados Unidos praticamente desapareceu como doutrina e prática judicial no fim do século XX. A sua transformação e abolição final alteraram sistematicamente as correspondências entre meios, transações e relações a respeito do casamento.

Consórcio perdido

O declínio da cobertura, além disso, está ligado a uma segunda transformação importante no relacionamento jurídico entre marido e mulher – concentrando-se no que a lei define como consórcio marital: o investimento que marido e mulher

---

3. Para saber sobre reservas referentes à obliteração da cobertura, leia Hasday, 2004.

adquirem na própria companhia. O consórcio torna-se uma doutrina crucial em processos criminais, quando ações de terceiros prejudicam o investimento, intencionalmente ou por negligência. O caso extremo ocorre quando um dos cônjuges desaparece ou torna-se incapacitado em consequência da ação de terceiros. Em casos de negligência de terceiros causando lesão ou morte ao marido ou à mulher, o cônjuge que sofre a perda pode processá-los por perda do consórcio marital (é claro, os tribunais e os júris fazem uma distinção entre os valores e as causas da indenização por lesão e morte, mas essas diferenças são pouco importantes para essa discussão). Enquanto isso, nas chamadas ações de interferência marital, um cônjuge ofendido poderia processar um terceiro por dois tipos de interferência intencional no relacionamento do casamento. Primeiro, em casos de adultério, o cônjuge ofendido alega danos causados pelo terceiro (que é o amante) em processo de adultério, alegando, entre outros danos, perda de consórcio. Na segunda categoria de ações de interferência marital, que é a alienação de afeto, o autor acusa o réu de lesar ou romper o casamento.

Nenhum indício de relações sexuais adúlteras foi necessário para esse segundo tipo de ação, nem o adultério, por si mesmo, foi suficiente para a afirmação de alienação de afeto. Na verdade, tais processos poderiam ser ajuizados contra parentes e amigos não somente pelo roubo de afeto, mas em âmbito mais amplo, pela mistura danosa e injustificada com o relacionamento marital. Uma crítica de 1934 observou que "provavelmente [...] mais processos por alienação de afeto são ajuizados contra pais e outros parentes muito próximos do cônjuge alienado do que contra qualquer outra classe de pessoas" (BROWN, 1934: 483). Contrastando com a ênfase pecuniária de outra ciência do direito doméstica do século XIX, os casos de interferência marital costumavam ir além das perdas financeiras imediatas até a indenização pelos danos não monetários, como a perda de companhia. Ainda assim, os autores costumavam receber grandes somas (CLARK, 1968: 266).

Por acaso, as ações de interferência marital também ocorriam fora do casamento. Em casos de compromissos de casamento desmanchados, as noivas rejeitadas podiam ajuizar processo por violação de promessa, enquanto os pais de uma mulher seduzida reivindicavam indenização do sedutor. O raciocínio era diretamente paralelo àquele aplicado pela perturbação de um relacionamento marital: o investimento que uma das partes fez na relação com a outra (TUSHNET, 1998; VANDERVELDE, 1996). Porém, a importância relativa desses dois tipos de reclamações (interferência intencional e negligente no consórcio marital), a substância da perda e a simetria de gêneros dos direitos do consórcio mudaram substanciosamente com o passar do tempo (cf. BROWN, 1934; CLARK, 1968; FOX, 1999; HARTOG, 2000; HOLBROOK, 1923; KEETON, 1984; KOROBKIN, 1998; LIPPMAN, 1930). Como sempre, a mudança resultou da convergência de três motivos diferentes: alterações gerais na prática social fora da lei, pressão política e desenvolvimentos internos dentro da área jurídica.

A importância relativa de ações intencionais e negligentes envolvendo reivindicações de perda de consórcio oscilou ao longo dos séculos XIX e XX. As ações por interferência marital explodiram entre o fim do século XIX e a década de 1930, com autores vencedores recebendo indenizações significativas. Entre as décadas de 1930 e 1950, contudo, os reformistas obtiveram sucesso na redução dessas reivindicações. Um dos principais argumentos era uma reclamação de mundos hostis. As ações por interferência marital, na visão dos seus reformistas, estabeleciam um preço inconvenientemente monetário para a companhia, que não tem preço. Entretanto, as reivindicações de consórcio não desapareceram com essas restrições. As disputas sobre negligência costumavam aparecer nos casos de interferência marital e, à medida que seus números definhavam, a negligência logo tornou-se o fundamento principal para as reivindicações de consórcio. Em suas duas principais formas, lesão e morte que gera responsabilidade civil, os cônjuges reclamavam por danos ao seu relacionamento marital. Tanto em casos de lesão e morte, a lei reconhecia a perda sofrida pelo cônjuge sobrevivente de toda ou parte da contribuição para a relação feita pelo companheiro.

Os cônjuges ajuizavam processos por quais perdas? A substância das reivindicações de consórcio foi significativamente alterada com o passar do tempo. Em casos de lesão ou morte, os tribunais do século XIX relutavam muito em conceder indenização de consórcio para qualquer coisa que não fosse perda material. Eles resistiam a atribuir valor à companhia marital, como se ela fosse uma perda material. Numa correspondência próxima à cobertura, os tribunais do início do século XIX indenizavam os maridos exclusivamente pela perda pecuniária dos serviços de suas esposas. Depois, todavia, os tribunais cada vez mais passaram a reconhecer a companhia como perda, além de serviços materiais. À medida que agiam assim, oscilavam entre tratar a companhia e os serviços como indissoluvelmente ligados e tratá-los como legalmente separáveis.

Até mesmo na década de 1930, Leon Green reclamou de que ao menos em processos por óbito os tribunais "negam qualquer proteção substancial ao interesse relacional" dos cônjuges sobreviventes: "Parece que tanto a legislatura quanto os tribunais consideravam o processo por óbito mais uma forma de seguro, ou uma medida emergencial para os sobreviventes contra o asilo, do que um método para proteger o interesse relacional ou uma compensação por qualquer dano a tal interesse" (GREEN, 1934: 472-473). Naquela altura dos acontecimentos, na verdade, a lei já estava mudando, embora vagarosamente. De fato, no início da década, em um artigo da *Columbia Law Review* sobre o "colapso do consórcio", Jacob Lippman, opositor influente à separação de interesses materiais e relacionais, havia observado que "os tribunais assumiram a divisão do consórcio em dois componentes: prático (serviço) e espiritual (afeto, companhia etc.), ignorando completamente o fato de que, em sua origem e por sua própria natureza, o consórcio era e deve ser uma entidade indestrutível" (LIPPMAN, 1930: 672-673).

Até a década de 1960, as indenizações de consórcio regularmente incluíam remunerações pela companhia perdida. A obra *Law of Domestic Relations*, de Homer Clark, oferece a seguinte definição:

> Além de apoio, o consórcio poderia ser resumido como uma referência à variedade de relacionamentos intangíveis prevalecendo entre cônjuges que convivem em um casamento. Antigamente, a ênfase era maior sobre os serviços da esposa do que hoje, quando se reconhece que o afeto mútuo das partes, com tudo o que significa, é mais importante do que os afazeres domésticos da esposa (CLARK, 1968: 261).

Depois da década de 1930, após acabarem com as indenizações por interferência marital, os tribunais tornaram-se mais generosos nas concessões de indenizações relacionadas a lesão e morte que gera responsabilidade civil.

Além das mudanças na importância relativa de ações intencionais *vs.* ações negligentes e no conteúdo da perda reclamada, a simetria de gêneros das reivindicações jurídicas mudou perceptivelmente também. Quem poderia processar? Em geral, desde 1800 o direito americano define consórcio muito assimetricamente. Os maridos eram os únicos autores nas ações do início do século XIX, processando tanto por interferência intencional quanto negligente em seus direitos maritais sobre os serviços da esposa – assim como o senhor tinha o direito de receber pela perda do trabalho de um servo. Após a promulgação, em meados do século XIX, dos estatutos de morte que gera responsabilidade civil pela maioria dos estados, e pela maior parte do resto daquele século, o marido geralmente perdia as reivindicações ligadas aos serviços da esposa. Enquanto isso, a esposa agora poderia ajuizar ações por morte que gera responsabilidade civil pela perda do salário e sustento do marido (WITT, 2000, 2004).

Até o fim do século XIX, as esposas também ganharam acesso legal às reivindicações por perturbação intencional do relacionamento marital, já que os tribunais permitiram que elas processassem por alienação de afeto e adultério. Porém, ainda não era permitido que a mulher pleiteasse indenização quando seu marido fosse ferido. Por que essa exclusão persistente? Os tribunais alegavam que, como o marido recebia indenização por sua perda de capacidade laboral, ele continuava capaz de sustentar a esposa. Nesses casos, uma indenização adicional à esposa representaria uma indenização dupla ilegítima pela mesma lesão ou uma indenização inapropriada por perda não pecuniária. Somente depois do processo *Hitaffer vs. Argonne Co.* (183 F. 2d 811 (D.C. Cir. 1950)), um divisor de águas em 1950, os estados começaram a equalizar regularmente os direitos de marido e esposa por perda de consórcio em casos de lesão (sobre ações de perda de consórcio e gênero, cf. RIDGEWAY, 1989).

Observe as inconsistências da lei concernentes a quem poderia reivindicar legalmente a perda de consórcio e para quê. Nos processos do fim do século XIX e início do XX, a esposa não poderia ajuizar processo pela perda do consórcio do marido se ele fosse lesado por negligência, porém poderia fazê-lo se outra mulher seduzisse-o intencionalmente. Tanto homens quanto mulheres, enquanto isso, não podiam receber indenização pelos aspectos sentimentais do consórcio em casos de morte ou lesão, mas podiam recebê-la em processos de interferência marital.

Como o consórcio mudou

A seguinte lista descreve de forma resumida as mudanças pelas quais a doutrina do consórcio passou:

- *Adultério*: Somente o homem pode ser indenizado até o fim do século XIX, quando a mulher adquire direitos para processar, mas a própria doutrina oscila simultaneamente em termos de importância.
- *Alienação de afeto*: Somente o homem pode ser indenizado até o fim do século XIX, quando a mulher adquire direitos para processar.
- *Morte que gera responsabilidade civil*: Somente o homem pode ser indenizado pela perda de serviços de outros membros da família até a intervenção da lei em meados do século XIX. Depois disso, uma mudança marcante ocorreu: o homem não poderia mais pleitear indenização. A mulher agora poderia pleitear indenização por perda pecuniária de sustento pelo desaparecimento do assalariado do sexo masculino. A partir daí, as perdas não pecuniárias são reconhecidas apenas nominalmente; durante o século XX, um movimento vagaroso é feito em direção à indenização por perdas não pecuniárias.
- *Lesão*: Apenas o homem pode ser indenizado pela perda dos serviços da esposa. Depois da década de 1950, gradualmente, a mulher pode ser indenizada pela perda de companhia marital como resultado da lesão do marido.

À medida que a prática e o discurso judicial a respeito do consórcio mudavam, também mudava o uso das distinções de esferas separadas e mundos hostis. Ao longo dessa história que analisamos, os especialistas jurídicos evocavam a imagem de dois mundos, um de sentimentos, outro de eficiência racional, funcionando de acordo com raciocínios distintos com consequências muito diferentes aos seus participantes. Eles afirmavam repetidamente que o obscurecimento da fronteira entre os mundos contaminaria ambos, tornando os relacionamentos sentimentais mercenários ou introduzindo considerações pessoais em negociações comerciais. Em geral, evocavam símbolos de esferas separadas para marcar fronteiras cujo valor moral apreciavam. Mas os valores morais, as distinções e as justificativas relevantes mudaram profundamente ao longo do tempo.

Antes de mais nada, o desenvolvimento jurídico do século XIX distinguia cada vez mais a posição de esposa daquela de empregada e cada vez mais demarcava essa fronteira com direitos distintos à esposa. Até a década de 1930, o que antes parecia uma fronteira jurídica desimportante tornou-se fundamental: os serviços práticos da esposa não poderiam mais ser distinguidos de sua ligação sentimental com o marido. Os analistas, então, mudaram a aplicação do raciocínio de mundos hostis. Jacob Lippman explicitou isso ao comentar o caso de indenização combinada por serviços sexuais, sentimentais e práticos:

> Parece-me que, se o direito de *consórcio* deve ser reconhecido, não pode haver distinção entre ações de negligência e as chamadas ações intencionais. Os serviços da esposa não podem ser caracterizados como incluindo os afazeres domésticos e excluindo o cuidado afetivo com o marido e os filhos. O *consórcio* que abarca todos esses deveres deve permanecer intacto, senão perecerá completamente (LIPPMAN, 1930: 668).

Portanto, não era simplesmente uma questão de justiça, mas também uma questão de preservar o casamento da contaminação comercial, reconhecendo legalmente os seus elementos sentimentais inextricáveis.

Como sugere o tratamento do consórcio, em constante mudança, os tribunais americanos estavam fazendo trabalho relacional em três aspectos. Primeiro, estavam implementando – e, a longo prazo, modificando significativamente – a lista de relacionamentos disponíveis para ações jurídicas e as distinções entre eles. Nós os vemos, por exemplo, distinguindo cada vez mais os relacionamentos marido-mulher daqueles de patrão-empregada e pai-filho. Segundo, estavam combinando relações, transações e meios, da mesma forma alterando definições legalmente aceitáveis enquanto prosseguiam – e acabavam concedendo os direitos da mulher de ser indenizada pela perda de consórcio em processos de lesão do marido e também indo relutantemente em direção à indenização por perdas não pecuniárias, como companhia, afeto, cuidado pessoal e relações sexuais[4].

Terceiro, os tribunais reformaram parcialmente o seu raciocínio. Além de deduzir as transações e os meios apropriados do relacionamento publicamente reconhecido, eles também raciocinaram a partir das transações observadas em relação à qualidade dos relacionamentos. Em casos de lesão a um cônjuge, vemos os participantes debatendo o caráter das interações entre cônjuges – o quanto são amorosos, atenciosos etc. – na avaliação da indenização apropriada pela perda de consórcio. Entre os indícios relevantes para tais processos, a *American Jurisprudence* lista "o caráter e a conduta dos cônjuges, a qualidade do relacionamento entre os cônjuges, qualquer impedimento no relacionamento sexual e a duração do casamento" (41 *Am. Jur.* 2d Marido e Mulher § 264 (2004)). E um comentarista do *American Law Reports*, na década de 1970, escreve: "Afirma-se que, ao analisar o 'valor' da perda sofrida pela esposa das relações sexuais com o marido, os jurados podem

---

4. Depois, os tribunais de alguns estados concederam a extensão de direitos de consórcio a relações entre pais e filhos e, em alguns casos, a casais em união estável – leia Korzenowski, 1996; Mogill, 1992; Soehnel, 1985; Szarwark, 2003. Enquanto isso, o fato de o consórcio aplicar-se ou não a casais do mesmo sexo provocou contestações judiciais; leia Culhane, 2000-2001; Markowitz, 2000; Merin, 2002: 209-217.

considerar não apenas a frequência das relações antes da lesão do marido, mas também a comprovação do grau de importância da função do sexo na vida da esposa em geral" (LITWIN, 1976).

Encontramos um raciocínio relacional parecido em processos de alienação de afeto[5]. No processo de South Dakota, de *Pankratz vs. Miller* (401 N.W. 2d 543 (S.D. 1987)), o autor, Duane C. Pankratz, um veterinário, processou Winston Miller, um amigo de infância, pela alienação do afeto de sua esposa alemã, Elke. Duane e Elke eram casados por vinte anos e tinham cinco filhos. Miller entrou na vida do casal quando, depois de muitos anos de ausência, voltou a South Dakota como vendedor de seguros. As relações íntimas de Elke com ele iniciaram quando ela começou a frequentar a escola de verão e passar uma noite longe de casa. Em decisão de 1986, o tribunal de primeira instância concedeu a Duane $ 10.000 de indenização compensatória e $ 10.000 de indenização punitiva.

Mas, um ano depois, o Supremo Tribunal de South Dakota reformou a sentença. Miller foi bem-sucedido ao argumentar que não havia sido responsável pela perda sofrida por Duane do afeto da esposa. Na verdade, foi Elke que iniciou o relacionamento: "Na primeira vez em que ficaram íntimos, foi Elke que convidou Winston para o quarto dela. Ela enviava-lhe cartões e presentes em ocasiões especiais; ele não correspondia. Eles não estavam apaixonados; Winston não prometeu a ela nenhum relacionamento futuro, tampouco ela o fez. Elke inclusive estava saindo com outro homem na época do julgamento" (547). A própria Elke admitiu que "o nosso relacionamento [com Duane] estava muito estremecido naquela época [...] Já havia perdido o amor e a afeição pelo meu marido muitos anos antes" (546 n. 5). O tribunal concluiu que "os indícios mostram que o afeto de Elke por Duane havia sido alienado há muito tempo antes do seu envolvimento com Winston" (547). Um manual clássico sobre atos ilícitos, ao se referir a esse caso, comenta: "Não há responsabilidade se todo o afeto entre os cônjuges já tiver acabado, não havendo afeto a alienar" (DOBBS et al., 1988: 129).

Embora falem sobre o assunto em outros termos, advogados, juízes e jurados americanos costumam executar um procedimento típico. Eles acessam uma matriz relacional distinguindo grupos diferentes de laços sociais, transações e meios entre si. Combinam o relacionamento com a sua localização apropriada dentro dessa matriz, raciocinando a partir da situação pública do laço até transações e meios apropriados, assim como a partir de transações observadas até a definição jurídica adequada. Eles negociam uma combinação. Ao agirem assim, frequentemente

---

5. Uma decisão de 1925, em Nova York, *Buteau vs. Naegeli*, 208 N.Y.S. 504 (Tribunal Superior de Nova York, 1925), mostra ambas as estratégias relacionais em ação. Em um processo de alienação de afeto, o tribunal deferiu a indenização sugerida pelo júri de $ 1 à autora (esposa), constatando que ela tinha pouco afeto pelo marido. Porém, o tribunal também deferiu $ 5.000 em indenização punitiva, endossando a intenção do júri de punir "a desconsideração do réu pelo relacionamento marital em seu aspecto de ameaça à comunidade" (506). O tribunal de segunda instância depois reduziu a sentença para $ 1.218,76 (Brown, 1934: 501-502).

justificam suas ações por meio da retórica e da prática de mundos hostis, distinguindo cuidadosamente a relação em questão das outras com as quais ela possa se confundir de modo errôneo – e destrutivo.

Na transformação de cobertura e consórcio, os participantes de processos judiciais americanos alteraram profundamente as correspondências de pacotes relacionais, categorias sociais e categorias jurídicas. Em geral, essas mudanças não eliminaram as fronteiras jurídicas entre esferas supostamente sentimentais e racionais; ao contrário, elas redefiniram a localização e o caráter dessa fronteira. Além disso, em geral as categorias jurídicas ficavam atrás dos pacotes relacionais e das categorias sociais. Porém, as alterações nas categorias jurídicas exerceram sua própria influência. Por exemplo, a mulher casada adquiriu o direito de dispor de seus bens e sua renda sem a autorização do marido.

No terreno jurídico, na verdade, lutas importantes continuam a respeito da compra da intimidade. As legislaturas debatem leis que regem o casamento, a coabitação, a paternidade, a herança e as práticas sexuais, sem mencionar formas de intimidade como relações entre médico e paciente. Advogados, juízes e jurados reagem a casos novos através da negociação de interpretações novas da lei existente. Ao longo dessas mudanças, ademais, os especialistas jurídicos formulam críticas, codificações e doutrinas que, se adotadas pela legislatura ou pelos tribunais, modelam significativamente as práticas jurídicas subsequentes. Uma análise seleta dos debates recentes entre os especialistas jurídicos ilustrará as ligações entre as práticas jurídicas atuais e os argumentos sobre os princípios fundamentais.

Teorias jurídicas concorrentes

Tentativas de reconciliar as transações econômicas e a intimidade em geral buscaram alcançar certo equilíbrio entre ambas, mas não ultrapassaram os reducionismos de mundos hostis e "nada além de". No capítulo anterior, já vimos a tentativa de Richard Posner de eliminar a visão de mundos hostis, substituindo-a por uma alternativa econômica "nada além de". De acordo com Dan Kahan, essa abordagem de "lei e economia":

> apresenta uma teoria abrangente de normas jurídicas fundamentadas no modelo do ator racional. Descritivamente, postula indivíduos que reagem a incentivos jurídicos de maneira racionalmente calculada para maximizar o seu bem-estar material. Normativamente, aprecia as normas jurídicas de acordo com a sua contribuição com a riqueza social. E, prescritivamente, apresenta um acervo programático de máximas e algoritmos criados para tornar a lei eficiente (KAHAN, 1999).

Nos últimos anos, vários especialistas jurídicos reagiram contra esse paradigma econômico extraordinariamente influente. Em alguns casos, retornaram a um argumento de mundos hostis, insistindo que há alguns grupos de comportamento social que a comoditização corrompe, afinal de contas. Outros direcionaram-se para o reducionismo cultural, enfatizando normas, significados e valores sociais como uma alternativa ao racionalismo econômico. E outros, ainda, começaram a formular descrições institucionais e relacionais mais substanciais como concorrentes da estreiteza econômica do direito e do paradigma econômico.

Vamos começar com reavaliações menores até chegar a grandes mudanças. Para ter uma ideia de uma reavaliação relativamente pequena do pensamento pautado em esferas separadas e mundos hostis, considere a filósofa Elizabeth Anderson. Em uma primeira leitura, os argumentos dela aderem de modo muito próximo à visão de esferas separadas, em que os relacionamentos íntimos e comerciais ocupam espaços normativos opostos. "Os bens pessoais [argumenta] são solapados quando as normas comerciais regem a sua circulação" (ANDERSON 1993: 152). Mais especificamente, a comoditização das relações sexuais "destrói o tipo de reciprocidade necessário para perceber a sexualidade humana como um bem compartilhado" (154). Observamos Anderson ponderando delicadamente a necessidade de renegociar as relações de poder entre gêneros sem transformá-las em contratos comerciais. Ela endossa, por exemplo, contratos de casamento criados para equalizar a igualdade dos casais, "contanto que o espírito de uma transação comercial [...] não domine as suas interações" (157). Uma tarefa crítica para as sociedades modernas, portanto, "é colher as vantagens do mercado enquanto mantêm as suas atividades confinadas aos bens que lhe são próprios" (167).

Ao longo do caminho, porém, Anderson qualifica o seu diagnóstico de mundos hostis abrindo a possibilidade de práticas comerciais moralmente diferenciadas. Enquanto declara-se enfaticamente contra a legalização da prostituição, defende que, em circunstâncias de terrível privação econômica, as mulheres pobres tenham o direito de vender seus serviços sexuais. Invocando o cenário possível de uma terapia sexual profissional criada para libertar as pessoas de "formas de sexualidade perversas e patriarcais", Anderson reconhece que alguns serviços sexuais comerciais podem ter "um lugar legítimo em uma sociedade civil justa" (156). Assim, ela imagina o uso de meios legais para manter as fronteiras entre as esferas separadas, mas nos deixa num dilema teórico: os mercados são inerentemente compatíveis com a intimidade ou há algumas formas de transações comerciais que correspondem a diferentes formas de intimidade? Enfrentando a mesma questão, a filósofa jurídica Margaret Jane Radin diverge de Anderson, criticando corajosamente as análises de mundos hostis e teorias de "comoditização universal" similares à de Posner. Porém, no final, Radin retorna a uma versão modificada da visão de mundos hostis.

Em *Contested Commodities*, Radin propõe uma estrutura jurídica que regularia e distinguiria a zona que ela chama de comoditização incompleta – onde "os valores da pessoa e da comunidade interagem de forma penetrante com o mercado e alteram muitas coisas a partir da sua forma pura, livre do mercado"

(RADIN, 1996: 114). Como afirma claramente, essa zona inclui instâncias de relações sexuais comoditizadas e laços entre pais e filhos. Em seu modelo, "o pagamento em troca de relações sexuais", juntamente com "o pagamento em troca da renúncia a uma criança para a adoção", são "casos nodais de comoditização contestada" (131).

As relações sexuais, argumenta Radin, "podem ter aspectos comerciais e não comerciais: os relacionamentos podem ser firmados e sustentados parcialmente por motivos econômicos e parcialmente pelo compartilhamento interpessoal que é parte do nosso ideal de florescimento humano" (134). Contudo, apesar de sua insistência na interação entre cultura e lei, assim como suas objeções convincentes ao que chama de "teoria-dominó" da comoditização, Radin sugere que a "comoditização completa" ocorreria com a monetização na falta de proteções institucionais – especialmente judiciais. No caso da prostituição, por exemplo, enquanto ela defende a descriminalização da venda de serviços sexuais, também insiste que "a fim de verificar o efeito dominó", a lei deve proibir "o empreendedorismo de livre mercado" que acompanharia a descriminalização e "poderia funcionar de forma a criar um mercado organizado de serviços sexuais". Formas diferentes de regulamentação – inclusive censura publicitária – são necessárias, ela conclui, "se aceitarmos que a infiltração extensa de nosso discurso pela conversa da comoditização alteraria a sexualidade de forma tal que não aprovaríamos" (135-136).

No que tange aos mercados de bebês, variando desde o que ela chama de "adoções autorizadas" até "adoção remunerada de crianças 'rejeitadas'", e incluindo a prática de mãe de aluguel (136), Radin hesita de forma ainda mais visível. Embora a doação de bebês possa de fato constituir um ato de "altruísmo admirável", tanto em relação ao bem-estar do bebê quanto dos pais adotivos, a venda de bebês colocaria tal altruísmo em discussão. Ela admite, entretanto, que em princípio os bebês poderiam pertencer a uma zona de "comoditização incompleta", com "estruturas retóricas internas comoditizadas e não comoditizadas", permitindo o altruísmo ao lado das vendas (139). Porém, mais uma vez, da mesma forma que a prostituição, ela teme a dominação final do discurso comercial. "Se uma indústria de bebês de livre mercado viesse a existir", questiona Radin,

> como qualquer um de nós, até mesmo aqueles que não produziram crianças para a venda, poderia evitar a avaliação do valor monetário de nossos próprios filhos? Como os nossos filhos poderiam evitar a preocupação de medir o próprio valor monetário? Essa mensuração compara o nosso discurso sobre nós mesmos (quando somos filhos) e sobre os nossos filhos (quando somos pais) ao nosso discurso sobre carros (138).

Embora Radin aproxime-se muito mais do que Anderson da rejeição à dicotomia de mundos hostis, no último momento ela recua[6].

Similarmente, Margaret Brinig reconhece a fraqueza das formulações de mundos hostis e "nada além de", porém hesita ao especificar o que está por trás delas. Ela confronta diretamente o tratamento jurídico clássico de relações íntimas de família. Não podemos, ela argumenta, transferir conceitos de mercado, firma e contrato intactos e comercialmente arraigados para a esfera das interações familiares. Embora admita que um modelo de contrato ou mercado possa ser aplicado proveitosamente ao estágio formativo dos relacionamentos familiares, como no namoro e na adoção, afirma que ele não consegue acomodar os laços familiares contínuos. O que mais se destaca é que o direito contratual "não tem a linguagem ou os conceitos corretos para tratar de amor, confiança, fidelidade e empatia, que, acima de quaisquer outros termos, descrevem a essência da família" (BRINIG, 2000: 3). Lutando para ir além de uma visão econômica ortodoxa do tipo "nada além de", Brinig várias vezes desvia em direção às polaridades tradicionais de mundos hostis, declarando que

> os casamentos, ou ao menos a maioria dos casamentos, não são como esses contratos ou o direito da Escola de Chicago e os aventureiros em busca de eficiência econômica. Quando os casamentos são bons, envolvem autossacrifício, divisão e outros comportamentos afins, talvez uma visão mais "feminina" do universo. Eles são relacionamentos, não apenas contratos relacionais [...] Na qualidade de sociedade, temos incentivos tremendos para promover a visão não contratual e não comercial do casamento (18).

Brinig, todavia, caminha cautelosamente em direção a paradigmas menos dualistas ou reducionistas. Para substituir o modelo de contrato monístico, ela tece uma distinção entre contratos e pactos; os primeiros restringem-se a "acordos judicialmente exequíveis", os segundos são "acordos executados não tanto pela lei, mas pelos indivíduos e suas organizações sociais" (1). O pacto, ela ainda especifica, "é uma aliança ou promessa que não pode ser desfeita facilmente, ainda que uma das partes não a cumpra total ou satisfatoriamente. Assim, tem durabilidade que ultrapassa aquela de muitas firmas e vai muito além do horizonte de tempo do mercado, onde uma transação pode ser inteiramente episódica ou discreta" (6). Esses pactos – especialmente aplicáveis a relações contínuas entre marido-mulher

---

6. Similarmente, Stephen Schulhofer, em sua preocupação em estabelecer proteções para a autonomia sexual, dispensa o reducionismo econômico como um modelo explicativo. Ele também distancia-se de uma visão de mundos hostis, mas não completamente. Mesmo reconhecendo que "não podemos condenar automaticamente todas as trocas de sexo por dinheiro, independentemente do contexto", ele argumenta que "os relacionamentos sexuais fundamentados em motivos econômicos raramente parecem admiráveis, e nós costumamos considerá-los degradantes". O desafio, diz ele, "é saber quando, se é que isso pode existir, uma pessoa pode ligar *legitimamente* a intimidade sexual ao sustento econômico" (SCHULHOFER, 1998: 161).

e pais-filhos – sugerem não apenas "amor incondicional e permanência", mas envolvimento de terceiros, como Deus, a comunidade, ou ambos.

Brinig não chega a especificar as diferenças em relações ou transações que caracterizam o que ela chama de contratos e pactos. Ela declara:

> Embora nos ofereça algumas ideias sobre o casamento, a teoria clássica da firma falha em parte por causa das características especiais dos casamentos, primordialmente a intimidade e a privacidade. Ela pode nos dizer por que um fluxo contínuo de contratos não funcionará no contexto do casamento, e até mesmo por que as pessoas se casam, mas não por que nos casamentos mais bem-sucedidos cada cônjuge contribuirá alegremente sem "contabilizar as despesas". Aqui a nova economia institucional faz muito mais. Ao enfatizar os custos das transações, a nova economia institucional aborda a ideia de pacto e as preocupações mais amplas da comunidade com o casamento (109).

Se estendermos um pouco a distinção entre pacto e contrato de Brinig, porém, veremos que ela transmite não apenas polaridades, mas formas apropriadas de representar as relações sociais.

Como Radin e Brinig, o jurista Cass Sunstein está tentando encontrar uma posição analítica superior em algum ponto entre os conceitos de mundos hostis e "nada além de". Buscando maneiras fora do reducionismo econômico dominante nos estudos jurídicos, Sunstein e outros proponentes do que Lawrence Lessig (1998) chama de "Nova Escola de Direito de Chicago" estão muito atentos aos significados e às normas sociais (cf. tb. LESSIG, 1995, 1996). Mais especificamente, em sua obra *Free Markets and Social Justice*, Sunstein insiste: "Devemos concordar que as normas sociais desempenham seu papel na determinação de escolhas, que as escolhas das pessoas são uma função do seu papel social particular; e que o significado social ou expressivo dos atos é um ingrediente da escolha" (SUNSTEIN, 1997: 36). Observando que a economia "ao menos como é usada na análise econômica convencional da lei, costuma usar ferramentas que, embora elucidativas, podem ser cruas ou causar erros importantes", ele desafia descrições econômicas da motivação e da valorização humana (4). Notadamente, criticando de modo contundente as teorias de valor jurídicas "monísticas", Sunstein apresenta um argumento irrefutável para a multiplicidade e incomensurabilidade dos valores humanos, como a distinção entre os valores instrumentais e intrínsecos inerentes a produtos ou atividades.

No que se refere à valoração econômica da intimidade, incluindo as relações sexuais, a noção de Sunstein de incomensurabilidade determinada por normas marca uma aguda divisão cultural entre trocas financeiras e sexuais. Ele observa que "se alguém convida uma pessoa atraente (ou um cônjuge) para ter relações sexuais em troca de dinheiro", a oferta seria um insulto, já que reflete "um conceito impróprio do que é o relacionamento" (75). Ele prossegue:

> A objeção à comoditização deve ser vista como um caso especial do problema geral de tipos diversos de valoração. A reclamação é que não devemos comercializar [...] a sexualidade ou as capacidades reprodutivas nos mercados porque a valoração econômica dessas "coisas" é inconsistente e pode até mesmo solapar o seu tipo (não nível) apropriado de valoração (76).

Porém, Sunstein abre uma brecha importante em sua análise. Se, por um lado, endossa a visão de que alguns tipos de transações, inclusive as sexuais, são absolutamente incompatíveis com o mercado, por conseguinte com as transações monetárias, também reconhece que os mercados e as transações monetárias podem acomodar múltiplos sistemas de valoração. Os mercados, ele aponta, "estão repletos de acordos para transferir bens que não são valorados simplesmente para uso. As pessoas... compram o cuidado humano para os filhos [...] Compram animais de estimação por quem sentem afeto ou até mesmo amor". Assim,

> a objeção ao uso dos mercados em certas áreas deve depender da visão de que os mercados exercerão efeitos adversos sobre os tipos existentes de valoração, e não é uma questão simples mostrar quando e por que esse será o caso. Por todos esses motivos, a oposição à comensurabilidade e a insistência em tipos diversos de valoração não chegam a representar oposição à troca de mercado, que é permeada de escolhas entre bens que os participantes valoram de modos diversos (98; para ler uma discussão mais geral sobre proporção, cf. ESPELAND & STEVENS, 1998).

Da mesma forma, Sunstein concorda que o dinheiro, em vez de necessariamente minguar produtos e relações, é por si mesmo socialmente diferenciado: "As normas sociais tendem a resultar em diferenças qualitativas entre os produtos humanos, e essas diferenças qualitativas são combinadas por operações mentais engenhosas envolvendo diferenças qualitativas entre diferentes 'tipos' de dinheiro" (41). Embora em princípio Sunstein pareça haver respondido a questão da "lei e economia" do tipo "nada além de" com uma alternativa de cultura "nada além de", ele passa a uma análise muito mais sofisticada das relações sociais.

Mais impaciente com a adesão acrítica às visões de mundos hostis do que Sunstein, a filósofa Martha Nussbaum resolve desmitificar a conhecida pressuposição de que "receber dinheiro ou firmar contratos ligados ao uso das capacidades sexuais ou reprodutivas de alguém é genuinamente ruim" (NUSSBAUM, 1998: 695; uma exposição mais geral das ideias de Nussbaum é encontrada em NUSSBAUM, 1999). Nussbaum aponta como a repulsa a pagamentos por desempenho corporal originou-se de preconceitos de classe. Tomando o caso da prostituição para desconstruir a comoditização sexual mais amplamente, Nussbaum solicita que reavaliemos rigorosamente "todas as nossas visões sociais sobre ganho de dinheiro e suposta comoditização" (NUSSBAUM, 1998: 699). Observe, ela diz, como a maioria das culturas mistura relações sexuais e formas de pagamento, e estabelece diferentes linhas contínuas para tais relações – variando de prostituição a casamento por dinheiro e incluindo "o envolvimento num namoro caro em que, evidentemente, favores sexuais são esperados pela outra parte" (700). Nussbaum vai além: ela documenta a ampla gama de profissões pagas em que as mulheres aceitam dinheiro em troca de "serviços corporais", desde operárias e empregadas domésticas a cantoras de clubes noturnos, massagistas e até mesmo a professora de filosofia que "ganha dinheiro para pensar e escrever o que pensa – sobre moralidade, emoção [...] partes da busca íntima do ser humano pela compreensão do mundo e autoentendimento" (704)[7].

Porém, apesar de compartilhar muitas características com essas outras formas de "serviços corporais", somente as prostitutas são estigmatizadas. Passo a passo, Nussbaum demole explicações convencionais sobre o que torna a prostituição singular, como a sua imoralidade ou seu apoio a hierarquias de gênero. Ela vai desenvolvendo argumentos filosóficos persuasivos contra as doutrinas de mundos hostis, particularmente a pressuposição de que o dinheiro é incompatível com a intimidade. Não é verdade, argumenta, que uma prostituta "aliena a sua sexualidade apenas baseando-se na afirmação de que ela presta serviços sexuais a um cliente por dinheiro" (714). Aceitar dinheiro em troca de serviços, até mesmo serviços íntimos, não é intrinsecamente degradante. Afinal de contas, Nussbaum lembra-nos, os músicos que trabalham sob contrato e os professores assalariados produzem trabalhos honrados e espirituais. Da mesma forma, insiste, "não há motivo para pensar que a aceitação de dinheiro por uma prostituta em troca de seus serviços necessariamente envolve uma conversão perniciosa de um ato íntimo em uma mercadoria" (716). Tampouco a prostituição, a despeito das preocupações de mundos hostis, contamina as relações sexuais não comerciais; tipos diferentes de relacionamentos podem coexistir e sempre coexistiram.

Em vez de debater a moralidade do sexo comercial, insiste Nussbaum, deveríamos nos concentrar na expansão das oportunidades de trabalho limitadas da mulher por meio de educação, qualificação e geração de empregos. A criminalização da prostituição, afirma Nussbaum, não corrigirá um mercado de trabalho desigual, mas limitará ainda mais as alternativas de emprego de mulheres pobres. Contudo, ela impõe um limite para a prostituição não consensual e coagida, e para a prostituição infantil. Assim, exceto por esse limite, Nussbaum é visivelmente contra o argumento de mundos hostis e a favor da equivalência de uma grande variedade de conexões entre pagamento e intimidade. Essa equivalência, todavia, não reconhece de forma suficiente que, na prática, os sistemas de pagamento e os laços sociais são diferentes e que as pessoas atribuem uma grande importância a essas diferenciações.

---

7. Para conhecer o equivalente masculino dos serviços corporais, leia o que Wacquant, 1998, fala sobre o boxe.

As especialistas jurídicas Linda Hirschman e Jane Larson propõem uma reestruturação ainda mais radical das visões de mundos hostis. Embora em uma primeira leitura a alternativa delas pareça um roteiro econômico do tipo "nada além de", como o de Posner, uma análise atenta demonstra um terreno bem diferente e mais político. Aplicando uma teoria de negociação feminista a relações heterossexuais, elas defendem uma nova ordem sexual do que chamam de "negociações difíceis", em que "homens e mulheres possam reconhecer a antiga natureza política de suas negociações sobre o acesso sexual, assim como o seu compromisso mais recente com a igualdade, começar a desenvolver processos viáveis para resolver suas diferenças e fazer uma divisão justa dos produtos de sua cooperação sexual" (HIRSCHMAN & LARSON, 1998: 3).

Desprezando o paradigma de mundos hostis, Larson e Hirschman insistem que a negociação sexual continua "a despeito da associação cultural do sexo masculino-feminino ao romance e à paixão que não pensam logicamente" (27). Como a negociação heterossexual "ocorre entre atores natural e socialmente desiguais" (267), elas propõem a intervenção judicial para reparar os resultados desiguais da negociação. Uma "negociação estruturada" é possível, argumentam, precisamente porque "o erotismo e as emoções [não] estão isentos das normas comuns do comportamento humano" (268). Mais concretamente, as suas propostas de critérios para alcançar negociações sexuais mais equitativas desafiam diretamente as noções de esferas separadas. Ao contrário, elas distinguem quatro regimes sexuais, cada um envolvendo relações distintas entre as partes e sistemas de pagamento distintos – exceto estupro, que elas propõem criminalizar totalmente. Os quatro são casamento (do ponto de vista do adultério), concubinato (ou, em seus termos, fornicação), prostituição e estupro. Vamos analisar um de cada vez.

No que concerne a sexo fora do casamento, Hirschman e Larson imaginam uma negociação radicalmente transformada entre os cônjuges. Argumentando que o casamento deve incluir "um dever inegociável de exclusividade sexual" (285), elas recomendam uma indenização civil pelo dano moral do adultério: como "bônus" no momento de dividir os bens conjugais após o divórcio ou a morte, ou por algo ainda mais revolucionário, um "processo por ato ilícito pleiteando indenização monetária disponível durante o curso do casamento ou após o divórcio" (285). Hirschman e Larson reconhecem que, no contexto de um "modelo de casamento em que existe partilha" (286), a sua proposta de ato ilícito de adultério envolvendo transações monetárias indenizatórias em casamentos legalmente intactos pode parecer incongruente. Porém, elas justificam sua proposta enfaticamente como uma estratégia jurídica indispensável para reparar o poder de negociação dos cônjuges.

No caso de casais em união estável duradoura, a enfática "proposta de concubinato" (282) de Hirschman e Larson é favorável a obrigações contratuais entre parceiros sexuais não casados. De modo significativo, elas recomendam abolir a ficção jurídica subjacente à decisão de alimentos histórica do caso *Marvin vs. Mar-*

vin, que distingue os aspectos (sexuais) meretrícios ou ilícitos de um relacionamento duradouro de um casal não casado dos seus acordos contratuais legítimos, como contratos de serviços domésticos ou parcerias comerciais. Isso é uma tremenda reversão, pois, como vimos antes, os tribunais esforçaram-se por construir regras de "individualidade" de forma a distinguir laços maritais legítimos de prostituição[8]. Alegando que "não vemos motivo que justifique por que o sexo deve ser excluído como motivação para uma troca entre parceiros íntimos", Hirschman e Larson apoiam as negociações sexuais não maritais como "negócios justos" (280-281). Elas não propõem, todavia, abolir as distinções relacionais. Ao contrário, tentam redesenhar os limites entre os relacionamentos, combinando tipos de direitos com esses relacionamentos. O seu estatuto regulamentar proposto, por exemplo, aplica-se a casais que "se envolveram sexualmente por um período especificado" (280), não a parceiros sexuais de curta duração. Portanto, elas explicam, a diferenciação entre prostitutas e concubinas "permanece uma distinção moralmente significativa" (282). A regulamentação do concubinato, ademais, oferece aos casais escolhas "dentre uma série graduada de obrigações relacionais, sendo o casamento a mais abrangente" (285).

Enquanto isso, observam Hirschman e Larson, a prostituição parece ser "o mais puro dos sexos negociados" (6). Porém, costuma ser uma negociação ruim envolvendo poderes desiguais, frequentemente beirando a coerção. Isso, porém, não torna a venda de sexo – especialmente trocas consensuais adultas – uma atividade criminal. Em vez de criminalizar a prostituição, elas propõem a regulamentação do comércio sexual por meio das leis trabalhistas existentes, assim redefinindo o tipo de relacionamento entre prostitutas, clientes e cafetões pela assimilação deles em uma categoria relacional diferente, amplamente reconhecida como de chefe-empregado.

O equilibrado mapeamento de Hirschman e Larson das distinções relacionais, entretanto, não as leva a endossar cegamente todos os relacionamentos sexuais. Traçando um paralelo direto com Nussbaum, no que se refere a relacionamento sexual não consensual ou, independentemente de consentimento, relações sexuais entre adultos e crianças, elas recomendam penalidades criminais. Assim, elas não negam tanto a fronteira entre relações sexuais legítimas e ilegítimas ao exibir e for-

---

8. Para saber como os tribunais afastaram-se das regras mais severas sobre "cônjuge meretrício" em busca de uma abordagem contratual mais flexível aos acordos de união estável, leia Hunter, 1978. A controvertida decisão do caso *Marvin vs. Marvin*, de 1976, dramatizou o novo alcance da regra de individualidade. Declarando que "acordos expressos serão executados, exceto se forem baseados em consideração meretrícia ilegal", o tribunal distinguiu serviços sexuais de trabalho doméstico e o sacrifício de uma profissão, concedendo a Michelle Marvin uma indenização por tal sacrifício. Ironicamente, ao conceder indenização por serviços domésticos, o tribunal, aponta Hunter, concede a "parceiros meretrícios" maior latitude econômica do que a casais casados, que não podem contratar serviços domésticos (HUNTER, 1978: 1.092-1.094).

talecer essa fronteira. Ao proporem a legitimação de novas formas de indenização monetária para casais não casados e casados, e tratarem a prostituição como trabalho, não como crime, Hirschman e Larson solapam as visões de mundos hostis de formas fundamentais. Tampouco estão, independentemente de seu contumaz vocabulário economista, apresentando uma alternativa comercial "nada além de". Assim como defensores de valor comparável na área do trabalho, elas promovem a intervenção judicial para reorganizar os mercados injustos e banir contratos inaceitáveis.

Feministas atacam desigualdade entre gêneros

Um desafio radical e diferente aos princípios judiciais de mundos hostis e esferas separadas vem de um grupo de especialistas jurídicas feministas que alegam que a separação de esferas fundamentalmente solapa os interesses femininos[9]. Transformar os trabalhos femininos tradicionais exclusivamente em uma questão de sentimento obscurece perigosamente o seu valor econômico. Os tribunais americanos, afirmam essas especialistas, colaboram há muito tempo para esse desserviço.

Carol Rose, por exemplo, ofereceu uma poderosa crítica ao raciocínio de esferas separadas em âmbito jurídico. Apontando que as transferências de bens ocorrem extensamente nas famílias e que as relações de propriedade fora das famílias pautam-se em elaboradas conexões sociais, Rose rejeita as fronteiras convencionais: "Não existem 'aqui dentro' para a família e 'lá fora' para o trabalho [...] Essas esferas interagem incessantemente" (ROSE 1994: 2.417). A tradicional "retórica da divisão e provisão de cuidado", alerta, cria a ilusão de que "questões de propriedade não entram em casa. Mas entram" (2.414). Somente abordando tais questões a igualdade entre gêneros pode ser alcançada tanto durante o casamento quanto após o divórcio: "Quando vemos a propriedade não dita dentro de arranjos disfarçados de 'divisão', também podemos ver a sua injustiça e hipocrisia. É apenas quando negligenciamos os aspectos relativos a propriedade no casamento que rotulamos de 'iguais' relacionamentos que podem ser profundamente hierárquicos" (2.415). Os tribunais, porém, aponta Rose, resistem fortemente a tratar as disputas familiares como questões de propriedade, tipicamente ignorando, por exemplo, as contribuições econômicas do trabalho doméstico feminino.

De fato, conforme amplamente documentado por Reva Siegel, a divisão entre as esferas da família e do mercado custou um esforço jurídico meticuloso. Concentrando-se em debates do século XIX sobre a avaliação do trabalho doméstico, ela mostra como os tribunais segregaram cuidadosamente esse trabalho como uma troca não comercial. À medida que os estatutos sobre renda davam à esposa cada

---

9. Cf. Chamallas, 1998; Dubler, 2003; Fellows, 1998; Finley, 1989; Goodman et al., 1991; Jones, 1988; Kornhauser, 1996; McCaffery, 1997; Schlanger, 1998; Schultz, 2000; Silbaugh, 1996; Tushnet, 1998.

vez mais direito a renda proveniente de seu "trabalho pessoal" para terceiros, eles foram consistentemente excluindo o trabalho familiar realizado para o marido ou a família (cf. tb. COTT, 2000; STANLEY, 1998). Os tribunais, descreve Siegel, "recusavam-se a executar contratos entre cônjuges por trabalho doméstico, alegando que tais contratos transformariam o relacionamento de casamento num relacionamento comercial" (SIEGEL, 1994: 2.139-2.140). Assim, os tribunais assumiram e defenderam tanto as esferas separadas quanto os mundos hostis. A estratégia funcionou. Mais de um século depois, Siegel observa:

> Vivemos em um mundo onde o trabalho não assalariado em casa situa-se como uma anomalia sem explicação, mas que tampouco requer uma explicação. Nesse mundo é preciso um ato de escrutínio crítico para discernir que as relações comerciais foram sistematicamente delimitadas e que o trabalho vital para o seu apoio é, com sistematicidade igual, expropriado das mulheres continuamente (2.210).

Desmascarando de modo similar o que chama de "ansiedade de comoditização", Joan Williams alega que "o temor de um mundo manchado pela comoditização dos relacionamentos íntimos alimenta a oposição a conceder os direitos da esposa com base no trabalho doméstico". Discordando mais radicalmente das visões de mundos hostis do que Margaret Jane Radin, Williams observa que, juntamente com outros especialistas jurídicos em comoditização, Radin ignora que "o problema principal da mulher foi a pouca comoditização, não o excesso dela" (WILLIAMS, 2000: 118).

Williams destaca o favorecimento de gênero arbitrário da comoditização que acontece em acordos de divórcio. Como resultado do que ela chama de regra "ele ganhou, levou", o marido normalmente recebe uma fração maior dos bens maritais. O pressuposto prevalente de esferas separadas de que "o trabalho para a família é uma expressão de amor" (120), comenta, desconsidera que o trabalho para a família também é trabalho. Depois, Williams aborda o exemplo crucial dos "casos de título profissional", em que a esposa pleiteia indenização no divórcio por haver financiado o título profissional do marido. Ela relata a hostilidade dos tribunais a tais demandas, de forma diretamente paralela às decisões do século XIX citadas por Siegel. Num processo de 1988, em West Virginia, o tribunal declarou que "a caracterização das contribuições maritais como um investimento mútuo, como se marido e mulher fossem propriedades humanas, degrada o conceito de casamento" (apud WILLIAMS, 2000: 117). Determinada a desfazer tal sentimentalismo preconceituoso, Williams apresenta critérios corretivos para obter uma compensação justa para as mulheres. Por exemplo, a sua proposta de propriedade conjunta reconheceria o trabalho para a família como economicamente valorado, justificando a divisão de renda pelos cônjuges após o divórcio. Isso, portanto, solaparia a pressuposição dos tribunais e da legislatura de que "as reivindicações masculinas suscitam direitos, enquanto as reivindicações femininas são tratadas como caridade" (131).

Às vezes, a empedernida crítica de Williams sobre os mundos hostis, como a de Brinig, beira o reducionismo economista "nada além de". Porém, ela tem o cuidado de distinguir as suas propostas de divisão de renda de outras que se baseiam no que ela vê como "analogias forçadas com a lei de sociedade comercial" (126). Ao fazer isso, ela começa a reconhecer a diferenciação dos laços sociais entre cenários como famílias, firmas, mercados e organizações. Ao mesmo tempo, contudo, ela deseja uma leitura da lei na qual tais relações projetem sombras judiciais que sejam financeiramente equivalentes.

Martha Ertman une-se ao esforço feminista para uma economia da intimidade revista e mais justa. Ela oferece recursos jurídicos que unem especificamente a divisão entre intimidade e transações econômicas, sem que uma se reduza à outra. Pautando-se na flexibilidade e na aceitabilidade do direito comercial, Ertman pretende abrir brechas para a defesa jurídica das relações íntimas como contratos particulares exequíveis (leia tb. COHEN, J., 2002). Ela descreve três argumentos para a estratégia: primeiro, como a doutrina do direito de família já endossa a particularização, juízes e legisladores serão receptivos a aplicar modelos comerciais a assuntos domésticos; segundo, a flexibilidade do direito comercial acomodará as crescentes variações nos relacionamentos íntimos; e, finalmente, os modelos comerciais adéquam-se bem à negociação com intervenções jurídicas nos aspectos financeiros da intimidade, como a divisão de bens após o divórcio.

As analogias que Ertman propõe incluem "uma compreensão do casamento como algo similar a empresas, união estável como algo similar a sociedades, e poliamor como algo similar a sociedades de responsabilidade limitada" (ERTMAN, 2001: 83). O termo pouco conhecido *poliamor* refere-se, segundo a análise de Ertman, a:

> uma grande variedade de relacionamentos que incluem mais de um participante. Por exemplo, um homem pode se afiliar a várias mulheres que estejam sexualmente envolvidas com ele, mas não uma com a outra. Essa estrutura, a poligamia, associa-se aos mórmons, e ainda é comum em muitas sociedades não industriais [...] O termo também inclui estruturas com combinações de pessoas que organizam a sua vida íntima juntas, independentemente da extensão dos elementos sexuais da estrutura. Assim, se um casal de lésbicas tiver um filho por inseminação alternativa, usando um *gay* como doador conhecido para ser o pai da criança, e o doador permanecer envolvido na vida da criança, a estrutura é poliamorosa (124).

Defendendo-se de possíveis acusações de reducionismo economista "nada além de", Ertman explica que a comparação entre modelos comerciais e acordos íntimos "não é uma equação: nem toda interação íntima é como uma transação comercial, tampouco todos os relacionamentos comerciais são unicamente financeiros em sua essência". A meta dela é encontrar "novas formas de pensar sobre os antigos problemas enraizados em entendimentos naturalizados de intimidade" (98;

cf. tb. ERTMAN, 2003). Por exemplo, ela propôs "acordos de seguro pré-maritais" para garantir que a mulher continue a receber indenização por seus esforços domésticos após o fim de um relacionamento (ERTMAN, 1998). Em suma, Ertman explicita uma estratégia difundida em argumentos jurídicos, tecendo analogias com o direito estabelecido para alterar as formas existentes das doutrinas e práticas jurídicas.

A intimidade e a economia revisitadas

Todos esses esforços recentes reorientam as discussões sobre a interseção entre a intimidade e os pagamentos monetários de maneiras fundamentais. Eles rejeitam as dicotomias de esferas separadas-mundos hostis, assim como reducionismos "nada além de". Além do mais, de um jeito ou de outro, cada crítico discutido reconhece a presença de laços sociais diferenciados e variações correspondentes nos sistemas de pagamento. Eles começam a apreciar a prevalência e a complexidade do trabalho relacional. Assim, aproximam-se da adoção de uma visão de vidas conexas.

Este livro une-se aos esforços deles. Ele examina como as pessoas e os tribunais de fato negociam a sobreposição dos laços sociais íntimos com as transações econômicas. Ele faz isso concentrando-se em três áreas altamente contestadas de interseção entre si. A primeira, o capítulo 3, é a união, todo o espectro de relações sociais em que uma possibilidade importante presente ou futura é a intimidade estabelecida, inclusive a intimidade sexual. A segunda, o capítulo 4, trata do cuidado, da atenção pessoal e prestação de serviços, desde o âmbito profissional até o doméstico. O capítulo 5 dedica-se às famílias, amplamente definidas como todas as formas de coabitação durável; nas famílias, vemos fortes sobreposições entre união, cuidado e coabitação. Após essas análises detidas, o livro termina com uma reconsideração mais geral sobre a compra da intimidade.

3
União

Em 23 de junho de 1997, o Conselho Disciplinar de Advocacia do Kansas reuniu-se para considerar a conduta de Jerry L. Berg, um advogado especializado em divórcios de Wichita, Kansas. Em reclamações individuais, seis das clientes de Berg acusaram-no de comportamento sexual indevido. Após considerar os indícios, o conselho recomendou que sua licença fosse cassada. Embora não haja uma proibição específica no Kansas contra relações sexuais entre advogado e cliente, o conselho condenou "a exploração do relacionamento advogado-cliente em detrimento da cliente" (*In re Berg*, 955 P. 2d 1.240, 1.247 (KAN, 1998)).

Em uma das seis reclamações, R.M. relatou ter consultado Berg sobre o seu divórcio em agosto de 1993, já que o seu primeiro advogado não havia conseguido progressos no processo. Berg e R.M. haviam se conhecido quando os pais dela se divorciaram, uns três ou quatro anos antes, e Berg havia conversado com R.M., então com quatorze ou quinze anos, sobre os seus problemas com álcool e drogas. R.M., "estressada, confusa, suicida e consultando um conselheiro" (1.244) agora estava preocupada em perder a guarda de seu filho de um ano para o marido, além de desejar garantir que ele pagasse a pensão alimentícia ao filho. Em 14 de outubro de 1993, na véspera do fim do divórcio, R.M. foi ao escritório de Berg entre seis e sete horas da noite para assinar um acordo de divisão de bens. Embora ela fosse menor de idade, não podendo consumir álcool, Berg convidou-a para sair, pedindo várias bebidas alcoólicas, incluindo uma chamada "sexo na praia". Depois de conversarem sobre assuntos sexuais, voltaram para o escritório dele para assinar mais papéis.

Foi aí, depôs R.M., que Berg "agarrou-a" e beijou-a, e ela fez sexo oral nele. Embora tenha reconhecido que o sexo não foi forçado, ela disse que estava assustada e com medo de que, se resistisse, Berg não a representasse no tribunal no dia seguinte. Depois do divórcio ter sido concedido, R.M. endossou uma restituição de imposto de renda como pagamento para Berg. Embora ela ainda devesse em torno de $ 200, Berg assinou o recibo como "quitado". R.M. depôs: "Eu me senti como uma prostituta, pois era como se eu tivesse pagado pelos meus serviços na véspera". Berg não a cobrou mais. O seu relacionamento sexual continuou, já que R.M. ainda consultava Berg sobre outros assuntos jurídicos, mas terminou abruptamente em 14 de junho de 1994, quando Berg, em busca de consolo depois de perder uma causa importante, visitou R.M. em seu apartamento. Como estava se recuperando de um aborto espontâneo, ela recusou-se a fazer sexo, mas ele insistiu. Dois dias depois, ela enviou a Berg uma carta destituindo-o de seus serviços como advogado. Até então, R.M. declarou, ela considerava Berg seu advogado.

Em sua defesa, Berg argumentou que as suas relações sexuais com R.M. não haviam começado antes de 15 de outubro de 1993, quando o seu processo de divórcio terminou. Naquele momento, segundo ele, ela não era mais sua cliente. Como não existia relacionamento entre advogado e cliente, afirmou Berg, o relacionamento sexual era legítimo. Para reforçar sua defesa, Berg levou um psicólogo que o tratava, tendo-o diagnosticado como viciado em sexo. Berg também declarou frequentar as reuniões semanais dos Viciados em Sexo Anônimos, grupos de estudos bíblicos e reuniões do grupo cristão *Promise Keepers*, e que finalmente estava se reconciliando com a esposa.

Berg recorreu da cassação. Em 6 de março de 1998, porém, o Supremo Tribunal do Kansas concordou com a decisão do Conselho Disciplinar de cassar Berg. Entre outras questões, o tribunal determinou que R.M. continuou a ser cliente de Berg até 16 de junho de 1994. De qualquer forma, o tribunal declarou:

> Não é mais persuasivo tentar justificar a conduta de alguém pela defesa de um cenário em que, mal termina o divórcio, todos os fundos disponíveis da cliente são tomados (uma restituição de imposto de renda) e em seguida o saldo da dívida é quitado com um mero rabisco. E, imediatamente depois, uma cliente menor de idade e vulnerável começa a ser seduzida com bebidas alcoólicas (1.255).

O caso Berg demonstra uma mistura espetacular de intimidade, transações econômicas e relações profissionais. Nesses casos, advogados e especialistas jurídicos discutem com frequência sobre exatamente onde traçar o limite entre relações próprias e impróprias (cf., p. ex., BOHMER, 2000; LARSON, 1993; MISCHLER, 1996, 2000; SCHULHOFER, 1998). O conselho disciplinar e o Supremo Tribunal do Kansas finalmente decidiram tratar Berg como um advogado que havia abusado do seu relacionamento com uma cliente.

Ao fazer isso, eles negaram que o casal fosse uma dupla de amantes ou até mesmo de prostituta e cliente. As partes quase não discutiram sobre o que havia acontecido, nem mesmo sobre as intenções dos participantes. O que estava em questão era se a combinação de relacionamentos, transações e meios era moral e profissionalmente aceitável. O conselho e o Supremo Tribunal do Estado disseram que não. Eles estavam defendendo uma fronteira profissional bem demarcada contra a corrupção em duas direções opostas. Por um lado, defenderam-na contra a possibilidade de que os profissionais licenciados usassem sua autoridade para obter atenções íntimas ilícitas, assim causando desonra externa e descrédito na profissão. Por outro lado, defenderam-na contra a possibilidade de que as relações íntimas levassem os praticantes a violar os entendimentos, as práticas e as relações estabelecidos, por conseguinte atrapalhando a organização interna cuidadosamente racionalizada da profissão.

Considere outro caso que foi a julgamento em Wisconsin, seis anos antes do julgamento de Berg. David Kritzik, um viúvo rico, "inclinado à companhia de mulheres jovens", durante seis anos, no mínimo, havia dado às irmãs gêmeas Leigh Ann Conley e Lynnette Harris mais de meio milhão de dólares, em espécie e em dinheiro: ele deixava um cheque em seu escritório regularmente, o qual Conley ia buscar todas as semanas ou a cada dez dias com o próprio Kritzik ou com a sua secretária (*Estados Unidos vs. Harris*, 942 F. 2d 1.125, 1.128 (7° Cir. 1991)).

O caso aborda a questão da tributação de transferências monetárias a uma amante em relacionamentos duradouros[1]. Tais transferências eram presentes ou pagamentos? Se fossem presentes, Kritzik teria de pagar imposto sobre doações; se fossem pagamentos, as irmãs teriam de pagar imposto de renda. Os Estados Unidos alegaram que o dinheiro constituía pagamento. Como parte dos indícios, o governo argumentou que a forma de transferência, um cheque regular, era a mesma de um funcionário que recebe salário. As irmãs Harris e Conley foram condenadas por evasão fiscal, sendo presas. Após a morte de Kritzik, porém, os advogados delas recorreram. Embora o governo insistisse que a forma de transferência monetária constituía pagamento, o recurso apontou que isso poderia ter sido um direito: "esta forma de pagamento [...] poderia facilmente ser a de um dependente que ia buscar cheques regulares para sustento financeiro" (1.129). O tribunal regional, além disso, rejeitou uma declaração apresentada por Kritzik aos investigadores da Receita Federal antes de falecer, afirmando que tanto Harris quanto Conley eram prostitutas. O tribunal indeferiu o seu pedido, alegando tratar-se de uma provável mentira para proteger-se de sanções civis ou criminais pela inadimplência com os impostos sobre doações.

O tribunal finalmente concordou que os pagamentos de Kritzik eram doações. Evocando precedentes jurídicos, o advogado das apelantes conseguiu ser convincente com o argumento de que "uma pessoa tem o direito de tratar o dinheiro e os bens recebidos de um amante como doações, contanto que o relacionamento consista em algo mais do que pagamentos específicos por sessões específicas de sexo" (1.133-1.134). Várias cartas de Kritzik a Harris entraram nos autos como provas de sua confiança e afeto duradouros. Ele escreveu, por exemplo: "sobre as coisas que eu dou a você – eu fico ainda mais satisfeito ao dar do que você fica ao receber", acrescentando: "Adoro dar coisas a você e vê-la feliz, aproveitando-as" (1.130). Em outra carta, ele diz a Harris: "Eu [...] amo muito você e farei tudo o

1. Sobre esse assunto, cf. Bittker, 1983, cap. 3, p. 11-12; McDaniel et al., 1994: 149; Klein e Bankman, 1994: 150-151. *Estados Unidos vs. Harris*, uma ação criminal, obviamente é uma exceção às demandas usuais de tais processos nos tribunais civis.

que puder para fazê-la feliz" (1.130), acrescentando que cuidaria da segurança financeira de Harris.

O que o advogado das apelantes estava fazendo? O recurso desafiou a ideia de que as transações econômicas falam por si mesmas, assim como o esforço para deduzir relações de transações isoladamente. De fato, os juízes do caso negociaram exatamente sobre onde colocar a fronteira dos relacionamentos comerciais e amorosos. O juiz Flaum, embora concordando com a reforma da sentença condenatória das irmãs, preocupou-se com a amplitude do princípio que os seus colegas juízes evocaram: "Discordo da maioria, que destila de nossa competência sobre doações/renda uma regra que tributaria somente o tipo mais básico de troca de 'dinheiro por sexo' e isentaria categoricamente de tributação todas as outras transferências de dinheiro e bens às chamadas amantes ou companheiras" (1.135).

Independentemente de suas diferenças filosóficas, os membros do tribunal concordaram que as distinções entre categorias de pagamento, nesse caso entre doação e pagamento, dependem do tipo de relacionamento entre as partes envolvidas: amantes *versus* cliente-prostituta. Os tribunais não tiveram escolha a não ser examinar a combinação entre relação, meios e transações a fim de identificar a situação jurídica das transações. Na verdade, os tribunais tributários definiram superficialmente relacionamentos parecidos em outros casos como prostituta-cliente, cobrando da mulher imposto de renda sobre seus pagamentos (cf., p. ex., *Jones vs.* Receita Federal, 36 T.C.M. (CCH) 1.323 (1977)). Obviamente, se Kritzik e Harris fossem marido e mulher, e não amantes, suas transferências de dinheiro provavelmente seriam transações domésticas isentas de impostos.

Até agora, nenhum leitor deve estar surpreso com o que os tribunais do Kansas e os tribunais federais estavam fazendo. Embora falem uma língua de intenção e moralidade, os tribunais fazem a versão jurídica do trabalho relacional. Eles consultam uma matriz de relações possíveis entre as partes envolvidas, localizam o relacionamento em questão dentro dessa matriz, estabelecem distinções de outros relacionamentos e, dentro do relacionamento, insistem na combinação apropriada de relação, transação e meios. As próprias fronteiras exatas dentro da matriz tornam-se objetos de contestação, já que as partes interessadas negociam a linha que separa formas próprias e impróprias de intimidade. Com Berg e R.M., tanto o conselho disciplinar quanto o Supremo Tribunal do Kansas definiram o relacionamento contestado como advogado-cliente, separando-o de amantes comuns ou prostituta-cliente. Assim, declararam ilegítimos a interação sexual de Berg com R.M. e seus procedimentos de cobrança. Por ironia, também concordaram implicitamente que, se o relacionamento entre o casal *tivesse sido* de amantes, e não de advogado e cliente, exatamente as mesmas transações teriam sido aceitáveis, ou ao menos legais. O tribunal traçou uma fronteira moral separando as relações próprias de advogado e cliente daquelas de amantes.

As fronteiras entre os relacionamentos íntimos têm algumas características marcantes. Embora participantes, observadores e terceiros comumente marquem tais distinções com discurso e prática moral, raramente as interações definidoras de um lado ou do outro da fronteira são universalmente aceitáveis ou inaceitáveis por si mesmas; elas dependem do contexto. A relação sexual, por exemplo, torna-se uma obrigação exequível para cônjuges, uma opção para namorados e uma transgressão proibida para pares de advogado e cliente. Similarmente, doações caras tornam-se obrigações em algumas relações, opções em outras e ainda transgressões proibidas em outras. A combinação de relação, transação e meio é crucialmente importante. Tais fronteiras também incluem limites temporais, com o surgimento de questões concernentes a que relação um casal ocupava no momento de certa transação: *naquele momento*, eles eram um casal casado, noivo, solteiro, cônjuges de outras pessoas, sócios comerciais, advogado e cliente, cliente e prostituta ou conhecidos que saem juntos? Todas essas relações têm inícios e términos razoavelmente claros. Entre esses limites temporais, participantes, observadores, terceiros e conselhos disciplinares esforçam-se por combinar relações, transações e meios. Quando a intimidade está envolvida, o trabalho relacional demanda muito esforço.

As características surpreendentes da intimidade não terminam aqui. Contrariando as expectativas, as relações íntimas raramente envolvem apenas duas pessoas. Terceiros adquirem fortes investimentos na intimidade de um par e costumam agir de forma a canalizar, inibir, alterar ou até mesmo iniciar as transações e os meios que um casal emprega. Os casos Berg e Kritzik nos mostraram o interesse que as associações profissionais e as agências governamentais (no caso Kritzik, a Receita Federal) exercem sobre as relações íntimas. Pais, parentes, amigos e companheiros de congregações religiosas costumam intervir para promover algumas versões de relacionamento amoroso e desencorajar outras. No que tange à provisão de conselhos, cuidados corporais, informações confidenciais ou apoio emocional, terceiros frequentemente agem com muita eficiência para garantir que o destinatário desses serviços receba-os das pessoas certas, sob a definição própria, de forma aceitável, com pagamento apropriado ao provedor. Nas relações íntimas, as partes negociam as formas e os significados particulares do seu relacionamento. Mas terceiros quase sempre ficam muito próximos, defendendo as fronteiras.

Fora do âmbito jurídico, na prática geral e cotidiana, as pessoas participam de uma triagem de casais similar. Elas não empregam exatamente as mesmas distinções que os advogados, tampouco evocam exatamente as mesmas avaliações morais de diferentes tipos de relações. Mas fazem tal triagem a partir de todo o espectro de relações que envolvem a possibilidade de intimidade, desde advogado-cliente ou médico-paciente até amigos, vizinhos, colegas de trabalho e parentes. As categorias jurídicas e comuns interagem, além disso; processos judiciais afetam a forma pela qual as pessoas se unem, enquanto as práticas rotineiras afetam a forma pela qual a lei funciona; vimos juízes nos casos Berg e Kritzik referindo-se a práticas atuais ao tomarem suas decisões.

Analisando os pares íntimos

Este capítulo concentra-se em relações entre pares que – como aquelas de Berg com R.M. e Kritzik com Harris – envolvem a possibilidade de intimidade extensa. Em ambos esses casos, a intimidade era sexual, mas princípios parecidos aplicam-se a uma ampla gama de intimidade. Dividir segredos, manusear arquivos confidenciais, dar conselhos, fornecer informações econômicas confidenciais indevidamente, consolar e administrar cuidados pessoais envolvem diferentes tipos de intimidade, mas ocorrem comumente sem relações sexuais. Sejam elas sexuais ou não, conforme afirmou Randall Collins, as relações íntimas entre pares oferecem a promessa – e a ameaça – de interação emocional mais intensa e consequencial do que as relações sociais cotidianas (COLLINS, 2004, esp. cap. 6). Todas elas exigem trabalho relacional: estabelecimento de laços sociais diferenciados, sua manutenção, remodelagem, distinção de outras relações e às vezes seu término.

Tais transações íntimas ocorrem em uma ampla gama de pares: amigos, parceiros, vizinhos, colegas de trabalho, empregador-empregado, profissional-cliente, pais-filhos. Em todos eles, as transações econômicas frequentemente misturam-se com a intimidade. Como veremos, nesses pares os participantes e terceiros combinam regularmente o relacionamento em questão com uma matriz de relações possíveis entre as duas pessoas, distinguem-na claramente de relações próximas com as quais ela possa se confundir, delimitam a fronteira por meio de esforço conjunto e, dentro do par, negociam combinações apropriadas de relação, transações e meios. Eles costumam evocar ideias e práticas de esferas separadas e mundos hostis ao se defender de combinações inapropriadas. Terceiros obviamente desempenham importantes papéis na modelagem de relacionamentos entre pares: amigos em comum apresentam prováveis casais, pais tentam impedir relacionamentos infelizes, a polícia monitora transações ilegais, os próprios casais procuram consultores competentes em busca de uma decisão ou de apoio. Este capítulo apresentará várias intervenções de terceiros – inclusive intervenções jurídicas – em relacionamentos entre pares. Mas a sua análise concentra-se em como a interação entre os dois agentes principais funciona, e por quê. Primeiro, analiso os relacionamentos de casais em práticas sociais rotineiras. Depois, traço um paralelo das práticas jurídicas.

Começo com o par como o cenário de intimidade mais elementar, concentrando-me especialmente nos relacionamentos amorosos e nas relações sexuais. O foco estreito possibilitará ver o processo de combinação e estabelecimento de fronteiras mais claramente. O capítulo 4 continuará a abordar os relacionamentos que envolvem cuidados, aqueles em que ao menos uma das partes provê atenção contínua e/ou intensa que melhora o bem-estar. Os relacionamentos de cuidados costumam envolver mais de duas pessoas, levando-nos, então, além do escopo deste capítulo. Mas o cuidado não esgota as relações íntimas entre os casais, já que a intimidade inclui algumas formas de partilha de segredos, aconselhamento, análise pessoal e intervenção forçada – por exemplo, estupro – que de forma alguma melhoram o bem-estar. O capítulo 5, sobre as famílias, usará um cenário em que os pares íntimos e o cuidado costumam coincidir, mas nem sempre; a coabitação às vezes acontece com o mínimo de intimidade e cuidado. O livro como um todo, portanto, analisa a interseção de intimidade e transações econômicas através de três lentes diferentes e cada vez mais complexas.

Considerando um par interagente de pessoas, a primeira lente consiste em uma série de perguntas:

- Qual é o nome deste relacionamento?
- Onde ele se encaixa no conjunto de relacionamentos similares?
- O que o separa dos relacionamentos similares mais próximos?
- Que combinações de nomes, transações e meios são apropriadas para essa categoria?
- Como participantes e terceiros negociam a definição?
- Como negociam a combinação de definição, transação e meios?
- O que acontece quando uma das partes rejeita a atual combinação, considerando-a inapropriada?
- Como as partes negociam as transações que ultrapassam fronteiras e invadem relacionamentos adjacentes?

Como, em suma, casais e terceiros fazem o seu trabalho relacional? Na prática comum e nas disputas judiciais, podemos aplicar essas perguntas a todo um conjunto de casais íntimos. O restante deste capítulo primeiro analisa a prática comum, depois passa para as disputas judiciais.

A fim de disciplinar o argumento, omiti vários tópicos fascinantes nas práticas e na lei, inclusive agentes de casamento (se é legal ou apropriado que um casamento seja arranjado por um agente), acordos pré-nupciais (sob que eventuais condições constituem contratos vinculantes), interesse segurável (se uma das partes pode fazer seguro de vida para a outra), perda de consórcio para casais noivos (se uma parte noiva pode ajuizar processo pela perda da companhia e dos serviços da outra), doações a empregados (sob que condições e de que forma são proibidas, toleradas ou exigidas) e, finalmente, motivos defensíveis para o término de noivados. No que se refere a ideias de mundos hostis, o capítulo demora-se mais nos perigos de que a intimidade corrompa relações profissionais, comerciais e burocráticas do que nos perigos de que tais relações corrompam a intimidade. O próximo capítulo (sobre cuidados), por sua vez, dedica muito mais atenção à possível corrupção das relações íntimas pelo comercialismo.

Intimidade diferenciada

Muitas profissões constroem limites acentuados separando relações apropriadas e inapropriadas entre praticantes e clientes. O limite protege contra abuso por profissionais e exigências inadequadas de clientes. Lembre-se do guia clínico para psicoterapeutas. Além das práticas mencionadas no capítulo 1, ele exorta severamente contra fornecer aos pacientes diagnósticos falsificados que o qualifiquem a pagamentos de reembolso ou por incapacidade, e contra testemunhar a favor de um paciente em litígios judiciais. Além de ilegais e sem ética, alerta o guia, essas práticas vão além do "relacionamento terapeuta-paciente, tornando-se um 'favor especial'" (REID, 1999: 87). Os terapeutas também são alertados para não fazer avaliações de incapacidade para pacientes que solicitem benefícios de seguro ou do governo. Ademais, e com ainda mais rigor, o guia estigmatiza a divulgação de informações confidenciais de pacientes, exceto em casos de intimações legais ou divulgações autorizadas pelo paciente a pagadores, como seguradoras.

As relações entre terapeuta e paciente, além do mais, jamais devem descambar para trocas financeiras do tipo consultor-investidor:

> Por exemplo, se um paciente executivo revelar alguma questão empresarial durante a terapia que possa afetar o preço de ações, a compra ou venda das ações poderia ser considerada uma violação de privilégios, uma atitude além do interesse do paciente, ou uso indevido de informações confidenciais. O mesmo aplica-se a ajuda ou "dicas" que você venha a dar ao paciente [...] Não sugira, recomende nem mesmo informe o paciente sobre coisas como investimentos, e tome cuidado com aconselhamento direto sobre tópicos como emprego e relacionamentos. Há uma diferença entre elucidar pensamentos e sentimentos para encorajar boas decisões e influenciar tais decisões inapropriadamente (REID, 1999: 89-90).

O guia também desaconselha atender pacientes após o horário normal ou disponibilizar o telefone residencial a eles. Os psicoterapeutas concentram a sua perícia profissional em um certo tipo de intimidade. Porém, também impõem uma definição acentuadamente restrita de transações íntimas próprias e impróprias entre terapeuta e paciente.

Não apenas os psicoterapeutas, mas muitos outros especialistas médicos correm o risco de prejudicar a intimidade. Normalmente, eles também erigem barreiras éticas contra a possibilidade de que as relações íntimas comprometam a eficácia do seu tratamento – e a reputação de sua profissão. Um manual amplamente usado sobre atendimento médico, escrito para estudantes, conta esta história admonitória:

> Quando eu era residente, lembro-me de passar boa parte do tempo com uma jovem paciente diabética que havia tomado uma *overdose* de insulina após uma discussão com o namorado. Fui simpático e compreensivo, conversava com ela sobre a importância de fazer uma terapia, e explorava maneiras pelas quais ela poderia melhorar a sua situação social e responder mais adequadamente ao estresse. No domingo depois de receber alta, ela enviou um recado para o meu *pager*, perguntando se poderia me encontrar no saguão do hospital. Embora eu

> estivesse muito ocupado naquele plantão, eu a encontrei, ouvi seus problemas recentes com o namorado e segurei sua mão enquanto ela chorava. Ela perguntou se poderíamos almoçar juntos no dia seguinte. Eu concordei.
> Eu sabia que almoçar com ela era inapropriado, mas achava que os médicos precisavam estar disponíveis para os pacientes e dedicar atenção extra para ajudá-los. Eu me sentia lisonjeado por ela me achar tão prestativo, e gostava de me sentir competente em minhas habilidades de conselheiro, num momento em que os meus sentimentos de competência estavam sendo desafiados pelos pacientes doentes e terminais do meu trabalho. Provavelmente eu também me sentia atraído por ela e gostava da intimidade de nossas conversas. Percebi, contudo, que atender as minhas próprias necessidades estava minando a minha capacidade de ajudá-la. No almoço do dia seguinte, eu lhe relatei o meu desconforto e discuti a necessidade de estabelecer limites profissionais apropriados para poder continuar a tratá-la na clínica (COLE & BIRD, 2000: 242-243).

"Limites profissionais apropriados" evitam a corrupção do tratamento médico pelo tipo errado de intimidade pessoal. Os profissionais traçam uma diferenciação aguda entre transações interpessoais que são apropriadas ou inapropriadas para tipos diferentes de relações íntimas.

Intimidade entre famílias

Uma diferenciação similar acontece com consequências muito diferentes em relações entre amigos, vizinhos e parentes[2]. O estudo de Margaret Nelson e Joan Smith com residentes operários do condado de Coolidge, Vermont, sobre trocas entre famílias, capta um pouco dessa variação. Examinando estratégias de sobrevivência econômica nessa comunidade rural, Nelson e Smith encontraram uma extensa diferenciação dos serviços que os vizinhos, amigos e parentes prestavam uns aos outros. Transações e meios diferentes aplicavam-se a relações sociais diferentes. Um casal, Bruce e Nancy Sharp, por exemplo, descreveu o critério variado de cobrança de Bruce por seus serviços de limpeza de neve na comunidade, que ele fazia como um trabalho extra. Quando ele disse que a cobrança variava dependendo do tempo gasto no serviço, Nancy logo revelou o critério mais complexo de cobrança do marido. Embora Bruce cobrasse uma taxa por hora ou uma taxa combinada do armazém da cidade, ele esperava apenas um agrado ou um pagamento menor de um casal de idosos e reciprocidade exclusivamente em espécie dos amigos: meia dúzia de cervejas ou um sorvete, por exemplo, do seu amigo Ted. Quando os

2. Cf. Adams e Allan, 1998; Allan, 1989; Boase e Wellman, 2004; Di Leonardo, 1987; Hansen, 1994; Kendall, 2002; Litwak, 1969; Menjívar, 2000; Pahl e Pahl, 2000; Rubin, 1985; Silver, 1990, 2003; Stack, 1997.

entrevistadores perguntaram se ele esperava pagamento em dinheiro de Ted, Bruce foi enfático: "Não, dos amigos, não". A sua tarifa reduzida para o casal de idosos, explicou Nancy, era "porque eles fazem questão de pagar. Não dá para ganhar muito com isso". Ele fazia isso, explicou Bruce, "para ganhar um dinheiro extra para um refrigerante ou um cigarro". Nancy mais uma vez qualificou a resposta do marido, acrescentando: "Você fez isso várias vezes como favor; [...] só para ser agradável, várias vezes. Ele faz um para o edifício [em troca do qual] Stuart trouxe um monte de milho" (NELSON & SMITH, 1999: 11-12).

As diferenças de gênero também representavam um importante papel na economia local de favores. A provisão feminina de produtos e serviços a parentes e amigos, por exemplo, tendia mais a ser tratada como uma troca ou uma permuta semelhante a um presente, enquanto os homens "podiam" cobrar, até mesmo de amigos e parentes. Assim, as mulheres mencionavam as suas trocas na função de babás como um escambo ou uma permuta, nunca um comércio. O mesmo acontecia com as suas peças de costura e tricô; elas ofereciam esses produtos como presentes, raramente negociando-os em troca de outros. Uma das entrevistadas do estudo, Barbara Lattrell, cujo trabalho extra envolvia costura, explicou por que havia feito todo o enxoval de casamento da sobrinha de graça: "Foi o meu presente de casamento. Muitas horas de costura a mão" (128).

O sistema como um todo teve uma consequência irônica: aqueles para quem as trocas entre famílias eram mais valiosas na verdade ficavam menos sujeitos a obrigações. As famílias com uma renda maior e mais estável prontamente assumiam compromissos longos de troca de produtos e serviços; aqueles que eram parte de famílias com renda menor, porém, relutavam em assumir compromissos extensos por causa do risco de precisarem retribuir quando tivessem poucos recursos a oferecer. Por exemplo, dois outros entrevistados, Ellen e Charles Rivers, que estiveram profundamente envolvidos na comunidade, retiraram-se depois que começaram a ter problemas econômicos. Quando questionados: "O que vocês acham que as pessoas devem às próprias famílias?", Ellen respondeu: "Eu não acho que tenho obrigações com os outros, na verdade. Quando a minha irmã tiver seu filho em setembro, bem, ela tomou conta dos meus filhos várias vezes sem cobrar nada. Sim, eu retribuirei o favor [...] Mas se eu devo alguma coisa para alguém [...] Não." A mesma estratégia aplicou-se a vizinhos e amigos: "Charles e eu concordamos: não gostamos de dever nada a ninguém, inclusive favores, porque sempre podem voltar para você de forma negativa. Então, quando as coisas são feitas, geralmente foi em troca de pagamento" (111-112).

Portanto, a diferenciação ocorreu em três níveis diferentes, entre parentes e conhecidos, entre homens e mulheres, e de acordo com a renda e a estabilidade no emprego. Dentre outras coisas, a diferenciação envolvia uma visível elaboração não apenas das transações, mas também dos meios de pagamento. Assim como em relações entre profissional e cliente, o comércio de produtos e serviços entre parentes e conhecidos exemplifica o ponto principal deste capítulo. Por um lado, os participantes inquestionavelmente misturam intimidade e transações econômicas; por outro lado, entretanto, não o fazem indiscriminadamente. Ao contrário, tecem boas diferenciações e demarcam fronteiras significativas entre as relações e, dentro de cada conjunto, combinam cuidadosamente as transações e os meios com essas relações.

Namoro

Uma dinâmica surpreendentemente similar funciona no mundo bastante diferente do namoro e das relações sexuais. Fica claro que, em ambos os casos, os participantes misturam regularmente as transações econômicas com uma forte intimidade. Embora moralistas e participantes costumem evocar preocupações de mundos hostis quando as relações sexuais estão em risco, na verdade a diferenciação de relações, a demarcação de fronteiras e a combinação de relações com transações e meios prosseguem intensamente nos mundos sobrepostos do namoro e das relações sexuais. Formas convencionais de namoro que frequentemente levam ao casamento funcionam de forma um tanto diferente das relações que podem produzir sexualidade intensa, mas são improváveis de resultar em casamento (LAUMANN et al., 2004). Elas também evocam tipos contrastantes de preocupações morais. Em um desses tipos, temos o fantasma da virtude arruinada da mulher e, em outro, o fantasma da prostituição crassa.

Considere primeiro o namoro. Grosso modo, o namoro inclui todos os relacionamentos que tenham alguma chance significativa de levar à coabitação pública duradoura – todo o espectro que vai desde o flerte e chega próximo ao casamento. O namoro necessariamente envolve transações econômicas de vários modos:

- O casal frequentemente assume despesas mútuas imediatas, como lazer a dois, refeições e presentes.
- Os casais que se relacionam marcam as transições em seus relacionamentos com cerimônias, festividades, investimentos e presentes caros; nos últimos anos, por exemplo, as despesas nos Estados Unidos no evento mais caro desse tipo – o casamento – variaram de $ 40 bilhões a $ 130 bilhões por ano (HOLSON, 2003: 1; HOWARD, 2000; MEAD, 2003: 78; OTNES & PLECK, 2003).
- Os casais de namorados costumam prever e preparar-se para a futura colaboração econômica familiar, por exemplo, fazendo o enxoval ou economizando para comprar uma casa. Durante um mês típico, os casais comprometidos gastam cerca de $ 250 milhões em mobília, o mesmo valor em utensílios de mesa e um pouco menos de $ 200 milhões em utensílios domésticos (MEAD, 2003: 86).
- Os casais ligam-se regularmente às suas famílias, costumando depender do apoio financeiro delas.

• Depois de um tempo, as próprias famílias costumam se interessar pelo retorno econômico daqueles que se casam.

• É comum que as famílias incorporem os recém-chegados em suas fazendas, negócios ou casas.

Começando com a paquera e chegando ao casamento, portanto, a mistura do namoro com as transações econômicas ocorre continuamente.

Noivados

As práticas, os significados e as relações de namoro por certo variam drasticamente de acordo com o cenário. Considere a questão do noivado; a transição do namoro para o noivado ainda marca um importante momento na vida dos jovens americanos. Para muitos casais, envolve despesas substanciais. De fato, um estudo recente mostra uma estimativa de gastos de aproximadamente $ 9 bilhões ao ano com alianças de noivado e casamento (TANNENBAUM, 2003). De acordo com outro estudo, para 70% de todas as noivas dos Estados Unidos e 75% das noivas que se comprometem pela primeira vez, a aliança de diamante é a primeira compra do casal relativa ao casamento (INGRAHAM, 1999: 51). Mas o noivado desenvolveu-se muito com o passar do tempo.

Os ocidentais empregam vários tipos de noivados – anúncio público da intenção do casal de se casar – há séculos. Sob tais regimes, um casal comprometido a se casar comumente assumia obrigações formais nas igrejas e nas famílias, além dos seus compromissos mútuos. De fato, as igrejas e as famílias costumavam ter o direito de impor sanções a jovens que desprezassem tais obrigações, por exemplo, fugindo juntos ou rompendo o compromisso de casar após um período de intimidade. Nos Estados Unidos, porém, o costume conhecido como noivado somente tornou-se comum durante o século XIX (ROTHMAN, 1984: 157-168). Sendo mais a declaração de intenções do casal do que um anúncio da igreja ou da família, o noivado consistia na designação pública feita pelo próprio par de estar comprometido a se casar. Como consequência, as relações com as outras partes – ex-namorados, amigos e família – mudavam significativamente.

O noivado situava-se entre o namoro informal e o casamento, envolvia exclusividade sexual, maior intimidade e um grupo distinto de transações econômicas. Os casais deixavam de participar de atividades mais gerais do namoro, interrompendo as convenções usuais do flerte, e normalmente apareciam juntos em ocasiões sociais. Apesar de diferenças étnicas e de classe significativas, em todos os casos o noivado também envolvia maior intimidade física e emocional do que formas de companhia menos comprometidas. Em 1926, Margaret Sanger, famosa feminista e defensora do controle da natalidade, endossou enfaticamente as intimidades especiais do noivado:

> Uma verdade indispensável que uma moça noiva deve lembrar: o hálito, o odor, o toque, o abraço e o beijo do noivo devem ser prazerosos.

> Se não forem, se houver um recuo emocional e físico impulsivo ou instintivo, o noivado não deve ser prolongado em nenhuma circunstância [...]. As intimidades permitidas durante o noivado, as legítimas intimidades de beijos e carícias, no clima protetor do romance poético, cumprem uma função distinta e importante – o aprofundamento do desejo e a comunhão do espiritual com o físico (SANGER, [1926] 1993: 74-75).

As legítimas intimidades sexuais entre o casal noivo aumentaram. No tempo em que Sanger escrevia era cada vez mais provável que casais noivos tivessem relações sexuais antes do casamento (cf. FASS, 1977: 289; MODELL, 1989; ROTHMAN, 1984: 297).

O casal noivo ainda marcava o seu relacionamento com várias transações econômicas. A aliança de noivado era a coisa mais drasticamente pública. A partir de 1840, aproximadamente, os casais anunciavam o seu novo relacionamento com uma troca de alianças. Apenas mais tarde a aliança tornou-se um símbolo feminino (ROTHMAN, 1984: 161-162). Mas uma ampla gama de outras transações econômicas conjuntas sucedia o noivado. Elas incluíam o enxoval, a aquisição de bens e habitação para o futuro casal que viverá junto e troca de presentes pessoais. Na verdade, o enxoval costumava servir aos dois primeiros, vestindo tanto a noiva quanto a casa.

Os enxovais do século XIX transformavam-se em um formidável empreendimento econômico, já que as futuras noivas costuravam e faziam compras em busca de peças cada vez mais elaboradas de roupas, artigos de cama e mesa e vários outros utensílios domésticos. Os homens, por sua vez, normalmente economizavam para adquirir a casa. Além da própria preparação econômica de um casal para o casamento, o noivado frequentemente mudava outras relações dentro das famílias. Por exemplo, ao entrevistar moleiros aposentados de Amoskeag, em New Hampshire, na década de 1970, Tamara Hareven e Randolph Langenbach relatam as lembranças de Anna Douville, de 71 anos, a última a casar dos doze irmãos. Enquanto ainda morava em casa, Anna dava todo o seu salário para a mãe, ao contrário dos irmãos, que apenas contribuíam com a alimentação. Quando Anna conheceu seu futuro marido, a mãe retribuiu:

> Ela começou com o meu enxoval. Depois que as compras da semana estavam feitas e as contas estavam pagas, pegávamos todo o dinheiro que ela havia reservado e comprávamos meus lençóis e fronhas. Ela comprou para mim uma bacia para lavar louça, todos os meus potes e panelas, facas e pratos. Quando casei [em 1933], não tivemos de comprar nada por muitos anos, porque eu tinha tudo de que precisava. A minha mãe achou que eu merecia porque dei a ela o meu salário até a última semana em que trabalhei. Ela nunca fez isso pelos outros e eles ficaram com ciúme. Quando casaram, precisaram comprar tudo de que precisavam sozinhos (HAREVEN & LANGENBACH, 1978: 289).

Além da aliança de noivado e do enxoval, os noivos entravam em uma economia de presentes informal distinta. Os manuais de etiqueta eram enfáticos: presentes caros, "exceto a aliança de noivado", "não eram de bom-tom". O mesmo se aplicava a vestimentas, especialmente o vestido de casamento. Mesmo se a noiva fosse "uma pobretona", os especialistas alertavam, um enxoval bem simples era preferível a "vestimentas elaboradas com cuja compra o futuro noivo tenha contribuído muito" (COOKE, 1896: 124; CUSHING, 1926: 110). A primeira edição da célebre obra *Etiquette*, de Emily Post, publicada em 1922, embora menos rígida sobre os presentes do noivo à futura noiva, ainda insistia que qualquer item considerado "manutenção" – como vestimentas, um automóvel, uma casa ou mobília – estava fora de cogitação. Post era bastante específica: "É perfeitamente adequado que ela dirija o carro dele ou ande em seu cavalo [...]. Mas, para que ela mantenha seu autorrespeito, o carro não pode passar a ser dela [...]. Ele pode dar a ela todas as joias do mundo, pode lhe dar uma echarpe de pele, mas não um casaco de pele". Enquanto a echarpe era um "ornamento", explicou Post, o casaco era uma "vestimenta", portanto um presente inadequado para uma noiva (POST, 1922: 311).

Os escritores de livros de etiqueta esforçavam-se para traçar uma linha definindo presentes próprios e impróprios entre noivos. A sua imposição de limites excluía presentes que seriam próprios para marido e mulher de um lado, e para clientes e prostitutas de outro. O presente errado, alertava Emily Post, poderia incluir a noiva "numa categoria de mulheres de outra classe" (311), o que significava uma prostituta ou uma amante. É por isso que os presentes de namoro deveriam expressar afeto ou admiração sem sugerir pagamento ou sustento. A economia de presentes mudava radicalmente quando a noiva tornava-se esposa; os presentes e o dinheiro do marido passavam a ser transferências domésticas, que obedeciam a um conjunto diferente de regras e expectativas. Os manuais de etiqueta lembravam as noivas da distinção entre noivado e transferências de casamento: "até que as palavras decisivas sejam ditas de forma que sejam uma só carne", instruía um escritor de etiqueta, a noiva "não tem direito algum sobre a carteira do futuro marido". Porém, à medida que o casamento se aproximasse, a noiva devia começar a tratar o dinheiro do marido com cuidados de esposa e desencorajar, segundo Post, quaisquer "presentes charmosos, porém desnecessários". Exceto se a noiva fosse muito rica, observou Ethel Frey Cushing em seu *Culture and Good Manners*, "uma jovem prefere que [o seu noivo] economize para a casa e seus utensílios" (COOKE, 1896: 143; POST, 1922: 310; CUSHING, 1926: 110).

Por todo o seu charme de época, essas preocupações com a etiqueta de noivado adequada não desapareceram. Uma edição do fim da década de 1990 do *Emily Post's Etiquette* declara, por exemplo, que

> a aliança de noivado é usada pela primeira vez em público no dia do anúncio. Nos Estados Unidos, é usada no quarto dedo (ao lado do dedo mínimo) da mão esquerda. Em outros países, é usada na mão di-

reita. É removida durante a cerimônia de casamento e substituída imediatamente depois pela aliança de casamento.

Uma aliança de noivado não é essencial à validade do noivado. Algumas pessoas confundem a aliança de noivado com a aliança de casamento e acreditam que aquela seja tão indispensável quanto esta. Não é verdade. A aliança de casamento é uma exigência da cerimônia de casamento. A aliança de noivado simplesmente é a prova de que o casal planeja definitivamente se casar. Um homem pode dar uma aliança à sua noiva independentemente de quantas vezes tenham se casado antes (POST, 1997: 666).

O mesmo manual dedica onze páginas cheias (672-682) à enumeração de itens adequados ao enxoval da noiva.

Questões similares tornam-se agudas no caso de noivados desfeitos. Se um casal de noivos tiver adquirido bens em comum, dividido seus fundos, iniciado empreendimentos econômicos compartilhados, recebido apoio das famílias ou trocado presentes substanciais, a situação dessas transações econômicas após o fim do noivado frequentemente torna-se uma questão de disputa rancorosa. As alianças de noivado levantam uma questão óbvia: normalmente caras e intimamente ligadas ao anúncio público de compromisso de casamento, as alianças suscitam a questão da posse quando o noivado termina. O manual *Emily Post*, de 1990, estabelece a regra de modo inequívoco:

Se, infelizmente, o noivado terminar, a aliança e todos os outros presentes de valor devem ser devolvidos ao ex-noivo. Os presentes recebidos de parentes ou amigos também devem ser devolvidos com uma pequena nota explicativa:

Prezada Nancy,
Sinto muito, mas Mitch e eu terminamos o noivado. Portanto, estou devolvendo as toalhas que você havia gentilmente me dado.
Obrigada, Elizabeth

Uma nota dizendo "O noivado da Srta. Caroline Muller e do Sr. John Ryan foi terminado amigavelmente" pode ser enviada aos jornais que anunciaram o noivado, embora isso não seja necessário, sendo raramente feito.

Se o homem morrer antes do casamento, a sua noiva poderá guardar a aliança de noivado dela. Porém, se por acaso for uma antiga herança de família e ela souber que os pais dele gostariam de mantê-la na família, seria atencioso da parte dela oferecê-la de volta. Ela pode guardar os presentes dados pelos amigos.

Se a noiva morrer, a sua família deve devolver a aliança de noivado ao noivo e quaisquer presentes recebidos aos doadores (POST, 1997: 672).

Uma noiva cujo casamento foi descrito pelo *New York Times* em 2003 "destacou orgulhosamente" que, ao fim de seus dois noivados anteriores, "ela havia devolvido *todos* os presentes" (McKINLEY, 2003:

ST11). Assim, a combinação de transações econômicas com relações continua a vigorar. Os especialistas em etiqueta explicitam práticas que representam um conjunto muito geral de entendimentos sobre o noivado: que é uma forma distinta de relacionamento, e não uma forma frágil de casamento; que o homem e a mulher envolvidos retêm o controle sobre os próprios bens e, ainda, que um noivado adequado envolve preparações para a fase do casamento em sua vida.

Namoro, caso e namoro firme

O noivado situa-se dentro de uma ampla gama de relações amorosas. Desde o início do século XX até a década de 1950, por exemplo, os americanos de classe média distinguiam toda uma série de relações possíveis entre casais não casados além do noivado, particularmente o namoro e o namoro firme (para conhecer as práticas do século XVIII, cf. GODBEER, 2002). Originado de uma prática da classe trabalhadora de classe média, o namoro substituiu o antigo costume da visita (BAILEY, 1988: 17; cf. tb. MODELL, 1989; SCHRUM, 2004). Em meados da década de 1920, Beth Bailey conta em sua história do namoro americano, "ir a algum lugar" – restaurantes, teatro, salões de baile – substituiu o sistema anterior, em que os rapazes "visitavam" as moças em casa ou "faziam companhia" sob os olhos vigilantes da família dela.

O que definia o namoro? Significava que, quando um casal "saía", o homem gastava dinheiro com o lazer de ambos. Assim, Bailey conclui, "o dinheiro – o dinheiro do homem – tornou-se a base do sistema de namoro e, portanto, das relações amorosas" (BAILEY, 1988: 13). Os observadores assistiam com fascinação amedrontada à tendência cada vez mais competitiva no namoro, que Willard Waller, em seu estudo de 1937 da Universidade do Estado da Pensilvânia, chamou de sistema de "namoro e classificação" – o estabelecimento de uma rígida hierarquia de desejabilidade, por conseguinte de prestígio, entre os parceiros para acontecimentos públicos, como eventos de dança e esporte (WALLER, 1937; cf. tb. HOROWITZ, 1987; WHYTE, 1990). Durante as décadas seguintes, o namoro continuou a girar em torno do pagamento masculino da maioria das despesas de lazer (cf., p. ex., HOLLAND & EISENHART, 1990; ILLOUZ, 1997: 66-76; KOMAROVSKY, 1985: 231-233; McCOMB, 1998).

As novas relações de namoro, portanto, envolviam uma economia íntima distinta. Depois da Segunda Guerra Mundial, embora continuassem a namorar, os jovens criaram uma nova forma de relacionamento que ficava entre o noivado e o namoro. Eles a chamavam de "namoro firme", um relacionamento mais exclusivo, mais duradouro e geralmente com maior intimidade sexual do que o namoro. Às vezes, o namoro firme subdividia-se em mais de uma categoria. Entre os alunos da Universidade do Kansas da década de 1950, por exemplo, Beth Bailey descreve: "Um grupo novo de situações 'oficiais' emergiu para designar a seriedade dos relacionamentos: namoro firme, estar amarrado, preso, comprometido. Cada um era mais sério que o anterior, e cada estágio permitia maior intimidade sexual. Carícias com um 'namorado firme' eram uma coisa, mas com um namorico eram outra coisa totalmente diferente" (BAILEY, 1999: 77). O namoro firme criava a sua própria combinação característica de relações, transações e meios. Em geral, o casal envolvido dividia os seus recursos muito mais do que os casais que apenas namoravam, normalmente planejando suas despesas para garantir a sua presença nos grandes eventos sociais. Entre os alunos do ensino médio, que adotaram a prática rapidamente, rapazes e moças, por exemplo, trocavam anéis de formatura, vestiam "jaquetas de namoro firme" iguais, ou os rapazes davam à moça um suéter com uma letra Desenhada (BAILEY, 1988: 50-51; cf. tb. PALLADINO, 1996: 112).

Assim, um sistema elaborado de relacionamentos amorosos com múltiplas formas de relações prevaleceu nas escolas dos Estados Unidos em meados do século XX. Hoje, é claro, homens solteiros ainda convidam mulheres solteiras para jantar ou se divertir, pagam a conta e esperam certo nível de intimidade durante o encontro. Às vezes, ainda chamam esse sistema de namoro. Porém, desde meados da década de 1950, um espectro totalmente novo de relações amorosas desenvolveu-se nos Estados Unidos, incluindo relações como "rolo", "amizade colorida", "sair" ou "ficar". Num estudo preliminar com mulheres em onze *campi* universitários, por exemplo, Norval Glenn e Elizabeth Marquardt (2001) constataram que os universitários dividiam os seus encontros heterossexuais em cinco categorias rudimentares: primeiro, interações envolvendo sexo sem compromisso, inclusive "rolo" ou o que algumas das mulheres chamavam de "amizade colorida"; segundo, relacionamentos comprometidos estabelecidos rapidamente envolvendo atividade sexual, às vezes chamados de "colados um no outro"; terceiro, relacionamentos comprometidos menos intensos e mais lentos que poderiam ou não envolver atividade sexual. "Ficar" era o quarto – e o mais comum – tipo de relacionamento; significa sair ou ficar com um ou mais parceiros (cf. tb. BROOKS, 2002; WOLFE, 2000; para saber sobre as práticas dos adolescentes, cf. SCHNEIDER & STEVENSON, 1999: 190-191). Finalmente, o namoro no sentido antigo da palavra respondia por apenas uma pequena minoria desses encontros. No que se referia ao pagamento efetuado pelo homem das despesas comuns de lazer, essas universitárias participavam de tais ajustes apenas de modo raro e ambivalente.

Apesar da terminologia e práticas novas, alguns resíduos do antigo sistema permanecem. O *Fabulous Girl's Guide to Decorum*, considerado o "guia de etiqueta para o novo milênio", oferece o seguinte conselho sobre "comportamento apropriado para o namoro" às moças:

> Algumas mulheres não veem a relação como namoro até que o rapaz pague a conta. Mas [...] uma GF [Garota Fabulosa] é uma mulher moderna e não se prende a esses princípios ultrapassados. Em geral. Decidir quem paga a conta no início do namoro pode ser traiçoeiro. Se o seu pretendente deixar claro que gostaria de levar você para jantar,

> então deixe-o pagar a refeição. Quando um homem convida uma GF para tomar um café à tarde ou um coquetel, não é errado supor que ele vai pagar a conta. Porém, uma GF sempre leva um dinheiro na bolsa para o caso de ele estar apertado [...]. Se você não pretende mais ver esse homem, então você, sem sombra de dúvida, deve pagar a sua parte. É claro que *você* sabe que pagar a refeição não significa estar obrigada a se oferecer para a sobremesa mais tarde, mas ele pode não saber (IZZO & MARSH, 2001: 145-146).

Assim, quem paga a conta continua a ser uma questão crucial simbolizando a natureza do relacionamento.

A internet mudará tudo isso? A partir da década de 1990, as salas de bate-papo, as mensagens instantâneas e os serviços de namoro virtual certamente introduziram novas práticas no antigo mundo dos relacionamentos amorosos (CONSTABLE, 2003). De acordo com um artigo do *New York Times*, mais de 45 milhões de americanos visitaram sites de namoro num único mês do ano de 2003. O mesmo artigo previu que, em 2003, cerca de $ 33 milhões por mês seriam gastos com serviços de namoro virtual (HARMON, 2003). Novas combinações de intimidade e atividade econômica certamente surgirão nas próximas décadas. Nenhuma delas, contudo, poupará o trabalho de combinar relações, meios e transações econômicas, muito menos o esforço de demarcar as fronteiras entre as relações em questão e outras com as quais elas possam ser confundidas com facilidade e de modo destrutivo.

Esses costumes urbanos antigos e atuais da classe média obviamente não esgotam a grande variedade de relacionamentos amorosos que existem nos Estados Unidos. Os relacionamentos amorosos sempre diferenciaram-se por etnia, raça, classe e religião[3]. Dentre os americanos da classe trabalhadora urbana que haviam deixado a escola, por exemplo, uma nova forma de relacionamento chamada "caso" emergiu no século XX. O caso era um arranjo popular pelo qual as mulheres jovens da classe trabalhadora obtinham de um noivo ou "namorado firme", mas também de relacionamentos casuais, ajuda financeira, presentes e acesso ao lazer em troca de vários favores sexuais, desde o flerte até a relação sexual. As jovens que trabalhavam e ganhavam pouco, além de serem obrigadas a contribuir com a renda da família, tinham pouco dinheiro para gastar com as próprias roupas ou com lazer. Então, elas se relacionavam com homens que as levassem para dançar, beber, ao teatro ou para jantar. Como descreve Kathy Peiss (1983; 1986), a etiqueta informal da classe trabalhadora permitia uma gama muito maior de pagamentos indiretos respeitáveis às mulheres do que aquela da classe média; as moças que trabalhavam aceitavam não apenas recreação e comida de um homem, mas presentes de roupas ou até mesmo uma viagem de férias.

---

3. Cf. D'Emilio e Freedman, 1988; Holland e Eisenhart, 1990; Joselit, 1994; Modell, 1989; Stansell, 1986.

As pessoas distinguiam o caso não apenas do relacionamento muito mais restrito sexualmente do namoro da classe média, mas também da troca sexualmente explícita da prostituição. Elas investiam um esforço considerável, na verdade, para delimitar a fronteira entre o caso aceitável e a prostituição inaceitável. Contanto que não recebesse pagamento em dinheiro do homem no momento da relação sexual, a jovem não se tornava uma prostituta. Analisando a prática do caso na cidade de Nova York entre 1900 e 1932, Elizabeth Clement afirma que "as jovens trocavam favores sexuais pelo jantar e pelas despesas da noite, ou, de modo mais tangível, por meias, sapatos e outros bens de consumo" (CLEMENT, 1998a: 68). Essas mulheres, ela observa, usavam os casos "para conseguir entrar no mundo caro das diversões urbanas e distinguir-se das prostitutas que moravam e trabalhavam nos seus bares." Contrastando com as prostitutas, essas mulheres e seus companheiros estabeleceram uma espécie de economia de presentes. Clement explica: "Elas não somente recusavam dinheiro, como também não trocavam serviços por bens materiais. Ao contrário, recebiam presentes dos seus amigos" (120)[4].

Como em qualquer economia de presentes, nem todos os presentes eram igualmente aceitáveis. Comentando o mesmo costume em Chicago, Randy McBee (2000: 108) cita Rose Kaiser, uma jovem judia. Kaiser rejeitava certos presentes dos homens, como meias de seda, "porque eles iriam querer vesti-las em mim." Essas moças e seus companheiros, então, organizavam um conjunto complexo de trocas bem diferente das convenções de namoro e prostituição[5]. Ainda assim, o caso da classe trabalhadora comparava-se ao namoro da classe média em quatro importantes aspectos. Primeiro, permitia um nível de intimidade interpessoal que as partes não teriam normalmente fora daquela situação. Segundo, era temporário: depois que começava, o caso não significava que uma das partes teria o direito ou a obrigação de continuar o relacionamento. (Portanto, havia muita negociação sobre se o casal realmente *estava* tendo um caso.) Terceiro, através de transições e acordos conhecidos, poderia levar a relacionamentos adjacentes – certamente a prostituição por um lado, mas até mesmo óbvios compromissos monogâmicos mais duradouros. Finalmente, o caso em si mesmo, assim como o namoro, não era uma ocupação remunerada. Apesar do fato de a mulher receber presentes e serviços de valor, o caso não a qualificava como trabalhadora do sexo, não identificava seu companheiro como cliente, nem a impedia de ganhar a vida por meio de formas de trabalho não sexuais.

---

4. Cf. tb. Clement, 1998a para saber sobre recepcionistas de clubes e atrizes de vaudeviles como novas formas de interação heterossexual comercial a partir da década de 1920.

5. Sobre casos, leia tb. Gilfoyle, 1992: 56, 288, 311. Gilfoyle sugere que a adoção dos casos relacionou-se ao declínio do sexo comercial. Sobre relacionamentos amorosos e casos judaicos, cf. Heinze, 1990.

O trabalho sexual

Todavia, muitas mulheres americanas – e alguns homens – em alguma ocasião ganharam a vida com a venda de serviços explicitamente sexuais. Em troca de pagamento, participaram de interações que costumam produzir excitação sexual nos compradores. Estimativas informais calculam que um valor aproximado de $ 8 a 10 bilhões ao ano circule na indústria do sexo comercial americana (WEITZER, 2000; SCHLOSSER, 2003: 61). Essas profissões sobrepuseram-se aos relacionamentos amorosos apenas ocasionalmente. Vamos chamar o espectro inteiro de profissões que prestam serviços sexuais especializados de "trabalho sexual". Tais profissões incluem sexo por telefone, produção de pornografia, cabines de exibição pornográfica, algumas formas de massagem, serviços de acompanhante e vários tipos de prostituição. Elas variam enormemente na duração dos encontros, extensão e característica do contato físico, nível de intimidade, cenário e estilo geral. Não é necessário analisar todo o espectro do trabalho sexual, porém, para abordar os principais pontos deste capítulo: nesta área de intimidade, assim como em outras (sexuais ou não), os casais misturam transações econômicas com atenções íntimas; consultam implicitamente as matrizes disponíveis para definir as suas relações; demarcam as fronteiras dessas relações enfaticamente; combinam as relações, as transações e os meios de acordo com as convenções estabelecidas; porém, dentro desses limites, negociam as próprias versões de intimidade. Enquanto isso, terceiros geralmente agem de forma a defender os limites, à medida que os observadores evocam ideias e práticas de esferas separadas/mundos hostis para traçar a linha entre as relações aceitáveis e inaceitáveis. A comparação de duas formas frequentes do trabalho sexual – *taxi dancing* e prostituição – realçará esses pontos.

Comecemos com o *taxi dancing*, uma ocupação que os moralistas das décadas de 1920 e 1930 costumavam incluir no mesmo rol dos casos e da prostituição. Nas cidades americanas do início do século XX, os salões de baile tornaram-se locais cada vez mais importantes para encontros entre mulheres e homens solteiros. Na verdade, as mulheres que tinham casos geralmente encontravam seus companheiros em salões de baile conhecidos, os quais variavam de salões em clubes a estabelecimentos comerciais públicos (McBEE, 2000). O salão de *taxi dancing*, tipicamente restrito a clientes do sexo masculino, era um cenário expressivo de encontros sociais. Os homens pagavam um ingresso e depois compravam tíquetes de dez centavos para dançar de sessenta a noventa segundos com uma moça. As dançarinas ganhavam uma comissão de 50%, e os outros 50% iam para o dono do salão de dança.

À primeira vista, o *taxi dancing* parece uma forma peculiar de trabalho sexual: um contato efêmero e flerte entre homens e mulheres similar a sexo por telefone ou cabines de exibição pornográfica. Numa análise mais detida, porém, ele revela um mundo de intimidade totalmente diferenciado. Em sua estrutura comercial, homens e mulheres faziam amizades, organizavam-se para relações fora do salão, iniciavam relacionamentos amorosos e criavam uma economia complexa de favores, presentes, gorjetas e obrigações. De uma perspectiva, o *taxi dancing* funcionava como um estabelecimento comercial; de outra, servia como um casamenteiro notavelmente sofisticado e eficaz.

Falando sobre a década de 1930, Leo Rosten, cronista da vida americana da classe trabalhadora e dos imigrantes, recordou-se de um passeio numa noite de sábado por três salões de *taxi dancing* de Nova York e seus encontros com as mulheres que ganhavam a vida dançando com clientes (Mona, Jean, Honey e outras). No Honeymoon Lane Danceland, que ficava na Seventh Avenue, Mona conduziu-o à pista de dança, deixando "o seu corpo, todo de *marshmallow*, fluir na direção do meu [...] e murmurou um voluptuoso 'Mmmm-mmh!'" Depois de dançar por um momento, "chegando ao êxtase", uma campainha tocou. Mona logo "desengrenou", instruindo-o a comprar mais ingressos para dançar. Quando Rosten protestou, achando que o seu ingresso valia para a dança inteira, Mona informou que "a dança dura até a campainha tocar". E isso acontecia a cada minuto.

Depois que Rosten voltou correndo com mais dez ingressos, Mona voltou a ser "simpática e dócil em meus braços – até a buzina cumprir o seu décimo decreto pecuniário". Jean depois explicou que as dançarinas ganhavam metade do preço dos ingressos e "também os *presentes* [...] como uma bela *lingerie*, uma pulseira, uma bolsa, uma joia, talvez um vestido". Ou às vezes dinheiro. No Majestic Danceland, Honey contou a Rosten sobre um corretor de imóveis de St. Louis que a namorava: certa vez "ele se inclinou no táxi onde estava me levando a um delicioso restaurante chinês e, sem dizer palavra, beijou-me – nada grosseiro ou forçado, só um beijinho muito doce. Depois, deu-me dez dólares sem dizer nada" (ROSTEN, 1970: 289-291, 297). Obviamente mais coisas estavam acontecendo no salão e fora dele do que a simples troca de moedas por danças.

O sociólogo Paul Cressey elaborou uma descrição sistemática dos salões de *taxi dancing* de Chicago na década de 1920. Ele começou como assistente social e investigador da Associação de Proteção aos Jovens de Chicago, mas depois relatou suas observações sob a supervisão de Ernest W. Burgess, grande sociólogo urbano da Universidade de Chicago. Analisando o fenômeno, ele aludiu ao raciocínio clássico de mundos hostis. Primeiro, demonstrou preocupação com o "mundo mercenário e silencioso" do *taxi dancing*, onde "a sociedade feminina está à venda, e a preço baixo" (CRESSEY, 1932: 11). Assim, "as atitudes impessoais comerciais logo sufocam os impulsos românticos que podem se desenvolver normalmente". O que é ainda pior, o romantismo "torna-se meramente um outro método aceitável para a exploração comercial dos homens" (39-40). Mas, depois, Cressey observou como o "impulso romântico" geralmente solapava a ordem econômica racional do salão de *taxi dancing* preferida por seus proprietários. Na verdade, como veremos, as dançarinas costumavam fazer acordos particulares que reduziam o lucro dos proprietários, por exemplo, oferecendo danças grátis a clientes preferenciais. Os proprietários reconheciam a sua incapacidade de restringir relações íntimas entre dançarinas e clientes. Como observou um proprietário, "basta ser menino e menina para se juntar de alguma forma" (apud CRESSEY, 1932: 50).

Apesar de seus receios morais, Cressey fornecia observações expressivas e cuidadosas sobre a realidade. Aqui ele descreve o encontro típico:

> Assim que recebe um ingresso do cliente, a moça rasga-o, dá uma parte ao ubíquo fiscal e guarda a outra parte delicadamente com os outros recibos dentro da barra da sua meia de seda – onde, antes do fim da noite, o acúmulo de papéis parece um tumor grande e esquisito. Ela não puxa conversa e, quando a música começa, volta-se indiferente para o seu novo cliente, pronta para dançar com ele (6).

A dança durava noventa segundos, minguando para sessenta segundos perto da hora de fechar. Depois que o estabelecimento fechava – entre meia-noite e 3 da manhã –, os homens que não haviam conseguido marcar um encontro para depois da dança costumavam ficar do lado de fora, esperando as mulheres saírem e indo ao encontro delas, quando era possível (McBEE 2000: 109).

Em sua descrição, Cressey distinguiu cinco relacionamentos diferentes que às vezes existiam entre dançarinas e clientes, cada um com suas próprias regras de pagamento: (1) a sessão de dança conhecida; (2) "danças grátis" para "pretendentes preferenciais"; (3) combinações de "amantes", uma "aliança" em que por alguns meses o homem pagava o aluguel ou a alimentação da dançarina; (4) a "aliança plural", em que a moça "faz um acordo pelo qual concorda em ser fiel a três ou quatro homens fixos", que, por meio de "acordos individuais", atendem as suas "exigências financeiras" de aluguel, comida ou roupas; e (5) saídas, que iam desde uma bebida juntos ou um espetáculo até o que Cressey chamava de "saídas de uma noite", que, de acordo com ele, "logo assumem as características de prostituição clandestina" (48-50). Em alguns casos, um sexto relacionamento emergia de um desses cinco: a dançarina e o cliente casavam (cf., p. ex., CRESSEY, 1932: 115-117; VEDDER, 1947: 155-158).

Embora uma sessão de dança normal geralmente iniciasse as relações entre homens e mulheres, que depois seriam companhias mais frequentes, a saída constituía um eixo crucial para esses relacionamentos. Depois da saída, o casal poderia passar a uma coabitação mais duradoura, exclusiva ou compartilhada. Mas eles também poderiam simplesmente voltar à sessão de dança ocasional. De certa forma preocupado com os seus conceitos morais, Cressey atenuou a extensão do *taxi dancing* como um centro social local. De fato, as suas descrições documentam uma ampla gama de flertes, amizades e casamentos. Num estudo posterior sobre os salões de *taxi dancing* de Los Angeles, Chicago e Detroit, Clyde Vedder – que foi pianista em vários salões – revelou um amplo escopo de relações sociais entre clientes e dançarinas, combinadas com uma variedade surpreendente de pagamentos. Além de presentes e gorjetas generosas, as remunerações incluíam as seguintes possibilidades, cada uma claramente implicando muito mais do que pagamento por danças e serviços sexuais:

- resgatar bens penhorados da dançarina;

• ajudar a construir e mobiliar a casa da dançarina: mão de obra e material (cimento para a fundação, teto, fiação elétrica);

• ser fiador da conta da dançarina em várias lojas;

• pagar a entrada de compras grandes;

• durante a Segunda Guerra Mundial, cupons de racionamento, incluindo cupons de gás e produtos racionados, como manteiga, papel higiênico, produtos de nailon, lenços de papel, cigarros e gasolina (VEDDER, 1947: 136-140).

Portanto, apesar dos receios de Cressey, nenhum dos vários relacionamentos entre cliente e dançarina equivalia a prostituição, a venda objetiva de serviços sexuais. De fato, o próprio Cressey reconheceu a distinção. Os clientes ansiosos por sair com uma das moças depois da dança, observou, eram "educados e gentis":

> Já que a associação da moça fora do salão – tão procurada por muitos clientes – pode ser garantida somente pelo processo dúbio do relacionamento amoroso, e não pelo método mais confiável da troca, a popular dançarina tem uma situação favorável [...] que parece surgir em parte da grande incerteza dos seus favores (37-38).

Um cliente explicou suas estratégias de aproximação:

> Descobri que o principal a ser lembrado quando tentamos despertar o interesse dessas garotas é que elas não são prostitutas experientes. Elas não querem ganhar dinheiro assim, mas gostam de presentes e sobretudo atenção [...] Elas esperam muito por presentes. Mas logo percebi que um presente barato seria tão valioso quanto um caro. Elas estão interessadas em seu valor sentimental. Querem presentes não pelo valor monetário, mas como lembranças dos seus bons tempos e de seus namorados (apud CRESSEY, 1932: 141).

É óbvio que as dançarinas e seus clientes estavam negociando relacionamentos individualizados dentro dos limites das convenções disponíveis. Longe de ser uma imitação patética dos relacionamentos amorosos ou um vizinho furtivo da prostituição, o mundo do *taxi dancing* revela um terreno de laços diferenciados, cada um com a sua própria combinação de relação, transações e meios[6].

Prostituição

Em um artigo publicado em 1952 e em grande parte esquecido, mas ainda significativo, C. Wright Mills expressou a sua famosa indignação com os homens ricos que condenavam as prostitutas de rua, porém mantinham amantes caras, visitavam prostitutas particulares, compravam serviços sexuais para seus clientes e atraíam moças para a imoralidade. "A arte de vender e a demanda plutocrática

---

6. Para saber sobre as relações entre raças nos salões de dança, cf. Moran, 2001. O *taxi dancing* ainda existe, com modificações; leia Meckel, 1995.

americana", dizia, ofereciam iscas irresistíveis: "Na verdade, onde quer que moças atraentes e ambiciosas encontrem homens com o dinheiro ou o poder para concretizar as suas ambições, o sexo estará à venda" (MILLS, 1963: 329). Por todo o seu populismo radical, Mills recorreu a uma conclusão convencional de mundos hostis: o dinheiro corrompe a intimidade.

Apesar da consciência popular da diferenciação entre tipos de prostituição, a relação entre prostituta e cliente assoma como o maior triunfo do comercialismo sobre o sentimento. Os teóricos de mundos hostis continuam a alertar que a introdução das transações econômicas na vida sexual empurra-a em direção ao corrupto mundo calculista do mercado. Porém, o território da prostituição e de outros trabalhos sexuais nos mostra uma paisagem social diferenciada, com suas próprias fronteiras bem delimitadas e sua própria combinação distinta de relação, transações e meios. É claro que a prostituição passou por enormes mutações à medida que a vida social americana foi sofrendo alterações. As mudanças incluem a ascensão e a queda do bordel, o surgimento da prostituta contratada por telefone e a expansão dos contatos eletrônicos. A palavra *prostituição*, ademais, abrange uma ampla gama de atividades, como a prostituição de bordel, a prostituição nas ruas, prostitutas contratadas por telefone etc. Aqui, eu me concentro nas mulheres que oferecem seus serviços sexuais mais ou menos publicamente nas áreas urbanas americanas[7].

Durante o século XIX, a prostituição de bordel, de sórdida a suntuosa, desempenhou um importante papel na vida pública americana (cf. COHEN, 1998; GILFOYLE, 1992). No apogeu do *taxi dancing* e dos casos, a prostituição persistiu como atividade profissional à parte. Ruth Rosen estudou as prostitutas americanas – mulheres que se ofereciam regularmente para ter relações sexuais ou serviços muito próximos disso em troca de pagamento – entre 1900 e 1918. A sua análise histórica abrange o espectro que vai desde prostitutas de rua mal pagas até amantes caras. Ela mostra que as prostitutas estabeleciam dois tipos de distinções: entre diferentes tipos de prostituição e entre si e outras mulheres. Prostitutas de nível mais alto, por exemplo, distanciavam-se muito claramente das "mulheres baixas" e sem educação (ROSEN, 1982: 107). As prostitutas também contrastavam o seu profissionalismo com a simplicidade das não profissionais. Como descreve Rosen, "Elas debochavam das moças que tinham casos e prestavam favores sexuais de graça, e ridicularizavam as esposas 'respeitáveis' de seus clientes [...]. Desprezavam as empregadas domésticas e as operárias 'respeitáveis', que trabalhavam em troca de um pagamento irrisório [...] e geralmente precisavam se submeter ao assédio sexual dos patrões" (102).

---

7. A literatura sobre pagamentos sexuais entre homens é muito escassa. Para indicações preliminares, leia Aggleton, 1999; Boag, 2003; Chauncey, 1985, 1994; Humphreys, 1975; Reiss, 1961.

Divisões similares persistem até hoje. Variações contemporâneas da prostituição nos Estados Unidos incluem prostitutas de rua, prostitutas contratadas por telefone, acompanhantes e prostitutas de bordel, assim como a prostituição masculina e transexual. Em cada uma, encontramos mais diferenças e hierarquias de prestígio, poder e riqueza. Embora num grau extremo, a troca restrita de serviços sexuais por dinheiro ocorre, até mesmo no mundo da prostituição encontramos uma diferenciação, já que as prostitutas distinguem a sua renda pelo tipo de atividade ou por cliente[8]. As prostitutas de rua, por exemplo, relatam diferenças entre o que Elizabeth Bernstein (1999) chama de "prostitutas de carreira", que trocam sexo por dinheiro, e as "prostitutas do craque ou heroína", de baixo nível, que trocam sexo por drogas. Por outro lado, a renda e o prestígio das prostitutas contratadas por telefone não são apenas maiores do que os das prostitutas de rua, mas também superam as acompanhantes, as de bordel ou massagistas (WEITZER, 2000: 4; cf. tb. HEYL, 1979; MILLER, 1986).

Vejamos com mais atenção as diferenças entre prostitutas de rua, prostitutas contratadas por telefone e prostitutas de bordel. Seria fácil reduzir essas diferenças a graus de complexidade econômica; as prostitutas de rua não passam de vendedoras ambulantes, enquanto aquelas contratadas por telefone trabalham em butiques, e as de bordel são vendedoras de supermercado. Também seria fácil pressupor que por trás dessas diferenças estruturais esconde-se um mundo moral homogêneo de degradação comercial. Para todas as prostitutas, segundo essa visão, o preço sempre presente para o sexo elimina qualquer possibilidade de intimidade. Temos que admitir que existe certa verdade nessas ideias. Em alguns casos, precisamente por causa do dinheiro a ser ganho em serviços sexuais, essas profissões correm um grande risco de exploração, degradação e violência. Além disso, de fato há diferenças visíveis nas condições de trabalho dos diferentes tipos de prostitutas. Todavia, todas as três variantes de prostituição exibem uma organização econômica complexa, e em todas as três as provedoras estabelecem um grupo de relações eventualmente negociadas, algumas passageiras, mas outras bastante duráveis, com seus clientes.

As prostitutas de rua, que supostamente constituiriam a minoria das prostitutas (WEITZER, 2000: 4), normalmente captam seus clientes em cenários públicos para encontros sexuais breves em motéis ou dentro de automóveis. Bernstein descreve três locais distintos em um raio de dez quarteirões em São Francisco: as mulheres "de alto nível" das ruas Geary e Mason; as "de nível médio" das ruas Leavenworth e Geary, e as "de nível baixo", da rua O'Farrell, entre as ruas Taylor e Jones, sendo cada categoria distinguida por raça e aparência física. A maioria das mulhe-

8. Leia Wood Hill, 1993. Para obter uma descrição gráfica da negociação das prostitutas sobre a categoria do relacionamento sexual e as transferências monetárias associadas, cf. Sanchez, 1997. Para saber sobre o mundo adjacente das dançarinas de clubes de *striptease*, leia Frank, 1998, 2002. Sobre a prostituição, cf. tb. Stinchcombe, 1994.

res brancas, asiáticas e mulatas – que ficam sozinhas ou em grupos só de mulheres – no trecho Geary-Mason, ela observa, "são jovens, magras e usam roupas caras; suas roupas muito justas, conjuntos de jaqueta e blusa, casacos de pele ou couro são o código de um mercado relativamente de alto nível" (BERNSTEIN, 1999: 103). O seu preço mínimo é de $ 100, enquanto que, alguns quarteirões depois, prostitutas afro-americanas, vestidas com modéstia, cobram de $ 20 a $ 100. Em dois outros pontos (a Rua Hyde, em Tenderloin, e a Rua Capp, em Mission), as prostitutas geralmente mais velhas e sem casa, viciadas em craque, trocam sexo por $ 20 ou um frasco de drogas.

As divisões geográficas de Bernstein representam categorias distintas de prostitutas de rua. Em cada categoria, as mulheres estabelecem a sua própria negociação com os clientes, por exemplo, discriminando entre parceiros preferidos, aceitáveis e rejeitados. De fato, como relatam Janet Lever e Deanne Dolnick (2000), as prostitutas de rua costumam ter clientes regulares, às vezes duradouros. Alguns clientes lhes oferecem como presentes comida, cigarros, bebidas alcoólicas e, ocasionalmente, joias ou flores. As prostitutas de rua também marcam a fronteira de seus relacionamentos com clientes restringindo as formas de contato físico que permitem, por exemplo, negociando quais atos sexuais realizarão, a retenção de orgasmo e a recusa de certos contatos, como beijo na boca (cf. BERNSTEIN, 1999: 105; BREWIS & LINSTEAD, 2000: 214-221; LEVER & DOLNICK, 2000: 97).

As prostitutas contratadas por telefone estabelecem relações bem diferentes com seus clientes. Elas combinam um encontro individualmente com o cliente com antecedência. O encontro normalmente acontece na própria casa dela ou do cliente. Lever e Dolnick analisaram as prostitutas de rua e as contratadas por telefone de Los Angeles no fim da década de 1990. Comparadas às prostitutas de rua, as contratadas cobravam preços significativamente mais altos (em média $ 200, contra a média de $ 30 das prostitutas de rua), ficavam mais tempo com o cliente e tendiam mais a ter um relacionamento contínuo com ele. As contratadas também participavam de um espectro mais amplo de interação social com os clientes, que incluía um eventual almoço ou jantar, passar a noite juntos, conversas, carinhos, massagem não sexual e até beijos. Costumavam receber dos clientes joias, perfumes, flores e champanhe. As prostitutas contratadas também criavam vínculos particulares com alguns dos seus clientes antigos. Uma delas explicou: "Não dá para conhecer alguém por tanto tempo sem que isso seja um relacionamento de verdade" (LEVER & DOLNICK, 2000: 97-98).

Além disso, as prostitutas contratadas desenvolvem estratégias distintas para atrair clientes duradouros, embora essas estratégias às vezes falhem. Uma trabalhadora do sexo que conversou com Bernstein explicou por que não oferecia mais sexo grátis ou taxas mais baratas aos clientes favoritos:

> Eles fingem gostar, mas não voltam mais! [...] Eu tive um cliente que era muito sensual, que praticava tai-chi, eu gostava muito de transar

> com ele. Como é raro ter sexo bom, eu disse a ele que só cobraria $ 20 (o meu preço normal são $ 250). Para um outro cara, muito excitante, eu falei "é de graça". Os dois surtaram e nunca mais voltaram [...] Eles não acreditam que podem ter sexo sem compromisso, é por isso que pagam. Eles preferem pagar a ter de graça (apud BERNSTEIN, 2001: 203-204).

Uma versão muito mais burocratizada da prostituição do que a prostituição de rua ou contratada são os caros bordéis contemporâneos. Os bordéis legalizados geram ao estado de Nevada uma renda anual de $ 40 milhões. Veja o exemplo do Moonlite Bunnyranch, um dos trinta e cinco bordéis legalizados de Nevada (MEAD, 2001; cf. tb. HAUSBECK & BRENTS, 2000). Ali, o cliente escolhe uma entre vinte garotas enfileiradas no salão, ou então as garotas aproximam-se dele no bar para um "passeio". Isso envolve ir para um quarto e negociar o serviço, incluindo a duração e o preço. Cada garota define o seu próprio preço, que varia de $ 150 a muitos milhares para as "festas a fantasia". Depois que o negócio é fechado, o cliente paga ao gerente em dinheiro ou cartão de crédito. As funcionárias do Bunnyranch recebem em dinheiro e fazem as refeições de graça. Dennis Hof, dono do bordel, também premia as que ganham mais com presentes especiais, porta-retratos ou estojos de CDs. Como são autônomas, as mulheres são obrigadas a pagar impostos e devem dar 50% do que ganham. Também devem comprar os próprios preservativos e pagar os serviços de empregadas domésticas, uso da câmara de bronzeamento artificial da casa, filmes pornográficos, brinquedos sexuais e seus exames médicos semanais.

A gerência do bordel estabelece restrições muito sérias a interações entre clientes e prostitutas: as negociações de preço no quarto são monitoradas de perto pelo escritório via interfone para evitar fraudes, e cronômetros são usados pelo gerente para controlar o número de minutos gastos pelos casais. As funcionárias novas devem aprender as regras escritas do bordel, enquanto as mais experientes ensinam as mais jovens a negociar. Tanto a gerência quanto as funcionárias orgulham-se de prestar um serviço excepcional. Air Force Amy, uma das que mais faturam no Bunnyranch, explicou a um repórter:

> Mil dólares são muito dinheiro [...] Mas metade do que se gasta aqui não tem nada a ver com sexo. As pessoas vêm aqui porque é um ambiente bom e seguro. Aqui ninguém vai levar a sua carteira; a polícia não vai chegar e fazer uma batida; o seu nome não vai sair no jornal. Eu não vou telefonar na manhã seguinte dizendo: "Eu achei que você me amava, acho que estou grávida" (apud MEAD, 2001: 79).

É claro que muitos bordéis americanos funcionam em condições muito mais perigosas e opressoras (cf. CLEMENT, 1998b; GILFOYLE, 1992; ROSEN, 1982), mas em geral os bordéis organizam a provisão de intimidade de modo bem diferente de outras formas de trabalho sexual.

O *taxi dancing* e a prostituição são apenas dois casos de trabalho sexual comercial. Outras variedades incluem dançarinas de *lap dance*, dançarinas que fazem *striptease*, estrelas de filmes pornográficos, trabalhadoras de sexo por telefone e massagistas[9]. Obviamente, o trabalho sexual diferencia-se ao menos tanto quanto os relacionamentos amorosos. Em todo o mundo do sexo comercial, encontramos a distinção de relações íntimas diferentes e bem delimitadas, a combinação de relação, transações e meios, forte envolvimento de terceiros no cumprimento desses limites e outras negociações de significados pelas partes. Vemos os participantes envolverem-se em um trabalho relacional delicado e consequencial.

A união na lei

Tanto o direito criminal quanto civil intervêm nas relações íntimas, às vezes para garantir o cumprimento de certas regras de intimidade, outras vezes para impedir certos tipos de intimidade. O direito criminal abrange crimes como prostituição, incesto, estupro, pedofilia, assédio sexual e pornografia. O direito civil também lida com a intimidade, mas de maneira um tanto diferente, às vezes garantindo o cumprimento de obrigações, outras vezes protegendo direitos, às vezes impedindo certas transações e outras vezes determinando a situação das transações com base nas relações entre as partes. Assim, a lei civil outorga indenizações pela perda de consórcio, defere acordos de divórcio e pensão alimentícia, determina se os presentes trocados entre um casal são recuperáveis caso eles venham a romper e decide se heranças entre amigos são legais. (Como veremos adiante, um terceiro ramo das doutrinas jurídicas – o direito tributário – também se aplica a relações íntimas quando autoridades governamentais alegam que serviços sexuais ou outros constituem transações comerciais tributáveis.)

Quando intervém nas relações íntimas, a lei estabelece um terreno parcialmente independente das práticas cotidianas; um terreno envolvendo a sua própria matriz jurídica de relações e, portanto, de limites para transações apropriadas. Esse terreno jurídico e o terreno de práticas necessariamente interagem, já que todos os participantes (particularmente autores e réus) também estão em busca de projetos de vida reais. Então, encontramos problemas incessantes de tradução entre o terreno jurídico e o prático, um processo que corre em ambas as direções. Assim, um companheiro de longa data precisa questionar a decisão judicial de que o seu parceiro falecido não tinha o direito de legar a ele a casa que dividiam. Um júri, por sua vez, questiona-se se a lei permite que a namorada seja indenizada por seus serviços domésticos a um ex-namorado. Muito trabalho jurídico, então, é empregado para (a) combinar as relações íntimas com transações econômicas apropriadas, (b) distinguir relações parecidas, porém moral e praticamente diferentes, (c)

---

9. Cf. Flowers, 1998; Frank, 1998; Garb, 1995; Lewis, 2000; Rasmussen, 1979; Rich e Guidroz, 2000.

justificar tais distinções evocando doutrinas gerais. A doutrina de mundos hostis é a mais poderosa de todas.

A lei intervém seguidamente nas diferentes formas de intimidade já discutidas neste capítulo – desde relacionamentos amorosos até o trabalho sexual. Comecemos com os relacionamentos amorosos. Até que ponto e sob que condições a lei reconhece casais que se relacionam afetivamente como partes legalmente existentes? Que direitos e obrigações são pertinentes a essa situação? O que acontece quando uma das partes ausenta-se ou rompe o relacionamento? Quando os casais estão envolvidos, como a lei americana faz o seu trabalho relacional?

Noivados jurídicos

Lembre-se de nossa discussão anterior sobre o noivado como um cenário de práticas em mudança. Em geral, a lei americana atualmente trata o noivado quase como um contrato de casamento e intervém quando o contrato é fraudulento, quando uma das partes rompe o compromisso indevidamente ou, o que é mais comum, para resolver controvérsias sobre bens quando o noivado termina litigiosamente. Para tanto, os tribunais primeiro devem determinar o relacionamento entre as partes; elas de fato estavam noivas? Ou o casal estava simplesmente namorando, coabitando, tendo um relacionamento comercial, vivendo em união estável ou na verdade ocupando um casamento legal? A lei traça limites entre as obrigações e os direitos ligados a cada uma dessas relações. Portanto, os riscos de definir o relacionamento adequadamente são sérios.

A determinação da legitimidade de um noivado é importante porque geralmente o casal adquiriu bens, investiu nos preparativos para o casamento, comprou enxoval, trocou presentes caros, assumiu atividades econômicas mútuas, estabeleceu obrigações perante terceiros, inclusive as famílias, deixou o emprego ou mudou o tipo de trabalho. Quando algo interrompe o seu acordo de casar, todos esses compromissos econômicos transformam-se em transações contestadas. A sua forma de resolução depende da determinação da natureza do relacionamento do casal.

Exatamente quais obrigações e direitos jurídicos estão vinculados aos casais de noivos e o que distingue um noivado de um relacionamento amoroso comum, casamento ou outra relação íntima mudaram significativamente com o passar do tempo. De forma muito geral, o noivado começou como um acordo público que ligava famílias, portanto obrigando terceiros, chegando a um acordo particular assumido por um casal. Para os tribunais e especialistas jurídicos, entretanto, o rompimento de noivados levantou as mais resistentes e agudas questões jurídicas. Quando e por que a lei deve intervir nos assuntos particulares de casais? E, ao fazer isso, os direitos de quem a lei deveria proteger, e quais direitos? E os direitos de terceiros – parentes e amigos do casal noivo?

A definição do que é noivado, porém, suscitou desafios especiais para os tribunais americanos. Sem uma certificação oficial de que o casal realmente estava noivo, os tribunais procuravam outros indícios que comprovassem a natureza do relacionamento. Em geral, buscavam sinais de que o casal havia se comprometido a casar. O importante texto de Homer Clark sobre relações domésticas, por exemplo, observou que os tribunais em diversas vezes haviam usado "indícios de que as partes passaram muito tempo juntas, que costumavam expressar afeto ou que os preparativos para o casamento haviam sido feitos" (CLARK, 1968: 3-4). Em algumas circunstâncias, os tribunais aceitaram o testemunho de terceiros que testemunharam as promessas de casamento do casal, assim como indícios de intimidade sexual entre o casal como prova do noivado.

Os tipos de indícios disponíveis para o noivado mudaram à medida que as práticas de noivado mudaram, o que é compreensível. De maneira geral, o noivado começou com uma declaração pública (e geralmente religiosa) de intenções que envolvia claramente as famílias do casal, chegando a um acordo particular entre duas pessoas que podia ou não incluir anúncios e obrigações perante terceiros. Além disso, como vimos no capítulo 2, enquanto a cobertura existia, o próprio casamento acarretava a perda considerável de autonomia jurídica, econômica e política da mulher. Em tais circunstâncias, o noivado constituía uma posição distinta, relativamente privilegiada, porém temporária para a mulher. Com o declínio da cobertura, a transição para o casamento mudou em seu caráter.

Com o passar do tempo, por conseguinte, os tipos de indícios de noivado considerados pelos tribunais mudaram significativamente. Michael Grossberg resume:

> A privacidade dos relacionamentos amorosos era o primeiro obstáculo aos juízes determinados a supervisionar a seleção nupcial. Especialmente após o declínio dos proclamas (publicações anunciando o casamento exigidas pelos estatutos nupciais tradicionais), os namorados raramente juravam fidelidade eterna perante um grupo de testemunhas ou em contratos sacramentados; em geral uma troca de promessas nunca acontecia. Para vencer o sigilo conjugal, os tribunais aplicavam regras liberais comprobatórias criadas no regulamento de 1704, de Lorde Holt, em *Hutton vs. Mansell*, em que as promessas mútuas de casamento não precisam ser provadas por indícios diretos, mas poderiam ser autenticadas por provas circunstanciais. Isso libertou os relacionamentos amorosos das inúmeras limitações geralmente aplicadas aos contratos, e enfatizou a natureza contratual singular das núpcias e a disposição dos juízes americanos de desviar da uniformidade contratual quando uma meta maior – nesse caso a proteção das noivas abandonadas – assim o exigisse [...] A frouxidão judicial em admitir os indícios das promessas nupciais e a recusa a exigir a corroboração estrita dos indícios circunstanciais impuseram sérias responsabilidades nupciais ao homem (GROSSBERG, 1985: 39-40).

No século XIX, de fato, as reclamações dos homens sobre tais responsabilidades levaram os tribunais a estreitar o espectro de indícios que aceitariam como comprovação de contratos nupciais (GROSSBERG, 1985: 56-58).

Muito mais mudou além das regras de comprovação, porém. Uma série de grandes transformações ocorreu na forma pela qual os tribunais tratavam o noivado, distinguiam-no de relacionamentos adjacentes e lidavam com as transações econômicas de casais noivos. Falando de forma bem aproximada, desde meados do século XIX até o início do século XX, os tribunais americanos cada vez mais tratavam o noivado quase como um contrato assimétrico em que a mulher arriscava a sua reputação mais do que o noivo. A mulher cujo noivado fosse rompido pouco antes do casamento, ponderavam os tribunais, perdia um pouco do seu apelo de futura esposa, especialmente se ela e o noivo tivessem mantido relações sexuais. Nesse período, os tribunais tornaram-se cada vez mais dispostos a compensar as mulheres rejeitadas, não apenas por suas perdas materiais, mas também por danos morais.

Durante as décadas de 1920 e 1930, uma reação contra a indenização assimétrica por noivados rompidos manifestou-se, repleta de conversas de mundos hostis de interesseiros que estimulavam os homens a firmar acordos nupciais com fins mercenários. A partir da década de 1930, a lei americana direcionou-se para uma distinção mais aguda entre (1) transações econômicas de casais noivos que dependiam do seu compromisso de casamento e, portanto, tornavam-se reversíveis se o casamento não ocorresse e (2) outras transações entre as mesmas pessoas que não constituíam parte do compromisso de casamento. Embora continuassem a examinar se o relacionamento entre homem e mulher caracterizava-se como noivado, namoro, casamento, prostituição, parceria comercial, amizade ou outra coisa, os tribunais começaram a determinar, então, que apenas um conjunto relativamente estreito das transações econômicas do casal pertencia ao noivado.

Violação de promessas

Os processos judiciais por violação de promessas refletiram essa evolução. Os estados americanos sempre variaram muito a sua forma de tratar tais processos, mas, em geral, os tribunais estaduais tornaram-se mais receptivos a grandes indenizações por violação de promessas com o passar do século XIX, depois mudaram de direção no século XX. Os processos judiciais por violação de promessas, uma mistura de direito contratual e responsabilidade civil, inicialmente concentraram-se em indenizações monetárias pelos danos financeiros de um noivado rompido, incluindo a perda da virgindade. Os autores – tipicamente mulheres – cada vez mais reivindicavam mais danos, inclusive a perda da reputação, dano à saúde e aos sentimentos, e sofrimento mental[10]. Durante o início do século XX, sinais de divisão surgiram entre juízes e júris sobre essa mesma questão. Enquanto os júris continuavam a conceder grandes indenizações por danos emocionais e à reputação, advogados e juízes começaram a olhar essas formas de indenização com desconfiança.

Evelyn Garmong acabou perdendo o seu processo por violação de promessa contra John B. Henderson como consequência de tal mudança (*Garmong vs. Henderson*, 99 A. 177 (Me. 1916)). Garmong deixou a faculdade de medicina em 1908, com vinte e tantos anos de idade, e começou a trabalhar como enfermeira em Washington, D.C. Ela conheceu Henderson, de 39 anos, um viúvo rico, em 1909. No ano seguinte, os dois saíam para passear de automóvel, jantavam juntos e tinham relações sexuais em Washington, Filadélfia, Bar Harbor, Maine e em outros lugares. Em julho de 1910, Garmong, agora vivendo em sua cidade natal de Des Moines, Iowa, voltou a se relacionar com um ex-namorado, Roscoe D. Smith, com quem estava noiva. Três meses depois, ela perdeu o processo que ajuizou contra Smith por sedução, depois por violação de promessa, agravado por sua gravidez. Deixando de coagir Smith em outubro daquele ano, ela voltou a Washington, onde o seu filho nasceu. Dessa vez, ela acusou Henderson de ser o pai da criança. Henderson visitou-a, enviou frutas e flores e, pelos cinco meses seguintes, deu-lhe cerca de $ 900 "para comprar a sua paz" (179).

Quando Henderson recusou qualquer outro contato, Garmong ajuizou e perdeu uma ação de paternidade contra ele. Depois, em outubro de 1913, processou Henderson por violação de promessa, alegando que, em março de 1910, ele havia prometido se casar com ela. Afirmando serem "comprometidos para casar", Garmong pleiteou $ 250.000 de indenização. Henderson argumentou que eles nunca ficaram noivos, sendo "apenas amigos". Em janeiro de 1915, um júri no condado de Penobscot, Maine, concedeu a Garmong $ 116.000, uma grande soma na época. Depois que o veredicto foi anulado pelo Tribunal de Justiça – alegando-se que o júri foi "influenciado por empatia, paixão ou preconceito" – um segundo júri, em abril de 1916, concedeu a Garmong $ 75.000 (177, 180). Mais uma vez, um reexame devolveu o caso para julgamento. Finalmente, em 27 de novembro de 1916, o Supremo Tribunal do Maine decidiu a favor de Henderson, réu do processo de Garmong.

---

10. Para uma análise notável das mudanças no tratamento judicial de processos por violação de promessas e direito pré-marital de forma mais geral, cf. Tushnet, 1998. Leia tb. Brinig, 2000: 40-42; Ludington, 1960. Em ação à parte por sedução, os pais tinham o direito de processar os namorados errantes das filhas. Os júris geralmente concediam grandes indenizações monetárias pela perda do bem-estar material ou da honra dos pais causada por injúria sexual às filhas. Como os interesses financeiros dos pais na possibilidade de casamento das filhas perderam terreno na lei americana, a própria mulher adquiriu o direito legal de processar seus sedutores (VANDERVELDE, 1996). Nos casos de violação de promessa, porém, a sedução não constituía uma causa de agir à parte, mas servia para aumentar a indenização (CLARK, 1968: 13).

O caso girou em torno da alegação de Evelyn Garmong de que ela e Henderson haviam sido legalmente noivos, qualificando-a para receber indenização. Ela depôs com esse objetivo. Em conformidade com o crescente rigor dos tribunais, J. Cornish, um dos juízes chefes, refutou o seu depoimento com uma série de observações, incluindo estas:

- John P. Garmong, irmão e única testemunha nova de Evelyn, apenas relatou que Henderson certa vez havia falado com ele sobre ela com "o maior respeito". A conversa foi considerada "sem semelhança com a conversa esperada entre futuros cunhados" (179). E John tampouco havia contado sobre tal conversa a outros membros da família.
- O noivado não havia sido anunciado publicamente.
- Ninguém comprovou que algum amigo ou parente sabia sobre o noivado.
- Não existia aliança de noivado.
- Não havia presentes "que uma pessoa rica como o réu certamente daria à noiva".
- Não existia "uma conduta pública que sugerisse a existência de um noivado".
- Não havia provas de que "o suposto noivado alguma vez havia sido mencionado pelo réu ou por terceiros na presença dele".
- As cartas escritas pelo réu para a autora não eram as de "um noivo. Eram pouco frequentes e sem significado algum" (179-180).

O juiz concluiu que Garmong e Henderson haviam mantido uma "relação ilícita" bem diferente tanto de um noivado legal quanto de uma simples amizade. O tribunal, então, reformou a primeira indenização generosa dos júris.

Na década de 1930, as reivindicações de mulheres rejeitadas foram alvo de ataques ainda mais severos e difundidos. Os críticos alegavam que indenizações emocionais e por danos à reputação comercializavam os noivados e funcionavam como incentivos indevidos à sua exploração por mulheres calculistas (COOMBS, 1989; McLAREN, 2002, cap. 7; TUSHNET, 1998). Mais uma vez, eles evocaram as doutrinas de mundos hostis contra uma prática indesejada. O ataque prosperou. A partir de 1935, vários estados aprovaram as chamadas leis de interferência marital – estatutos abolindo processos por violação de promessa, juntamente com os crimes afins de sedução, adultério e alienação de afeto. (A tendência continuou; até 2003, 39 estados haviam abolido o crime por alienação de afeto.)

O noivado hoje

Os tribunais, porém, não se afastaram da regulamentação jurídica para os noivados. Ao contrário, a ação mais ampla de violação de promessa restringiu-se a julgamentos judiciais de transações de bens entre o casal noivo. Dentro desse foco mais estreito, questões jurídicas continuam a orbitar em torno de perguntas como:

Essa relação era um noivado? Que transações econômicas pertencem a um casal noivo? E que direitos cada uma das partes tem? Embora a maioria dos estados americanos hoje não permita processos por violação de promessa (e existem poucos casos mesmo quando o pleito é legal), os tribunais intervêm regularmente em litígios de bens de casais anteriormente noivos (cf. PEROVICH, 1972; TOMKO, 1996). De fato, Mark Momjian, advogado da Filadélfia, observa que durante a década de 1990 os advogados das famílias envolviam-se cada vez mais em casos de noivados rompidos, o que "pode ser tão litigioso quanto aqueles envolvendo casamentos longos" (MOMJIAN, 1997: 1).

Mais especificamente, a atual legislação sobre noivados pauta-se em uma teoria sem investigação de culpa de doações condicionais. A ciência do direito americana do século XX aplicou essa doutrina exatamente para distinguir o noivado de outras formas de relacionamento. Nessa teoria, as pessoas comprometem-se com certos presentes e transações econômicas na expectativa de que o casamento seja concretizado (TOMKO, 1996). A não concretização do casamento rescinde o contrato e levanta o problema da restauração dos bens adquiridos sob tal contrato aos seus donos de direito. Em princípio, nenhuma das partes é legalmente culpada pelo fim do noivado, mas os tribunais ainda precisam decidir que reivindicações sobre bens conjuntos ou transferidos originam-se do contrato rescindido. Quando o noivado termina amigavelmente, pela deserção de uma das partes ou por morte, o problema de julgar a quem pertencem os bens torna-se sério. Uma das partes do noivado, ambas as partes do noivado ou até mesmo terceiros, como membros da família, podem reivindicar os bens remanescentes depois do rompimento do noivado.

Assim, os tribunais precisam decidir que tipos de transferências e aquisições conjuntas de bens pertencem ao noivado como tais, e que tipos não pertencem. Aqueles associados ao casamento pertencem ao contrato de noivado e diferem do resto. Os tribunais, então, comprometem-se a identificar "presentes que contemplam o casamento". Mas aí encontramos o problema jurídico: Como as transferências de noivado diferem das transferências de namoro? E até que ponto as compras conjuntas, as economias conjuntas ou os empreendimentos econômicos operados conjuntamente são parte dos bens ligados ao noivado? Assim, os tribunais precisam resolver quatro grupos de problemas relacionados: Primeiro, o casal está noivo ou namorando? Segundo, se estiverem noivos, quais transferências e bens conjuntos pertencem ao noivado e quais não pertencem? Terceiro, que direitos as partes de um noivado rompido têm sobre os bens? Finalmente, o casal de fato está qualificado para o noivado? Analisarei cada uma dessas perguntas.

O casal está noivo ou namorando? Os manuais jurídicos explicitam uma regra de que o namoro refere-se ao "período que antecede o noivado, sendo considerado findo quando as partes explícita ou implicitamente concordam em casar" (MARTIN, 1952: 582; cf. tb. TOMKO, 1996: 60). Portanto, o noivado normalmente começa com alguma manifestação pública do acordo de casamento. Sem tal manifestação pública, os tribunais permanecem incertos sobre a situação do casal até que as partes forneçam mais informações sobre o seu comportamento mútuo ou suas declarações a terceiros. Um casal de namorados que tenha rompido quase não tem direitos legais a respeito dos bens que tenham trocado.

Em um processo de 1969, na Louisiana (*Fortenberry vs. Ellis*, 217 So. 2d 792 (Tribunal de Segunda Instância da Louisiana 1969)), Earl C. Fortenberry teve a devolução de uma vitrola Magnavox que havia dado a Barbara Ellis indeferida exatamente porque ele não conseguiu provar que o casal tinha sido noivo. Fortenberry comprou o aparelho por $ 650 em 23 de dezembro de 1965, aniversário de Ellis. Ele depôs que, um mês antes, o casal tinha ficado noivo, concordando na época em substituir a aliança de noivado convencional pela vitrola como seu presente de noivado oficial. Mas Ellis, a ré, argumentou que, embora ela e Fortenberry de fato tenham namorado por um bom tempo e dividido duas contas conjuntas, nunca houve noivado. O aparelho, então, não foi um presente de noivado, mas um presente combinado de aniversário e Natal.

Para tentar provar o que afirmava, Fortenberry convocou a mãe, a irmã e o primo para testemunhar que ele havia comunicado o noivado do casal a eles. As três testemunhas, porém, não confirmaram o contrato de casamento de 1965. O que foi ainda pior, Fortenberry admitiu em interrogatório que, após o suposto dia do noivado, tanto ele quanto Ellis haviam se relacionado com outros parceiros e que ele era réu num processo de paternidade de outra mulher. Também admitiu que ele e Ellis jamais haviam anunciado o seu noivado publicamente: não houve festa nem anúncio no jornal. O casal tampouco havia obtido uma licença de casamento. Com base nos indícios, o tribunal decidiu que Fortenberry e Ellis nunca haviam sido noivos. Assim, a vitrola não foi um presente que contemplava o casamento, permanecendo um bem legítimo de Ellis. Em 6 de janeiro de 1969, um tribunal de segunda instância confirmou a sentença original.

Se o casal for noivo, quais transferências e bens comuns correspondem ao noivado, e quais não correspondem? Juízes e advogados normalmente estabelecem uma distinção entre doações absolutas e condicionais; a diferença crucial é que doações condicionais são aquelas que dependem explicitamente de um compromisso de casamento. Os tribunais na verdade estão decidindo entre três categorias: primeiro, bens pertencentes ao namoro, mas que não fazem parte do noivado (como no caso *Fortenberry vs. Ellis*); segundo, os bens pertencentes ao noivado; e, finalmente, os bens trocados durante o noivado, mas que não se qualificam como doações condicionais. Um autor jurídico ainda diferencia a economia de presentes de noivado. Além da aliança de noivado, ele identifica três outros tipos: "presentes casuais que pessoas com algum tipo de ligação afetiva costumam dar eventualmente"; "presentes entre pessoas comprometidas, no Natal e nas datas comemorativas, todos visando unicamente à satisfação de quem os recebe"; e "presentes ou transferências sob a forma de presentes, que de uma forma ou de outra pretendem promover a economia marital, como utensílios domésticos e casas" (MARTIN, 1952: 601-602).

Ironicamente, os tribunais tornam-se consultores de presentes. Nem sempre é uma tarefa fácil, já que traçar fronteiras em torno das diferentes categorias de transferências de presentes pode virar um combate judicial acirrado. Considere, por exemplo, as reclamações opostas de Philip I. Lewis e Rochelle Permut (*Lewis vs. Permut*, 320 N.Y.S. 2d 408 (Vara Cível de N.Y. 1971)). Depois do fim do seu noivado de quatro meses, em 17 de fevereiro de 1970, Lewis ajuizou um processo exigindo a devolução da aliança de noivado de diamantes, que custou $ 1.350; seis outras joias que ele havia dado a Permut durante o relacionamento; oito presentes de casamento que o casal havia recebido dos pais, parentes e amigos de Lewis; mais metade de uma conta conjunta em que o casal havia depositado economias e presentes em dinheiro. Permut, por sua vez, exigia que Lewis devolvesse um relógio de bolso e uma corrente de ouro que ela havia dado a ele como presente de noivado, mais um rádio AM-FM Hitachi com dois alto-falantes que ela havia lhe emprestado.

Apesar das regras de Nova York, que não privilegiavam a culpa, o juiz Nat H. Hentel atribuiu a responsabilidade pelo rompimento do casal a Lewis, o autor, e, tomando isso como base, permitiu que Permut ficasse com a aliança de noivado. Porém, no que se refere ao saldo das transferências e dos bens comuns, o juiz pautou-se com muita consistência na doutrina das doações condicionais. Ele tentou discernir quais transferências e aquisições de bens o casal havia feito na expectativa do casamento. Assim, Permut foi instruída a devolver a sua aliança de casamento de ouro incrustada com granadas a Lewis, já que, independentemente de quem houvesse rompido o noivado, "tal presente baseou-se no compromisso de casamento entre as partes [...]. O Tribunal não consegue ver lógica alguma em permitir que a ré guarde tais lembranças infelizes de um evento que jamais foi consumado" (410). Ela também teve de devolver os presentes de casamento sob disputa.

Mas Permut pôde guardar as outras joias reclamadas por Lewis, visto que "foram entregues pelo autor à ré como presentes em seu aniversário ou outra data comemorativa ou ocasião importante" (410). Portanto, eles qualificavam-se como presentes de amizade, não de noivado. Usando um raciocínio similar, o Tribunal decidiu que Lewis não era obrigado a devolver o relógio de bolso e a corrente de ouro que Permut havia lhe dado: "Se a ré deu ao autor um relógio e uma corrente de ouro para expressar a sua alegria com o noivado e seu amor e estima pelo noivo, foi um presente consumado, 'sem obrigações'" (411). Por outro lado, o tribunal concordou que Lewis deveria devolver o rádio AM-FM Hitachi porque a transferência não foi um presente, mas um empréstimo temporário. Além disso, o juiz dividiu a conta conjunta do casal de acordo com os valores depositados por cada uma das partes. Sobre um depósito de $ 350 para a mobília do quarto que havia sido paga pelos pais de Lewis, e atribuído a eles, o juiz recusou, por falta de indícios, a reivindicação de Permut de que ela havia contribuído com $ 175 no depósito.

Que direitos de propriedade os casais têm depois do rompimento do noivado? Como indica a complexa distribuição de recursos efetuada pelo juiz Hentel no caso *Lewis vs. Permut*, os tribunais não estão meramente organizando uma distribuição equitativa de bens, mas decidindo, item por item, quais direitos e obrigações estão em jogo. Os casos mais óbvios e comuns referem-se à doação mais condicional de todas: a aliança de noivado. A questão figura claramente no caso de *McIntire vs. Raukhorst* (585 N.E. 2d 456 (Tribunal de Segunda Instância de Ohio, 1989)). O casal começou a namorar em outubro de 1986. Em janeiro de 1988, depois que Teresa Raukhorst aceitou a sua proposta de casamento, Craig McIntire deu-lhe uma aliança com um solitário no valor de $ 440. A noiva escolheu seu vestido e efetuou um depósito para um salão de festas designado para a recepção, além de outras despesas com os preparativos do casamento. Aproximadamente um mês depois da proposta, McIntire rompeu o noivado e pediu a aliança de volta. Quando Raukhorst recusou, ele ajuizou um processo, depois recorreu da primeira decisão, que permitia a Raukhorst ficar com a aliança. Um tribunal de segunda instância reformou a decisão inicial, declarando que, independentemente de quem rompa o noivado, "o presente de uma aliança de noivado, dado com a intenção de se casar, é uma doação condicional que, salvo acordo contrário, deve ser devolvida ao doador se a condição do casamento não for concretizada" (467). A desapontada noiva perdeu duas vezes: não somente a sua aliança de noivado, mas também o dinheiro que havia gastado com os preparativos do casamento[11].

As noivas, porém, nem sempre perdem. Num processo de 2003, com Virginia DeFina como autora em face de Stephen Scott, como réu (*DeFina vs. Scott*, 755 N.Y.S. 2d 587 (Supremo Tribunal de N.Y., 2003)), um tribunal concedeu uma indenização substancial como compensação pelo dinheiro que DeFina havia gastado com os preparativos do seu casamento com Scott. DeFina, uma enfermeira, e Scott, um advogado duas vezes divorciado, ficaram noivos em 2000. O casal fez listas em lojas luxuosas, planejou o casamento na Catedral de St. Patrick e a recepção no United Nations Plaza Hotel. Scott comprou uma cara aliança de noivado na Tiffany's para DeFina. O casal concordou que DeFina pagaria todas as despesas relacionadas ao casamento. Scott, por sua vez, transferiu para DeFina metade do seu apartamento. Em março de 2001, o casal rompeu "numa explosão de atos acalorados" (589) e, em abril, entrou na justiça. Não somente as despesas do casamento estavam em jogo, mas também a aliança de noivado, o apartamento e os presentes de terceiros.

Embora DeFina alegasse que a aliança havia sido um presente do Dia dos Namorados, o tribunal considerou que, por estar coberta pela apólice de propriedade de Scott, ela pertencia a ele. Mas, como a aliança havia desaparecido do apartamento de DeFina, em Manhattan, logo depois de 11 de setembro de 2001, Scott poderia obter a cobertura da perda com o seguro. No que concerne ao apartamento, todavia, o tribunal rejeitou a alegação de Scott de que DeFina deveria devolver a sua

---

11. Para ler uma discussão sobre preconceito de gênero no tratamento judicial de noivados rompidos, cf. Tushnet, 1998.

metade. Ao contrário, o tribunal, citando as despesas pré-maritais de DeFina, de quase $ 16.000 (que incluíam metade do custo da festa de despedida de solteiro de Scott), concedeu-lhe uma garantia real sobre o apartamento, deixando a propriedade com Scott. Scott também foi ordenado a indenizar DeFina pelos cinco presentes de noivado que ele havia guardado, apesar do acordo do casal de que todos os presentes deveriam ser devolvidos aos seus respectivos doadores. A juíza Diane A. Lebedeff comentou:

> O traço distintivo deste processo – ambas as partes eram profissionais adultos bem estabelecidos que embarcaram nos preparativos de um casamento formal pago a partir de seus próprios recursos, agindo principalmente com base em planos claros referentes ao noivado e ao estabelecimento de sua posterior união econômica – requer o máximo possível a aplicação de teorias baseadas em contratos, uma abordagem juridicamente nova, mas particularmente adequada para casais desse tipo e para a sociedade contemporânea (588-589).

Mais uma vez, os direitos de propriedade dependeram simultaneamente de uma definição do relacionamento do casal e da interpretação judicial do contrato ligado ao relacionamento.

O casal está realmente qualificado para o noivado? Nos casos considerados até agora, ambas as partes tiveram o direito legal de comprometer-se em um noivado. Porém, vários impedimentos podem existir a esse direito – notadamente fraudes, uma das partes já ser casada ou a condição de uma ou ambas as partes ser(em) menor(es) de idade (TOMKO, 1996). Em qualquer um desses casos, as transações usuais que um casal noivo pode assumir legalmente tornam-se inválidas. Considere o caso de Guy A. Armitage contra Ann Tracy Hogan (*Armitage vs. Hogan*, 171 P. 2d 830 (WASH, 1946); cf. tb. MARTIN, 1952: 595). Em 1942, Armitage, um vendedor ambulante de sapatos de cinquenta e poucos anos, e Hogan, conhecida prostituta, conheceram-se em Seattle durante uma das viagens de negócios dele. Ela recordou do encontro assim: "Bem, eu estava andando pela Rua Pike, esbarrei com ele e nos falamos [...]. E ele disse que estava sozinho e me convidou para ir ao hotel, e eu fui, e ele me pagou pela diversão, e eu fiquei, depois me aprontei para sair. Ele não queria que eu fosse embora, então passei a noite com ele, e ele me deu dinheiro" (833).

Eles se encontravam todas as vezes em que Armitage viajava a Seattle; ele costumava lhe dar presentes caros, como um casaco de pele e dinheiro, inclusive $ 500 para comprar um salão de massagem e $ 375 para ajudar a irmã dela, que estava doente. Várias vezes, ele deu-lhe de $ 200 a $ 300 quando ela pedia dinheiro. Em julho de 1944, Armitage teria proposto casamento a Hogan, embora nenhuma data definitiva tivesse sido marcada para a cerimônia. Ele, então, pagou $ 2.500 de entrada na compra de um hotel que Hogan administraria. Em setembro daquele ano, Armitage deu a Hogan uma aliança de diamantes de $ 2.000. Dois meses depois, Hogan casou com Joe Ennette, um "homem de cor".

Armitage ajuizou um processo reclamando que Hogan havia rompido o seu acordo de casar com ele e, portanto, deveria devolver a aliança de diamantes – ou o equivalente em dinheiro – e a entrada da compra do hotel. Ambos os presentes, ele afirmou, foram dados em consideração ao casamento pretendido. Ele não esperava indenização por seus presentes de namoro anteriores, declarando que Hogan "sempre portou-se como uma dama e ele não tinha ideia de que ela era uma prostituta". Ela havia enganado Armitage, tomando o seu dinheiro e o tempo todo pretendendo casar com Ennette, não com ele. Ao lhe perguntarem: "Havia algum outro motivo para você dar a ela esse dinheiro e esses presentes além do que você já declarou?" Armitage respondeu: "Não, nada além do acordo de casamento, que me induziu a fazer esses empréstimos e dar esses presentes" (833, 835-836). Se a história de Armitage estivesse correta e se Hogan tivesse concordado fraudulentamente em se casar com ele sem intenção alguma de fazê-lo, as doações seriam de fato condicionais ao casamento. Portanto, ele tinha o direito de ser indenizado pelas despesas.

Mas Hogan negou as declarações de Armitage. Ela depôs que "desde a primeira vez em que ela o entreteve no hotel" (833), Armitage sabia da sua ocupação. Ele nunca havia pedido a mão dela em casamento. Os presentes dele, então, foram oferecidos em troca do seu afeto. Por exemplo, no que se refere à entrada para a compra do hotel, Hogan narrou: "Ele disse: 'O que você fará por mim se eu pagar mais $ 2.500?' Eu respondi: 'Eu seria boa com você como sempre fui. Eu não sou boa?' Logo depois, recebi uma carta depois que ele foi embora, dizendo o quanto eu tinha sido boa com ele" (834). Sobre a aliança de noivado, Hogan declarou:

> Naquela manhã, nós estávamos deitados no Drexel Hotel e eu disse: "Vamos levantar cedo", e queria que ele fosse comprar alguma coisa para mim. Então, fomos ao Dootson's tomar café [...] [e fomos] à joalheria. Eu disse: "É esse!", e então pedimos para ver o anel que eu tinha visto, e eles me mostraram [...]. Ele comprou [...] e [nós] estávamos esperando o sinal fechar entre a Fifth e a Pike. Ele disse: "Eu deveria ter esperado mais e comprado isso como presente de Natal." Eu disse: "Tudo bem. Nós chamaremos de presente de Natal, de qualquer maneira". Ele disse: "Sério?" e eu falei: "Sim" (835).

Quando questionada se "houve alguma menção ao fato de ser uma aliança de noivado, em algum momento", Hogan declarou: "Nunca" (835).

Em outubro de 1945, o tribunal indeferiu o pedido de Armitage; no ano seguinte, o Supremo Tribunal de Washington confirmou a sentença. Não havia, concordaram ambos os tribunais, acordo válido de casamento entre as partes. Duas características da situação arruinaram as reivindicações de Armitage; primeiro, o tribunal estabeleceu que Hogan era uma prostituta conhecida e concluiu que Armitage devia saber disso. O tribunal declarou:

> [Nós] estamos convencidos de que o apelante foi induzido a dar a ré os presentes e a fornecer-lhe dinheiro para financiar a transação do

> hotel por seu desejo de manter uma associação ilegal e imoral com a ré; que ele nunca pediu nem esperou a devolução do anel ou do dinheiro. O único pagamento que o apelante esperou receber da ré foi o prazer que ele aparentemente desfrutava e esperava desfrutar em tal associação (836).

A segunda constatação do tribunal foi ainda mais devastadora. O fato é que Armitage ainda era casado com outra mulher. Ele e a esposa haviam se separado alguns anos antes, mas Armitage não havia tomado as providências judiciais cabíveis para o divórcio. Armitage e Hogan, portanto, eram duplamente desqualificados para casar. A doutrina da doação condicional não poderia se aplicar de forma alguma a qualquer uma das generosidades de Armitage para com Hogan. Todos os presentes que ele deu pertenciam a ela (cf. tb. MARTIN, 1952: 595).

Jeffers, um dos juízes de segunda instância, foi enfático:

> Depois de ouvir esses depoimentos que levaram mais de dois dias, estou convencido de que se trata simplesmente de um caso de uma mulher calculista envolvida na prostituição [...] tendo conhecido o autor e vendido os seus dotes, e aparentemente o Sr. Armitage, um homem casado, encantou-se por ela e deu-lhe uma quantia considerável por vários anos. Falando claramente, estou convencido de que ele foi um perfeito idiota, e que ela brincou com ele o tanto quanto mereceu [...] Embora eu lamente que ela possa ficar com essa quantia, devo concluir que o dinheiro foi dado a ela (836).

Em sua essência, o juiz decidiu com relutância que Armitage simplesmente estava pagando um preço muito alto por serviços sexuais. Os mundos hostis entraram em conflito mais uma vez.

Novamente, o resultado do processo dependeu sobretudo da avaliação do tribunal do relacionamento entre as partes. Em outras circunstâncias, exatamente as mesmas transações teriam permitido que Armitage fosse indenizado. Apesar do que aconteceu no caso *Armitage vs. Hogan*, falando em termos gerais, os tribunais tratam alianças de noivado como doações condicionais quintessenciais, retornáveis ao doador quase que independentemente das circunstâncias que romperam o noivado. Em contraste, as alianças de casamento fazem parte de um regime diferente, já que os tribunais não exigem a sua devolução após o divórcio, até mesmo no caso de um casamento curto (TUSHNET, 1998: 2.603).

Entre o relacionamento amoroso e o trabalho sexual

Nesse terreno complexo e fascinante, os tribunais americanos continuam a seguir a estratégia do trabalho relacional abordado anteriormente: combinam as relações íntimas com meios e transações econômicas apropriadas, distinguem relações similares entre si e costumam justificar as suas distinções evocando as doutrinas de mundos hostis. Embora mantenham uma classificação jurídica distinta das relações íntimas e de indícios válidos para tais relações, eles alteram as regras em resposta tanto a mudanças nas práticas comuns quanto à ascensão ou queda de doutrinas jurídicas mais gerais.

Alguns litígios judiciais ficam entre a lei de noivados e a lei que rege o sexo comercial. Os tribunais têm dificuldades com esses casos, porque, mais uma vez, precisam decidir qual relacionamento aplica-se ao casal. Um exemplo é o processo por violação de contrato, de $ 3,5 milhões, de Deborah Vandevelde contra Thomas Colucci. De acordo com Vandevelde, de 41 anos de idade, os dois conheceram-se em 1999, quando Colucci, de 53 anos, um executivo rico de Long Island, aproximou-se dela em um café, na Avenida Madison, ofereceu-lhe uma carona para casa em seu Mercedes dourado e enviou-lhe flores no dia seguinte. Depois que o relacionamento começou, Colucci dava a Vandevelde – que trabalhava nas galerias de leilão da Christie's – vários presentes caros: casacos de pele da Bergdorf Goodman, roupas de estilistas famosos, um Mercedes CL500, uma cobertura em Central Park South e outro apartamento de luxo, no 48° andar de um edifício da Quinta Avenida, perto da Catedral de St. Patrick.

Vandevelde também afirmou que Colucci pediu-lhe para assinar um contrato de um ano, de $ 100.000, oferecendo-lhe emprego em uma de suas empresas. O contrato dispunha que Colucci devia-lhe $ 492.000 por "serviços comerciais" anteriores. O acordo deles, porém, foi além dos negócios, adentrando uma forma de relacionamento amoroso, aproximando-se de serviços sexuais comerciais. Em uma entrevista na televisão, Vandevelde declarou que ela e Colucci, que ainda era casado e pai de dois adolescentes, eram noivos. Ele havia prometido se divorciar e comprado para Vandevelde um vestido de casamento Vera Wang e uma aliança de noivado da Graff. Vandevelde também disse que, enquanto estavam juntos, Colucci "usufruiu de sexo irrestrito [...] enquanto lhe prometia segurança financeira." O "apetite sexual" de Colucci, observou Vandevelde, "era insaciável" (*Abrams Report*, 2002; MAULL, 2002). Dois anos depois, Colucci rompeu com Vandevelde, acusando-a de traí-lo com outro namorado. Ele parou de pagar o aluguel dela. Naquele momento, ele negou a descrição do relacionamento dada por Vandevelde. Os dois se conheceram, segundo o depoimento dele, através de um serviço de garotas de programa: "a Sra. Vandevelde", afirmou Colucci em uma declaração autuada no Supremo Tribunal de Manhattan, "foi a garota enviada ao meu quarto pelo serviço de garotas de programa". Ele compensou "seu afeto e lealdade" com presentes pródigos. Colucci ainda alegou que o contrato deles era um acordo para facilitar o adultério, sendo, portanto, ilegal (MAULL, 2002; *New York Daily News*, 2002).

O juiz responsável pelo caso, Leland DeGrasse, do Supremo Tribunal do Estado de Manhattan, conseguiu um equilíbrio delicado entre considerações comerciais e morais. Primeiro, separou o processo de violação de contrato de Vandevelde de um processo diferente, por inadimplência do aluguel, ajuizado pelos proprietários do edifício onde Vandevelde morava. Neste último caso, ordenou que Colucci pagasse mais de $ 50.000 de aluguéis retroativos. Mais uma vez, vemos os tribunais fazendo distinções sutis ao posicionar o relacionamento de um casal em seu lugar apropriado dentro de uma matriz disponível.

O trabalho sexual na lei

No caso Vandevelde-Colucci, grande parte do litígio dependia da definição de o relacionamento qualificar-se ou não como trabalho sexual comercial. Muitas contendas surgem, porém, em casos em que há pouca dúvida de que parte do que estava acontecendo era a prestação comercial de serviços sexuais. Como vimos, o trabalho sexual abrange uma ampla gama de relacionamentos, incluindo o envolvimento de clientes com dançarinas de *lap dance*, trabalhadores do sexo por telefone, serviços de garotas de programa, pornografia, websites adultos, várias formas de prostituição e muito mais. Além de processar certas formas de trabalho sexual, a lei, embora com relutância, envolve-se em decidir se certas relações constituem trabalho sexual e, em caso afirmativo, determinar a sua situação judicial.

As leis que combatem a prostituição formam o alicerce de uma ampla gama de ações concernentes ao trabalho sexual. Apesar do fantasma da prostituição como o fim da linha de qualquer comoditização nas relações sexuais, na prática tribunais e juízes não cultivam uma dicotomia simples de relações sexuais legítimas e não monetárias *versus* prostituição monetizada ilegal. A maioria dos estados americanos considera a prostituição ilegal, geralmente declarando-a uma contravenção. Em geral, as leis americanas isolam a troca de dinheiro por serviços sexuais como o elemento que define a prostituição. Assim, por exemplo, a Flórida define a prostituição como "a oferta de dar ou receber, ou dar ou receber o corpo para atividade sexual de aluguel", enquanto, para o estatuto de Illinois, a prostituição consiste em "oferecer ou concordar em realizar ou realizar qualquer ato de penetração sexual ou contato com genitais por dinheiro ou qualquer coisa de valor. O indivíduo patrocina uma prostituta ao participar de penetração sexual com ela, alguém que não é o cônjuge do indivíduo" (POSNER & SILBAUGH, 1996: 161, 164-165).

A legislação de Illinois tem duas características impressionantes: distingue de modo autoconsciente a prestação (legal) de serviços sexuais do cônjuge da prestação (ilegal) dos mesmos serviços por uma prostituta, e estigmatiza explicitamente o prestador, e não o destinatário dos serviços. Assim como em outros casos, os profissionais jurídicos constroem implicitamente uma matriz de relações, uma das quais é a prostituição. Então, distinguem a prostituição de relações adjacentes, como o casamento, delimitam fronteiras e especificam a correspondência apropriada entre relações, transações e meios para tais transações.

Portanto, advogados, juízes e jurados frequentemente decidem se determinado relacionamento é de casal casado, amantes, noivos, prostituta e cliente ou outra coisa. Eles tomam importantes decisões judiciais, dependendo de onde posicionem o relacionamento relevante. Não estou afirmando que todas as partes sempre concordem. A própria matriz e suas fronteiras costumam enfrentar uma oposição acentuada, já que os advogados adversários e os defensores externos discordam da propriedade ou impropriedade de diferentes relacionamentos, transações e meios. Além disso, tipos diferentes de leis empregam matrizes um tanto diferentes, por exemplo, o direito tributário concentra-se no que um relacionamento gerou ou ganhou e o imposto tributável, ao passo que o direito que trata de noivados, como vimos, concentra-se na promessa condicional de casamento.

Um exemplo dramático pode ser tirado de um litígio tributário de 1992 (*Toms vs. Receita Federal*, 63 T.C.M (CCH) 2.243 (1992)). No início da década de 1980, Frances Mary Granato Toms era dona de um serviço de garotas de programa autônomas e de uma casa de prostituição em Nova Jersey. Ela empregou cinco prostitutas e três homens como garotos de programa, divulgando o fato amplamente nos jornais locais. Ela preferia "clientes que fossem senhores mais velhos financeiramente generosos" (*4). As tarifas de Toms variavam de $ 35 a $ 125 por serviço; ela pagava $ 30 aos funcionários e embolsava o resto. Entre 1965 e 1974, Toms esteve envolvida com Sam Celona, um frentista 34 anos mais velho. Em 1974, ela conheceu e casou com Paul Toms, 30 anos mais velho; ele morreu quatro anos depois, em 1978. Naquele ano, Toms publicou um anúncio, procurando um milionário que a sustentasse, e parece que recebeu mais de duas mil repostas. Em 1980, conheceu Samuel Cohen, funcionário aposentado da Receita Federal, que estava deprimido por causa da separação recente de sua esposa, de 25 anos. Quando se conheceram, Toms e Cohen foram jantar, foram ao cinema e voltaram para a casa dele, na Filadélfia, para ouvir música e conversar. Naquela noite, Cohen pagou a Toms $ 200 e, nos anos seguintes, continuou a pagar $ 200 por cada uma das visitas quinzenais, que levavam de quatro a cinco horas. Eles não tiveram relações sexuais, assim ele declarou posteriormente. Em todas as vezes, todavia, ele lhe dava dinheiro quando ela ia embora.

Em 1982, Toms conheceu Joseph DeFelice ao arranjar serviços sexuais para ele com Michelle Barns, uma de suas funcionárias, por $ 125. Em uma segunda visita, DeFelice pagou $ 50 para fazer sexo com Beth, outra funcionária. Depois disso, de 1982 a 1983, DeFelice encontrou Toms várias vezes por semana, pagando por cada encontro. Os problemas judiciais de Frances Toms começaram nesses anos. Após cinco anos de vigilância de um sargento-detetive, ela foi considerada culpada e condenada por prostituição em 1985. Mais ou menos na mesma época, um agente especial da Receita Federal começou a investigar as declarações tributárias de Toms. Em 1988, ela foi condenada por evasão dolosa de imposto de renda relativa ao lucro do seu comércio de prostituição.

Ela recorreu, alegando que uma grande parte de suas economias e investimentos acumulados eram presentes dos dois homens que chamava de seus "paizinhos", Samuel Cohen e Joseph DeFelice. Os pagamentos de Cohen, declarou ela, eram expressões de "amor e afeto". DeFelice, por sua vez, declarou que o seu relacionamento com Toms "havia se transformado num caso de amor" e "ele (lhe) dava mais dinheiro do que de fato tinha" (*35-37). Se de fato fossem presentes, os pagamentos não constituiriam renda tributável. A justiça tributária discordou, considerando "inconvincentes" os indícios de que as transferências de ambos os homens eram presentes. No caso de Cohen, o juiz explicou:

> Se uma transferência de fundos constitui ou não um presente baseia-se numa investigação objetiva dos fatos [...] O Sr. Cohen depôs que não teve relações sexuais com a autora. Isso é irrelevante para a nossa decisão. O Sr. Cohen pagou a primeira noite que a autora passou com ele, além de pagar a maioria das noites em que ela esteve com ele. Isso sugere um relacionamento de programa remunerado, não presentes a uma amiga.
>
> Embora não questionemos a importância que o Sr. Cohen atribui à sua companhia ao lado da autora, acreditamos que os seus pagamentos regulares não foram em função de [afeto] [...] Ao contrário, acreditamos que os pagamentos foram efetuados pelos serviços prestados, portanto não constituem presentes (*37-38).

Como compensação por programas e prostituição, os pagamentos tornaram-se renda tributável. O tribunal rejeitou o recurso de Toms.

Para tomar a sua decisão, a justiça tributária envolveu-se em questões delicadas sobre a natureza dos relacionamentos íntimos de Toms, especificamente se os seus laços com Cohen e DeFelice eram de namorados ou participantes de um acordo sexual comercial. É uma distinção crucial. Lembre-se do que aconteceu no caso de Kritzik e das irmãs gêmeas. Originalmente, tanto Leigh Ann Conley quanto Lynnette Harris foram presas por não pagarem o imposto de renda sobre mais de meio milhão de dólares dados pelo velho viúvo durante vários anos em troca de seus serviços sexuais. Após a morte de Kritzik, porém, o tribunal de segunda instância reformou a condenação exatamente confirmando as alegações das mulheres de que o relacionamento não era de prostituta-cliente, mas de namorados. Os pagamentos monetários, então, tornaram-se presentes não tributáveis. A justiça tributária decidiu que esses dois casos eram diferentes. Mas por quê? Em ambos os episódios, as pessoas não casadas mantiveram relações íntimas por um longo tempo, e os homens deram dinheiro às mulheres. Contudo, os tribunais consideraram que, no primeiro caso, as transferências monetárias qualificavam-se como compensação por serviços, enquanto que, no segundo caso, qualificavam-se como presentes.

Dança exótica

Os esforços jurídicos para classificar as várias formas de relacionamentos envolvendo sexo por dinheiro vão além da prostituição criminosa ou da evasão de imposto de renda. O caso das dançarinas de *lap dance*, por exemplo, criou muita controvérsia exatamente como resultado de sua situação jurídica incerta. A incerteza começa com o próprio nome do entretenimento. As profissionais preferem chamar a prática de "dança exótica". Alguns observadores e participantes chamam de "dança *topless*". Mas a legislação e as decisões judiciais costumam chamar de "*lap dance*". Em sentido mais restrito, a *lap dance* inclui giros de uma mulher seminua no colo do cliente. De forma um tanto mais ampla, a prática inclui movimentos eróticos muito próximos aos clientes, que geralmente retribuem, colocando dinheiro em qualquer receptáculo disponibilizado pela dançarina. No sentido estrito ou mais amplo, os tribunais costumam comparar a *lap dance* à prostituição, declarando-a uma violação dos estatutos que proíbem a conduta sexual remunerada (cf. *Obscenity Law Bulletin*, 2000: 1; e, para consultar um testemunho gráfico, cf. *Steinbach vs. Texas*, 979 S.W. 2d 836 (Tex. App., 1998)).

Porém, na maioria dos outros aspectos, a lei distingue o relacionamento dançarina de *lap dance*-espectador do vínculo prostituta-cliente. Isso é feito através do estabelecimento de regras judiciais precisas sobre o que as partes podem fazer ou não. Por exemplo, as chamadas leis de "zona intermediária" proíbem o contato físico entre clientes e dançarinas, estabelecendo restrições de espaço legalmente exequíveis. Especificamente, as dançarinas precisam permanecer de 1 a 3 metros de distância do cliente mais próximo, geralmente sobre uma plataforma. Em muitos casos, o pagamento direto efetuado pelo cliente à dançarina também é evitado, proibindo-se as gorjetas. Uma decisão de 1986 defendendo essas restrições concluiu que as regulamentações de zona intermediária não desobedeciam aos direitos da Primeira Emenda da Constituição: "Embora a mensagem erótica da dançarina possa ser um pouco menos eficaz a 3 metros de distância, a capacidade de participar da expressão protegida não é significativamente prejudicada. As dançarinas eróticas ainda têm acesso razoável ao seu mercado" (*Kev, Inc. vs. Condado de Kitsap*, 793 F. 2d 1.053, 1.061 (9° Cir. 1986)). Porém, as jurisdições locais variam muito ao traçar o limite entre um comportamento adequado e inadequado da *lap dance*. Por exemplo, enquanto a cidade de Las Vegas permite contato físico e gorjetas, em 2002, o condado adjacente de Clark impunha regras mais severas. Nesse condado, as dançarinas podiam tocar as pernas do cliente ou dançar sobre elas, mas eram proibidas de tocar a sua região genital. Também não era permitido colocar dinheiro dentro do biquíni das mulheres (WAGNER, 2002).

Portanto, a lei que rege a *lap dance* faz uma distinção dupla, separando as relações entre dançarina e cliente de prostituição e outras formas de trabalho sexual, mas também das relações íntimas legais de namorados e casais casados. No processo, a lei ironicamente desenha perímetros em torno de formas legalmente toleráveis de trabalho sexual. Similarmente, tribunais, advogados e jurados intervêm em várias outras trocas de sexo por dinheiro – boates, casas de massagem, sexo por telefone e pornografia. Mas, em cada caso, eles traçam limites entre comportamentos aceitáveis e inaceitáveis de formas sutilmente diferentes.

Ao distinguir formas de intimidade legítimas e ilegítimas, a lei americana enfrenta algumas escolhas surpreendentes. Um projeto de lei (n. 469) apresentado na sessão da Assembleia Geral de Ohio em 2001-2002 inclui a seguinte disposição:

> "Estabelecimento de encontros sexuais" significa um estabelecimento empresarial ou comercial que, como um de seus principais objetivos comerciais, oferece por qualquer forma de pagamento um local onde duas ou mais pessoas possam se reunir, associar ou consorciar com o fim de realizar atividades sexuais específicas ou quando uma ou mais pessoas está(estão) nua(s) ou seminua(s). Um estabelecimento onde um médico, psicólogo, psiquiatra ou profissional similar licenciado pelo Estado realize terapia sexual medicamente aprovada e reconhecida não é um "estabelecimento de encontros sexuais" nem um "estabelecimento de entretenimento adulto" (ASSEMBLEIA GERAL DE OHIO, 2002: 6).

Obviamente, os legisladores de Ohio constataram que, se impusessem restrições muito grandes a formas remuneradas de intimidade, começariam a excluir relações íntimas que na verdade queriam proteger, nesse caso, relações entre profissionais licenciados e seus clientes.

Intimidade profissional

A lei americana, porém, não facilita tanto as coisas para os profissionais. Ao contrário, regula muito de perto as relações íntimas entre profissionais e clientes. Como vimos no caso entre advogado, cliente e associação de classe que abriu este capítulo, organizações profissionais, tribunais e legislaturas colaboram na proteção da fronteira da prática profissional contra dois tipos de violações. A primeira opõe-se a formas de intimidade que corromperão a prática profissional; a segunda, a formas de prática profissional que promovem uma intimidade indesejada ou imprópria. Obviamente, como no caso Berg, a intimidade sexual causa ameaças sérias, mas o controle sobre as informações particulares de um cliente também. Os tipos de informações que vários profissionais adquirem com seus clientes no curso de relações íntimas, porém não sexuais, costumam se tornar pertinentes a outros aspectos cruciais da vida de seus clientes. De fato, um bloco considerável da lei rege a confidencialidade das informações pessoais que os profissionais adquirem de seus clientes. Médicos, psicólogos, advogados, padres e até professores às vezes adquirem informações íntimas que poderiam prejudicar seus sujeitos se fossem reveladas a terceiros. Entretanto, às vezes os profissionais repassam tais informações. Às vezes eles têm o direito legal ou até a obrigação legal de fazê-lo. Reclamações referentes a tais direitos e obrigações entram em confronto repetidamente em processos judiciais concernentes à interseção de transações econômicas e intimidade.

Considere três contendas desse tipo – os casos de Andrew Goldstein, Chari Lightman e Antoinette Crescenzo. Em 1997, Andrew Goldstein assassinou Kendra Webdale, jogando-a na frente de um trem em movimento do metrô de Manhattan. Goldstein havia sido tratado em várias instituições de doentes mentais, tendo sido a última o *Bleuler Psychotherapy Center*. O Departamento de Saúde Mental, Retardo Mental e Alcoolismo começou a investigar o caso a fim de melhorar o serviço prestado pela cidade aos doentes mentais. Como parte da sua investigação, o departamento solicitou que o Bleuler Center entregasse os prontuários médicos de Goldstein. Após a recusa da clínica, e posterior descumprimento de uma intimação judicial, alegando que os prontuários eram confidenciais, o caso foi parar na justiça. Em 25 de agosto de 1999, o Supremo Tribunal de Nova York ordenou que o Bleuler Center entregasse os prontuários de Goldstein, afirmando que "os interesses da justiça superam qualquer necessidade de confidencialidade" (*Cidade de Nova York vs. Bleuler Psychotherapy Center, Inc.*, 695 N.Y.S. 2d 903, 906 (Supremo Tribunal de N.Y., 1999)).

Em 1995, Chari Lightman, judia ortodoxa, consultou dois rabinos de Nova York, Rabbi Tzvi Flaum e Rabbi Weinberger, em busca de orientação espiritual e religiosa. Durante as sessões de aconselhamento, ela contou informações íntimas a ambos os rabinos. Um ano depois, ao ajuizar um processo de divórcio contra o marido, inclusive pleiteando a guarda temporária dos quatro filhos, o marido contestou as suas alegações, usando provas confidenciais prejudiciais reveladas a ele por ambos os rabinos, inclusive que ela estava "encontrando um homem em contexto social" e que havia deixado de cumprir as "leis de purificação religiosa". Chari Lightman processou os dois rabinos, alegando violação de confiança e consequente violação da prerrogativa clérigo-penitente. Após vários recursos, em 27 de novembro de 2001 o Tribunal de Segunda Instância de Nova York indeferiu o pedido de Lightman, declarando que o estatuto que deu origem à prerrogativa clérigo-penitente "não dá margem a uma causa de pedir por violação de confiança envolvendo a transmissão de informações orais entre congregado e clérigo" (*Lightman vs. Flaum*, 97 N.Y. 2d 128, 131-132, 137 (2001)).

Em 1992, Antoinette Crescenzo consultou pela primeira vez Walter D. Crane, um médico de Nova Jersey, por causa de ferimentos causados num acidente de carro. Ela e a filha continuaram a ser suas pacientes e, em 1997, Crane tratou uma lesão em sua cabeça. Naquele momento, Crescenzo confidenciou ao médico seus problemas conjugais e sintomas de estresse relacionados. Ele tratou a sua depressão com Prozac. Em 1998, quando o marido de Crescenzo ajuizou o divórcio, Crane foi solicitado a entregar o prontuário de sua paciente. Ele obedeceu, e os prontuários foram usados como provas contra Crescenzo no processo de divórcio, especificamente no que se referia à sua capacidade mental de cuidar da filha menor de idade do casal, Dana Santora. O advogado de Crescenzo ajuizou uma petição contra a apresentação do prontuário, alegando violação da prerrogativa paciente-médico. Depois que o Tribunal Superior, a Divisão Jurídica e o condado de Atlantic indeferiram a petição, Crescenzo recorreu. Em 26 de fevereiro de 2002, o tribunal reformou a decisão e remeteu o processo (*Crescenzo vs. Crane*, 796 A. 2d. 283 (N.J., 2002)).

Numa reversão notável da direção do fluxo de informação entre profissional e cliente evocada nesses três casos, a colunista Lauren Slater relata uma variante inesperada:

> No início de 2003, em seu consultório, um psiquiatra confessou ao paciente que planejava matar seis pessoas, inclusive uma paciente que também era sua amante. Além disso, o médico pediu a ajuda do paciente para encontrar uma isca e um revólver com silenciador. Mais tarde, o médico foi detido no estacionamento de uma loja Home Depot, com três acusações de posse de armas pela Promotoria do Condado de Nassau (SLATER, 2003).

Mais importante do que quem revelou as informações é o fato de que intimidades cruciais em todas as quatro instâncias não envolviam relações sexuais, mas a transmissão de informações pessoais. Paralelamente à sua intervenção em casos de relações sexuais contestadas, os tribunais americanos envolvem-se constantemente na decisão sobre a propriedade de outras formas de intimidade: o compartilhamento de informações confidenciais, a oferta de conselhos profissionais, a prestação de cuidados pessoais, a aquisição conjunta de propriedade doméstica e transferências de presentes de valor. Ao fazer isso, eles priorizam a determinação do que é o relacionamento entre as partes antes de decidir se as transações que compartilharam e os meios que empregaram para tais transações eram pertinentes a tal relacionamento.

Uniões dentro e fora da lei

Exatamente porque os tribunais procedem assim, uma parcela significativa de contendas entre e sobre casais no direito americano gira mais em torno de qual relacionamento prevaleceu no momento em que a situação ocorreu e do que separou o relacionamento de outros com os quais parecia em alguns aspectos do que no fato real. Como vimos antes, fora do processo legal, casais e terceiros envolvidos na união participam regularmente de práticas que parecem práticas legais, sem imitá-las precisamente; eles aplicam matrizes um tanto diferentes, distinções dentro dessas matrizes e doutrinas para justificar essas distinções. Falando de outro modo (e com um pouco mais de precisão), os tribunais americanos comparam a prática comum enquanto protegem as fronteiras entre formas de intimidade próprias e impróprias. O seu trabalho relacional interage com aquele da vida social cotidiana.

A formação de casais íntimos, como veremos em breve, apresenta menos problemas à lei americana do que interações familiares e de cuidados. A lei tem à sua disposição o modelo de um contrato entre duas partes e frequentemente aplica esse modelo a pares íntimos. Quando o cuidado conecta pares de pessoas que não sejam cônjuges ou envolve múltiplas partes, porém, os modelos de contrato típicos são menos adequados, e os profissionais jurídicos devem exercer mais táticas ao traduzirem as práticas cotidianas para as legislaturas e os tribunais. Na prática, os casais íntimos costumam apresentar sérios problemas às pessoas das relações sociais adjacentes. Essa pessoa é um parceiro adequado para a nossa filha? A profissão é capaz de tolerar esses tipos de relações entre seus membros e clientes? Essa relação amorosa atrapalhará a empresa? Paradoxalmente, as uniões apresentam problemas justamente porque quase sempre têm fortes implicações para terceiros.

Alguns dos relacionamentos que examinamos com o nome de "uniões" envolvem cuidados: provisão contínua de atenção para a melhoria da vida por ao menos uma das partes. Mudar o foco para os cuidados, porém, suscita questões que este capítulo quase não comentou: quem tem o direito ou a obrigação de prover cuidados para a melhoria da vida? De receber cuidados? Que eventual compensação é justificada pela provisão de cuidados? A comercialização do cuidado inevitavelmente o corrompe, além de corromper os relacionamentos em que ocorre? Tais questões surgem mais ou menos igualmente na prática comum e nas disputas judiciais. Elas evocam alguns dos mesmos processos sociais que observamos nas uniões: delimitação, combinação de relações e transações com meios, atribuição de relações existentes a categorias morais e reivindicações de intervenção de terceiros. O seguinte capítulo entra no mundo do cuidado íntimo.

4
Relações de cuidado

Estimando o seu patrimônio líquido em $ 2,4 bilhões, em 2001 a revista *Forbes* listou Barbara Piasecka Johnson entre as vinte mulheres mais ricas do mundo. Quarenta anos antes, a jovem e pobre Barbara Piasecka chegou aos Estados Unidos, vindo de sua terra, a Polônia, e começou a trabalhar como cozinheira. Nesse ínterim, porém, ela se casou com J. Seward Johnson, herdeiro de uma marca de produtos médicos e para bebês, e cuidou dele em seu estado terminal. Depois, enfrentou uma dura batalha judicial contra os seis enteados para ficar com a fortuna que Johnson havia deixado para ela em testamento. Em sua análise detalhada do caso Johnson, David Margolick, jornalista jurídico do *New York Times*, chamou a contenda sobre o testamento de "a maior, mais cara, mais feia, mais espetacular e mais conspícua da história americana" (MARGOLICK, 1993: 12)[1].

Algumas semanas depois que Barbara ("Basia") Piasecka chegou da Polônia, a segunda esposa de Seward Johnson, Esther Underwood "Essie" Johnson, contratou-a como cozinheira. Basia cozinhava tão mal, porém, que a empregada polonesa de Johnson (que tinha contratado Basia) trocou o seu cargo com ela. Trabalhando como camareira, Basia ganhava $ 100 por semana. Um ano depois, ela deixou o emprego nos Johnsons. Todavia, já tinha chamado a atenção de Seward. Ele ofereceu a Basia, que havia estudado História da Arte na Polônia, um emprego de $ 12.000 ao ano como curadora de seu novo acervo artístico. Ele também a encheu de presentes: não apenas joias e casacos de pele, mas também duas casas na Itália e um fundo de $ 500.000.

Em 1971, Seward, então com 76 anos, havia se divorciado de Essie e logo se casou com Basia, com 34 anos. Oito anos depois, em 1979, a saúde dele começou a se deteriorar. Até a sua morte, em 1983, Basia cuidou dele e supervisionou os cuidados dispensados a ele. Uma das enfermeiras profissionais chamava Basia de "enfermeira número um" dele (MARGOLICK, 1993: 254). De fato, em seu estado terminal, Basia

1. Cf. tb. Goldsmith 1987 e leia uma descrição que difere em alguns detalhes da descrição de Margolick.

> fazia massagem em Seward. Colocava bolsas de gelo e bolsas de água morna onde ele sentia dores. Temperava a sua sopa e preparava o seu chá especial [...]. Lia para ele, dava-lhe banho, cortava suas unhas, penteava seu cabelo, aparava a sua barba, vestia-o, enxugava a sua testa. Ajudava-o a andar e, depois que ele não conseguia mais levantar a mão, ela conseguia localizar a dor dele quase que telepaticamente [...]. Ela limpava o seu ânus sem reclamar (MARGOLICK, 1993: 161).

Outra enfermeira questionava "por que ela queria uma enfermeira profissional, já que fazia tudo para ele" (MARGOLICK, 1993: 161).

O testamento de Seward nomeava Basia a principal beneficiária de sua fortuna de $ 400 milhões. Os seis filhos dos dois casamentos anteriores dele, porém, protestaram. Os advogados deles ajuizaram três petições contra a herança: uma alegando que Seward era incapaz; a segunda afirmando que o testamento não havia sido realizado apropriadamente; e a terceira declarando que o testamento havia sido obtido "por influência fraudulenta, coerciva e indevida da viúva de Seward Johnson" (MARGOLICK, 1993: 215). Os advogados dos filhos descreveram Basia como dominadora, até mesmo intimidadora, portanto exercendo uma influência indevida sobre um velho debilitado. Como resposta, as testemunhas e a equipe de advogados de Basia descreveram-na como atenciosa, amorosa e generosa em seus cuidados com o homem que estava prestes a morrer.

Observe o que os herdeiros desapontados reivindicavam e o que não reivindicavam. Eles não questionaram a validade do casamento, os cuidados ativos de Basia, nem mesmo a dedicação de Seward a ela. Ao contrário, alegaram que o cuidado constituía uma campanha imprópria para influenciar a herança, isolando Seward de outras influências e consequentemente excluindo os seus filhos de sua herança de direito. Após um demorado processo de três anos, incluindo extensas audiências, as partes entraram em acordo em 1986, deixando uma porção substancial dos bens para Basia. Com efeito, os advogados dos filhos admitiram que Basia tinha direitos substanciais como consequência do seu relacionamento com Seward.

A doutrina jurídica da "influência indevida" tem implicações marcantes na compra da intimidade. Ela não apenas pressupõe que certos tipos de atenção íntima pertencem a algumas relações, e somente a elas, mas também que, nessas mesmas relações, atenção íntima em demasia constitui um abuso suspeito do relacionamento. De forma muito mais geral, na verdade, tanto a prática comum quanto a doutrina jurídica combinam qualidades apropriadas e volumes de cuidado pessoal com relações sociais particulares, desaprovando e às vezes punindo as não correspondências. As reclamações de influência indevida adentram os relacionamentos profissionais. Observe o caso ocorrido no Mississippi envolvendo Clarence Holland, Fannie Moses e suas irmãs e irmão (*In re Testamento de Moses*, 227 So. 2d 829 (MISS., 1969); cf. tb. DOBRIS & STERK, 1998: 394-401). Em 1967, quando Moses morreu, o seu testamento de 1964 (ao contrário de um testamento anterior) deixou a maior parte do seu patrimônio de $ 125.000 ao seu advogado e amante Holland, que a visitava e cuidava dela quase diariamente em seus últimos anos.

Em Jackson, Mississippi, Fannie Moses administrava quatro edifícios e uma fazenda. De acordo com um juiz do processo, tinha "forte personalidade e era determinada, embora o seu modo de vida às vezes envergonhasse as irmãs, separando-a delas" (*Moses*, 227 So. 2d, 839). Fannie Moses, viúva duas vezes, envolveu-se com Clarence Holland um pouco depois de 1950, quando ela estava com cerca de 40 anos e ainda casada com o terceiro marido, Walter Moses. Após a morte de Walter, o relacionamento entre Fannie e Holland intensificou-se. O tribunal descreve que ele "visitava a Sra. Moses quase todos os dias, com intimidade extrema". De fato, Fannie havia declarado que Holland – quinze anos mais novo – não era apenas seu advogado, mas seu namorado. E ele prosseguiu com suas "atenções constantes e amorosas" (833) durante os últimos anos de Fannie, que enfrentou o alcoolismo, problemas no coração e câncer no seio. Em testamento de 1961, Fannie havia legado suas joias a Holland, mas manteve a sua irmã como principal beneficiária. Três anos depois, ela alterou o testamento, deixando a maior parte dos seus bens a ele.

Quando o testamento foi apresentado para validação, em 1967, o juiz recusou-o, afirmando que era produto de influência indevida. Segundo ele, o relacionamento duplo de Fannie e Holland, advogado-cliente e namorados, deixou Fannie vulnerável a pressões ilegítimas. Holland recorreu, mas o Supremo Tribunal do Mississippi rejeitou a sua demanda. O tribunal aceitou as alegações de que essa "mulher idosa encantada com um homem jovem [...] que também era seu advogado", era incapaz de tomar decisões sensatas. O que é ainda pior, observou o tribunal, "Houve depoimentos indicando claramente que ela nutria a esperança patética de que ele pudesse casar com ela" (833, 835). Não que Fannie Moses fosse mentalmente incapaz, concordou o tribunal. Tampouco a "moralidade sexual" do relacionamento estava em jogo: isso era relevante, declarou o tribunal, somente "porque a sua existência [...] garantia a inferência de influência indevida, estendendo e fortalecendo o que resultava do relacionamento advogado-cliente" (836). Essa preocupação suplantou até mesmo a alegação de Holland de que, ao redigir o testamento, Fannie teve o benefício de ser orientada por um advogado independente.

J. Robertson, o juiz divergente, discordou da constatação de influência indevida, insistindo que o testamento havia sido executado apropriadamente. "O fato de ela ter optado por deixar a maioria dos bens ao homem que amava, e não às irmãs e ao irmão", afirmou o juiz, "não é um uso anormal dos seus bens para que o testamento seja considerado inválido" (840). Por fim, entretanto, a maioria do tribunal do Mississippi concluiu que Clarence Holland havia abusado de um relacionamento profissional, assim causando influência indevida sobre a sua cliente.

Os casos de influência indevida de Johnson e Moses podem parecer justificar a ideia de mundos hostis. A mistura de cuidados pessoais e transações econômicas, pode-se concluir a partir dessas batalhas judiciais, inevitavelmente produz corrupção dupla: encorajando a exploração do cuidado por oportunistas calculistas, convertendo o que deveria ser um relacionamento estritamente profissional em má conduta. Na verdade, contudo, tanto a prática comum quanto a doutrina jurídica aceitam e até mesmo encorajam a mistura de cuidados íntimos com transações econômicas, contanto que a combinação apropriada de relacionamento, transação e meio ocorra. Este capítulo analisa o processo de combinação, examina as distinções entre as relações de cuidado e observa o trabalho sutil de separar formas de cuidado aprovadas e proibidas. Indo além dos casais do capítulo anterior, ele analisa detidamente o trabalho relacional do cuidado.

O que define o cuidado? Os relacionamentos de cuidado apresentam uma atenção pessoal contínua e/ou intensa que melhora o bem-estar dos seus destinatários. Podemos estabelecer o nível mínimo de "atenção pessoal contínua e/ou intensa" em uma sessão de massagem comercial num *shopping center* ou uma rápida sessão de aconselhamento via telefone com um consultor espiritual. O nível máximo poderiam ser os vínculos perenes entre mãe e filha ou a dedicação de um empregado pessoal antigo. Claramente, o cuidado varia muito em seu nível de intimidade, de muito impessoal a fortemente entrelaçado. Os relacionamentos de cuidado também são identificados como íntimos por envolverem confiança: eles confiam a pelo menos uma das partes informações ou atenção a outra parte que não está muito disponível e que seriam prejudiciais se fossem reveladas a terceiros.

Os relacionamentos de cuidado variam em duração, escopo e tipo de atenção. Eles sobrepõem-se a algumas variedades de uniões (como vimos no capítulo 3) e costumam formar um componente de relacionamentos dentro das famílias (como veremos no capítulo 5). A tarefa deste capítulo, porém, é expor como as transações econômicas e de cuidados referentes a produção, consumo, distribuição e transferências de bens entrelaçam-se. O tópico merece atenção especial porque a mistura de cuidado pessoal com transações econômicas frequentemente gera controvérsias morais e jurídicas intensas sobre as combinações próprias e impróprias. Os dois casos de influência indevida de Barbara Piasecka Johnson e Clarence Holland ilustram as hostilidades intensas e os altos riscos às vezes produzidos por misturas contestáveis de cuidado e transações econômicas. Mas também provoca-se controvérsia em uma ampla variedade de outras combinações entre transações econômicas e de cuidado além da intimidade sexual dos casos Johnson e Holland: compensação apropriada por cuidados comerciais infantis, honorários de tratamentos médicos, salários para donas de casa, proteção de idosos em casas de repouso, responsabilidade de filhos pela saúde e pelo bem-estar de seus pais idosos e muito mais.

Que tipos de obrigações econômicas o cuidado gera ou satisfaz? As respostas para essa pergunta moral, jurídica e política de fato variam enormemente segundo o cenário social, lugar e época. Mudanças sociopolíticas, como o envelhecimento da população geral, o ingresso da mulher em empregos remunerados, o estreitamento da elegibilidade social, melhoria da escolaridade e restrições ao trabalho infantil afetam a importância relativa de diferentes tipos de cuidado, assim como o seu lugar na economia como um todo.

Seguindo o modelo definido no capítulo 3, este capítulo esboça a mudança e a variação na interseção da atividade econômica com os relacionamentos de cuidado antes de examinar os tipos de litígios judiciais que levam a justiça americana a decidir sobre combinações apropriadas entre transações econômicas e de cuidado. Na prática cotidiana e no terreno jurídico, ele mostra o quanto o trabalho relacional entra na provisão de cuidados pessoais. Em ambos os aspectos, concentra-se nas formas mais íntimas de cuidado – aquelas em que a confiança e informações potencialmente prejudiciais figuram significativamente. Para disciplinar a análise de práticas de cuidados populares, será útil traçar uma linha contínua de pontos para relacionamentos de cuidados: o cuidado que acontece inteiramente dentro de casa em um extremo, o cuidado que ocorre principalmente fora de casa no outro extremo e o cuidado que cruza as fronteiras familiares intermediárias. A nossa análise partirá das relações dentro de casa, passando pela zona intermediária e chegando às relações fora de casa.

O cuidado familiar

Quase por definição, as famílias combinam uma ampla gama de atenções que envolvem cuidado e transações econômicas. Os membros tratam-se com cuidados de saúde, aconselhamento sobre cuidados infantis, informações e inúmeros outros serviços. Ao mesmo tempo, participam incessantemente da produção, do consumo, da distribuição e das transferências financeiras. A alimentação da família propicia uma interseção óbvia, porém geralmente esquecida, de interseção entre cuidado e atividade econômica. Como mostrou Marjorie DeVault (1991), o trabalho amplamente invisível e não remunerado de planejar, comprar e preparar refeições envolve negociações de relacionamentos familiares constantes e geralmente contestadas. Pautando-se em suas entrevistas com um grupo diverso de trinta famílias na região de Chicago, DeVault afirma que as mulheres – que são quem realiza a maior parte das tarefas de alimentação nas famílias – esforçam-se por combinar as refeições com definições esperadas de relacionamentos marido/mulher ou mãe/filho. Por exemplo, refeições apropriadas para maridos envolviam a representação do respeito pelas preocupações e responsabilidades do homem fora de casa. As refeições, demonstra DeVault, envolviam mais do que nutrição ou economia: elas usualmente simbolizavam laços apropriados entre os sexos[2].

A aquisição e a preparação das refeições, entretanto, informam todo um grupo de relações sociais além do gênero. DeVault aponta um exemplo significativo de como Janice, uma enfermeira que mora com o marido e os dois filhos adultos, consegue preservar a coesão familiar e a independência simultaneamente:

---

2. Em outra investigação, DeVault mostra o mesmo trabalho de criar e sustentar relações familiares com "saídas familiares", como visitas ao zoológico; cf. DeVault, 2002. Para ver uma comparação entre as famílias de DeVault e famílias de lésbicas/*gays*, cf. Carrington, 1999.

> Geralmente, as refeições são eventos familiares, preparadas e consumidas em casa. Janice ou seus filhos decidem impulsivamente se devem ou não cozinhar e "quem estiver em casa senta e come". As compras de Janice são o que possibilita esse tipo de independência: "O que eu faço é abastecer a casa com comida suficiente para quem quiser comer. Aí, quem estiver em casa prepara a comida, se quiser" (DeVAULT, 1991: 63).

Como sugere a descrição de DeVault, por trás da alimentação real da família esconde-se todo um complexo do que ela chama de monitoramento e provisão: observar as exigências variáveis e os padrões de consumo dos membros da família a fim de ajustar o fornecimento e a produção de comida doméstica e buscar alimentos apropriados e em conta. De fato, DeVault aponta a regularidade com que as mulheres de seu estudo negociavam as compras de outros membros da família ou levavam tais membros às compras para adquirir informações sobre as suas preferências. Janice, por exemplo, descreveu como ela ocasionalmente encorajava seus filhos adolescentes a comprar alimentos com ela: "Aí eles compram o que querem e não o que eu quero. Eu também fico sabendo o que eles gostam. Você prefere esta ou aquela marca? [...] Esse tipo de coisa, em que você precisa conhecer os seus filhos e as pessoas com quem trabalha" (62). Cada uma de suas entrevistadas, observa DeVault, "pelas atividades diárias [...] produz uma versão de 'família' em um cenário local particular: ajustar, preencher e reparar as relações sociais para produzir – de modo bem literal – essa forma de vida familiar" (91).

Sem dúvida, como DeVault mostra, nem todas as relações familiares de consumo geram harmonia e colaboração. Considere outro estudo bem documentado. Em sua descrição das crianças pobres de origem afro-americana do centro da cidade de Filadélfia, Carl Nightingale aponta um rancor contundente e conflito entre pais e filhos em suas negociações sobre consumo. Pais exasperados pelas exigências absurdas e persistentes dos filhos para gastar dinheiro opõem-se a filhos desapontados pela incapacidade dos pais de lhes dar bens materiais. A disputa sobre como gastar a renda familiar limitada, incluindo restituições de imposto de renda ou cheques de assistência social, observa Nightingale, prejudica seriamente as relações familiares:

> Todos os filhos cujas famílias eu conheci bem passavam por incidentes similares: confrontos barulhentos entre Fahim e a mãe causados pela forma como ela gastava o cheque de assistência social, o desagrado de Theresa ao saber que não poderia comprar um vestido porque o namorado da mãe havia exigido parte do dinheiro mensal da família para comprar *crack*, e a decisão de Omar de abandonar de vez a casa da mãe porque "Eu a odeio. Ela vive pedindo dinheiro a todo mundo [no clube das crianças]. Isso vai se espalhar e todo mundo vai comentar". Ele também achava que ela nunca tinha dinheiro suficiente para as suas roupas escolares (NIGHTINGALE, 1993: 159; cf. tb. BOURGOIS, 1995).

Portanto, a mistura de cuidado e atividade econômica nas famílias acontece num contexto de negociação incessante, às vezes cooperativa, em outras vezes muito conflituosa.

A alimentação e a compra de roupas não esgotam, de forma alguma, a atividade de cuidados que ocorre nas famílias. Como já mostrou a história de Barbara Piasecka e J. Seward Johnson, os cuidados com a saúde às vezes tornam-se ainda mais importantes aos relacionamentos de cuidados familiares do que a provisão de comida e vestuário. Até mesmo quando profissionais da área médica fornecem instruções ou remédios, os membros da família participam regularmente dos cuidados. Eles asseguram a higiene, buscam remédios e outros suprimentos médicos e aprendem tecnologias médicas, como injeções e o monitoramento dos sinais vitais. Os membros da família também administram os horários do doente e seu transporte, assim como dietas especiais e outros confortos apropriados à sua condição. Em Los Angeles, por exemplo, mulheres imigrantes guatemaltecas usavam muito as suas redes interpessoais para garantir cuidados médicos para si mesmas e seus parentes. Através de vários laços informais, as mulheres adquiriam conhecimento e acesso à medicina americana e a meios não oficiais de cura, como ervas, rituais e remédios controlados nos Estados Unidos, porém disponíveis sem receita médica em seu país.

Consequentemente, as mães envolviam-se diariamente na provisão de cuidados com a saúde em casa. Cecilia Menjívar descreve Aida, uma das guatemaltecas que entrevistou num estudo sobre essas práticas de cura:

> Como quase todas as mulheres deste estudo, Aida sente-se totalmente responsável pelas necessidades de saúde da sua família [...] Ela sempre se preocupa com a saúde da família e esforça-se por juntar quaisquer tratamentos que consegue encontrar. Havia um lembrete para ela mesma na porta da geladeira: *Darle las vitaminas a la beiby. Ponerle las pastillas en la lonchera a Luis.* (Dar as vitaminas ao bebê. Colocar os comprimidos na merendeira do Luis.) (MENJÍVAR, 2002: 452-453).

Tanto nos lares de imigrantes quanto entre os nativos, boa parte dos cuidados com a saúde acontece em casa. Até mesmo agora, por exemplo, grande parte dos cuidados com os idosos ainda acontece em casa (CANCIAN & OLIKER, 2000: 65; WOLF, 2004). Obviamente, os cuidados em família estendem-se a uma proporção ainda maior de crianças doentes (LUKEMEYER; MEYERS & SMEEDING, 2000).

Durante cerca de um século, é verdade que o crescimento de hospitais, clínicas e profissões médicas transferiu uma fatia significativa dos cuidados com a saúde das casas para os cenários profissionais. Nas últimas décadas, porém, o desenvolvimento das organizações de gestão da saúde e o envelhecimento da população americana combinaram-se de forma a colocar um fardo cada vez maior sobre as famílias. Em 2003, um centro de informações sobre cuidados com a saúde ofereceu estas impressionantes informações:

- Uma estimativa de 22,4 milhões, ou uma em cada quatro famílias estadunidenses envolve-se em cuidados com um ente querido com mais de 50 anos.
- De 5,8 milhões a 71 milhões de membros da família, amigos e vizinhos cuidam de uma pessoa com mais de sessenta e cinco anos que precisa de assistência em suas atividades diárias.
- Até 12,8 milhões de americanos de todas as idades precisam da assistência dos outros para realizar atividades diárias.
- Até 2007 o número de famílias cuidadoras nos Estados para pessoas com mais de cinquenta anos chegava a 39 milhões.
- Na Califórnia, 28% dos residentes com mais de 40 anos precisaram de cuidados domésticos para si mesmos ou para um membro da família em 2002. Desses, mais da metade precisou de ajuda doméstica por mais de seis meses.
- Se os serviços prestados pela família, por amigos e vizinhos tivessem de ser substituídos por serviços remunerados, estima-se que custariam $ 196 bilhões[3].

Os cuidados com a saúde em família, portanto, estão se tornando uma das atividades econômicas mais formidáveis da América. Como funcionam? Em seu estudo proeminente sobre cuidados com a saúde, Nona Glazer entrevistou enfermeiros profissionais, auxiliares de enfermagem domiciliares, gerentes de enfermagem e assistentes sociais sobre o que ela chama de cuidados em família "amadores" a pacientes em estado grave. Considerando a política dos hospitais americanos de encorajar a dispensa rápida dos pacientes, Glazer constatou que os membros da família assumiram tarefas cada vez maiores relacionadas a cuidados. Ela diz:

> O "cuidado" chegou para abranger um novo grupo de trabalhos médicos e de enfermagem. Cuidadores familiares agora monitoram pacientes em várias situações problemáticas, variando de reações a remédios a grandes crises [...] O trabalho que os cuidadores familiares aprendem pode ser razoavelmente simples, como supervisionar exercícios respiratórios, ou complexos, como cuidar dos equipamentos para que eles não se transformem em condutores de bactérias perigosas ao coração (GLAZER, 1993: 193).

Os enfermeiros devem, portanto, treinar os membros da família que não têm conhecimento e os pacientes para realizar procedimentos técnicos, geralmente delicados, e às vezes perigosos. Até mesmo famílias imigrantes com pouco conhecimento de inglês aprendem a usar técnicas médicas. Glazer cita uma família vietna-

---

3. Adaptado de "Planilhas da aliança de cuidadores familiares: Estatísticas sobre cuidados de longo prazo selecionadas", "Estatísticas selecionadas sobre cuidadores", "Trabalho e cuidado com idosos". Aliança de cuidadores familiares [disponível em http://www.caregiver.org – Acesso em 24 de maio de 2003]. Cf. tb. Gray e Feinberg, 2003.

mita em que apenas o marido da paciente em estado terminal sabia inglês. Os membros da família, contudo, conseguiram aprender como administrar a quimioterapia intravenosa, ministrar medicação analgésica e monitorar a esposa em caso de quaisquer sintomas alarmantes. Glazer observa que o marido precisou de dez visitas para aprender como irrigar um cateter Hickman (para ler sobre tratamentos similares em famílias de lésbicas e *gays*, cf. CARRINGTON, 1999: 136-138).

É claro que os cuidados familiares nem sempre resultam em solidariedade ou atenção competente. Os membros da família costumam se preocupar, por exemplo, se os recursos disponíveis para pagar pelos cuidados serão suficientes para a sobrevivência dos pais dependentes (cf. ABEL, 1990, 1991: 140-141). Glazer descreve exemplos de antagonismo, resistência ou puro esgotamento causados pelo estresse envolvido nos cuidados exigentes e longos (GLAZER, 1993; leia tb. PYKE, 1999; SPRAGINS, 2002). Os cuidados familiares com a saúde tributam os recursos da família.

Exatamente por causa do volume e da dificuldade dos cuidados familiares com a saúde, os debates políticos intensificaram-se no que concerne às responsabilidades financeiras de indivíduos, famílias e governo na provisão de cuidados. Ao mesmo tempo, as consultorias e os grupos de defesa proliferaram. Em um extremo, existe a ideia de que cada indivíduo deve cuidar de si mesmo; em outro extremo, acredita-se que o governo deve prover cuidados de saúde universais. Entre os dois extremos, porém, surgem muitas combinações de consultorias e políticas propostas.

Desde 1990, afinados com uma era de privatizações, vários programas envolveram alguma forma de compensação com respaldo público pela provisão longa não profissional de cuidados familiares com idosos frágeis e pessoas mais jovens com algum tipo de incapacidade. Esses programas, chamados de "programas direcionados ao consumidor", incluem "pensões" a cuidadores e pagamentos pelos cuidados. O primeiro sistema fornece pequenos estipêndios a cuidadores familiares ($ 100 a $ 200 mensais) para subsidiar as compras diárias, como fraldas ou medicamentos de venda livre. O valor não se destina a compensar os cuidados. Por outro lado, o segundo programa paga salários aos membros da família, tratando o relacionamento familiar entre cuidador e destinatário como o de empregador-funcionário (POLIVKA, 2001: 3-4).

Em 2001 os maiores programas americanos desse tipo funcionavam na Califórnia. Nesse programa direcionado ao consumidor desse estado, os clientes podiam "empregar e demitir, agendar, treinar e supervisionar" seus provedores assistentes, que poderiam ser seus cônjuges, pais, outros membros da família, amigos ou vizinhos. Um estudo de 1999 do sistema da Califórnia, fundado na Ucla pelo Ministério da Saúde e Serviços Humanos dos Estados Unidos, concluiu que os membros da família na verdade prestavam serviços de mais qualidade do que trabalhadores estranhos. Especificamente, o estudo constatou que os clientes empregando cuidadores familiares "descreveram um sentido maior de segurança, tendo mais opções sobre como seus assistentes desempenhavam várias funções, uma preferência maior em chefiar seus assistentes e um entrosamento melhor com os assistentes" (DOTY et al., 1999: 5). O estudo observou que os cuidadores familiares têm uma vantagem maior sobre assistentes estranhos: são legalmente autorizados a prestar atendimento paramédico ou serviços relacionados a medicina, como cuidados com o intestino e a bexiga, e a administrar remédios.

Em seu estudo sobre famílias imigrantes chinesas na região da Baía de São Francisco, Pei-Chia Lan (2002) descreve como as famílias negociam suas relações com o plano da Califórnia. Os imigrantes que precisavam cuidar dos pais idosos nessa região geralmente optavam entre dois sistemas, ambos satisfazendo as suas obrigações de dedicação aos pais. Alguns abrigavam os pais em sua própria casa, às vezes contratando cuidadores que vinham durante o dia quando o casal mais jovem saía para trabalhar. Outros contratavam cuidadores que ajudavam os pais em moradias à parte. Em ambos os casos, os membros da família desviavam bens legalmente visíveis dos pais para que estes pudessem receber benefícios do governo dos Estados Unidos. Entre as gerações, porém, os recursos poderiam circular em qualquer direção, sob a forma de abrigo, comida, dinheiro e pagamentos por cuidados familiares. No último caso, as famílias com renda mais baixa dependiam do sistema de pagamento da Califórnia, recrutando empregados de Taiwan que se disfarçavam de parentes e colaboravam frequentemente com os filhos no planejamento dos cuidados. (Nessas circunstâncias, negociações delicadas aconteciam sobre as responsabilidades e o desempenho moral dos filhos e aparentados pelo casamento.) Embora os imigrantes ricos evitassem os subsídios estaduais, que consideravam um estigma, os de baixa renda tratavam os pagamentos do estado como um direito, um meio de cumprir as obrigações filiais e um suplemento à Seguridade Social, ao *Medicare* (saúde pública) e a outros direitos federais. (Para saber detalhes de como planos parecidos funcionam na Grã-Bretanha, cf. UNGERSON, 1997, 2000.)

Outros programas públicos experimentais tentaram remunerar as mulheres pobres pelos cuidados com os próprios filhos doentes ou incapacitados, assim, ironicamente, formalizando-as como cuidadoras remuneradas. Considere o caso de Tasha, de acordo com a descrição em um estudo de estratégias usadas por mães que dependiam da ajuda do governo e cuidavam de filhos com problemas crônicos de saúde ou deficiência, após as reformas previdenciárias do início da década de 1990. Tasha, afro-americana solteira de 45 anos que morava em Cleveland com seus dois filhos, primeiro havia abandonado a Universidade do Estado de Ohio para cuidar do pai doente. Depois, tornou-se a principal cuidadora da filha, que tinha um grave transtorno epiléptico. Excluída da previdência social, ela conseguiu ser contratada por uma agência que lhe pagava um salário baixo por hora, sem benefícios médicos, por trinta horas de cuidados semanais. O baixo salário ajudou a redefinir a situação social de Tasha:

> Eu me sinto bem porque, como falei, tenho sorte por ainda poder fazer coisas em casa. Fui ver uns móveis para a sala no outro dia e o cara perguntou: "Você tem emprego?" E eu respondi: "Tenho". Eu tenho número de registro na previdência social para quem quiser conferir. Então, esse tipo de coisa faz você se sentir bem [...] Sabe, você tem uma situação diferente [quando] não é considerada desempregada (LONDON; SCOTT & HUNTER, 2002: 109).

Nesse caso, a entrada da remuneração em casa de forma alguma solapou a sua economia moral; ao contrário. (Para saber sobre cuidados remunerados prestados por parentes de crianças órfãs, cf. GEEN, 2003.)

Porém, como é de se esperar, tais políticas incitam debates morais e políticos acirrados, geralmente com alertas de mundos hostis sobre a contaminação e a destruição da obrigação moral (OLSON, 2003). O relatório de 1999 da Califórnia resume prós e contras de se empregar cuidadores da família. Em sua defesa, alega-se que a remuneração de membros da família às vezes é preferível a envolver estranhos no que geralmente são formas de assistência muito íntimas. Esse tipo de pagamento, afirmam, na verdade "reforça os relacionamentos naturais de cuidados". Os críticos da oposição, por outro lado, alegam que remunerar as pessoas "por cumprirem obrigações morais dentro do sistema familiar" é algo fisicamente irresponsável e moralmente corruptor, aumentando as despesas públicas e, ao mesmo tempo, "distorcendo os relacionamentos familiares". Esses críticos ainda afirmam que igualmente alarmante é a contaminação inversa: "Laços emocionais e relacionamentos familiares complexos podem complicar e até mesmo solapar o que deveria ser um relacionamento de serviço comercial [...] Demitir um membro da família (especialmente aquele que mora com você) em caso de desempenho insatisfatório no trabalho pode ser extremamente difícil, se não for impossível" (DOTY et al., 1999: 11).

Observe que os oponentes aos cuidados familiares remunerados pelo Estado evocam as já conhecidas ideias duais de que a intromissão do mercado no espaço sagrado da família inevitavelmente causa corrupção, da mesma forma que a introdução de sentimentos no local de trabalho reduz a eficiência. Até os defensores ficam desconfiados. O relatório de 1999 observa que os funcionários da previdência social da Califórnia são treinados para "identificar e excluir os serviços (como arrumação da casa e preparação das refeições) que os membros da família que morem na mesma casa e não sejam deficientes devem ser capazes de prestar e estar dispostos a prestar sem remuneração" (39). Segundo essa política, portanto, eles deslocam, porém ainda protegem a fronteira entre zonas de cuidados adequadamente comerciais e intrinsecamente não comerciais.

Apesar dessas inovadoras políticas governamentais, a maioria dos membros da família continua responsável pela provisão não remunerada dos cuidados mútuos com a saúde. Consequentemente, eles costumam confrontar tanto as responsabilidades econômicas rotineiras quanto excepcionais. Reconhecendo tais responsabilidades, várias organizações de defesa prestam consultoria aos cuidadores familiares. Por exemplo, os consultores familiares da Aliança de Cuidadores Familiares alertam os adultos que estejam pensando em levar o/a pai/mãe dependente para a sua casa sobre questões como estas:

- Qual será o sistema financeiro? Devo cobrar aluguel? Eles terão que cobrir despesas?
- O que os meus irmãos acharão do sistema financeiro?
- A minha situação no trabalho terá de mudar? Em caso afirmativo, como pagarei as contas?[4]

Aqui, como em toda parte, os sistemas econômicos para a provisão de cuidados não exigem simplesmente considerações de custos, conveniência e eficiência. Eles envolvem a negociação sobre as formas, representações, obrigações e direitos inerentes a laços interpessoais significativos.

O cuidado que ultrapassa as fronteiras familiares

Nos Estados Unidos comercializados do início do século XXI, portanto, os membros da família ainda são os principais provedores de cuidados a outros familiares. Não resta dúvida que a concentração familiar de serviços de cuidados reforça a suposição de uma divisão acentuada entre o mundo familiar difuso, sentimental e não comercial e o mundo especializado, impessoal e comercializado de produtos e serviços fora da família. Já vimos uma grande falha nessa divisão: o ruído incessante da produção, do consumo, da distribuição econômica e das transferências de bens dentro das famílias, sem mencionar nas ligações entre famílias e seus parentes em outros lugares. Mas as relações de cuidado também ultrapassam regularmente as fronteiras domésticas e familiares e, também regularmente, ocasionam a criação de laços diferenciados envolvendo transações econômicas bem definidas entre provedores e receptores de cuidados. Como Francesca Cancian afirma com convicção, a comercialização de serviços de cuidados de forma alguma bloqueia a provisão de atenção e cuidados personalizados[5].

Na América do Norte, alguns tipos de cuidados prestados nas famílias por pessoas estranhas são antigos. Veja o exemplo da parteira e curandeira Martha Bal-

---

4. "Mudança: os seus pais devem ir morar com você?" Aliança de cuidadores familiares [disponível em http://www.caregiver.org – Acesso em 24 de maio de 2003]. Cf. tb.os conselhos aos "cuidadores familiares" oferecidos pela Liga do Bem-estar Infantil da América [disponível em http://www.cwla.org/programs/kinship/financial.htm – Acesso em 25 de maio de 2003]. Cf. tb. Copeland, 1991; Fish e Kotzer, 2002.

5. Cancian, 2000; cf. tb.Crittenden, 2001; England e Folbre, 1999; Folbre e Nelson, 2000; Geen, 2003; Linsk et al., 1992; Macdonald e Merrill, 2002; Rose, 1994; Ungerson, 2000; Uttal, 2002a; Williams, 2000.

lard. Como cuidadora profissional, Ballard ocupava uma posição poderosa entre os moradores de Hallowell, Maine, no século XVIII. Na apresentação do diário de Ballard escrita por Laurel Thatcher Ulrich, consta que, num intervalo de vinte e um dias em 1787, Ballard "realizou quatro partos, atendeu um alarme falso obstétrico, fez dezesseis visitas médicas, preparou três corpos para o sepultamento, receitou pílulas a um vizinho, colheu e preparou ervas para outro e tratou a dor de garganta do próprio marido" (ULRICH, 1991: 40). Assim, como comenta Ulrich, em termos modernos Ballard "era, simultaneamente, parteira, enfermeira, médica, agente funerária, farmacêutica e esposa atenciosa" (40).

Como parteira, Ballard intervinha repetidamente em momentos cruciais das vidas familiares. Por volta de 1790, a sua tarifa típica de seis xelins para fazer um parto igualava-se à renda diária de seu marido, Ephraim Ballard, em sua profissão de inspetor. Às vezes era ainda superior, quando algumas famílias abastadas dobravam ou quadruplicavam o seu pagamento usual. Ballard registrava cuidadosamente os seus vários pagamentos de parteira:

> O Sr. Lathrop me pagou por ter atendido a sua esposa em 19 de março [...] recebi açúcar em 28 de novembro.
>
> O Sr. Parker me deu 18/ por eu ter tratado a doença da sua esposa referente ao último filho [...] a sua esposa me presenteou com 1,30m de fita.
>
> Recebi 450g de café, 90cm de fita e um gorro como pagamento extra por ter lhe atendido (197, 199).

Como sugere a tarifa usual de seis xelins por partos, Ballard geralmente cobrava por serviço, não pelo tempo e esforço envolvidos. Para as famílias pobres, ela cobrava menos ou não cobrava. Certa vez, ela mandou o marido, Ephraim, "ver se [a Sra. Welch] tinha madeira para fazer uma pá para ela" (198, 384). Ballard variava o pagamento exigido não somente pelo serviço e pelo relacionamento social, mas também pela forma real de pagamento. Ela recebia três formas principais de pagamento: em dinheiro, em espécie e em créditos no armazém. (Às vezes, os vizinhos gratos também lhe presenteavam como agradecimento aos seus cuidados.) Como Ulrich descreve, Ballard recebia desde "telhas de 1m" a "dois ferros de engomar". A maioria dos pagamentos era efetuada em alimentos, tecidos ou necessidades domésticas: queijo, manteiga, trigo, centeio, milho, leitões e perus, velas, uma roda para a roca, lã, um pano quadriculado, um quintal e meio de bacalhau, bules, dedais, um espelho, lenços e rapé (1991: 197). Os comerciantes, porém, tendiam mais a pagar, geralmente com generosidade, com créditos no armazém. Assim, a economia de cuidados de Martha Ballard entrelaçava-se sutilmente com os padrões complexos das relações sociais nessa vila do século XVIII[6].

Mais de dois séculos depois, os cuidadores profissionais geralmente são mais especializados do que Martha Ballard. Eles variam de médicos a agentes funerários. Uma das profissões de remuneração mais baixa é a assistência de saúde domiciliar comercial. Ao estudar como as mudanças no *Medicare* e no financiamento gerenciado de cuidados reestruturaram as práticas de cuidados domiciliares, Deborah Stone entrevistou vinte e quatro cuidadores, incluindo enfermeiros, fisioterapeutas, terapeutas ocupacionais e assistentes de cuidados domiciliares. Ela descobriu um sistema de pagamento que remunerava os cuidadores exclusivamente pelos cuidados corporais dos pacientes, não por conversas ou outras formas de atenção ou assistência pessoal. Ela também descobriu, porém, que os trabalhadores de cuidados domiciliares não se transformaram em agentes burocráticos insensíveis. Permaneceram, segundo Stone, "intensamente conscientes de que os cuidados domiciliares de saúde são muito íntimos e pessoais" (STONE, 1999: 64).

Quase sem exceção, os cuidadores entrevistados declararam haver visitado os clientes em seus dias de folga, geralmente levando gêneros alimentícios ou ajudando de outras maneiras. Assistentes e enfermeiros disseram a Stone que os avisos da agência contra envolvimento emocional com os clientes eram irrealistas: "Se você for humano", ou "se tiver alguma compaixão humana, você faz" (66). Para burlar um sistema de pagamento inadequado, os cuidadores domiciliares definem a sua assistência adicional como amizade ou familiaridade. Além disso, apesar das proibições das agências contra ofertas de presentes, cuidadores e clientes frequentemente trocam presentes. Stone diz que os enfermeiros, por exemplo, "costumam levar flores, comida caseira ou pequenos itens que os clientes podem usar" (STONE, 2000a: 109; cf. tb. ARONSON & NEYSMITH, 1996; KARNER, 1998: 79). Os cuidadores também logram as regras ao tratar outros problemas além dos oficialmente aprovados e às vezes até cuidam da saúde do cônjuge do paciente. Obviamente, como Stone comenta, estruturas inadequadas de pagamento manipulam as preocupações que os cuidadores remunerados têm pelos pacientes. As suas entrevistas demonstram conclusivamente, porém, que os sistemas de pagamento monetário não obliteram as relações de cuidado. Ao contrário, os cuidadores na verdade manipulam o sistema de pagamento para garantir que possam prover cuidados adequados ao relacionamento. Mais uma vez, descobrimos uma correspondência entre meios, transações e relações sociais importantes.

Processos similares ocorrem com os cuidados prestados por estranhos às crianças da família. Historicamente, os cuidadores de crianças foram por muito

6. Para saber sobre a economia das terapeutas do século XVII, leia Tannenbaum, 2002; sobre as cuidadoras do século XIX, Abel, 2000; sobre a sobreposição de cura e magia na história inglesa, leia Davis, 2003.

tempo parte das famílias americanas como enfermeiras, amas de leite, babás e governantas. No fim do século XX, entretanto, o crescente número de mães que trabalham fora gerou uma demanda urgente por cuidados infantis remunerados. Grande parte desses cuidados agora acontece fora das famílias, em creches e escolas. Porém, uma maioria ocorre dentro de casa (CENTRO DE PROFISSIONAIS CUIDADORES DE CRIANÇAS, 2002: 6). Muitos dos cuidadores domiciliares provêm de populações minoritárias e imigrantes. Alguns dos imigrantes, além disso, não têm residência legal, o que os torna vulneráveis à exploração.

O cuidado infantil por estranhos dentro das casas apresenta uma série de problemas relacionais delicados. Os trabalhadores são contratados para cuidar das crianças, mas conseguem seu emprego, pagamento e condições de trabalho com os pais. Portanto, precisam satisfazer dois grupos de deveres geralmente conflitantes: agradar a criança às vezes pode contrariar as expectativas dos pais. Se, por exemplo, o cuidador criar laços fortes com a criança, isso poderá complicar as relações com os pais da criança, o que costuma gerar uma disputa entre pais e cuidadores pelo afeto e respeito da criança. Além do mais, embora os seus cuidados sejam vitais ao bem-estar da família, os trabalhadores são tipicamente mal remunerados e impotentes.

Nesse contexto, as transações econômicas dos cuidadores com seus empregadores tornam-se delicadas e geralmente contenciosas. O que está em jogo não é apenas a cobrança por hora ou taxas semanais. Os conflitos passam pelas acomodações domésticas, a comida fornecida, padrões de vestuário, responsabilidades adicionais, como limpar e cuidar de animais de estimação, autoridade do cuidador sobre o comportamento das crianças e folgas. Essas questões ultrapassam salários e horários; elas simbolizam a situação social do cuidador dentro da casa e as relações sociais entre cuidador e membros da família. Mary Romero explica como isso funciona, a partir de suas próprias observações:

> Antes de começar a lecionar numa faculdade do Texas, eu me hospedei na casa de um colega que contratou uma empregada doméstica que dormia no emprego. Até então eu desconhecia a prática de contratar adolescentes, sem registro em carteira, como ajudantes domésticas. Tampouco havia tido acesso ao espaço social ou "privado" de um empregador. Eu fiquei chocada com o modo pelo qual o meu colega e a sua família tratavam a empregada de 16 anos, a quem chamarei de Juanita. Recém-contratada, Juanita ainda estava se adaptando ao seu novo ambiente; a sua timidez aumentava com os flertes constantes do meu colega. Observei muitas situações que serviam para lembrar Juanita da sua função subserviente. Por exemplo, certa noite eu entrei na cozinha quando os filhos do patrão apontavam para os pratos sujos na mesa e na pia, gritando: "Lave! Limpe!" Juanita ficou imóvel: estava irritada e humilhada (ROMERO, 1996: 2; cf. tb. ROMERO, 1992).

Como consequência de tais complicações, os relacionamentos de cuidados infantis dentro dos lares costumam acabar em amargura da parte do empregador e do trabalhador. É claro que os cuidados infantis domiciliares dividem-se em vários contratos de trabalho bem diferentes; alguns dos mais óbvios são o de babá que dorme no emprego, babá-empregada doméstica que dorme no emprego, babá-empregada doméstica que não dorme no emprego, *baby-sitters*, parentes remunerados, além de amigos e vizinhos que proveem cuidados infantis usando vários tratos econômicos. Em Los Angeles, Pierrette Hondagneu-Sotelo distingue três tipos de empregos domésticos entre imigrantes latinas: babás-empregadas domésticas que dormem no emprego, babás-empregadas domésticas que não dormem no emprego e faxineiras. A sua comprovação concernente aos dois primeiros grupos deriva de entrevistas com trabalhadoras latinas e seus empregadores conduzidas entre meados e fim da década de 1990, além de um questionário de pesquisa para as trabalhadoras imigrantes. As suas descobertas mostram, inesperadamente, que dormir no emprego propicia menos poder econômico às trabalhadoras do que viver em outro lugar e deslocar-se para prover cuidados infantis. Poderíamos pensar que o acúmulo de conhecimento local e a presença contínua na casa aumentariam a influência da babá, mas, na verdade, aumentavam a sua vulnerabilidade à exploração e à degradação.

As babás-empregadas domésticas que dormem no trabalho estudadas por Hondagneu-Sotelo trabalhavam em média sessenta e quatro horas por semana, geralmente ganhando menos do que a tarifa mínima por hora de $ 5. Esses pagamentos, usualmente em dinheiro, eram suplementados pelas acomodações e refeições. Mas as acomodações nem sempre eram particulares; as cuidadoras geralmente dormiam no quarto dos filhos, portanto prontas para qualquer necessidade durante a noite. As refeições eram um benefício ainda mais ambíguo: as trabalhadoras costumavam reclamar de que os patrões não lhes davam refeições adequadas ou relutavam em permitir acesso à comida disponível. Uma babá observou que uma *señora* não apenas reclamou quando ela pegou uma sacola de frutas, como também tentou cobrá-la por isso (HONDAGNEU-SOTELO, 2001: 252 n). Muitas das mulheres acabavam usando o próprio salário para comprar a própria comida – que às vezes era consumida pela família do patrão.

Obviamente, as partes desses contratos de trabalho exercem poderes muito desiguais. Os empregadores de babás-empregadas domésticas que dormem no emprego, de acordo com Hondagneu-Sotelo, geralmente definem os salários após consultar os próprios amigos. Candace Ross, por exemplo, contou-lhe como decidira pagar a sua primeira babá-empregada doméstica que ia dormir no emprego: "Eu verifiquei [o quanto os vizinhos pagavam] e descobri uma variação muito grande, de $ 125 por semana até $ 200, então começamos a pagar $ 150, que eu achava um trato muito bom" (82). De fato, pais que pagavam bem relataram sofrer pressão dos vizinhos que também contratavam babás para diminuir o salário (84). Ao mesmo tempo em que se baseavam nas próprias redes para estabelecer um "salário atual", os empregadores normalmente tentavam inibir a consulta de suas babás-empregadas domésticas com colegas que trabalhavam em outras casas. Hondagneu-Sotelo constatou que alguns empregadores proibiam que as babás levassem as crianças ao parque, com medo de que outras babás lhes falassem sobre melhores salários ou oportunidades de trabalho.

Muitas imigrantes que começaram como babás-empregadas domésticas que dormiam no emprego compreensivelmente passaram a dormir fora quando surgiu a oportunidade. Dormir fora do trabalho não apenas proporcionou às trabalhadoras maior controle sobre o seu tempo e vida particular como também salários mais altos. Em alguns casos, os empregadores de babás que dormiam fora do emprego também as reembolsavam por despesas imediatas. Ronalda Saavedra, 24 anos, por exemplo, recebia $ 50 por semana para as suas despesas de gasolina. Ronalda "passava parte da tarde em pequenas viagens, como ir à lavanderia e levar as crianças [um menino de seis anos e outro de nove anos] para casa, buscando-as na escola, em aulas de futebol, de música etc." (38). Para as babás que dormem fora do emprego, alimentar as crianças tornou-se uma atividade mais central, o que às vezes envolvia a inclusão de comidinhas caseiras especiais, como pudim ou *pan con crema*. Nem todas as atribuições da babá-empregada doméstica, porém, eram tão agradáveis. Muitas das entrevistadas de Hondagneu-Sotelo, por exemplo, reclamavam de cuidar dos animais de estimação da família, inclusive de cachorros doentes, iguanas, cobras, lagartos e vários roedores.

As negociações muito desiguais sobre os detalhes do trabalho da babá constantemente levavam ao que Hondagneu-Sotelo chama de "explosões": "um embate cheio de gritos que põe fim ao emprego" (114). Como é de se esperar, entretanto, algumas babás e seus patrões desenvolvem relações econômicas mais recíprocas. Em suas entrevistas com pais de classe média e alta e com as cuidadoras de seus filhos, em Los Angeles e Nova York, Julia Wrigley ouviu empregadores que prestavam vários serviços às funcionárias, que incluíam empréstimos de dinheiro, pagamento de despesas médicas e odontológicas, levá-las aos seus próprios médicos, ajudá-las a negociar com senhorios e credores, ou até mesmo tirar algum parente da cadeia. É claro que alguns empregadores reclamaram do ônus econômico adicional. Uma mãe de Los Angeles reclamou da sua cuidadora salvadorenha: "Ela estava conosco somente há quatro meses e, nesse período, fez um empréstimo de $ 600, e tinha uma televisão em cores que levou para casa para que os filhos usassem" (WRIGLEY, 1995: 90). Tanto Hondagneu-Sotelo quanto Wrigley, portanto, retratam relações de cuidado cheias de tensão e negociação sobre o seu conteúdo econômico e significados sociais (cf. tb. ROLLINS, 1985). A complexidade das suas relações aumenta porque – como confirmam os entrevistados de Wrigley e um *best-seller* de memórias semifictício escrito por duas ex-babás de Manhattan – tanto as cuidadoras quanto os pais tendem a evitar discussões explícitas sobre as condições financeiras de seu contrato (WRIGLEY, 1995: 88; McLAUGHLIN & KRAUS, 2002: 3).

Os conselhos dados por especialistas a pais que contratam babás confirmam muitas dessas observações. Em seu guia "para navegar pelo relacionamento pais-cuidadoras", os psicanalistas Joseph Cancelmo e Carol Bandini observam o caráter peculiar desse relacionamento: "Na extremidade da linha, encontramos a visão de que a cuidadora não passa de uma empregada. No outro extremo, ela é vista como membro da família. Às vezes [as pessoas] se sentem de um jeito, em outras vezes, de outro jeito, com várias gradações intermediárias" (CANCELMO & BANDINI, 1999: 83).

Com base em suas entrevistas com pais que tinham uma profissão, em sua maioria de classe média e alta, e com cuidadoras que dormiam no emprego, principalmente mulheres imigrantes, Cancelmo e Bandini observam que até o léxico dos empregadores revelava a variedade de relacionamentos: "Ela é a *baby-sitter*, uma substituta, uma mãe diurna (como muitas mães caracterizaram sucintamente o relacionamento), uma babá, uma cuidadora, uma amiga especial?" (87). As cuidadoras e as crianças sob sua responsabilidade também teciam diferenças entre os relacionamentos. Sudha, que havia cuidado de Michael, de 5 anos, desde que nasceu, observou: "Não me sinto à vontade com isso [colocando a mão sobre o peito]... No começo eu não passava de uma *baby-sitter*. Gradualmente, passei a ser mais do que isso. Como se eu fosse da família, muito próxima de Michael e do novo menininho. Eu gosto tanto desses meninos" (91-92). Michael, por sua vez, chamava Sudha de "tia" depois de ouvir os sobrinhos dela usando o termo em uma visita. Outro menino de sete anos, depois de ouvir as respostas dos pais, ofereceu a sua própria crítica ao termo *cuidadora*: "Não faz sentido para mim. De quem ela *está* cuidando? Eu gosto de *baby-sitter*. É assim – ela toma conta de mim desde que eu era neném –, ela é a minha *baby-sitter*, entendeu?" (93).

Os sistemas de pagamento, constataram Cancelmo e Bandini, também refletiam os múltiplos relacionamentos. Por exemplo, eles descobriram um salário "não oficial" acompanhando o pagamento "oficial" que sustentava os laços de quase parentesco:

> As cuidadoras recebiam ingressos para competições esportivas, roupas novas e seminovas, ingressos para museus, viagens especiais e refeições com a família em restaurantes. Algumas famílias davam equipamentos de informática antigos, porém em bom estado, aos próprios filhos e aos filhos da cuidadora. Os advogados atendiam a cuidadora e sua família gratuitamente, os médicos faziam recomendações a especialistas, como fariam com a própria família [...] Muitos pais também forneciam dinheiro, aparentemente empréstimos para coisas de que a cuidadora precisasse, mas jamais poderia pagar com seu salário. Isso incluía passagem aérea para visitar a mãe ou o pai em estado terminal, em outro país, e auxílio nas despesas funerárias (102).

Até mesmo a disponibilidade e a supervisão do dinheiro usado em despesas miúdas serviam para diferenciar os relacionamentos empregador-cuidadora:

> Alguns [pais] [...] queriam os comprovantes exatos de todas as despesas. Várias babás e *baby-sitters* descreveram o fato assim: "Como se fosse um reembolso ou algo assim". Outros pais eram mais flexíveis, fornecendo um pote bem cheio com dinheiro suficiente para emergências, sem regras rígidas de documentação ou uso [...]. Mas para alguns, havia [...] uma qualidade discriminatória [...]. Quando as despesas fossem incorridas durante o turno diário da cuidadora, ela deveria apresentar os recibos para reembolso, como num cenário comercial (104).

As crianças também criavam seus próprios marcadores monetários. Conforme prometeu um menino de oito anos à sua cuidadora, que cuidava dele desde a primeira infância, "Eu vou ser uma estrela de *baseball* dos Yankees. Vou ganhar muito dinheiro e vou dar um milhão de dólares para você" (104)[7]. Em suma, as babás, seus patrões e filhos negociam as definições de quem são, como se relacionam, que tipos de transações econômicas são apropriadas ao relacionamento e em que meios essas transações devem ocorrer. Negociações parecidas com resultados diferentes ocorrem em várias outras relações que se entrecruzam: *baby-sitters*, cuidados prestados por familiares, remunerados ou não, trocas de cuidados infantis entre mães solteiras e até o estabelecimento de serviços de cuidados infantis em comunidades que usam uma moeda local[8].

As próprias babás imigrantes estabelecem relações pessoais e econômicas distintas com os membros da família ou auxiliares remunerados que cuidam dos seus próprios filhos. Nesses casos, as babás imigrantes fornecem regularmente dinheiro e presentes aos cuidadores dos seus filhos[9]. Quando os cuidados ultrapassam as fronteiras familiares, eles tornam o tipo de definição mútua, que ocorre onde quer que a intimidade, o cuidado e a atividade econômica se entrecruzem, mais saliente e delicado.

O cuidado fora da família

No que tange ao cuidado fora da família, espera-se que ele seja duro, enérgico e eficiente, portanto contraditório. Afinal de contas, os cuidados nesse cenário tornam-se formalizados e comercializados. Os próprios provedores geralmente são

---

7. Para saber sobre as percepções das crianças a respeito de como os seus pais negociam com as cuidadoras, leia Hochschild, 2001.

8. Cf. Chaudry, 2004; Formanek-Brunell, 1998; Guzman, 2004; Nelson, 2002; Neus, 1990; Sadvié e Cohen-Mitchell, 1997: 5; Uttal, 2002b; Zelizer, 2004. Para conhecer paralelos históricos, cf. Katzman, 1978; Michel, 1999; Palmer, 1989; Rose, 1999. "Comunidades que usam moeda local", como Ithaca, "Ithaca Hours", de Nova York, criam uma moeda distinta para a troca de produtos e serviços entre os moradores; cf., p. ex., Raddon, 2002.

9. Leia Hochschild, 2002; Hondagneu-Sotelo e Avila, 2002; Romero, 2001; Parreñas, 2001: 112-113; Wrigley, 1995: 152-153 n.15.

trabalhadores de baixa renda que dependem dos salários para sobreviver. Essas características evocam imagens de instituições que cuidam de bebês e casas de repouso exploradoras. Os indícios disponíveis, porém, contradizem qualquer um desses quadros. É claro que o cuidado fora da família difere do cuidado que observamos em casa. Em termos gerais, por exemplo, o relacionamento entre o prestador de serviço e o receptor dos cuidados é mais sujeito às mudanças das circunstâncias de vida das partes; relações com avós raramente são interrompidas instantaneamente, mas os pais costumam tirar seus filhos da pré-escola abruptamente. Contudo, as pessoas que proveem cuidado fora da família estabelecem laços pessoais calorosos, geralmente envolvendo muita intimidade. Os locais onde são oferecidos cuidados fora de casa variam de consultórios de psiquiatras a casas de repouso e creches, e cada um dos relacionamentos de cuidados estabelece sua própria mistura distinta de meios econômicos, transações e relações. Considere as circunstâncias diversas de cuidadores infantis familiares, enfermeiros, médicos e funcionários de hotéis.

Aqueles que prestam serviços de creche em família transformam suas casas em cenários de trabalho comerciais, cuidando de crianças estranhas mediante remuneração. Uma análise oficial de trabalhadores de creche remunerados nos Estados Unidos em 2002 identificou um total de 2,3 milhões de indivíduos, distribuídos assim:

- 550.000 em cenários centralizados;
- 650.000 prestando cuidados infantis familiares;
- 804.000 parentes remunerados;
- 298.000 outros remunerados que não eram parentes, por exemplo, babás.

De acordo com essa estimativa de 2002, 76% – 1,75 milhão – das pessoas que proviam cuidados remunerados a crianças estadunidenses de até cinco anos trabalhavam para famílias. Mas 24% – 550.000 – trabalhavam em centros de cuidados privados e públicos, programas do tipo *Head Start*, programas pré-escolares e cenários similares (CENTRO DE PROFISSIONAIS CUIDADORES DE CRIANÇAS, 2002: 6).

A comercialização de cuidados infantis domésticos suscita preocupações típicas de mundos hostis: o pagamento degradará os cuidados? O cenário doméstico solapará a eficiência do cuidador? Além disso, os cuidadores infantis familiares remunerados enfrentam três grupos de exigências que se cruzam e geralmente entram em conflito: um em sua relação com a criança; outro em sua relação com os pais; e um terceiro em seu envolvimento na geração de renda para as suas próprias famílias. As entrevistas de Mary Tuominem com dezoito cuidadoras infantis familiares de várias origens raciais e étnicas sugerem como as provedoras administram essas exigências múltiplas. Elas não o fazem tornando-se tutoras sem sentimentos ou negando que estão envolvidas em um empreendimento comercial. Ao contrário, Tuominem mostra como as cuidadoras negociam grupos distintos de relacionamentos, transações e meios, sem excluir vínculos intensos com as crianças.

As mulheres contaram várias vezes a Tuominem sobre o seu relacionamento próximo e afetuoso com as crianças de quem cuidavam mediante remuneração. O seu relacionamento com os pais era mais ambivalente. Por um lado, as trabalhadoras reclamavam de pais que exploravam seus serviços, chegando tarde para buscar as crianças sem pagar hora extra. Por outro lado, elas costumavam ajustar os seus honorários de forma a acomodar a situação financeira dos pais. Por exemplo, Anne Burns, vivendo abaixo da linha de pobreza, explicou por que, no caso de um menino, havia reduzido pela metade os seus honorários mensais, de $ 300 para $ 150, sem reduzir a carga horária de trabalho: "A mãe dele está tentando se mudar. E ela está tentando vender todos os móveis e pagar todas as contas antes de ir, então [...]". Annie McManus relatou considerações similares ao estabelecer seus honorários: "Eram negociados [...] Variavam. Especialmente com as duas mães solteiras – dependendo da situação financeira delas" (TUOMINEM, 2000: 122).

Assim como as constatações de Deborah Stone relativas aos cuidadores domésticos, essas mulheres também relataram que iam além de contratos rígidos, por exemplo, buscando a criança na casa dela quando a mãe não podia dirigir, ainda que isso causasse grande inconveniência à cuidadora. As constatações de Tuominem confirmam plenamente o estudo realizado por Margaret Nelson sobre as babás de Vermont. A análise de Nelson sobre 345 cuidadoras e 70 entrevistas detalhadas demonstram suas entrevistadas conduzindo negócios cuidadosamente administrados: elas definem tarifas por hora ou semana, negociam aumentos com os clientes, especificam a magnitude dos seus serviços (p. ex., que tipo de comida elas darão à criança) e oferecem descontos formais para uma segunda criança da família ou quando o filho de um parente é recebido.

Apesar de todos os seus ajustes comerciais, Nelson constatou que as provedoras tinham problemas com a combinação de pagamento monetário e cuidado amoroso. Como disse uma mulher: "É muito difícil porque você está lidando com o *filho* deles. Esperam que você tenha amor incondicional pelo filho. Porém, essa é a parte difícil, você ganha dinheiro por esse tipo de amor. Como você pode dar um preço a isso?" (NELSON, 1990: 61). O estabelecimento de preços por seu trabalho, porém, não era a principal fonte de conflitos das cuidadoras. Ao contrário, as mulheres ficavam especialmente chateadas com a desconsideração ou o desrespeito dos pais por seus esforços não remunerados. Uma entrevistada reclamou de uma mãe que "monitorava os gastos e me pagava o valor exato, e isso me magoava, porque eu me dedicava muito. Como ela podia ser tão mesquinha comigo?" (61). Em termos mais gerais, Nelson observava a raiva das cuidadoras quando os pais "esquecem de pagar no dia certo [...] pechincham por qualquer mixaria [...] fazem um escândalo por causa de um pequeno aumento na tarifa e [...] supõem que a 'hora extra' é de graça" (55). Os pais que se atrasavam para buscar os filhos também eram problemáticos. Em todos os tipos de relações sociais, quem faz o outro esperar sinaliza desigualdade no relacionamento, portanto tornando-se uma questão de negociação e ressentimento. Os pais que chegam tarde para buscar os filhos, sem pagar hora extra, causam um prejuízo triplo: sinalizam o seu desrespeito pela cuidadora, impedem que ela faça outros trabalhos e custam caro para ela.

Assim, as cuidadoras apreciavam qualquer indício de reconhecimento dos pais pelo seu trabalho, incluindo presentes pessoais. Uma delas explicou: "A mãe [de Jennifer] é tão boa comigo [...]. Quando completei um ano de trabalho, recebi um lindo buquê de flores [...] e com um belo cartão. 'Obrigada por todo o amor e carinho que você me deu. Para a minha segunda mãe.' [...] Quando eu sinto que [os pais] gostam de mim, isso faz uma grande diferença" (64). Contudo, só a gratidão não sustentava os negócios. As cuidadoras precisavam administrar suas finanças, cobrando o suficiente para manter a própria casa viva. Assim, elas equilibravam constantemente as próprias energias diante de exigências conflitantes (cf. tb. ENARSON, 1990).

Cuidados de enfermagem

Surpreendentemente, apesar de todas as diferenças entre si e outros tipos de cuidadores, os enfermeiros de hospitais revelam várias das mesmas tensões em seu trabalho de cuidados. Eles se diferenciam da maioria dos cuidadores porque pertencem a uma profissão: com o respaldo do governo, exercem ao menos um pouco de controle coletivo sobre o recrutamento, treinamento, licenciamento, direitos, deveres e pagamento dentro de suas áreas de competência. Como os seus colegas profissionais da saúde – farmacêuticos, psicólogos e médicos –, eles protegem coletivamente as fronteiras entre a sua especialidade e áreas de prestação de cuidados adjacentes[10].

Os enfermeiros dividem-se em vários ramos e especialidades: administradores, assistentes e auxiliares de enfermagem, alunos de enfermagem, membros de equipes cirúrgicas etc. Os principais enfermeiros profissionais são qualificados para a profissão através de importantes cursos universitários. Comparados a outros cuidadores (excluindo os médicos, é claro), os enfermeiros profissionais são relativamente bem remunerados. De fato, nos Estados Unidos contemporâneos, a intensa competitividade por seus serviços geralmente inclui o pagamento de um incentivo de entrada. Os serviços envolvendo cuidados técnicos e emocionais dos enfermeiros são múltiplos: variam de armazenamento e administração de remédios ao monitoramento de máquinas que mantêm o paciente vivo, verificação de sinais vitais, provisão de cuidados corporais, esclarecimento de dúvidas dos pacientes e suas famílias, aconselhamento e consultoria psicológica e administração de alas hospitalares todos os dias – e todas as noites. Como constatou Daniel Chambliss em sua extensa pesquisa de campo dentro de instituições médicas, essas multitarefas exigem uma organização eficiente:

---

10. Abbott, 1988; Cancian, 2000: 146-148; Glenn, 1992; Reverby, 1987; Stevens, 1989; Weinberg, 2003.

> O enfermeiro distribui centenas de comprimidos por dia a dezenas de pacientes, inicia e mantém terapias intravenosas, dá banhos na cama, documenta praticamente tudo o que faz por escrito, monitora a temperatura, a pressão arterial e urina, distribui bandejas de comida e responde mais ou menos a todas as solicitações generalizadas de pacientes e familiares [...] É um desafio e tanto simplesmente conseguir, num turno de oito horas, não se confundir, dando os comprimidos da Sra. Jones à Srta. Smith, nem esquecer de verificar o soro do Sr. Martin ou ajudar a Srta. Garcia a almoçar. E essas são as tarefas cotidianas e não emergenciais (CHAMBLISS, 1996: 34-35).

De modo diferente dos médicos, a maioria dos enfermeiros passa grande parte do tempo provendo cuidados corporais e emocionais. A esse respeito, eles se parecem com muitos outros cuidadores, por exemplo aqueles que encontramos nas casas. Como observa Chambliss, "O contato próximo ao paciente, com todos os cinco sentidos, é a especialidade da enfermagem [...]. Os enfermeiros estão constantemente conversando, ouvindo e tocando seus pacientes de maneiras íntimas; o trabalho sujo universal e prototípico da enfermagem é 'limpar os traseiros'" (64). É claro que os médicos, conforme menciona Chambliss, "executam procedimentos maiores (inserir tubos no tórax em broncoscopias): mas a maior parte do que é dito e feito fisicamente com os pacientes é dito e feito por enfermeiros" (64).

Assim como em outras variedades de cuidados remunerados, os enfermeiros costumam se ver empurrados para três direções: para as suas responsabilidades profissionais formais, para os seus benefícios pessoais e para a preocupação com o bem-estar de seus pacientes. Karen Mitchell, 40 anos, enfermeira do Mercy Hospital, no subúrbio de Minneapolis, é especialista em cuidar de pacientes que ficam entre o tratamento intensivo e a medicina geral. De acordo com um repórter do *New York Times*, para Mitchell:

> As preocupações em ganhar dinheiro e curar nunca foram companhias fáceis [...] É por isso que Mitchell às vezes assume o peso de sacrificar um pelo outro. É o seu pequeno ato de rebelião, um voto silencioso lançado ao futuro. De vez em quando, ao encontrar um paciente como o Sr. Beaudry – uma alma forte passando por um momento de verdadeira vulnerabilidade –, Mitchell desconecta e tira a bateria do telefone do hospital. E depois, fechando a porta, ela se senta ao lado do paciente, apenas para estar por perto (CORBETT, 2003).

Os enfermeiros ocupam posições conflitantes. De um lado, suas atenções diárias sustentam vidas e produzem grande parte da cura que de fato ocorre nos cuidados médicos. Por outro lado, eles não têm a autoridade do médico para prescrever remédios, fazer mudanças significativas no tratamento, solicitar exames, transferir os pacientes e fazer diagnósticos, mas normalmente são culpados quando as coisas dão errado. Da perspectiva dos médicos supervisores, os enfermeiros são bem-sucedidos quando executam bem os seus deveres técnicos, põem o regime de tratamento em prática, guardam os registros adequadamente, reagem a emergências perigosas com eficiência e impedem que os pacientes reclamem. Mas, para alcançar tais objetivos, os enfermeiros estabelecem relações próximas com as suas obrigações. Eles não somente proveem atenção corporal e emocional íntima, como também empregam as práticas habilidosas da intimidade pessoal – brincadeiras, elogios, consolo e atenção empática. Porém, têm maior responsabilidade organizacional pelo bem-estar dos pacientes do que assistentes e auxiliares de enfermagem, acompanhantes, copeiros e faxineiros que às vezes também estabelecem relações pessoais com os pacientes. É um trabalho exaustivo, como sempre revelam as conversas no posto de enfermagem.

Médicos como cuidadores

Os pacientes detectam rapidamente a diferença nas relações de cuidado que os conectam aos enfermeiros e aos médicos. Os enfermeiros que trabalham na área de saúde americana geralmente não usam mais uniformes brancos engomados, chapéus e crachás que costumavam distingui-los antigamente. Ao contrário, apresentam-se pelo nome (e não pelo sobrenome) e vestem roupas discretamente resistentes. Os médicos, porém, normalmente vestem jalecos brancos ou uniformes, carregam estetoscópios e insistem em ser chamados de "doutores". (Enfermeiros de escalão mais alto, é verdade, às vezes obscurecem essa fronteira, vestindo jalecos brancos e carregando estetoscópios.) O vestuário e o comportamento sinalizam diferenças no que os pacientes podem esperar de enfermeiros e médicos.

Como indicam os esboços vívidos de Danielle Ofri sobre as suas experiências na trajetória de aluna de medicina a médica contratada no Bellevue Hospital, em Nova York, os médicos iniciantes compartilham muitas das responsabilidades dos enfermeiros: avaliar os sinais vitais, inserir cateteres intravenosos, acalmar pacientes agitados etc. A grande diferença, porém, é exatamente a responsabilidade pública do médico por decisões concernentes a diagnósticos, tratamentos, medicamentos, exames e administração de pacientes. "Contrariamente ao estereótipo", comenta Ofri,

> os médicos têm sentimentos. O aluno de medicina fica muito constrangido ao pedir que um paciente se dispa para um exame. O interno sua e pragueja porque o tubo intravenoso não entra na sétima tentativa, depois de estar trancafiado por três dias. O residente fica irritado com o viciado em cocaína cuja recusa em fazer a tomografia fará com que se atrase de novo, mais uma vez deixando de colocar os filhos para dormir. O [médico] responsável está nervoso porque está um pouco "enferrujado" em suas habilidades com os pacientes internados, e os residentes poderão notar a sua ignorância (OFRI, 2003: 238).

De certa forma, os médicos arcam com o estresse de combinar os cuidados com a responsabilidade pelos resultados. A combinação, aponta Ofri, pode criar conexões surpreendentemente poderosas entre médico e paciente:

> Eu aprendi que um laço único é criado depois que se acompanha alguém em uma experiência em que a vida é salva. Somente por ficar perto dele e tocá-lo durante o episódio de quase morte, eu me senti compartilhando uma intimidade singular. O Sr. Wiszhinsky não poderia apenas ser mais um entre tantos idosos do hospital, e eu não poderia ser apenas outro aluno de medicina da equipe. Não depois de termos estado tão próximos à morte juntos (11).

A responsabilidade pela vida e pela morte é um fardo para os médicos, tanto durante o seu treinamento quanto depois.

Além de cuidar de vidas, entretanto, os médicos também devem lidar com ambientes organizacionais e financeiros complexos e variáveis. Dentre as profissões da área de saúde, os médicos ocupam as funções mais altas há muito tempo. Se comparados aos enfermeiros e outros profissionais de saúde, em geral gozam de maior liberdade de ação, remunerações mais altas e maior influência sobre o trabalho de seus colegas cuidadores. Contudo, eles compartilham os mesmos problemas de outros cuidadores remunerados que não são domiciliares em dois aspectos cruciais. Primeiro, as mudanças maciças no financiamento e na regulamentação de cuidados remunerados nos Estados Unidos alteraram profundamente os relacionamentos entre médicos, pacientes e terceiros. Segundo, como outros trabalhadores da área de saúde, os médicos participam de negociações delicadas para combinar a sua prestação de serviços essenciais à vida, a remuneração por esses serviços e o significado do relacionamento médico-paciente: claramente íntimo em alguns aspectos, mas acentuadamente cercado por limites técnicos, morais, éticos e econômicos. A definição de distinções entre a atenção estritamente comercial e a preocupação pessoal, portanto, causa grandes problemas aos médicos. Como outros cuidadores, os médicos enfrentam um dilema. Eles se consideram profissionais, trabalhando acima e além de considerações comerciais, porém obtêm sua renda com o tratamento dos doentes.

A forma exata pela qual o dilema funciona, porém, muda de acordo com as mudanças na organização dos serviços de saúde. A descrição histórica de David Rothman sobre a remuneração dos médicos durante o século XX revela importantes mudanças no vínculo entre os serviços médicos e o pagamento (ROTHMAN, 2002; cf. tb. STARR, 1982; TOMES, 2003; WALSH, 1977). Até bem pouco tempo, os médicos americanos estipulavam os próprios honorários, que costumavam variar de acordo com as condições financeiras do paciente. Tal liberdade tinha o seu preço, exatamente porque os médicos cobravam diretamente dos pacientes, que geralmente se sentiam à vontade para atrasar o pagamento (o que os médicos chamavam de "pagamento lento") ou não pagar. De fato, nas décadas de 1920 e 1930, os médicos (e suas esposas) esforçavam-se por manter uma aparência responsável, pagar pelo consultório e honrar outras despesas, protestadas várias vezes contra um padrão de vida duplo. O público esperava que eles pairassem acima de preocupações monetárias, porém, ao mesmo tempo, exigia que pagassem suas contas em dia.

Como declara Rothman, "Os médicos tinham de pagar ao padeiro, ao açougueiro e ao fabricante de castiçais imediatamente, mas eles, por sua vez, tinham de sofrer com pagamentos atrasados". Ele cita a reclamação da esposa de um médico num artigo de 1932 da *Harper's Magazine*: "Tive de adiar o pagamento ao dono da mercearia. O que eu quis dizer, mas não disse, é que se ao menos um dos vários pacientes que tinham dívidas grandes com meu marido pagasse, nós pagaríamos as nossas próprias contas com alegria" (113). Porém, se reclamassem muito de pagamentos atrasados, os médicos eram acusados de ambição e avareza. Na verdade, nessa época alguns médicos suplementavam a sua renda de classe média confortável, mas não espetacular, com estratégias mais dúbias, como comissões por recomendações, venda de remédios ou óculos aos pacientes ou sendo proprietários de hospitais para onde encaminhavam seus pacientes. Porém, a profissão como um todo distanciava-se das práticas mercenárias. Ela promovia a imagem do médico de família genial, paciente e cuidadoso que enfeitava as capas das revistas da época.

Após 1966, a reorganização comercial dos serviços de saúde melhorou a renda dos médicos americanos espetacularmente, enquanto, ao mesmo tempo, transformou o relacionamento médico-paciente. Três mudanças essenciais fizeram a diferença: *Medicare*, novas formas de cobrança e benefícios da indústria farmacêutica. No *Medicare*, os honorários médicos não eram estabelecidos pelo governo, mas por definições profissionais de tarifas usuais e razoáveis. Como aponta Rothman, essa doutrina foi "uma concessão, um convite aberto para que os médicos cobrassem o mais caro possível (p. ex., usando os médicos mais bem pagos da comunidade como padrão)" (115).

A renda dos médicos também aumentou como resultado do desenvolvimento de novos procedimentos cirúrgicos pelos quais cobravam item a item, e não de acordo com o tempo gasto. Rothman explica:

> Ao passo que psiquiatras, pediatras ou especialistas em medicina interna tinham de definir seus honorários com base no tempo gasto – por exemplo, tanto por 50 minutos – os cirurgiões (ou dermatologistas ou gastroenterologistas) podiam ignorar o relógio e cobrar pelo procedimento: um transplante (50 minutos, porém, $ 15.000), a remoção de uma verruga (1 minuto, $ 300) ou uma colonoscopia (10 minutos e $ 500) (116).

Finalmente, porém menos importante, a indústria farmacêutica começou a conceder benefícios em espécie aos médicos, como jantares, viagens grátis, férias e, ocasionalmente, honorários por palestras.

Da década de 1980 até a de 1990, a maior vigilância por organizações que fiscalizam a saúde, empresas de seguro e administradores hospitalares também transformou as relações entre médicos e pacientes. Os médicos confrontavam-se com pacientes que tinham poucas opções além de pagar com base em preço e serviço, uma mudança sem precedentes na medicina americana. Rothman descreve as reclamações dos médicos de que os pacientes, "sem cerimônia alguma, vão embora quando suas empresas mudam de plano de saúde, recusando-se a pagar os honorários integrais quando podem pagar a tarifa de $ 10 estabelecida pelo plano de saúde" (119). Sendo mais importantes para os nossos fins, os aspectos comerciais modificados afetam a qualidade real e o escopo do tratamento:

> As organizações que fiscalizam a saúde também fizeram outra coisa: subverteram a confiança entre médico e paciente. Os consumidores, atentos a todas essas mudanças e entendendo as regras gerais do jogo dos cuidados administrados – para não dizer sabendo os detalhes exatos do contrato com o médico à sua frente – questionaram, apropriadamente, se o médico estava evitando o tratamento ou uma recomendação porque a sua preocupação com a própria renda era maior do que a sua preocupação com o bem-estar do seu paciente (118).

Por sua vez, os médicos também tentaram burlar os limites estabelecidos pelo controle burocrático dos serviços de saúde. (Outra fuga das organizações que fiscalizam a saúde e dos planos de saúde, mas não da burocracia, consistiu em se tornar médico em horário integral na equipe de uma empresa, tratando exclusivamente os funcionários da empresa; cf. DRAPER, 2003.) De modo ainda mais sério, no fim da década de 1990, os médicos do Noroeste Pacífico começaram a organizar práticas médicas sofisticadas; essas práticas logo foram rotuladas de medicina "de butique", "chique" ou "luxuosa". Os pacientes pagavam uma taxa de entrada substancial (variando de $ 1.500 por pessoa até $ 20.000 por família) em troca de acesso rápido garantido aos seus médicos, consultas mais demoradas e serviços personalizados. O sistema oferecia oportunidades para que os médicos abandonassem planos de saúde, taxas estabelecidas pelo governo e uma papelada extensa, além de ter acesso a uma clientela privilegiada.

Os críticos, todavia, reclamaram de que a medicina de butique comprometia um princípio crucial: a prestação de serviços médicos com a mesma qualidade a todos os pacientes, independentemente de renda ou condição social. Embora o Conselho da Associação Médica Americana sobre Questões Médicas e Judiciais tenha respondido que esse novo tipo de contrato paciente-médico poderia na realidade ajudar os pacientes "a confiar no médico", é claro que o novo movimento separou pacientes abastados de outros receptores de serviços de saúde (apud *Medical Rants*, 2003).

Uma tendência muito parecida produziu "hospitais-butique", cenários luxuosos onde os pacientes podem deixar os hospitais regulares e receber cuidados personalizados extravagantes. Nesses hospitais com fins lucrativos, que normalmente se especializam em procedimentos caros, como serviços cardiológicos, os privilégios dos pacientes incluem refeições refinadas, quartos espaçosos e massagens diárias. No *California Heart Hospital*, em Rancho Mirage, por exemplo, "um *chef* visita os pacientes individualmente para saber as preferências para as refeições. O objetivo da equipe é criar uma decoração semelhante a de um hotel ou *resort* com [os quartos] pintados de azul petróleo e fúcsia" (STRINGER, 2001: 3-4; cf. tb. JAPENGA, 2000).

Os hospitais-butique e as práticas médicas destacam um padrão significativo: os serviços de cuidados geralmente são mais caros quando os seus prestadores adaptam os serviços à identidade e às circunstâncias do receptor – quando reconhecem o receptor como um indivíduo distinto, consideram as outras pessoas que fazem parte da vida do receptor e modulam o tratamento de acordo com os gostos ou temores do receptor. Isso se aplica tanto ao valor de uso (a magnitude com que o esforço de fato melhora o bem-estar do receptor) quanto ao valor comercial (o preço obtido pelo serviço no mercado atual). Em geral, os cuidados são valorizados através da personalização.

Para esclarecer esse ponto ainda mais, podemos tecer uma analogia entre o mundo dos serviços de saúde e dos hotéis de luxo. Qualquer um que já tenha sorrido ao ser reconhecido por um *maître* entenderá instantaneamente por que os hotéis de luxo esforçam-se por individualizar o seu serviço e demonstrar que reconhecem seus clientes como personalidades distintas. De fato, em seu estudo sobre hotéis de luxo, Rachel Sherman mostra que "os serviços que oferecem cuidados são um dos componentes principais do serviço hoteleiro" (SHERMAN, 2002: 2). Neles, os cuidados providos pelos funcionários do hotel consistem em atenção personalizada. Ela cita três exemplos marcantes de personalização:

- A camareira observa que o hóspede comeu um biscoito de manteiga de amendoim oferecido à noite, porém desprezou o de gotas de chocolate; na próxima noite, portanto, ela serve dois biscoitos de manteiga de amendoim.
- Uma das camareiras vasculha o lixo dos hóspedes para saber que tipo de doce comeram e que revistas leram para registrar as suas preferências no cadastro do banco de dados dos hóspedes.
- A equipe que se lembra não somente do nome [de uma hóspede] e do marido, como também de seus dois cachorros (5-6).

Sherman documenta a versão luxuosa de um fenômeno muito geral. Conforme esclarece a nossa análise sobre cuidados infantis, porém, a personalização da intimidade também existe quando os preços são mais baixos. Obviamente, muitos críticos pensaram que qualquer comercialização dos cuidados elimina a atenção individual, a flexibilidade, a própria intimidade das relações de cuidado. Além disso, os códigos éticos que regem as relações entre clientes e médicos, psicoterapeutas, clérigos, advogados, babás, *personal trainers*, assistentes de celebridades e outros que prestam serviços personalizados profissionalmente lutam por proteger a provisão de cuidados efetivos e personalizados dos perigos da intimidade excessiva[11]. Contudo, a nossa pesquisa mostra que, até mesmo em cenários de comercialização intensa, a síntese característica de meios localizados, transações particularizadas e relações importantes continua a prosperar.

---

11. Cf. Ordem dos Advogados dos Estados Unidos, 2003; Associação Psicológica dos Estados Unidos, 2003; Sínodo do Missouri, 1999; Nals do Missouri, 2003; Registro Nacional de *Personal Trainers*, 2003; Assistentes das Celebridades de Nova York, 2003; Reid, 1999; Rede de Babás de Seattle, 2003.

Quando os cuidados vão para os tribunais

Às vezes, entretanto, a provisão de cuidados – ou a falta dela – torna-se uma questão de contenda judicial. Quando serviços vitais, laços pessoais fortes, direitos, obrigações e riscos financeiros coincidem, disputas intensas referentes a quem-deve-o-que-para-quem costumam eclodir. Tais disputas podem chegar facilmente aos tribunais. Se os cuidados pessoais formarem o pilar do relacionamento questionado, os conflitos judiciais podem facilmente se tornar intricados e acalorados. Eles incluem questões tão esotéricas como o mau uso de informações confidenciais por assistentes pessoais ou *personal trainers*, apropriação indevida ou chantagem por secretários particulares ou negligência médica. Contudo, também surgem a respeito dos mesmos tipos de relações cotidianas que estamos analisando: indenização por serviços pessoais ou médicos não remunerados ou mal remunerados; despesas com cuidados infantis tratadas como despesas comerciais que podem ser deduzidas de impostos, pensão alimentícia e muito mais. As disputas tornam-se ainda mais intensas porque a divisão de trabalho a respeito dos cuidados segue muito regularmente as linhas de idade, gênero, raça, etnia e classe. Os resultados de tais disputas têm consequências econômicas e pessoais pesadas para os envolvidos.

Considerando a ampla gama de disputas relevantes, vamos selecionar apenas algumas que exemplificam os conflitos judiciais provenientes da mistura de transações econômicas e cuidados pessoais íntimos: disputas concernentes aos salários não pagos de empregadas domésticas, a suscetibilidade à tributação de cuidados pessoais, demandas de herança sobre cuidados, compensação legítima por cuidados familiares e indenização pela perda de cuidados em casos de acidentes.

Quando as relações entre cuidadores que dormem no emprego (não remunerados ou mal remunerados) e seus patrões complicam-se, por exemplo, explosões de raiva privadas dentro de casa às vezes tornam-se questões de amargas contendas abertas nos tribunais. O caso de Gabina Camacho Lopez, do Tribunal Regional do Distrito de Columbia, EUA, em 1980, ilustra muito bem a questão (*Lopez vs. Rodriguez*; 500 F. Supp. 79 (D.D.C. 1980)). Nascida em uma família de índios bolivianos por volta de 1957, Gabina Lopez frequentou a escola por cinco anos, mas, aos doze anos, trabalhava como empregada doméstica em tempo integral. Em janeiro de 1976 ela conseguiu um emprego com Felipe e Esther Rodriguez em Cochabamba, Bolívia. Na casa dos Rodriguez, Gabina não somente fazia as tarefas domésticas como também tomava conta de três netos dos Rodriguez que viviam em Cochabamba enquanto seus pais, Manuel e Mirtha, filho e nora dos Rodriguez, trabalhavam em Washington, D.C.

Naquele mesmo ano Mirtha Rodriguez visitou a Bolívia. Após consultar Gabina e seus parentes, ela recrutou Gabina, então com 19 anos, para ser sua empregada e babá, possibilitando que os Rodriguez levassem seus três filhos com eles. Nesse processo, Gabina, uma imigrante ilegal nos Estados Unidos, viu-se sequestrada pelas práticas dos Rodriguez e por seus parcos conhecimentos de inglês. Gabina cozinhava, limpava e cuidava dos filhos dos Rodriguez: "Ela trabalhava 7 (sete) dias por semana, de 10 (dez) a 12 (doze) horas por dia, sem férias nem folgas, exceto em eventuais compras ou visitas sociais com um dos [Rodriguez] ou com ambos, e geralmente com os seus filhos" (81).

Durante esses anos Gabina jamais saiu sozinha da casa dos Rodriguez. Como pagamento, os Rodriguez lhe ofereciam hospedagem e alimentação, "roupas e artigos de higiene em geral, despesas médicas e dinheiro para despesas mínimas" (81). Eles disseram a Gabina que estavam depositando seus salários no banco. Em 1979, depois que os Rodriguez recusaram-se a entregar o dinheiro de Gabina, além de também impedirem que ela fizesse amizades ou frequentasse a igreja, Gabina processou-os, valendo-se da Lei de Padrões de Trabalho Justo, reivindicando seus salários não pagos.

Obviamente, o caso Lopez suscitou questões sobre justiça e exploração. Mas o processo girou em torno da definição de Gabina de fato ser uma empregada, de acordo com a Lei de Padrões de Trabalho Justo. Os Rodriguez negaram que ela fosse sua empregada, mas os advogados de Lopez insistiram que ela era exatamente uma empregada mal remunerada e explorada. De fato, eles afirmaram, os Rodriguez haviam solicitado um crédito por cuidados infantis de $ 900 em sua declaração de imposto de renda de 1976 pelos serviços domésticos de Gabina. Os advogados de Gabina alegaram não apenas que o casal havia violado a lei ao pagar menos do que o salário mínimo, como também que eles haviam forçado Lopez ilegalmente a trabalhar horas extras e retido a maior parte do seu salário.

Assim, o tribunal precisou decidir se devia tratar o relacionamento de Gabina Lopez com os Rodriguez como um contrato de emprego normal sujeito à lei que regia todos esses contratos. Apesar de rejeitar as reivindicações por pagamento de hora extra, o Tribunal Regional foi enfaticamente a favor de Lopez. Os Rodriguez, declarou o tribunal, "não demonstraram um esforço de boa-fé para cumprir a Lei de Padrões de Trabalho Justo. Exploraram em seu próprio benefício uma estrangeira jovem, com pouca instrução e indígena que está totalmente à sua mercê" (81). Os vários tribunais envolvidos acabaram concedendo a Gabina o seu salário mínimo de $ 28.000 e um valor equivalente de indenização mais as custas judiciais, descontando o valor que os Rodriguez haviam gastado de fato com alimentação e hospedagem. Hondagneu-Sotelo (2001) descreve o desfecho assim: "talvez a maior indenização judicial a empregadas domésticas nos Estados Unidos" (237).

Conforme vimos em nossa análise sobre as práticas, jovens latino-americanas costumam migrar ilegalmente para trabalhar como babás, empregadas domésticas, cozinheiras ou faxineiras para famílias prósperas. Ocasionalmente viram manchete, como em 2001, quando o presidente eleito George W. Bush cancelou a nomeação de Linda Chavez como secretária do trabalho mediante o clamor público de que Chavez abrigava Marta Mercado, imigrante ilegal guatemalteca, como "hóspede da casa". Muito esporadicamente, segundo Chavez, Mercado lavava, arrumava a casa, cuidava das crianças e recebia dinheiro para as despesas (*New York Times*, 2001). A maioria desses relacionamentos jamais vem à tona. Mas, de vez em quando, como no caso de Gabina Lopez, eles tornam-se matérias de pesados processos judiciais (cf. BANKS, 1999; LOBEL, 2001; HONDAGNEU-SOTELO, 2001, cap. 8).

Observe dois componentes do litígio judicial. Primeiro, ninguém negou que Lopez tenha de fato prestado serviços aos Rodriguez e seus filhos, tampouco que ela tenha recebido pouca compensação monetária por isso. A questão foi *em que relação com a família Rodriguez* ela prestou os serviços. Segundo, o tribunal fez uma escolha essencialmente dicotômica: Gabina Lopez era um membro valorizado da família que cumpria os seus deveres de graça e recebia a consideração e o apoio normais devidos a um membro da família ou era uma empregada do setor de serviços comerciais, portanto sujeita às leis que regiam os salários e as relações entre patrão e empregado. Os tribunais aceitaram os argumentos dos advogados de Lopez de que o relacionamento com os Rodriguez encaixava-se na segunda categoria. Ela e eles recebiam.

Qualidades e condições dos cuidados perante os tribunais

Ao confrontar litígios concernentes à interseção entre o serviço que envolve cuidados e as transações comerciais, os tribunais americanos adotam regularmente o procedimento tripartido que vimos funcionar na batalha judicial entre Gabina Lopez e a família Rodriguez. Primeiro, eles localizam o relacionamento contestado dentro de uma grade maior de relacionamentos possíveis. Segundo, dentro dessa grade, demarcam a linha que separa a provisão gratuita de cuidados da provisão comercial – quase independentemente do conteúdo ou da eficácia dos cuidados. Terceiro, eles procuram combinações apropriadas entre meios, relações e serviços que envolvem cuidados. Por último, os tribunais chegam a conclusões concernentes (a) à propriedade dos cuidados fornecidos e (b) a quem-deve-o-que-para-quem, como consequência.

Os litígios judiciais sobre cuidados irrompem caracteristicamente em quatro situações bem diferentes: cuidados errados, cuidados exploratórios, cuidados ausentes e cuidados sem recompensa.

1) Nos casos de *cuidados errados*, ao menos uma das partes afirma que outra proveu cuidados que eram impróprios ao relacionamento. Por exemplo, as autoridades processam um herbanário que vende remédios por praticar a medicina sem autorização.

2) Nos casos de *cuidados exploratórios*, alguém alega que outra pessoa obteve vantagens econômicas injustas com a provisão dos cuidados. Por exemplo, um padre oferece aconselhamento a um paroquiano, que deserda os filhos e deixa todo o seu dinheiro à igreja do padre.

3) Nos casos de *cuidados ausentes*, alguém deixa de prover cuidados que o receptor tinha o direito de receber. Por exemplo, um acidente de trabalho causado pela negligência do empregador impede o funcionário de fazer companhia e prover cuidados pessoais ao cônjuge.

4) Nos casos de *cuidados sem recompensa*, alguém provê cuidados extensos, porém recebe pouca ou nenhuma recompensa econômica, apesar de promessas anteriores contrárias. Por exemplo, Gabina Lopez recebia pouco mais do que casa e comida durante três anos de serviços domésticos e cuidados infantis.

Nenhum desses quatro tipos de cuidados é uma categoria jurídica. Eles são reclamações típicas das pessoas, as quais os profissionais de direito traduzem para o seu próprio idioma. Em todas as quatro situações o que normalmente acontece é alguém sem conhecimento específico da lei apresentar ao tribunal, juiz ou advogado uma reclamação sobre o tratamento econômico que ele, ela ou outra pessoa recebeu. Os profissionais jurídicos, então, traduzem a reclamação para categorias respaldadas pelas doutrinas jurídicas existentes. Como se efetua essa tradução? Em geral, as doutrinas dependem parcialmente da definição do relacionamento pessoal entre as partes, da transação econômica entre as partes, da natureza dos cuidados providos e dos serviços prestados, e da distinção clássica entre cuidado gratuito e comercial.

Os tribunais normalmente tratam o cuidado gratuito como recompensador em si mesmo, ou ao menos como parte de um sistema de recompensas (p. ex., entre vizinhos) onde a lei não deve intervir. Os cuidados comerciais, ao contrário, evocam o mercado e, portanto, questões de compensação justa ou ao menos razoável. Os tribunais costumam revestir essa distinção entre cuidado gratuito e comercial com outras dicotomias. A conhecida divisão de esferas separadas entre os mundos do sentimento e da racionalidade certamente funciona em muitos litígios assim. Mas os tribunais geralmente pautam-se em duas outras distinções especificamente jurídicas: entre relacionamentos confidenciais e não confidenciais, e entre relacionamentos profissionais e não profissionais. O *Black's Law Dictionary* (1999) define relacionamentos confidenciais ou fiduciários assim:

> Um relacionamento em que uma pessoa tem o dever de agir em benefício de outra sobre questões dentro do escopo do relacionamento. Relacionamentos fiduciários – como administrador-beneficiário, tutor-protegido, agente-mandante e advogado-cliente – requerem o mais alto dever de cuidado. Os relacionamentos fiduciários geralmente surgem em uma destas quatro situações: (1) quando alguém confia na integridade fiel de outra pessoa que, como resultado, adquire superioridade ou influência sobre a primeira; (2) quando uma pessoa assume controle e responsabilidade sobre outra; (3) quando uma pessoa tem o dever de agir por outra ou aconselhar outra em assuntos que estejam dentro do escopo do relacionamento; ou (4) quando há um relacionamento específico que foi tradicionalmente reconheci-

do como envolvendo deveres fiduciários, como entre advogado e cliente ou corretor de ações e cliente (640).

As relações não confidenciais, portanto, incluem todas as outras. Hoje em dia, ironicamente, nessa dicotomia até mesmo os relacionamentos entre marido e mulher normalmente qualificam-se como não confidenciais. Como vimos várias vezes, os tribunais também estabelecem uma distinção entre obrigações e direitos de profissionais licenciados, como médicos, advogados e psicoterapeutas, e não profissionais que às vezes prestam serviços muito similares, mas sem licença. Em cada caso, a classificação do relacionamento que envolve cuidados no lado confidencial ou profissional da fronteira posiciona as partes em direitos, privilégios e obrigações especialmente obrigatórios. Portanto, o posicionamento identifica a parte da lei que regerá a justiça das transações econômicas sob contestação.

Em todos esses aspectos, entretanto, os tribunais costumam redefinir as distinções de forma a produzir o que os especialistas jurídicos consideram como justiça. Às vezes essas distinções jurídicas produzem consequências irônicas. Byrnece Green, corretora de ações, conheceu essas consequências da maneira mais difícil (*Green vs. Receita Federal*, 54 T.C.M. (CCH) 764 (1987)). Durante nove anos, Maxwell Richmond e ela viveram como marido e mulher, após dez meses de noivado, do qual Richmond havia "implorado liberdade [...] explicando que tinha 'um problema psicológico com o casamento'", mas garantindo a ela que não a desampararia após a sua morte. Green cedeu e "tornou a vida dele a mais confortável possível", controlando a sua dieta, cuidando dele quando ficava doente e aconselhando-o sobre assuntos comerciais (*3). Mas, quando Richmond morreu em 1971, o seu testamento deixou o seu patrimônio, estimado em $ 7 milhões, para o seu irmão e sua irmã. Green processou o patrimônio pelo valor de seus serviços a Richmond. Um júri lhe concedeu mais de um milhão de dólares. Eles endossaram o seu pedido como *cuidados sem recompensa*. O Supremo Tribunal de Massachusetts recusou o recurso do patrimônio, mas reduziu a sua indenização a $ 900.000, a pagar de 1977 a 1978.

Os problemas começaram porque Green não incluiu esses pagamentos em suas declarações de imposto de renda, alegando que eles eram doações em troca de seus "serviços de esposa", portanto não tributáveis. Mas a Receita Federal discordou de suas alegações exatamente pelo fato de o pagamento ter sido autorizado como restituição pela indenização recebida, porém não paga, por seus serviços. Green foi intimada a pagar o imposto de renda. Se Richmond e Green tivessem se casado de fato, Green inquestionavelmente teria direito ao seu quinhão do patrimônio, e não uma reclamação de compensação não paga. Assim, distinções jurídicas aparentemente sutis têm pesadas consequências econômicas.

Para observar esse complexo processo judicial em ação, voltemos à classe de litígios judiciais com a qual este capítulo começou: alegações de influência indevida. Tais alegações, em sua maior parte, surgem em disputas sobre legados e heranças. A questão em geral é se alguém que recebe vantagens de uma herança influenciou injustamente a opinião do testador, valendo-se de coação ou cuidados. Os tribunais ficam particularmente desconfiados quando quem recebe os benefícios tem um relacionamento confidencial com o doador. O psicoterapeuta sugeriu indevidamente que o paciente doasse à sua clínica? O advogado obteve o investimento do cliente em um negócio que controlava? O enfermeiro que cuidava de um paciente em estado terminal fez a cabeça dele contra os filhos?

A doutrina da influência indevida, porém, é um instrumento jurídico escorregadio, não uma simples receita de bolo. Ela envolve os tribunais e os advogados em distinções sutis e julgamentos morais difíceis. Requer, por exemplo, julgamentos de quando o cuidado, que seria obrigatório ou ao menos aceitável para o relacionamento em questão, torna-se excessivo, suspeita de cuidados providos em relacionamentos confidenciais, apesar do pressuposto de que as pessoas mais poderosas de tais relacionamentos de fato proverão cuidados profissionais aos menos poderosos. Em geral ela não desconfia de cônjuges, mas desconfia de casais que vivem em união estável, sejam eles heterossexuais ou homossexuais[12]. É claro que tais suspeitas costumam ser provocadas quando uma pessoa idosa casa-se com alguém jovem. A doutrina da influência indevida exige julgamentos que avaliem se os cuidados dispensados por parentes próximos ao idoso ou doente envolveram um esforço deliberado para duvidar das alegações de outros parentes próximos. A doutrina da influência indevida, em suma, leva os tribunais a classificações estranhamente complexas de relacionamentos, interações e intenções (cf. p. ex., LESLIE, 1996, 1999; MADOFF, 1997).

O processo de 1945, ocorrido no Supremo Tribunal de Wisconsin, *In re Testamento de Faulks*, ilustra muito bem esses pontos (17 N.W. 2d 423 (Wis. 1945)). Em julho de 1903, George e Mary Faulks, um casal sem filhos que morava em uma fazenda perto de Waupaca, Wisconsin, adotou Will Jensen, um menino de onze anos que vivia em um orfanato próximo. Dezesseis anos depois, depois que Will casou-se com Pearl, uma vizinha antiga, ambos foram morar na casa dos Faulks, enquanto os Faulks foram morar em Waupaca. Os Jensens tiveram uma filha, Lorraine. Os Faulks não haviam adotado Will legalmente. Porém, por todos esses anos, ele foi tratado "como filho e cumpria as obrigações de um bom filho em relação aos pais adotivos":

> Ele os ajudava a conduzir seus negócios, cuidava deles quando ficavam doentes, tinha acesso aos seus documentos, cuidava das obras feitas na casa, fazia biscates para eles e, em caso de doença, providenciava para que fossem bem tratados. A esposa cooperava com o marido nos cuidados com os seus pais adotivos e ambos davam-se muito bem

---

12. Cf. DeFuria, 1989; Merin, 2002; Sherman, 1981; Thornley, 1996. Reconhecendo essa realidade, os advogados de casais de *gays* e lésbicas alertam sobre a necessidade de estabelecer documentos legais garantindo os seus contratos econômicos; leia, p. ex., Curry, Clifford e Hertz, 2002.

> com George e Mary [...] Mary gostava muito de Lorraine, normalmente chamada de neta e, quando Lorraine terminou o ensino médio em 1941, Mary ofereceu-se para custear seus estudos na Universidade de Wisconsin por um ano (425).

Em 1934 George morreu, aos 72 anos. Mais ou menos na mesma época, Mary, dois anos mais nova que o marido, começou a ter sérios problemas cardíacos em consequência de uma miocardite. Em 1932 o Dr. L.G. Patterson, médico de 28 anos, deixou Ohio para começar a atender em Waupaca. Ele começou a tratar Mary em 1937 e, três anos depois, tornou-se seu médico fixo. Naquela época Mary começou a emprestar milhares de dólares ao Dr. Patterson, primeiro para ajudá-lo a pagar a hipoteca da sua casa, depois para subsidiar um hangar e um avião. Depois de lhe dar $ 1.100 para o hangar, o Dr. Patterson teria feito um acordo oral de atender Mary para o resto da vida.

Mary tinha um bom relacionamento com Patterson no início da década de 1940. O médico e a esposa moravam a três quarteirões de Mary, e as duas mulheres costumavam se visitar. Em 11 de maio de 1941, Dia das Mães, quando se tratava no hospital que Patterson possuía com um sócio, o médico enviou-lhe flores e levou-a para dois passeios de avião. Naquele verão, os Pattersons, o filho de 4 anos e Mary foram para o Parque Yellowstone; Mary pagou todas as despesas. De acordo com um dos vizinhos antigos, as conversas deles quase sempre referiam-se a Patterson: "Ela sempre falava que ele era muito bom, que tinha um médico maravilhoso [...] Sorria o tempo todo enquanto falava nele". Com Alice Faulks, sua cunhada, Mary foi mais específica sobre a dedicação do médico:

> Ele vinha todas as noites, mesmo estando cansado. Ia até a sua casa para ver como ela estava e ela sempre lamentava por ele trabalhar tanto. Ela contou que, certa noite, ela não se sentiu bem e ele disse: "Arrume as suas coisas" [...] e ela disse que ele chegou lá em poucos minutos. O modo pelo qual ela falou foi como se ele a tivesse buscado, e disse que, em poucos minutos, estava no hospital e acamada. Eu disse: "Fico feliz por alguém cuidar de você, porque eu não posso" (430).

Enquanto isso, o relacionamento de Mary com Will e Pearl começou a se deteriorar. O casal estava cada vez mais ressentido por seus favores ao Dr. Patterson. No início de janeiro de 1942, quando Will e Pearl visitaram Mary no hospital do Dr. Patterson, Mary repreendeu-os por terem tratado o médico mal. Will retorquiu: "Ele só está interessado no seu dinheiro". Como ele explicou depois: "Eu não via diferença em alguém que tomava o dinheiro de uma senhora daquele jeito. Ouvi algumas pessoas comentarem que ela dava dinheiro a ele. Tornou-se um assunto muito falado pela comunidade na época" (426-427). O conflito rompeu o contato de Mary com Will e Pearl. Quando Mary morreu, em dezembro de 1942, o casal não compareceu ao seu funeral.

Depois de vários testamentos anteriores que beneficiavam Will, Pearl, sua filha Lorraine; a irmã de George, Eliza Palmer e a sua cunhada, Alice Faulks, Mary assinou, em 14 de janeiro de 1942, o que seria o seu último testamento, em que o Dr. Patterson era o principal beneficiário. Will Jensen contestou o testamento. Em maio de 1944, o Tribunal Regional do Condado de Waupaca apoiou a sua solicitação de substituir o último documento por um testamento anterior. Esse tribunal concordou com a alegação de Will de cuidados *errados e exploratórios*. No ano seguinte, o Dr. Patterson recorreu. Contra a alegação de Will de influência indevida da parte do médico, o advogado de Patterson alegou que Mary era uma alma independente e resoluta, mentalmente sã, que tinha todo o direito de escolher seus beneficiários. A afirmação de influência indevida pautava-se nas alegações de que Patterson não somente "estava disposto a influenciá-la indevidamente com o fim de obter favores impróprios [mas que ele também] teve a oportunidade de exercer tal influência e induzi-la a fazer um testamento a seu favor". Essa oportunidade era ampla, já que, como seu médico e vizinho, determinou o primeiro tribunal, "ele era frequentemente chamado para atendê-la em casa, assim como atendê-la no hospital" (431, 441).

A refutação de Patterson no recurso, porém, insistia que nada disso constituía indício de influência indevida. É verdade que ele "a visitava com frequência, fazia pequenos favores para ela" (442), e Mary de fato era muito apegada a ele. Enfatizando que a gratidão natural de uma paciente idosa e gravemente doente pelos cuidados e pela atenção de um médico competente era esperada nas relações entre médico e paciente, o tribunal de segunda instância recusou o argumento de que Patterson havia manipulado deliberadamente o relacionamento com Mary em benefício próprio. Os seus cuidados eram genuínos, não eram excessivos, fraudulentos e, finalmente, não constituíam influência indevida. Assim, o tribunal confirmou que Patterson não havia provido cuidados errados nem exploratórios e que o destituir do testamento seria considerar seus cuidados sem recompensa. É óbvio que, se Faulks e Patterson tivessem sido amantes, haveria uma grande possibilidade de Patterson perder o processo (MURTHY, 1997; ROSS, 1997). Mas eles não foram amantes, então ele recuperou o testamento.

No que se refere ao resignado filho adotivo, o tribunal de segunda instância rejeitou veementemente a alegação de Will de cuidados *sem recompensa*: que os seus serviços fiéis e seu prévio relacionamento adequado com os Faulks lhe davam direito a um quinhão substancial do patrimônio. Embora Will fosse como um filho para os Faulks, prosseguiu o tribunal, em última análise ele era um filho adotivo, não seu herdeiro biológico: "Uma associação longa, agradável e mutuamente íntima não substitui o relacionamento consanguíneo legalmente ou de fato" (442). (Para saber sobre a situação jurídica ambígua de contribuições familiares de filhos adotivos, cf. DRAPER, 1979.)

Batalhas familiares

O caso Faulks envolve contestação sobre cuidados médicos profissionais, boa parte dos quais ocorreu fora da casa da paciente. Também envolve competição entre a reclamação de um filho adotivo e a do médico que cuidou da paciente. O que acontece, então, quando os adversários jurídicos são membros da mesma família e quando os cuidados ocorrem principalmente dentro de casa? Aqui, os cuidados cruzam a fronteira do comercial ao gratuito, um limite difícil para aqueles em busca de compensação, tendo em vista que os tribunais normalmente definem qualquer tipo de atendimento prestado por membros da família como gratuitos.

Em alguns casos, porém, os tribunais manipulam a fronteira ao definir os cuidados providos por membros da família como suficientemente exigentes e inesperados de forma a requerer compensação. Em outra variante, eles examinam se as relações entre os parentes foram suficientemente distantes de forma a tornar os cuidados excepcionais e, portanto, compensáveis (cf. HORSBURGH, 1992). Os tribunais costumam fazer isso evocando a doutrina do contrato implícito, assim injetando considerações comerciais legítimas nas transações familiares. Considere, por exemplo, uma decisão do Supremo Tribunal de Minnesota, em 1985, referente à reivindicação de Alice Ann Beecham de uma parte do patrimônio de $ 166.000 da sogra. A sogra, Sara Edith Beecham, havia cortado Alice do testamento, favorecendo seus quatro netos. Dois anos depois de casar com o filho de Edith, Alice levou a idosa enferma para a sua casa. Durante os últimos seis anos e meio da vida de Edith, Alice cuidou dela em tempo integral; não apenas cozinhando e limpando, mas efetuando delicados serviços de enfermagem. O tribunal determinou que, apesar de sua relação familiar, Alice Ann tinha direito a uma parte do patrimônio (*In re Patrimônio de Beecham*, 378 N.W. 2d 800 (Minn., 1985)).

Quando Alice contestou o testamento pela primeira vez, o tribunal de primeira instância decidiu ao seu favor, constatando a existência de um contrato implícito a pagar por seus serviços pessoais. O tribunal observou que Edith não havia reconhecido os cuidados árduos de Alice – exceto uma "gorjeta" eventual de $ 5 ou $ 10 para despesas de transporte. Um tribunal de segunda instância reformou a decisão, alegando que os serviços de Alice, por envolverem um membro da família e, na falta de um contrato oral ou escrito, tinham de ser gratuitos. O Supremo Tribunal, porém, restabeleceu a decisão inicial de concessão de compensação a Alice, apoiando as constatações do tribunal de primeira instância de um contrato implícito. Os cuidados ininterruptos de Alice com Edith, concluiu o Supremo Tribunal de Minnesota, "ultrapassaram os serviços geralmente gratuitos prestados a membros da família" (804). Essencialmente, o tribunal declarou os cuidados de Alice como sem recompensa. Com base nas estimativas dos peritos referentes ao valor comercial dos serviços de cuidados domiciliares de Alice, o tribunal estabeleceu a compensação em $ 32.000, o mínimo na escala estimada.

Por todas as suas complexidades fascinantes, as disputas judiciais sobre influência indevida e cuidados extraordinários providos por membros da família não funcionam como curiosidades ou casos limitantes em nossa investigação. Ao contrário, elas iluminam questões que sempre surgem quando os cuidados cruzam a lei, mas geralmente escondem-se na sombra: Quem tem o direito ou a obrigação de prover que tipo de cuidado a quem? Com quanta intensidade? Com que eventual compensação? Ao confrontar essas questões, advogados e juízes negociam o posicionamento dos relacionamentos em questão dentro de estruturas maiores de relacionamentos possíveis entre as partes, combinam formas e tamanhos próprios e impróprios de cuidados com esses relacionamentos e chegam a conclusões concernentes aos tipos de eventuais compensações que as partes merecem.

É óbvio que advogados e juízes recorrem à reconfortante linguagem jurídica das intenções quando é possível; atacam revelações aparentes de intenções sob a forma de cartas particulares, conversas escutadas e preâmbulos de testamentos. Mas a maior parte do raciocínio que entra nos autos consiste exatamente em descrever transações interpessoais, selecionando aquelas que se qualifiquem como cuidados, atribuindo-as a categorias apropriadas de relações avaliando a sua propriedade ou seu valor, e depois atribuindo recompensas e obrigações adequadamente. Advogados e juízes em desacordo normalmente discutem cada um destes elementos: transações, cuidado, relações, valor, recompensa e obrigações. Esse mesmo tipo de raciocínio permeia litígios sobre relações de cuidado, mas torna-se especialmente visível com alegações de influência indevida e cuidados providos pela família além da obrigação. Se apurarmos nossa visão, conseguiremos ver o raciocínio em ação com mais clareza em uma grande variedade de outras disputas envolvendo cuidados: gastos com cuidados infantis como despesas comerciais que podem ser deduzidas de imposto, pensão alimentícia, compensação por cuidados pessoais não remunerados ou mal remunerados, negligência médica, divulgação nociva de informações confidenciais e muito mais. Ele até aparece, de modo surpreendente, em litígios sobre as consequências de acidentes industriais. Ao contrário da maioria dos casos que analisamos, acidentes industriais normalmente envolvem terceiros que não estão provendo cuidados pessoais.

Em 1913, Avonia e Andrew S. Griffen descobriram como tais decisões judiciais podem se tornar complexas (*Griffen vs. Cincinnati Realty Co.*, 27 Ohio Dec. 585 (Tribunal Superior de Ohio, 1913)). Depois que Andrew feriu-se no trabalho, a sua esposa, Avonia, uma costureira, deixou o emprego para cuidar de Andrew durante quinze semanas. Ela ajuizou uma ação contra os ex-empregadores de Andrew pelos dois seguintes motivos: pela perda de seu salário como consequência direta das lesões de Andrew e pela perda do consórcio de Andrew como resultado de sua condição de ferido. O Tribunal Superior de Cincinnati dividiu a sua decisão. Por um lado, negou que a Lei de Compensação dos Trabalhadores incluísse as esposas de funcionários que pudessem receber benefícios para si mesmos de acordo com a lei. Portanto, indeferiu o pedido de indenização de Avonia. Também insistiu que os cuidados que ela prestou a Andrew pertenciam à categoria de cuidados familiares gratuitos, portanto não tendo direito à indenização de $ 120 que Avonia solicitou. O tribunal considerou que, se Avonia e Andrew tivessem redigido um contrato para os serviços dela, ou se tivessem contratado um enfermeiro externo, Andrew poderia ter cobrado o valor dos serviços de enfermagem.

No que tange à questão do consórcio, por outro lado, o Tribunal Superior emitiu uma sentença surpreendente para a época. Como o capítulo 2 mencionou, até meados do século XX, quando o marido era ferido, os tribunais raramente permitiam que a esposa cobrasse indenização pela perda de sua companhia e seus serviços. Porém, o tribunal de Cincinnati, reconhecendo os direitos jurídicos maiores da mulher, concedeu a Avonia $ 500 pela perda do consórcio do marido. O tribunal rejeitou a reclamação de *cuidados sem recompensa*, porém aceitou a de *cuidados ausentes*. Ele manipulou as categorias jurídicas disponíveis para atender um senso de justiça.

O cuidado dentro e fora da lei

As relações de cuidado envolvem uma atenção pessoal contínua e/ou intensa que melhore o bem-estar do seu receptor. O cuidado torna-se íntimo quando ao menos uma das partes do relacionamento adquire informações que não estejam amplamente disponíveis a terceiros e cuja disseminação pudesse, de alguma forma, lesar aquele que dá as informações. Os cuidados íntimos envolvem um trabalho relacional árduo: estabelecer, combinar, reparar e às vezes desfazer limites, meios, transações e relações interpessoais íntimas. Os cuidados íntimos sentimentalizam-se facilmente, porque evocam todas as imagens familiares de altruísmo, comunhão e compromisso irrestrito e não comercial. Isso está a um passo de uma noção de esferas separadas de sentimento e racionalidade e, consequentemente, da suposição de mundos hostis de que o contato entre as esferas pessoal e econômica corrompe ambas.

A nossa análise detida das relações de cuidado reais mais uma vez revelou a dificuldade em qualquer um desses argumentos: de fato, os cuidados pessoais misturam incessantemente transações econômicas com a provisão de atenção pessoal contínua e/ou intensa que melhora a vida. Um olhar meticuloso direcionado às relações de cuidado revela que os próprios participantes não discutem se tais relações devem envolver transações econômicas. Ao contrário, discutem combinações apropriadas entre relações, meios e transações, esforçando-se ao máximo para distinguir relações que proveem formas práticas similares de cuidados, mas com implicações significativamente diferentes para ligações mais duradouras entre os envolvidos. Ao negociar as condições econômicas dos cuidados, os participantes também estão definindo relações sociais significativas.

Nesse caso, a situação não muda muito quando os cuidados são levados aos tribunais. Os profissionais jurídicos consultam as próprias grades de relações possíveis e empregam doutrinas como influência indevida, perda de consórcio e contrato implícito ao decidirem sobre disputas envolvendo a provisão própria e imprópria de cuidados. Às vezes evocam o raciocínio de mundos hostis para defender uma decisão. Também apresentam dicotomias exóticas, como gratuito-comercial, confidencial-comum e profissional-não profissional. Mas os profissionais jurídicos também conduzem análises e argumentos concernentes à combinação adequada de relações, meios e transações.

Como a lei que rege as relações de cuidado necessariamente muda, embora vagarosa e erraticamente, em resposta a alterações na provisão prática de cuidados, podemos encarar a sala do tribunal como um tipo de teatro de sombras em que os atores improvisam versões estilizadas de lutas cotidianas, usando os idiomas distintos de sua arte. Mas tome cuidado com a metáfora! O que acontece no palco judicial afeta a provisão real de cuidados na vida cotidiana; as relações entre médicos e pacientes, advogados e clientes, babás e crianças, imigrantes e seus patrões, pais e filhos, casais vivendo em união estável, até mesmo cônjuges cuidadores dependem em parte do que os advogados argumentam e os juízes ou jurados decidem. Vamos testemunhar um entrelaçamento parecido da lei e da prática cotidiana ao analisar as relações íntimas dentro de casa.

5
Comércio familiar

Em 28 de fevereiro de 2004, o *San Diego Union-Tribune* publicou a dúvida angustiada de um pai:

> *Pergunta:* Estou entre a cruz e a espada. Quando me divorciei, 14 anos atrás, meu filho tinha 3 anos. Eu me casei de novo e tenho três filhas com a minha segunda esposa. Sempre paguei a pensão alimentícia adiantada e até concordei em aumentá-la com o passar dos anos por saber que meu filho precisava e por querer evitar brigas. Agora a minha ex está exigindo que eu providencie para que o nosso filho estude em uma faculdade importante fora do estado que custa mais de $ 40.000 por ano – além dos custos de viagem, despesas etc. Não sei por que eu, sendo um pai divorciado, tenho de pagar esse tipo de coisa, considerando que, se a minha ex e eu ainda fôssemos casados, eu diria ao meu filho – que não era um aluno tão brilhante assim – para estudar em uma faculdade pública[1].

Os consultores do jornal (um deles advogado) concordaram que o pai do menino estava diante de um problema. Eles o incentivaram a negociar uma solução, discutindo as suas restrições financeiras com a ex-mulher e o filho. Se as estratégias pacíficas não funcionassem, a disputa particular poderia ir parar na justiça: "dependendo de onde você morar, pode ser que ambos os pais, assim como o filho, sejam partes da equação pela qual [os tribunais determinam] quem paga o quê no que se refere ao custeio da educação superior". Se ele tivesse a sorte de morar na Pensilvânia, contudo, o pai poderia "ficar aliviado pelo fato de que o Supremo Tribunal desse estado decidiu que as leis que tratam pais divorciados de forma diferente dos pais casados no que concerne ao pagamento de educação superior vio-

1. [Disponível em http://www.signonsandiego.com/uniontrib/20040228/news_1c28solo.html – Acesso em 08/05/2004].

lam a Cláusula de Proteção Igual da Constituição"[2]. Os consultores finalizaram com a sua própria decisão e recomendação final: "Com todo o respeito à sua ex-mulher e filho, um aluno 'que não é tão brilhante' pode não justificar uma faculdade de $ 40.000 ao ano nas circunstâncias que você descreve. Mas essa é apenas a nossa opinião. Com uma obrigação potencial de $ 160.000 à sua frente, contrate um bom advogado".

Como sugeriram os consultores do *San Diego Union-Tribune*, disputas sobre o ensino superior dos filhos costumam levar pais divorciados à justiça. Veja o caso de *Troha vs. Troha* (663 N.E. 2d 1.319 (Tribunal de Segunda Instância de Ohio 1995)). Quando Hanna e William A. Troha se divorciaram em 1992, após 26 anos de casamento, o seu acordo de separação estipulava pagamentos para a educação universitária de Kristofer e Shaye, dois dos seus três filhos. As disposições foram detalhadas: o dinheiro viria dos títulos de $ 3.850 do Sr. Troha; dois certificados de depósito nos nomes de Kristofer e Shaye, respectivamente; mais o dinheiro da venda de três propriedades de férias possuídas pelo casal. Se outros fundos fossem necessários, o Sr. Troha concordaria em cobrir a diferença.

Até 1994 Kristofer estava estudando na Universidade de Clemson, enquanto Shaye ainda estava no ensino médio. Em março daquele ano, William Troha entrou na justiça. Ele acusava a ex-esposa de violar o contrato de separação, entre outras coisas, por se recusar a usar o certificado de depósito de Shaye. Como o certificado de depósito de Kristofer já havia sido gasto com sua educação, Troha alegou que, antes de usar os fundos dele, o certificado de depósito de Shaye deveria ser descontado para subsidiar as despesas universitárias do irmão. Alegando não ter competência sobre os certificados de depósito dos dois filhos, o tribunal respondeu que não poderia ordenar a transferência monetária. O recurso de Troha no ano seguinte não funcionou também. O tribunal reconheceu "o princípio sólido em Ohio de que os pais geralmente não são obrigados a sustentar, incluindo pagamentos de despesas universitárias, filhos emancipados" (1.324). Mas como os Trohas haviam concordado em custear a educação universitária de ambos os filhos, o tribunal de segunda instância concluiu que não era justo subsidiar as despesas de um filho sacando dos fundos da irmã. O fato de que a maior parte dos fundos do certificado de depósito de Shaye provinha de uma indenização por uma mordida de um

---

2. Até 2004 apenas uma minoria dos estados autorizava os tribunais a impor a obrigação judicial a pais separados ou divorciados de pagar a educação superior dos filhos. Na Pensilvânia, o Supremo Tribunal invalidou, em 1995, a constitucionalidade de tal obrigação. O tribunal alegou que a imposição de financiamento educacional pós-maioridade obrigatório discriminava os filhos de casamentos intactos que não podiam fazer reivindicações judiciais similares, portanto, violando a Cláusula de Proteção Igual da Décima Quarta Alteração da Constituição dos Estados Unidos (*Curtis vs. Kline* 666 A. 2d 265 (Pa. 1995); cf. tb. MOMJIAN & MOMJIAN, 2004). Porém, os pais divorciados na Pensilvânia e em outros estados que se opõem a obrigações de financiamento universitário dos filhos podem incluir disposições de custeio universitário em acordos de propriedade particular (cf. "Responsabilidade dos Pais Divorciados e sem a Guarda do Filho", 1980; SNEARLY, 2003).

cachorro quando ela era criança enfatizou ainda mais o direito dela ao dinheiro disputado. Ao indeferir o pedido do Sr. Troha, os tribunais de Ohio impuseram seu próprio sistema jurídico às obrigações familiares.

Disputas sobre as despesas educacionais de casais casados também ocorrem. O que acontece, por exemplo, quando um casal se divorcia, mas ainda tem empréstimos escolares pendentes incorridos pelo marido ou pela esposa durante o casamento? Considere, por exemplo, o caso *Varner vs. Varner* (2002 WL 3118327 (Tribunal de Segunda Instância de Tennessee, 2002)), ocorrido em Tennessee. Tanto o marido quanto a esposa, divorciados após menos de dois anos de casamento, fizeram importantes empréstimos escolares: a mulher mais de $ 11.000; o marido mais de $ 16.000. Em vez de tratar o total de $ 27.000 como dívida familiar conjunta a ser dividida igualmente, o tribunal ordenou que cada um pagasse as próprias dívidas separadas.

Em casos parecidos, entretanto, os tribunais tecem distinções com base na duração e no caráter do casamento. Observe o caso de divórcio em Nebraska, *Schmid vs. Schmid* (2003 WL 21397862 Tribunal de Segunda Instância de Nebraska, 2003)): durante os 26 anos de casamento do casal, a esposa havia efetuado empréstimos escolares por mais de quatro anos para subsidiar o seu bacharelado. Ela depôs que o magistério não somente era sua vocação, mas que o seu trabalho contribuía com o bem-estar econômico familiar. O Tribunal de Primeira Instância decidiu que a dívida de fato era marital e dividiu as parcelas pendentes igualmente entre os ex-cônjuges. Um tribunal de segunda instância confirmou a justeza da decisão (cf. MOMJIAN, M., 2004).

O mais surpreendente é que, em algumas circunstâncias, os filhos ajuízam ações bem-sucedidas para que os pais paguem as suas despesas universitárias. Em 2004, por exemplo, o Tribunal de Segunda Instância da Geórgia decidiu que Ronald Houston havia estabelecido um contrato vinculante com a sua filha Allyson ao prometer pagar metade das despesas de seus estudos se ela fosse estudar em uma universidade particular afro-americana. Como Allyson de fato havia se comprometido com as despesas de matrícula na Universidade Clark Atlanta, decidiu o tribunal, Ronald não tinha mais o direito de quebrar as suas repetidas promessas (*Houston vs. Houston*, 600 S.E. 2d 395 (Tribunal de Segunda Instância da Geórgia, 2004)).

Esses conflitos sobre a responsabilidade parental ou marital de pagar as despesas educacionais traduzem as disputas familiares em processos judiciais. A maioria das desavenças sobre questões similares nunca chega aos tribunais. Os membros da família negociam constantemente a responsabilidade tanto por débitos acumulados quanto para despesas com questões resultantes, como educação para membros da família, sem recorrer à justiça. Nos casos em questão, os pontos disputados incluem que direitos os membros da família têm aos recursos de outros membros, quem tem a obrigação de pagar o quê e quais dessas obrigações continuam após o rompimento da família. Obrigações familiares, responsabilidades judiciais e a vida econômica familiar cotidiana entrelaçam-se. A sua interseção evoca um trabalho relacional exigente, contínuo e consequencial.

As famílias apresentam novas sutilezas à nossa exploração de intimidade e atividade econômica. Simplesmente por morarem na mesma casa, as pessoas compartilham produção, consumo, distribuição e transferências de bens; adquirem obrigações judicialmente exequíveis; e criam relações íntimas entre si. As famílias não combinam casais e cuidados, simplesmente. O capítulo 3 deixou os casais no limiar, prestes a estabelecer uma família. O capítulo 4 descreveu as relações de cuidado dentro de casa, cruzando as fronteiras familiares e indo muito além delas. Como indicam os litígios judiciais sobre despesas educacionais, porém, nas famílias acontece muito mais do que uniões e cuidados. A vida em comum produz problemas, oportunidades, obrigações e direitos econômicos comuns para todos os participantes.

Durante várias décadas, debates intensos com fortes implicações políticas giraram em torno das eventuais vantagens econômicas desfrutadas por casais casados em relação a solteiros e casais não casados, assim como das vantagens e desvantagens diferenciais impostas a homens, mulheres e filhos pelo divórcio. As explicações opostas nessas controvérsias centram-se na dinâmica da vida familiar[3]. A administração dos assuntos familiares, a manutenção da economia doméstica e o tratamento de partidas, rompimentos ou novas chegadas representam sérios desafios interpessoais aos membros da família. Este capítulo concentra-se no trabalho relacional dentro de casa.

Vamos adotar uma definição estreita de família: duas ou mais pessoas que compartilham a mesma residência e subsistem diariamente durante períodos substanciais. Isso exclui prisões, escolas, hospitais, abrigos e unidades militares, apesar de tais instituições suscitarem algumas das mesmas questões sobre intimidade e atividade econômica que este livro busca. Analisarei grupos de parentes maiores somente tendo em vista que a residência comum em algum momento cria direitos e obrigações que ultrapassam o rompimento familiar ou a partida de seus membros. Em seu sentido mais estreito, as famílias ainda incluem cuidadores remunerados, filhos adotados, namorados e parentes se eles compartilharem casa e comida. Elas também se estendem a negócios familiares se os membros da família trabalharem neles.

Com suas dores e alegrias, a vida em família quase sempre leva os seus membros à intimidade. As relações familiares fornecem às pessoas informações e atenções que, se forem amplamente partilhadas, podem prejudicar a reputação e o bem-estar de outras pessoas dentro da mesma família. Por causa de sua vida em co-

3. Leia Antonovics e Town, 2004; McManus e DiPrete, 2001; Gallagher, 2003; McLanahan e Sandefur, 1994; McLanahan et al., 2002; Waite e Gallagher, 2000; Weitzman, 1985.

mum, as pessoas adquirem compreensões, direitos, obrigações, rotinas e bens que separam as relações familiares daquelas de casais ou outras partes a cuidar. Se a família contiver mais do que um casal, então, as coisas complicam-se ainda mais: as relações com terceiros, como filhos, cuidadores ou pais idosos começam a influenciar muito a dinâmica familiar. Dentro das famílias complexas, o trabalho relacional nunca termina. As interseções de intimidade e atividade econômica dentro das famílias, portanto, apresentam novas questões sobre a compra da intimidade.

Na realidade, as discussões sobre as famílias costumam envolver versões extremas das mesmas mistificações concernentes a intimidade e atividade econômica que encontramos antes: ideias de mundos hostis e esferas separadas, contra-atacadas por reduções "nada além de" que tratam as famílias como nada além de pequenas economias, culturas distintas ou estruturas de poder separadas. Particularmente, três ideias equivocadas confundem a análise da intimidade familiar:

1) A visão das famílias como domínios do sentimento e da solidariedade, onde qualquer intrusão de cálculo econômico ameaça corromper as relações sociais estáveis.

2) A indiferença em relação à atividade econômica doméstica, incluindo o trabalho doméstico das mulheres e dos filhos, considerando-a irrelevante para a economia como um todo, exceto talvez no que se refere ao consumo.

3) Em resposta às duas primeiras ideias, a ideia de que a reforma autoconsciente das famílias como organizações econômicas racionais melhoraria a sua eficiência e corrigiria desigualdades injustas.

Jamais conseguiremos explicar a interação entre intimidade e atividade econômica nas famílias sem reconhecer os padrões distintos de interdependência e coordenação produzidos pelo envolvimento compartilhado nessas comunidades de destino (HEIMER & STINCHCOMBE, 1980).

As ideias equivocadas de fato incorporam algumas intuições corretas, mas extrapolam. Como consequência da vida em comum durante períodos substanciais, por exemplo, os membros da família normalmente desenvolvem compreensões, práticas, direitos, obrigações e sensibilidades entre si que superam a complexidade, a intensidade e a durabilidade da maioria dos outros laços sociais. O cuidado e a união acontecem desproporcionalmente nas famílias. Mais do que a maioria dos outros relacionamentos de cuidado e união, porém, as interações familiares com terceiros inevitavelmente quase afetam a qualidade dos cuidados e da união. Em âmbito judicial e moral, os membros da família adquirem obrigações a respeito do comportamento de cada um que não são causadas em outros cenários.

O direito anglo-saxônico, ademais, literalmente fortalece a doutrina de esferas separadas. O vocábulo *castelo*, no *Oxford English Dictionary*, oferece referências a partir de 1567 da autoria do grande jurista *Sir* Edward Coke: "A casa do homem é seu castelo e sua fortaleza, tanto para a sua defesa contra o perigo e a violência quanto para o seu repouso". Observe o princípio sexista! O direito americano ainda insiste na distinção entre transações que acontecem dentro de uma casa e outras transações similares que acontecem em outros lugares. Apesar de mais de um século de agitação feminista, o direito ainda retém resíduos de uma época em que, juridicamente falando, não necessariamente na prática, os homens governavam a sua família e representavam-na no mundo exterior.

A comercialização mudou tudo isso? Autoridades, críticos e analistas econômicos profissionais costumam se apegar a uma ilusão: desde o declínio das fazendas familiares e das prendas domésticas, eles dizem, as famílias perderam a sua função econômica. As famílias já realizaram um trabalho econômico importante, segue o argumento, mas agora apenas consomem. A ilusão mantém uma distinção entre esferas separadas, mas agora retrata uma das esferas de forma seriamente retraída. Assim, a atividade econômica familiar desaparece das discussões públicas de desigualdade e produtividade. Como veremos logo, porém, a produção e a distribuição continuam vivas nas famílias americanas. As feministas podem estar certas ao reivindicarem que o pagamento igual para o trabalho doméstico e o trabalho externo assalariado beneficiaria as mulheres da mesma forma que os salários iguais em firmas comerciais. Nesse sentido, os "padrões de mercado" podem servir como alavancas da igualdade. Contudo, o modo de tornar tais alavancas eficazes não é negar que as famílias têm propriedades especiais, mas identificar essas propriedades especiais e investigar como funcionam.

O trabalho em questão

Pautando-se nas análises anteriores sobre união e cuidados, este capítulo aborda, portanto, quatro questões principais:

1) Como a participação compartilhada nas famílias afeta a administração da atividade econômica, da intimidade e da interseção delas?

2) Que tipos de direitos e obrigações a associação familiar gera, e como esses direitos e obrigações afetam as interseções de atividade econômica e intimidade?

3) Como a presença de terceiros nos relacionamentos íntimos – por exemplo, filhos, pais e cuidadores que dormem no emprego – afeta a união e os cuidados?

4) Quando os conflitos originados nas famílias adentram o terreno judicial, como a lei os trata?

Em vez de abordar essas questões separadamente, este capítulo busca-as através de várias atividades familiares. É claro que considerar essas questões em cenários americanos contemporâneos revelará diferenças substanciais na organização familiar por classe e etnia. Porém, continuaremos a ver americanos de classes e etnias diferentes investindo muito esforço na distinção de tipos diferentes de relacionamentos entre si; delimitando suas fronteiras; negociando seus significados, direitos e obrigações; criando meios apropriados para a sua avaliação econômica; e combinando as transações econômicas com os relacionamentos íntimos. Todo tipo de família participa de um extenso trabalho relacional.

As famílias estão cheias de atividades econômicas: produção, distribuição, consumo e transferências de bens. Nenhuma família sobrevive por muito tempo sem renovar os seus recursos e sustentar seus membros. As famílias diferem de outros grupos de atividade econômica, contudo, em quatro aspectos cruciais. Primeiro, a coabitação contínua cria conhecimento, influência, obrigações e direitos mútuos mais extensos do que o normal em outros cenários econômicos. Segundo, as negociações em família ocorrem em uma perspectiva de maior duração e com maiores consequências para uma reciprocidade duradoura do que ocorre caracteristicamente em outros cenários econômicos. Terceiro, no direito americano, as transações econômicas em família ocupam uma posição substancialmente diferente daquelas que acontecem entre famílias, entre famílias e outras unidades econômicas, ou totalmente fora das famílias. Quarto, as transferências de bens *entre* famílias – por exemplo, as contribuições dos pais para as despesas universitárias dos filhos ou para a aquisição e a mobília da casa nova de recém-casados – continuam a ser importantes do ponto de vista prático, sentimental, econômico e judicial[4].

Este capítulo examina, em primeiro lugar, a interseção da atividade econômica e da intimidade em práticas rotineiras dos membros da família. Ele agrupa essas práticas em três títulos principais: (1) controle e transferência de bens; (2) consumo e distribuição; (3) produção. Como, por exemplo, os membros das famílias negociam a redistribuição de dinheiro que os membros individuais recebem fora de casa? O que acontece quando os avós ou outros parentes contribuem com a renda familiar, com doações ou empréstimos? Quem decide que membros da família fazem que tipos de trabalhos domésticos? E de que maneiras pais e filhos colaboram ou competem no gasto do dinheiro familiar? A ruptura ou o colapso das famílias suscita um grupo totalmente novo de questões econômicas: como, por exemplo, as pessoas renegociam suas obrigações e direitos econômicos quando a família vai à falência? Após analisar práticas familiares de controle e transferência de bens, produção, consumo e distribuição, o capítulo aborda mais detalhadamente as práticas econômicas em famílias fragmentadas.

Após analisar várias práticas familiares, passo a considerar o que acontece quando os mesmos tipos de questões tornam-se questões de litígio judicial. Quem, por exemplo, é responsável por pagar impostos ou honrar dívidas? O trabalho familiar estabelece reivindicações judiciais por indenização em casos de divórcio? Juridicamente falando, como os acordos claramente estabelecidos em família diferem dos contratos comerciais? O que acontece quando as doutrinas de esferas separadas ainda enraizadas no direito americano confrontam os argumentos "nada além de" dos reducionistas econômicos jurídicos? No tribunal, as famílias são um grupo maravilhoso para a observação da compra da intimidade.

---

4. Leia Bengston, 2001; Eggebeen e Davey, 1998; Furstenberg et al., 1995, 2004; Furstenberg e Cherlin, 1986; Ingersoll-Dayton et al., 2001; Logan e Spitze, 1996; Rossi e Rossi, 1990; Rossi, 2001.

Antes de levar a investigação aos tribunais americanos, porém, precisamos organizar o nosso conhecimento sobre práticas familiares que se baseiam na interseção de intimidade e atividade econômica. Farei isso passando de uma análise do controle e da transferência de bens familiares ao envolvimento familiar na produção, consumo e distribuição dentro das famílias. Os capítulos anteriores sobre lei, união e cuidados, sem surpresa alguma, dedicaram pouca atenção às relações íntimas envolvendo os filhos. Se refletirmos um pouco sobre as relações entre pais e filhos, entretanto, perceberemos que os filhos são muito importantes no mundo da intimidade. Este capítulo, portanto, dedica-se mais ao papel dos filhos na atividade econômica e na intimidade familiar. A discussão sobre as rupturas em todos esses processos propicia uma transição para os litígios judiciais sobre a intimidade e a atividade econômica familiar. Como nos capítulos anteriores, o estudo detido das transações econômicas e das disputas familiares demonstrará que a interação entre intimidade e atividade econômica não segue as leis do mercado nem as exigências da tradição ou do sentimento, mas uma lógica exigente de negociação interpessoal sobre o sentido das relações familiares.

Controle e transferência dos bens familiares

No capítulo 4, vimos as cuidadoras que trabalhavam em famílias de Vermont lidando com os pais das crianças que supervisionavam (NELSON, 1990). Mas a renda que geravam com isso tornou-se um bem fundamental para a sua própria sobrevivência familiar. Para essas cuidadoras, o que recebiam ao cuidar de crianças totalizava mais de um terço de sua renda familiar geral. De acordo com Margaret Nelson, a presença dessa renda geralmente fortalecia o poder de decisão das mulheres nos assuntos familiares. Porém, esse dinheiro não entrava facilmente nos cofres domésticos. A renda das mulheres tornava-se uma questão de negociação contínua sobre quem possuía aquele dinheiro, como seria gasto e como definia as relações entre os membros da família.

Os maridos tendiam a proteger as suas posições, rotulando a renda que as esposas obtinham cuidando de crianças como suplementar, ao contrário do dinheiro essencial trazido pelo assalariado masculino. Até mesmo quando os ganhos da provedora feminina eram essenciais à sobrevivência da família, maridos e mulheres separavam o dinheiro de acordo com o sexo. Nelson descobriu que, "quando o dinheiro *dele* paga coisas [essenciais], é necessário; quando é o dinheiro *dela*, são coisas extras". Como disse um marido, a esposa fornece dinheiro "para o lazer" (NELSON, 1990: 133). A esposa de outra família elaborou ainda mais: "O que ele ganha é usado principalmente para pagar o seguro, os impostos e tudo isso. O que eu ganho geralmente vai para a comida, as roupas – onde eu ache necessário gastar o que ganho como *baby-sitter* ou só levar as crianças uma vez por semana a Middlebury e torrar tudo" (132; cf. tb. ROMERO, 1992: 64). Alguns maridos também delimitavam a fronteira entre a sua renda e a de suas esposas, deixando de declarar a renda dela para fins tributários.

Ironicamente, Nelson constatou que, se os cônjuges separassem as duas rendas, depositando-as em contas diferentes, era mais comum que o marido tratasse o dinheiro da esposa como excedente, que poderia ser gasto com presentes, lazer e outros supérfluos. Num caso extremo, um marido assumiu o comando do dinheiro da esposa. A esposa contou: "Me incomodava um pouco, [porque] eu achava que o dinheiro ia para uma coisa, mas não ia [...]. Eu deixei que ele controlasse o dinheiro [...] O dinheiro é meu, mas some antes que eu mexa nele [...] No Natal foi uma loucura. Ele saiu, comprou coisas e eu não conseguia entender – só coisas extravagantes" (131).

Nelson descreve maridos e esposas nessas famílias como criadores de uma "ficção" – uma história defendendo o senso de masculinidade do marido. "Previsivelmente [comenta Nelson] as mulheres que de fato ganham mais do que os parceiros vivem numa tensão extrema para preservar essa ficção" (134). Quando a família não conseguia sobreviver sem a renda da provedora, Nelson constatou, entretanto, que os maridos tendiam mais a reconhecer a seriedade dos esforços delas. De múltiplos modos, então, à medida que essas babás de Vermont administravam a sua renda, estavam definindo simultaneamente as relações com a sua família. As ficções criadas desempenhavam seus próprios papéis ao definir os relacionamentos entre marido e mulher.

O estudo minucioso de Evelyn Nakano Glenn sobre o envolvimento de mulheres nipo-americanas no serviço doméstico revela algumas variações sutis nas negociações financeiras familiares. Glenn entrevistou quarenta e oito mulheres de três gerações de nipo-americanas na Costa Oeste: imigrantes da primeira geração (*isseis*), da segunda geração (*nisseis*) e noivas da guerra, imigrantes posteriores à Segunda Guerra Mundial. Todas elas levavam a sua renda obtida com serviços domésticos, mas uma diferença interessante das famílias de Vermont surgiu no estudo de Glenn: essas mulheres tendiam muito mais a guardar o seu dinheiro separadamente e até mesmo a escondê-lo dos maridos. O padrão era ainda mais evidente entre as noivas da guerra do que nas outras gerações; quatro das doze noivas da guerra entrevistadas por Glenn escondiam o que realmente ganhavam dos maridos, enquanto o resto mantinha o seu dinheiro fora dos fundos familiares, "separado para despesas especiais ou contas pessoais" (GLENN, 1986: 233). A Sra. Bentley, uma das noivas da guerra que escondiam o salário dos maridos, explicou: "Eu posso fazer o que quiser com isso", e Glenn testemunhou a sua determinação de manter as coisas assim: "Eu estava lhe perguntando sobre o quanto ganhava por hora quando o marido entrou na sala. Ela olhou para cima com ar conspirador e balançou a cabeça. Depois que ele saiu, ela sussurrou o valor para o gravador" (140).

Outra entrevistada, Kazuko Frankel, "também escondia do marido o quanto ganhava e guardava o seu dinheiro em uma conta separada, justificando que 'isso não é assunto dele'" (140). As estratégias mais radicais das noivas da guerra, segundo Glenn, resultavam da falta de apoio social por parte dos parentes dessas mulheres, da sua chegada a um ambiente desconhecido e das suas relações mais frágeis com os cônjuges. Assim, mais uma vez, a renda não é simplesmente renda, mas, nesse caso, torna-se uma ferramenta com a qual mulheres vulneráveis negociam as relações com seus maridos.

Como sugerem as histórias das babás de Vermont e das empregadas domésticas da Costa Oeste, o orçamento é um ponto crucial de barganha e conflito sobre a definição apropriada de relações domésticas. Um estudo sobre os imigrantes dominicanos em Nova York realizado por Sherri Grasmuck e Patricia Pessar produziu uma série de constatações surpreendentes no que se refere às mudanças estruturais baseadas em gênero:

- Antes da migração, os orçamentos familiares da maioria dos casais dominicanos eram controlados pelo homem, até mesmo quando as esposas contribuíam com a sua renda.
- A renda feminina nessas famílias geralmente era separada para despesas coletivas supérfluas, e não para consumo pessoal.
- A junção de renda nas famílias antes da migração era quase exclusivamente uma estratégia familiar chefiada pelas mulheres.
- Após a migração, à medida que as esposas dominicanas cada vez mais exerciam atividades remuneradas, a maioria dos casais dominicanos transformava as suas práticas orçamentárias, passando para um sistema de renda conjunta que apagava as distinções entre renda essencial e periférica.
- A democratização das práticas orçamentárias aumentou a autonomia feminina e a sua determinação de permanecer nos Estados Unidos.
- Novos conflitos eclodiram sobre a distribuição do dinheiro familiar: as esposas gastavam com a casa, a mobília e outros bens duráveis, garantindo a residência duradoura; os maridos optavam por guardar fundos destinados a um possível retorno para a República Dominicana.

Para os casais dominicanos, as práticas orçamentárias eram um ponto combustível onde executavam transformações nas relações entre gêneros. "É comum", observam Grasmuck e Pessar, "[que a estratégia financeira] crie um conflito entre o marido e a esposa, a qual traçou um trajeto financeiro oposto" (GRASMUCK & PESSAR, 1992: 158; para saber a respeito de observações parecidas sobre os imigrantes mexicanos, cf. HIRSCH, 2003). Às vezes as negociações falhavam: elas declaram que um fator precipitante primordial em cinco dos dezoito casos de divórcio que encontraram foi a volta do marido para a República Dominicana com as economias dele, enquanto a esposa permanecia nos Estados Unidos.

As controvérsias referiam-se não apenas ao uso de curto prazo da renda familiar, mas também às relações duradouras da família com parentes e amigos no ponto de origem. De fato, esses imigrantes dominicanos usavam boa parte da renda obtida em Nova York em remessas para a República Dominicana. Grasmuck e Pessar estimam que na década de 1980 cerca de um terço dos moradores da cidade de Santiago de los Caballeros recebia uma parcela significativa da sua renda das remessas. As famílias que recebiam as remessas em Santiago alcançaram um padrão de vida melhor do que aquelas que não tinham parentes nos Estados Unidos para enviar dinheiro. Uns quinze anos depois, em Miraflores, outra cidade dominicana, de acordo com Peggy Levitt quase 40% das famílias declararam que três quartos ou mais da sua renda originavam-se das remessas (LEVITT, 2001b: 200). Para a República Dominicana em geral, o total oficial de remessas enviadas em 1996 chegou a $ 1,14 bilhão[5].

As remessas, portanto, preservam os laços familiares em longa distância entre os emigrantes e as pessoas que ficaram no país. Podemos, então, entender melhor o conflito e a negociação em família, olhando diretamente para essas transações imigrantes. De modo mais visível do que as lutas entre marido e mulher, as remessas envolvem toda uma gama de terceiros – filhos, avós, irmãos e outros. Além disso, elas transformam as famílias tanto em origem quanto em destino. Levitt descreve como essa economia transnacional funciona. Em sua observação minuciosa sobre os laços entre Miraflores e o subúrbio de Jamaica Plain, em Boston, para onde muitos dos parentes do povo dessa cidade dominicana migraram, Levitt comenta que

> a moda, a comida e as formas de falar, assim como os utensílios e os estilos de decoração doméstica, confirmam essas ligações fortes. Em Miraflores, os moradores costumam vestir camisetas com nomes de empresas de Massachusetts, embora eles não saibam o que querem dizer essas palavras ou logotipos. Eles servem orgulhosamente café com Cremora e suco feito com Tang às visitas (LEVITT, 2001a: 2; cf. tb. LEVITT, 2004).

Os dominicanos não imigrantes, por sua vez, costumam cuidar dos filhos que os parentes migrantes deixaram, supervisionar seus assuntos locais e tratá-los como "hóspedes de honra" nas visitas. Cecilia, de 40 anos, que tem três irmãos em Boston, por exemplo: "quer retribuir aos irmãos e irmãs, mas fica exausta quando eles partem" (LEVITT, 2001a: 90). Levitt aponta que o intercâmbio econômico estreito é apenas parte do fluxo de remessas; ela chama atenção ao que denomina "remessas sociais", a transferência de "ideias, comportamentos, identidades e capital social que fluem de comunidades destinatárias a comunidades do país remetente" (54). As remessas sociais e materiais, porém, não constituem correntes separadas; em ambos os casos, as pessoas criam e recriam relações sociais importantes, em alguns casos com bens de consumo, em outros com sistemas de crença, práticas sociais ou conexões em rede.

---

5. Waller Meyers, 1998; cf. tb. Durand, Parrado e Massey, 1996; De la Garza e Lindsay Lowell, 2002; Pew Hispanic Center, 2003. Para saber como os sistemas de remessas conectam-se às negociações em família, cf. Curran e Saguy, 2001; Georges, 1990; Mahler, 2001. Para saber sobre remessas e laços sociais de modo mais geral, leia Mooney, 2003; Roberts e Morris, 2003.

Algumas conexões entre origens e destinos imigrantes criam famílias cujos membros vão e voltam entre continentes. Ao entrevistar filhos imigrantes salvadorenhos em São Francisco, Cecilia Menjívar percebeu o seu desejo de voltarem a ficar perto de seus avós. Ela descreve a sua conversa com Edwin M., de 19 anos: "[Ele] me disse que sente saudade da avó e se preocupa com ela. Quer arranjar um emprego para que possa lhe enviar remessas regulares e uma passagem de avião para que ela o visite". O mesmo ocorria com Carolina e Ileana A., que, "com os olhos marejados [...] expressaram o desejo de que [os avós] estivessem perto [...]. Quando começaram a ter a própria renda, economizaram para enviar dinheiro aos avós, para que eles comprassem uma passagem de avião e viessem aos Estados Unidos fazer uma visita" (MENJÍVAR, 2000: 268 n.9).

Um padrão comum para os imigrantes latino-americanos é que os filhos de residentes dos Estados Unidos sejam criados pelos avós, tios, tias ou outros parentes em sua comunidade de origem. O fluxo de remessas aqui direciona-se parcialmente para sustentar os filhos e parcialmente para manter os laços com os cuidadores em casa (HONDAGNEU-SOTELO & AVILA, 2002). Isso se aplica não apenas a latino-americanos, mas também a pais imigrantes das Filipinas e outras partes do mundo (cf., p. ex., PARREÑAS, 2001). Os cuidados transnacionais dos pais nem sempre são tranquilos. Levitt, por exemplo, descreve uma eventual manipulação com os cuidadores dominicanos: "Eles sabem que os avós precisam do dinheiro enviado pelos pais. Usam isso como uma moeda de barganha, ameaçando contar aos pais se os avós fizerem algo de que eles não gostaram" (LEVITT, 2001a: 78). E um morador de Miraflores reclamou com Levitt:

> As crianças ficam só esperando, intimidando os avós com o envelope que chega todos os meses [...]. Elas não podem ser disciplinadas porque são os pais delas que enviam o dinheiro. Elas dizem: "Vou contar aos meus pais o que está acontecendo aqui e eles vão parar de mandar tanto dinheiro para vocês". A minha irmã envia $ 200 por mês para sustentar o meu sobrinho. Quando eu tinha a idade dele, já trabalhava no *conuco* (lavoura) produzindo alguma coisa. Aquele menino não faz nada. É um parasita (79).

Essas rápidas vinhetas das estruturas de controle e transferência de dinheiro ilustram os riscos relacionais da atividade econômica dentro das famílias. De modo diferente de um jogo de Banco Imobiliário, em que as pessoas usam um dinheiro de mentira em busca de benefícios individuais, vemos membros da família, inclusive crianças, barganhando as suas relações continuamente. É claro que os exemplos em questão estão longe de abranger a ampla gama de variações em todas as famílias americanas. As relações interpessoais dentro das famílias, as práticas monetárias e as estratégias de barganha variam significativamente por classe, renda, etnia e composição familiar[6]. Famílias de casais que não são casados e do mesmo sexo que vivem juntos comportam-se de modo diferente em alguns desses aspectos quando comparadas a heterossexuais casados com filhos (cf. BLUMSTEIN & SCHWARTZ, 1983; CARRINGTON, 1999; KENNEY, 2004). Casais que moram separados em virtude de seus empregos criam as próprias sínteses especiais de vida econômica e intimidade.

A transferência e o controle de bens, ademais, incluem herança, dote, doações, empréstimos entre famílias, prestação de serviços pessoais, influência com autoridades externas e mudanças de propriedade ou ocupação de moradias controladas pela família. Em todas essas variações, porém, nós redescobrimos o mesmo princípio básico: enquanto as famílias funcionam, a transferência e o controle dos bens direcionados a elas, originados delas ou dentro delas afetam inevitavelmente a estrutura e o significado das relações entre os seus membros. Como consequência, eles costumam gerar um combate não somente sobre quem leva o que, mas também sobre a estrutura e o significado.

Consumo e distribuição familiar

Os estudiosos da América contemporânea costumam pensar que as famílias não passam de pontos de consumo, e encaram o consumo principalmente como uma expressão da posição social das famílias. Mas, alertados pela profusão da atividade econômica envolvida na transferência e no controle dos bens familiares, podemos ver imediatamente que nenhum desses pressupostos resistirá a uma análise minuciosa. Também é comum que os críticos considerem o consumo uma dimensão insensata, um tanto frívola, da vida econômica, com influência potencialmente corruptora sobre a fibra moral das famílias. Embora tais preocupações possam ser ocasionalmente justificadas, é claro, elas deixam de captar as consequências e o importante envolvimento do consumo nas interações mais vitais das famílias.

O lugar do consumo nas relações sociais familiares varia desde a compra, preparação e distribuição de alimentos até a aquisição de marcadores de *status*, como automóveis de luxo e piscinas[7]. Nos capítulos anteriores já vimos como atos de consumo que podem parecer nada além de passos práticos para a sobrevivência – por exemplo, a compra, a preparação e o consumo de alimentos – adquirem importância como definições de relações interpessoais. Surpreendentemente, os fiscais da imigração dos Estados Unidos inserem essa ideia em seus procedimentos investigativos aplicados aos candidatos à cidadania estadunidense. Preocupados em identificar casamentos espúrios, arranjados por motivos comerciais, os fiscais

---

6. Leia Edin e Lein, 1997; Edin, Lein e Nelson, 2002; Gerson, 1993; Hamer, 2001; Henly, 2002; Hertz, 1986; Schwartz, 1994; Treas, 1993.

7. Leia Berhau, 2000; Cross, 2000; DeVault, 1991; DiMaggio e Louch, 1998; Halle, 1993; Horowitz, 1985; Joselit, 1994; Miller, 1998; Pleck, 2000; Zukin, 2003.

sempre fazem perguntas sobre os bens da família para medir o conhecimento real do candidato sobre as interações diárias da sua suposta família. Estes são alguns exemplos das perguntas da entrevista:

- Quantos telefones existem em sua casa? Onde ficam?
- Quantos televisores existem em sua casa? Onde ficam? Vocês assistem aos programas juntos ou separados?
- Quantos carros vocês têm?
- Qual é a cor do seu micro-ondas? (BRAY, 2001: 13-14; FAMUYIDE, 2002: 56).

Muito além desse foco reduzido, porém, o consumo e a distribuição familiar transmitem e influenciam a situação pública dos membros, suas relações com outras famílias e suas relações sociais internas. Para ilustrar esse espectro sem, de forma alguma, esgotá-lo, vamos analisar apenas três áreas importantes de interseção entre o consumo e a vida familiar: a habitação, a compra de bens duráveis de consumo e os vínculos dos filhos a produtos e serviços.

Pense na compra de uma casa, o investimento mais importante para a maioria das famílias. Em sua análise provocadora sobre as despesas da classe média na virada do século XXI, Elizabeth Warren e Amelia Warren Tyagi discutem o que chamam de "mito do consumo excessivo" nos gastos americanos. As famílias, elas alegam, não estão esbanjando seus salários com compras inúteis de roupas de marca, viagens desnecessárias ou casas de veraneio sofisticadas. Ao contrário, a maior parte da renda da família americana de classe média direciona-se à compra de uma casa, e não de uma casa particularmente sofisticada. De acordo com o seu estudo, a maioria dos maridos e das mulheres paga preços altos por imóveis principalmente para garantir os bairros seguros de sua preferência, com boas escolas para os filhos: "As famílias colocaram a mamãe para trabalhar, gastaram as economias da família e assumiram dívidas grandes como sacrifício a esses deuses gêmeos [segurança e educação], tudo na esperança de oferecer aos filhos o melhor começo de vida possível" (WARREN & TYAGI, 2003: 23).

A aquisição e o uso da habitação afeta a vida familiar de três modos fundamentais. Primeiro, alugada ou comprada, para a maioria das famílias a casa representa o maior investimento financeiro individual feito pela família. Para os compradores, além disso, a habitação normalmente envolve a categoria individual mais onerosa das despesas familiares mensais, a maior reserva de riqueza, o maior ponto de doações e empréstimos que ligam a família aos parentes externos e a maior forma de riqueza para transmissão à próxima geração[8]. Nos Estados Unidos, a desigualdade de riqueza fora dos muitos ricos depende principalmente da posse da casa e das transmissões de uma geração para a outra primordialmente através da posse da

8. Cf. Calder, 1999; Chinoy, 1955; Gans, 1967; Halle, 1984; Lynd e Lynd [1929], 1956; Nicolaides, 2002; Patillo-McCoy, 1999.

casa (CONLEY, 1999; OLIVER & SHAPIRO, 1997). Segundo, a aquisição de um tipo particular de habitação implica um pesado conjunto de compromissos, conscientes ou inconscientes. Ela anuncia um programa de identidade e atividade familiar. Também afeta profundamente a autorrepresentação subsequente, as relações sociais fora da família e as interações diárias dentro da família. Alugando ou comprando um lugar para morar em determinado local, os membros da família estão se inserindo prática e simbolicamente em uma rede de contatos sociais. Terceiro, a administração e o uso reais da habitação envolvem negociação diária e conflito sobre direitos e obrigações, inclusive questões diversas, como quais atividades acontecem em quais espaços; quem tem direitos à privacidade; quem limpa, conserta ou mantém que componentes da moradia; e que decoração é adequada ou não em que lugar.

A habitação que as pessoas de fato compram ou alugam, portanto, afeta significativamente os seus próprios conceitos e relações com os outros. Falando especialmente de alunos que concluíram o ensino médio no início da década de 1970, Nicholas Townsend descreve um "pacote" que sela a associação dos homens americanos e suas famílias na classe média. O pacote contém quatro itens: ter um emprego estável, ser casado, ter filhos e possuir uma casa. A posse da casa, de acordo com Townsend, ancora os três outros itens ao anunciar um emprego respeitável, prover uma base para a vida dentro e fora de casa e localizar a família visivelmente na estrutura americana de classe e raça. A casa é tão importante, afirma Townsend, que a sua aquisição costuma envolver esforços extraordinários da parte do marido, inclusive "recorrer a parentes, aumentar a carga horária de trabalho, trabalhar mais longe e contar com a renda da esposa" (TOWNSEND, 2002: 139). A ajuda de parentes, descreve Townsend, inclui várias formas de assistência, como "a hipoteca paga pelo pai, empréstimo dos pais, doação da entrada do pagamento, aluguel subsidiado" (150). Os homens também recebiam ajuda não financeira, como avalizar a hipoteca, morar com os pais sem pagar aluguel enquanto economizavam para dar a entrada do pagamento e comprar de um parente por um preço abaixo do preço de mercado (TOWNSEND, 1996). Além disso, em caso de crise financeira, a maioria dos homens declarou ter visto uma tendência à assistência familiar – especialmente dos próprios pais – como uma forma fundamental de seguro.

Os entrevistados de Townsend eram homens de trinta e tantos anos, de camadas sociais variadas, todos formados na mesma escola de ensino médio na região da Baía de São Francisco. Normalmente, eles admitiam receber ajuda substancial da família na compra da primeira casa: a ajuda incluía assistência financeira direta, garantias, tais como avalizar a hipoteca e outros tipos de apoio não financeiro para encontrar ou construir a casa. Os homens, porém, minimizavam essa ajuda, favorecendo autorretratos que representavam a sua própria capacidade de prover à família uma moradia adequada e apropriada. Veja Jack, com ensino médio e empregado em um serviço público não qualificado, descrevendo como havia comprado a casa em que morava com a esposa e dois filhos pequenos:

> Eu não comprei essa casa sozinho. *Eu poderia ter feito isso*. Eu dei a entrada sozinho [...]. Tenho uma irmã dois anos mais nova e eu acho que ela morava em um *flat*. Aí, eu disse: "Por que eu não a ajudo? Vamos comprar a casa juntos. Ela me paga depois metade da entrada". [...]. Nós planejávamos manter a casa por cinco anos e eu compraria a metade dela. Ela poderia comprar um apartamento ou outra coisa. *Ela ainda estaria no flat se eu não tivesse ajudado* [...]. Os meus pais me ressarciram a metade dela na entrada da casa, o que foi bom. Eu depositei o dinheiro no banco e comprei a parte dela quatro anos depois (TOWNSEND, 2002: 147).

Esse orgulho pela posse da casa sofre um duro golpe quando os chefes de família de classe média perdem o emprego e, portanto, a sua capacidade de continuar a pagar as despesas de habitação. Katherine Newman acompanhou esse árduo processo de perto. Ela entrevistou 150 americanos que, por motivos diferentes, haviam sofrido uma queda, vivendo o tipo de decadência assustadora normalmente ignorada por histórias mais felizes do sucesso social dos americanos. Ela conversou com mães divorciadas, gerentes rebaixados, controladores de tráfego aéreo demitidos e operários cujas fábricas onde trabalhavam haviam fechado. Ao ouvir os gerentes que haviam perdido seus cargos de alto escalão, Newman constatou que a necessidade de desistir da casa da família representava a maior vergonha. Isso tornava-se "o divisor de águas no ciclo de vida da decadência", anunciando publicamente que a família havia "realmente perdido a carteirinha do clube da classe média" (NEWMAN, 1988: 102).

Mas a perda ia além do declínio na condição social. Ela significava perder o ponto fundamental de atividade social, interação e segurança da família. John Steinberg, um dos entrevistados de Newman, tinha lembranças dolorosas desse processo. Oito anos depois que o seu pai perdeu o emprego, a família teve de vender a casa de três andares: "Deixar aquela casa foi uma das coisas mais difíceis que tivemos de fazer. Era como se estivéssemos sendo expulsos do lugar onde havíamos crescido. Nenhuma das casas que a minha família alugou depois era como um lar. Tínhamos um teto sobre a cabeça, mas perder aquela casa foi como se tivéssemos virado ciganos" (102). É por isso que as famílias apegavam-se às suas casas, geralmente fazendo sacrifícios extraordinários antes de colocar a casa à venda.

Mulheres divorciadas passavam por experiências parecidas quando perdiam a renda do marido, porém ficavam na casa. A casa era ainda mais importante, constatou Newman, para as mulheres que haviam crescido durante a Grande Depressão, uma época em que o maior temor da família era ser despejada. Para essas mulheres, a casa representava uma base para as suas famílias abrigadas, um investimento no futuro da família, uma garantia de estabilidade nas amizades dos filhos e um cenário para as celebrações familiares. Portanto, as mulheres apegavam-se às suas casas muito além da prudência econômica. Assim, a manutenção sofria as consequências. Jacqueline Johansen, mãe de três filhos, divorciada depois de vinte e cinco anos de casamento com um dentista do norte da Califórnia, manteve-se em uma casa grande e cara cuja manutenção não podia mais pagar. Ela disse a Newman: "Não tenho dinheiro para consertar a casa. Está tudo destruído. O teto tem goteiras e eu não posso consertá-las. Era a casa dos meus sonhos; agora essa imagem está sendo destruída e eu não posso fazer nada para impedir" (213). As mães que venderam suas casas e mudaram-se para bairros mais modestos, como era de se esperar, enfrentaram conflitos, mas, inesperadamente, algumas contaram que a decadência gerou maior solidariedade entre mãe e filhos (227). A aquisição e a perda das casas afetam fundamentalmente as relações dentro das famílias de classe média.

Grandes compras

Os americanos que criticam o consumo exacerbado e esbanjador raramente destacam a habitação. Na maior parte do tempo eles se fixam em bens duráveis de consumo, como automóveis, aparelhos eletrônicos, utensílios domésticos e mobília. Embora possamos lamentar os excessos em todos esses aspectos, a aquisição e o uso desses itens ilustram claramente como o consumo ativa simultaneamente as relações sociais familiares, modela tais relações, envolve negociação entre os membros da família e representa o local social da família para os estranhos. Lizabeth Cohen, que narrou a grande expansão da atividade de consumo dos Estados Unidos após a Segunda Guerra Mundial, aponta os vínculos próximos entre a compra de casas e a aquisição de outros bens de consumo duráveis:

> A compra de casas, particularmente casas novas, motivou os consumidores a comprar coisas para colocar dentro delas, ajudando a impulsionar o mercado crucial de bens de consumo duráveis. Bilhões de dólares foram investidos na venda de aparelhos e utensílios domésticos, como geladeiras, máquinas de lavar, televisores e similares, que se tornaram componentes típicos das casas americanas pós-guerra (COHEN, 2003: 123).

A compra de casas também gerou compras de automóveis, especialmente com a proliferação de subúrbios, *shoppings* e longos trajetos para o trabalho. De 1946 a 1955, no lugar que Cohen chama de "república dos consumidores" pós-guerra, as vendas de carros novos quadruplicaram; até o fim da década de 1950, três quartos das famílias dos Estados Unidos possuíam ao menos um carro (123). Assim como aparelhos domésticos como aspiradores de pó, máquinas de lavar e geladeiras, muito longe de minimizar esforços, o carro paradoxalmente gerou toda uma série de atividades domésticas novas e exigentes. Por exemplo, à medida que os serviços de entrega diminuíam, as donas de casa passaram a ir de carro à mercearia, ao açougue ou ao supermercado para comprar os mantimentos da família. Também se tornaram motoristas residentes, levando os filhos de carro a festas ou outras atividades (COWAN, 1983; VANEK, 1974).

Em áreas rurais, os carros também se tornaram objetos de novas estratégias domésticas e divisões de trabalho. Primeiro, como o uso rural dos automóveis expandiu-se após a Primeira Guerra Mundial, os carros pertenciam aos homens, em sua maioria, sendo assimilados pelo trabalho rural como outras ferramentas agrícolas práticas, como um trator. Quando as esposas das fazendas queriam ir às compras, esperavam que os maridos as levassem (BARRON, 1997). Mas, à medida que as mulheres começaram a dirigir, o automóvel, em vez de facilitar o seu trabalho, ainda multiplicava as suas tarefas. Veja a experiência de uma esposa da zona rural de Ohio, em 1919. Antes de a família adquirir um carro ela havia estabelecido um trajeto para vender manteiga e ovos que tomava muito tempo. Com o carro ela expandiu os negócios, mas também aumentou seus outros afazeres domésticos:

> De manhã [ela] preparava o jantar no fogão elétrico [uma caixa com isolamento térmico onde o jantar podia ficar cozinhando o dia todo], percorria 1,5km para visitar a filha em Cleveland, fazia compras na cidade à tarde, depois voltava para casa a tempo de servir o jantar feito no fogão elétrico [...]. Depois que o carro foi comprado, ela conseguia lavar a louça do café da manhã, varrer a cozinha e depois atender os clientes [no trajeto para vender manteiga e ovos] tão cedo quanto antes, e geralmente voltava para casa a tempo de servir o jantar" (KLINE, 2000: 84, citando *Rural New Yorker*).

Três quartos de século depois, na América urbana de classe média contemporânea, um segundo carro tornou-se uma necessidade para muitas famílias. Apesar de facilitar algumas partes da vida, o segundo carro produz uma série ainda mais complicada de argumentos e contra-argumentos sobre o transporte. "Com a mãe trabalhando fora e a família localizada ainda mais longe do centro da cidade", observam Warren e Tyagi (2003), "o segundo carro tornou-se o único meio de cumprir os afazeres diários, ganhar um segundo salário e sobreviver nos subúrbios amplos" (47). Na América rural, urbana e suburbana, as pessoas remodelaram a vida familiar ao adquirir automóveis. A casa e o automóvel representam um processo mais geral: a interação entre as relações sociais familiares e o consumo. Todas as famílias criam ligações entre os produtos e serviços que usam e a qualidade de suas vidas sociais coletivas.

Resultados reveladores são observados quando as famílias recebem grandes somas de dinheiro de uma vez só. Isso pode acontecer por meio de prêmios, bônus, loteria, indenizações, heranças ou restituição do imposto de renda. Como o governo americano já experimentou o pagamento de créditos de imposto de renda e programas relacionados como forma de incentivar as famílias a deixar a pobreza e a previdência social, os pesquisadores compilaram um número inusitado de provas concernentes ao efeito dessa renda inesperada sobre famílias de baixa renda (para saber mais detalhes, leia, p. ex., MEYER & HOLTZ-EAKIN, 2002; MAYER, 1997). Como, eles perguntam, as famílias usam os seus créditos tributários? Longe de tratar pagamentos grandes simplesmente como mais renda do tipo já conhecido, os membros da família costumam distinguir o "dinheiro do imposto" do "dinheiro do salário", separando o dinheiro tributário para compromissos excepcionais, como entrada para comprar uma casa, a compra de um carro, bens de consumo duráveis, pagamento de escola, vestuário dos filhos, festas em família e liquidação das principais dívidas.

Por exemplo, Carlotta Saylor, 41 anos e mãe de cinco meninos, trabalhava em dois empregos: assistente pré-escolar em meio expediente durante o ano letivo e monitora diurna de acampamento durante o verão. Entrevistada em um projeto de casas populares na parte mais pobre de Louisville, Kentucky, em 1997, Saylor descreveu como, além de pagar algumas contas, ela havia gastado o crédito do imposto de renda de $ 2.000 do ano anterior: "Comprei uma máquina de lavar e paguei à vista [...] Foi a primeira vez em que paguei alguma coisa à vista. Comprei uma máquina novinha em folha [...] Depois fui à mercearia e fiz uma compra grande. Levei os meus filhos para fazer compras e comprei novos uniformes e materiais escolares" (SHIRK; BENNET & ABER, 1999: 128). Saylor também presenteou os filhos com um filme e a rara experiência de almoçar fora. Ela fez planos diferentes para o crédito tributário do ano atual. Esperando economizar a maior parte do dinheiro, disse:

> Quero comprar uma casa [...] Não precisa ser muito grande – uma casinha, com quatro quartos e um porão, para as crianças terem onde brincar quando estiver frio [...]. Sempre falam na televisão que é importante fazer as refeições juntos, em família [...]. Aqui não tem espaço para uma mesa. Seria bom se todos sentassem juntos à mesa um dia (SHIRK; BENNET & ABER, 1999: 128-129).

Em uma outra visita, dois anos depois, os entrevistadores encontraram a família Saylor morando em uma casa popular em Louisville, de dois andares, quatro quartos, com uma cozinha grande e quintal. Mas Saylor ainda não tinha conseguido comprar a mesa necessária para a sonhada reunião familiar.

Um estudo sistemático de 1998 descreve os gastos do crédito do imposto de renda de 650 famílias de pais solteiros e famílias com pai e mãe de baixa renda, em Chicago. O estudo aborda duas categorias de despesas: "despesas fundamentais" ou uso para consumo (contas de prestação de serviços essenciais, aluguel, comida, roupas, bens de consumo duráveis) e "melhoria na mobilidade econômica e social", ou construção de patrimônio. A última inclui mudanças, carro ou transporte, economias e despesas escolares. Os autores constataram que quase 70% dos entrevistados previam que gastariam ao menos parte do seu crédito tributário com mobilidade econômica e social, estando carros e educação no topo da lista. Mas 65% também planejavam gastar parte do dinheiro em um consumo mais imediato, especialmente contas de prestação de serviços essenciais, aluguel, comida e vestuário. Esta é a distribuição das prioridades:

Pagar contas	50%
Compras	13%
Economias	12%
Educação	7%
Transporte	4%
Compra ou manutenção do carro	4%
Outras	10%

As dívidas foram priorizadas em relação às despesas de consumo, mas as compras da família tiveram grande importância (SMEEDING; PHILLIPS & O'CONNOR, 2002: 312).

Uma etnografia paralela de quarenta e duas famílias de baixa renda de Wisconsin com filhos pequenos que recebiam pagamentos de restituição de imposto de renda e/ou créditos tributários fez constatações parecidas. As famílias tratavam os créditos tributários como algo muito diferente da sua renda normal, como um dinheiro que poderiam gastar em melhorias importantes na vida da família. Além disso, apesar de qualquer ceticismo que possamos ter em relação às intenções declaradas das pessoas, na verdade as famílias geralmente iam em frente e gastavam o dinheiro com as mesmas categorias que vimos antes. Elas não simplesmente despejavam o dinheiro no pote da sua renda semanal. Ao contrário, pagavam contas, economizavam um pouco, gastavam com a educação dos filhos, compravam aparelhos domésticos, investiam em carros etc. Uma mulher "de uma família grande e unida", relatam os autores, "deu dinheiro a membros da família para que eles pagassem o seguro, sabendo que eles a ajudariam se precisasse" (ROMICH & WEISNER, 2002: 383).

Uma fatia significativa da renda tributária era usada em despesas com os filhos, especialmente vestuário. A mãe de duas crianças explicou: "Quando os meus impostos chegarem [...] Vou levar as crianças para fazer compras, porque elas realmente precisam [...] especialmente [o meu filho mais velho] [...] Não posso mandar o meu filho para a escola assim. Depois que eu recebo o dinheiro, envio todos os documentos, o meu contracheque, [eu] vou ao Wal-Mart e Kmart e faço um estoque" (382-383). Após o fato, além disso, a maioria das famílias, observam os autores, indicou algum item da família comprado com o crédito tributário anterior: um sofá, uma cama, mesas, uma geladeira, um fogão, um televisor ou um carro. Alguns indicaram até a casa.

Deixe-me fazer três alertas, porém, para que ninguém conclua que um dinheiro inesperado simplesmente é logo direcionado para usos virtuosos. Primeiro, alguns que recebem esse tipo de dinheiro esbanjam, compram objetos extravagantes ou outros prazeres. Segundo, outros parentes e amigos frequentemente reivindicam o dinheiro, o qual, em consequência, acaba não ficando na própria família de quem recebe. Terceiro, aquele que recebe o dinheiro faz uma grande diferença: por exemplo, os pagamentos efetuados a mulheres tendem muito mais a produzir benefícios para os filhos (cf. KENNEY, 2002; LUNDBERG; POLLAK & WALES, 1997).

Essas qualificações simplesmente fortalecem o ponto principal: dentro das famílias e entre famílias, a renda catalisa o trabalho relacional. Podemos ver isso claramente no caso de casais do mesmo sexo. Lidando com uma amostra substancial de famílias *gays* e lésbicas da Baía de São Francisco, Christopher Carrington destaca a importância do que chama de "trabalho de consumo". Através de entrevistas e observação, Carrington identificou um espectro muito grande de atividades de consumo, inclusive a análise de catálogos, revistas e jornais; consulta a folhetos, livros e manuais de etiqueta (p. ex., com conselhos sobre dar presentes); prestar atenção a anúncios publicitários em rádio ou televisão; consulta a outras famílias lésbicas e *gays*; pesquisa de preços em mercados ou lojas de departamento; telefonar para provedores de produtos e serviços; guardar arquivos com manuais de instrução e informações de serviços; ir a grandes lojas; atender telefonemas, entrar na fila de lojas, do correio ou caixas eletrônicos; e determinar a possibilidade de comprar determinados produtos e serviços.

Carrington destaca três pontos de grande importância para a nossa pesquisa: primeiro, que a aquisição de uma casa e de bens de consumo duráveis representava a estabilidade e a perspectiva duradoura do relacionamento do casal; segundo, que, nesses casais, normalmente uma especialização de tipos diferentes de trabalho de consumo emergiu; e terceiro, que o consumo normalmente envolvia negociação com os membros da família e outros parentes. "Desde a compra do primeiro *futon* até a escolha de uma casa de repouso", Carrington constatou, "as famílias lésbicas/*gays* consideram esses atos voltados ao trabalho de consumo como símbolos de solidariedade familiar e relacional" (CARRINGTON, 1999: 173).

Veja como Bill Fagan, um dos entrevistados de Carrington, artista e "trabalhador de consumo" da família, fala sobre as compras: "Eu fico pensando sobre todos os tipos de coisas da nossa casa quando saio para fazer compras, como pensar nos presentes de aniversário do Rick [seu parceiro] ou nos presentes de Natal para os meus sobrinhos. Ou tenho ideias sobre como melhorar as coisas em casa" (152). Em outro caso, a compra exigia uma sutil diplomacia familiar. Michael Herrera esforçou-se ao máximo para convencer Federico Monterosa, seu parceiro há quatro anos, a comprar uma cafeteira sofisticada:

> Deu o maior trabalho para convencer Freddy que deveríamos comprar. Ele quase não toma café [...] Ou, se fôssemos comprar, ele só queria a cafeteira barata [...] Eu precisei articular um bom motivo para conseguir a mais bonita e gastar mais dinheiro. Então, aconteceu de os pais de Freddy estarem planejando vir a São Francisco e ficar em nossa casa. A mãe do Freddy gosta de café, então eu disse que deveríamos comprar uma cafeteira bonita para que ela se sentisse em casa [...] porque foi muito difícil para ela quando o Freddy contou que era

homossexual. Assim, ele concordou e nós fomos à Macy's e compramos uma cafeteira decente (156).

Nessa vinheta, vemos Michael e Federico realinhando suas relações entre si e com as suas famílias.

Consumo infantil

Se uma família com filhos mudar para uma casa nova, comprar um tipo diferente de carro, construir uma piscina, comprar bicicletas de corrida, adquirir um ar-condicionado usado ou o mais moderno sistema de computadores, os filhos geralmente desempenham papéis importantes na decisão do consumo e quase sempre alteram as próprias atividades diárias e relações à medida que o novo bem torna-se um recurso comum na vida da família. Mas como exatamente o consumo conecta as relações das crianças com os adultos e das crianças entre si?

Em famílias de casais do mesmo sexo com filhos estudadas por Carrington, o trabalho de consumo, além de se expandir como aconteceria em qualquer família, envolvia preocupações especiais. O que mais chamou atenção é que as famílias lésbicas e *gays* tentavam proteger seus filhos de estigmas criados por prestadores de serviços ou vendedores intolerantes. Eles dedicavam tempo e esforço procurando lojas e prestadores "inclusivos". A esse respeito, eles parecem com famílias heterossexuais, cujos adultos também procuram lojas e serviços que tratem seus filhos com civilidade. Todos os tipos de pais preocupam-se com o consumo dos filhos e o seu contato com provedores de produtos e serviços. Mas para entender o lado relacional do consumo, devemos analisar não apenas os esforços dos pais, mas os próprios filhos como agentes ativos no consumo.

O poder de compra infantil não é um assunto econômico trivial. O pesquisador James McNeal relata que, até o fim da década de 1990, as crianças americanas de quatro a doze anos com renda anual de mais de $ 27 bilhões gastaram $ 23 bilhões e economizaram o que restou. Mais de $ 7 bilhões ao ano do dinheiro das próprias crianças foram gastos com lanches, e um valor similar foi gasto em brinquedos. Além disso, elas influenciaram cerca de $ 188 bilhões das despesas dos pais ao ano (McNEAL, 1999: 29). Até 2002, o impacto das crianças sobre as compras dos pais chegou a $ 300 bilhões (McNEAL, apud SCHOR, 2004: 23). Essa influência cresceu tanto que um guia prático para compras domésticas incluía o seguinte conselho aos pais: "Se tiver filhos, é interessante pensar sobre a melhor maneira de incluí-los no processo de compra da casa [...]. Os filhos mais velhos [...] podem não apenas ser um estímulo valioso, como devem ter o direito de opinar sobre o assunto" (PERLIS, 1999: 15).

Como descreve Juliet Schor, a influência das crianças inclui itens de consumo grandes: de acordo com uma estimativa da indústria, por exemplo, os filhos influenciam 67% das compras de carros efetuadas pelos pais (cf. tb. SUTHERLAND & THOMPSON, 2003: 118). Um comerciante disse a Schor: "Quando eu era criança, escolhia a cor do carro. Hoje em dia as crianças escolhem o carro" (SCHOR, 2004: 24). As crianças americanas de fato têm aumentado o seu envolvimento no consumo familiar. Um estudo importante sobre o uso do tempo por crianças americanas de três a doze anos, em 1981 e 1997, indica que, entre os filhos de pais solteiros, o tempo dedicado às compras aumentou em 65%, de 71 a 117 minutos. As tendências nas famílias com dois pais foram parecidas: o tempo das compras cresceu de 117 minutos para 188 minutos (HOFFERTH & SANDBERG, 2001, tabela 4). Julgando pela participação nas compras, o envolvimento das crianças americanas no consumo está aumentando não somente em termos de volume em dólares, mas também em termos de tempo despendido.

Os consumidores infantis não estão simplesmente satisfazendo os próprios desejos, mas realizando trabalho relacional. A descrição etnográfica de Elizabeth Chin das práticas de consumo de crianças negras da classe operária, pobres, de dez anos de idade, no Bairro de Newhallville, em New Haven, Connecticut, documenta as relações diárias ativadas no consumo infantil. Para entender melhor as práticas das crianças de Newhallville, Chin suplementou a sua observação participante de dois anos em casas, escolas e bairros com passeios de compras. Ela deu $ 20 a cada uma de vinte e três crianças para que gastassem como quisessem (algumas crianças levaram outras crianças – irmãos, parentes ou colegas de escola). Com o dinheiro dela, Shaquita, de 10 anos, comprou dois pares de sapatos na Payless – sapatos *mule jeans* de $ 6,99 para ela e sapatilhas douradas de $ 9,99 de presente de aniversário para a mãe. O restante ela gastou na Rite-Aid: $ 0,99 em um pacote de chicletes para dividir com a irmã mais velha e $ 2,09 em rolos de látex para o cabelo para dar à avó (CHIN, 2001: 126). Assim como aconteceu com a maioria das outras crianças, o passeio de compras de Shaquita não se transformou numa experiência desordenada e consumista. Ao contrário, Chin identificou duas características notáveis nas compras dos compradores infantis: praticidade e generosidade. Eles compraram itens úteis para si mesmos, como sapatos, meias, roupa íntima ou cadernos escolares, e escolheram presentes para os membros da família. Ambos os tipos de compras reforçaram a posição das crianças na família, além de estabelecer ou confirmar os seus laços sociais com os membros da família.

Para os que julgam impossível que essas crianças de New Haven sejam racionais e altruístas, Chin nos lembra da mistura de significados observada em suas compras: obrigação de dividir com outros membros de famílias pobres, demonstração de responsabilidade dentro da família, assim como o prazer de dar. Chin resume:

> O senso profundo entre os membros da família de obrigação mútua, até mesmo de dívida, desempenhou um papel primordial. [Para as crianças] essas obrigações e dívidas foram não apenas reconfortantes e alegres, mas também dolorosas, onerosas e de alto preço. Às vezes eu suspeitava de que a lição transmitida às crianças e pelas crianças era uma generosidade coerciva: melhor dividir para não sofrer (128).

Como sugere Chin, os membros da família costumam lutar por causa do consumo. Lembre-se da descrição de Carl Nightingale a respeito de conflitos sobre as compras de roupas para as crianças no capítulo 4. As mesmas famílias envolveram-se em outros tipos de disputas sobre as despesas familiares. Nightingale conta a história dos gêmeos Andre e Georgie Wilkins, de 11 anos:

> Os pais [deles] às vezes não resistiam a uma tentação que certamente é difícil de ser vencida por pais das áreas pobres do centro da cidade – prometer aos filhos um Nintendo novo ou um par de tênis quando chegar "[a restituição] do imposto de renda". Essa notícia imediatamente renderia ao Sr. e à Sra. Wilkins o afeto eterno dos filhos e um sentido de solidariedade familiar que ficava estampado em seu rosto, e só desaparecia quando o dia esperado chegava sem um Nintendo novo (NIGHTINGALE, 1993: 159).

Para as crianças, essas decepções eram sérias. Georgie, relata Nightingale, "tem várias cicatrizes no antebraço do dia em que, logo após um episódio desses, pegou uma garrafa quebrada pelo gargalo e enfiou a ponta afiada na parte de cima do pulso" (159).

Durante o seu trabalho de campo, Philippe Bourgois ouviu histórias parecidas originadas em "El Barrio", como é conhecida a área de East Harlem, infestada de *crack*, na cidade de Nova York. Angel, de 10 anos, reclamou do namorado da mãe:

> [Ele] havia quebrado o cofrinho e levado os vinte dólares de gorjetas que havia economizado no trabalho de entregador de supermercado do quarteirão. Ele culpou a mãe por ter provocado o namorado a bater nela e roubar o apartamento quando ela convidou outro homem para entrar em seu quarto. "Eu vivo dizendo para a minha mãe só ter um namorado de cada vez, mas ela não me escuta" (BOURGOIS, 1995: 264).

Da mesma forma, as mães divorciadas de classe média estudadas por Katherine Newman enfrentaram séria resistência dos filhos a reduções forçadas em seu padrão de vida. No caso de mães que ficavam no mesmo bairro, o conflito era ainda pior: "Meus filhos parecem não perceber que não podemos comprar as coisas que tínhamos antes. Estão sempre me pedindo dinheiro ou roupas, e fazem cara feia se eu não der [...]. O que eu posso fazer? Não podemos viver como antes, e eles não conseguem entender" (NEWMAN, 1988: 225). O consumo dos filhos dentro das famílias, portanto, acontece em um contexto de negociação incessante, às vezes cooperativa, em outras vezes cheia de conflito. O consumo, ademais, demonstra muito mais do que aquisição individual. Ele revela as crianças como consumidoras ativas, inventivas e inteligentes. Sobretudo, mostra-nos relações sociais dinâmicas e diferenciadas em ação.

Produção familiar

Embora as famílias tenham ganhado notoriedade como pontos de consumo – esbanjadores ou não – os americanos costumam encarar a produção familiar como uma coisa do passado. Talvez a vovó e o vovô tenham sido donos de uma fazenda ou uma loja, assim é esse pensamento, mas agora todos vão a outros lugares para produzir. Essa ideia pauta-se em uma equação equivocada de produção com emprego remunerado e/ou venda de um produto em mercados externos. Como vimos antes, na verdade, boa parte do emprego remunerado ocorre nas famílias; cuidadores especializados prestam seus serviços a membros da família, as mães tomam conta dos filhos de outras pessoas em troca de uma diária, e pessoas empregadas trabalham em casa. Mas a maior parte da produção familiar acontece sem compensação monetária direta. Cuidados pessoais não remunerados, preparação de comida, reparos e manutenção de roupas, cuidados com animais e plantas, melhorias na casa, faxina, registros financeiros, manutenção do automóvel, jardinagem, deveres de casa dos filhos, supervisão desses deveres pelos pais, envio de notícias da família e levar/buscar de carro membros da família em suas atividades fazem parte da produção familiar. Quando reunidos, absorvem uma grande fatia dos esforços dos americanos contemporâneos.

Já encontramos a produção familiar repetidas vezes, de modo mais óbvio nos dias de trabalho frenéticos de cuidadores imigrantes. Vimos várias evidências de que o trabalho doméstico divide-se em linhas de gênero e idade, com desigualdades substanciais em ambos os aspectos. Os cônjuges costumam entrar em conflito sobre essa divisão de trabalho, assim como os pais, filhos e outros membros da família. Ao elaborar divisões familiares de trabalho, de fato, as pessoas estão definindo suas relações de modo mais geral – estabelecendo direitos, obrigações e definições de valor relativo que organizam a vida familiar. Além disso, apesar da ausência de salários em seu sentido estrito, as famílias estabelecem sistemas de recompensa e punição para a participação no trabalho doméstico. Em curto prazo, doações, empréstimos, pensões e orçamentos domésticos embutem transferências monetárias nesses sistemas. Em longo prazo, as famílias elaboram regras de reciprocidade, incluindo reivindicações de bens familiares. Nesse sentido, as famílias estabelecem economias de produção tão complexas quanto aquelas de várias firmas comerciais.

Muitas famílias, ademais, embutem a atividade comercial diretamente em suas operações diárias. Cônjuges e filhos de executivos e administradores flagram-se participando das atividades públicas do membro empregado. Os pais organizam a participação dos filhos em concursos, competições e empregos de meio expediente. Pessoas envolvidas com vendas, finanças, revisão e várias formas de redação às vezes trabalham fora de casa. E um número surpreendente de famílias – especialmente famílias imigrantes – administra negócios familiares. Em todos esses casos, os relacionamentos comerciais não simplesmente se cruzam e influenciam os relacionamentos familiares: eles *tornam-se* relacionamentos familiares[9].

---

9. Para saber sobre negócios familiares, leia Aldrich e Cliff, 2003; Fletcher, 2002; Gersick et al., 1997; Lansberg, 1999; Light e Gold, 2000; Portes e Rumbaut, 1990; Portes, 1996; Spector, 2001.

Em vez de analisar toda a complexa gama da produção familiar, podemos nos contentar com duas ilustrações desses pontos gerais: diferenças de idade e gênero no trabalho familiar e participação infantil na produção familiar. Em ambos os casos, a esta altura é possível reconhecer os pontos principais:

- As famílias funcionam como pequenas economias, com divisões de trabalho significativas.
- Dentro das famílias, as relações íntimas e as relações econômicas coincidem.
- Os membros da família combinam relações importantes com meios e transações econômicas apropriadas.
- Como essas relações afetam significativamente os destinos individuais e coletivos dos membros da família, os membros negociam repetidamente entre si sobre as definições próprias de seus direitos e obrigações, às vezes envolvendo-se em rancor e lutas abertas.
- A presença frequente de terceiros em qualquer negociação desse tipo – filhos, pais, assistentes remunerados, parentes – torna a interação entre os membros da família mais complexa e consequencial do que em relacionamentos correlacionados comuns.

Como todos que já viveram em família sabem, a idade e o gênero marcam a divisão da produção doméstica: filhos prestativos arrumam seu quarto; filhos estudiosos preparam seu dever de casa; os pais levam os filhos de carro a competições esportivas ou aulas de música; os avós cuidam dos netos e também ajudam seus filhos adultos com pequenas tarefas ou serviços domésticos; as esposas limpam, planejam as refeições e cozinham, fazem compras, lavam a louça, a roupa e contratam a babá ou a empregada; os maridos ajudam com algumas das mesmas atividades, mas normalmente são responsáveis por despachar o lixo, cuidar do jardim, do carro e de consertos domésticos.

Em geral, as diferenças de gênero na produção doméstica atraem mais a atenção do que a idade, o grau de parentesco e diferenças de gerações. Os críticos feministas observam perplexos e enfurecem-se com as desigualdades persistentes na distribuição do trabalho doméstico entre homens e mulheres. Vários estudos documentam o que Arlie Hochschild identifica como a "segunda mudança" (HOCHSCHILD, 1989) e o que Kathleen Gerson chama de "lacuna nos serviços domésticos" (GERSON, 1993). As mulheres assumem uma fatia desproporcional do trabalho necessário para a manutenção e a reprodução da vida diária de uma família: limpar, cozinhar, consertar, cuidar, transportar, manter contato com parentes e amigos, e monitorar os meios de existência da família (DANIELS, 1987; DI LEONARDO, 1987). Para as famílias americanas contemporâneas, uma série de observações espantosas reaparece: a tabela na página 244 resume as descobertas sobre os padrões dos estudos domésticos.

O que explica tais padrões? Os analistas de tais constatações discordam veementemente de suas explicações: sexismo, tradição, lutas de poder, discriminação de gênero no mercado de trabalho, eficiência econômica, ideologia de gênero e o mero tempo disponível fora do trabalho competem pelo reconhecimento como motivos fundamentais. Como lutas e desigualdades similares ocorrem em famílias do mesmo sexo, porém, alguma parte desses padrões deve resultar da dinâmica doméstica como tal, e não de características gerais de relações entre homem e mulher (CARRINGTON, 1999; SULLIVAN, 2004). Mas, para os fins presentes, as constatações e as explicações convergem para o ponto básico deste livro: ao organizar suas atividades econômicas, os membros da família de fato estão negociando a importância das relações entre si.

Esses debates, ademais, não são meras disputas acadêmicas esotéricas. Eles correspondem a lutas diárias nas famílias. Mas no que concerne a conselhos práticos sobre como lidar com o trabalho doméstico com igualdade, os comentaristas geralmente minimizam a dinâmica doméstica e transformam o problema em uma questão de estratégia pessoal e individual. Como fazemos para o marido contribuir com mais frequência ou eficiência? O que você deve fazer em casa para satisfazer os pedidos da sua esposa? Geralmente a solução depende da capacidade de negociação e assertividade. Para Linda Babcock e Sara Laschever, um obstáculo fundamental à igualdade de gêneros é a relutância da mulher em pedir: "As mulheres não pedem. Não pedem aumento, promoções e melhores oportunidades de trabalho. Não pedem reconhecimento pelo trabalho que realizam. Não pedem mais ajuda em casa" (BABCOCK & LASCHEVER, 2003: ix). Se as mulheres devem equilibrar as crescentes exigências do local de trabalho e da família, elas precisam urgentemente se tornar negociadoras habilidosas. "Ver o lar como um território onde a negociação desempenha um papel importante", concluem as autoras, "pode permitir que homens e mulheres comecem a pensar com mais criatividade e justeza sobre formas de dividir as suas responsabilidades domésticas" (183). A negociação individual é mais importante do que a análise de ideologia política ou sociocientífica.

Descobertas de padrões na divisão do trabalho doméstico

À medida que a parcela de trabalho feminina fora de casa aumenta – medida por tempo ou renda –, as contribuições absolutas e proporcionais do homem para o trabalho doméstico aumentam.

Porém, mesmo quando a mulher contribui com toda a renda familiar externa, as contribuições do homem, em média, não se igualam às da mulher; de fato, no extremo da situação, alguns estudos sugerem que as contribuições do homem na verdade diminuem.

Analisadas com mais cuidado, as contribuições masculinas e femininas para a produção doméstica quase sempre acabam diferindo em espécie, por exemplo, com a mulher concentrando seus esforços dentro de casa e o homem fazendo serviços no entorno, consertos em casa, manutenção do carro e atividades similares mais "masculinas".

A divisão estende-se aos cuidados com os filhos, em que a mulher realiza mais da metade do trabalho na maioria das circunstâncias, e o homem envolve-se muito mais nas brincadeiras e nos deveres de casa dos filhos.

Em famílias intactas, esse tipo de divisão inclui dias da semana, com o pai concentrando as suas contribuições em versões masculinas de cuidados com os filhos nos fins de semana.

No que se refere à participação dos filhos em atividades organizadas fora de casa, a mãe contribui com uma parcela desproporcional do esforço.

A divisão de gêneros também se aplica à ajuda provida por filhos adultos aos pais idosos, em que as filhas tendem mais a ajudar com os afazeres domésticos e os filhos, com consertos e serviços no entorno da casa.

Em famílias com dois empregos, horários de trabalho fora do padrão tendem a aumentar a parcela de trabalhos domésticos efetuados pelo marido e a probabilidade de que o homem assuma tarefas tradicionalmente definidas como femininas.

Fontes: Bittman et al., 2003; Brines, 1994; Casper e Bianchi, 2002; Coltrane, 1996, 1998; Gershuny, 2000; Gjerdingen e Center, 2005; Goldscheider e Waite, 1991; Greenstein, 2000; Jacobs e Gerson, 2004; Lareau, 2003; Logan e Spitze, 1996; Presser, 2003; Robinson e Goldbey, 1997; Ministério do Trabalho dos Estados Unidos, 2004; Yeung et al., 2001.

Manuais de administração doméstica apontam a mesma direção. Por exemplo, em *Just Kiss Me and Tell Me You Did the Laundry*, Karen Bouris oferece inúmeras instruções para mediar as "guerras de afazeres" entre casais sobre que serviço cada cônjuge deve fazer. Para começar a determinar o nível da desigualdade existente, ela sugere um "questionário doméstico" que revela facilmente o "dominador doméstico" atual, fazendo perguntas como estas: "Onde estão o esfregão, o Tylenol das crianças e os números de emergência da babá?" "Sem olhar, quanto você tem de sabão em pó, detergente e leite em casa?" "Quando o óleo do carro deve ser trocado?" (BOURIS, 2004: 192). Para Bouris, a consciência individual é muito importante para um acordo justo nas guerras de afazeres domésticos. "O desenvolvimento da consciência e da responsabilidade mental", observa, "pode exigir uma grande mudança de paradigma na personalidade que leva anos para se desenvolver plenamente" (198).

Mais uma vez mencionando as babás das famílias de Vermont, vemos indícios concretos de diferenças de gênero e idade na produção doméstica. Nessas famílias, o rendimento feminino reforçou a sua autoridade em casa. Ao mesmo tempo, contudo, a fim de proteger o orgulho masculino, maridos e mulheres minimizavam a importância da renda feminina para a sobrevivência doméstica. Ambos os pontos salientam a interação entre atividade econômica doméstica e relações de gênero. No que tange à divisão de trabalho doméstico entre os casais de Vermont, tanto marido quanto mulher trataram o fato de a mulher trabalhar em casa como uma oportunidade e justificativa para que ela assumisse uma porção desproporcional de trabalho doméstico. Surpreendentemente, a própria mulher às vezes interpretava o trabalho de babá como algo diferente de trabalho. Meg Garber, uma das entrevistadas de Margaret Nelson, explicou por que ela assumia todas as tarefas domésticas: "Nos sete dias da semana, sou eu que faço [...]. Se eu estivesse trabalhando, ele ajudaria" (NELSON, 1990: 138). Além disso, os cônjuges geralmente mantinham uma divisão de trabalho tradicional por gênero, sendo mais comum a mulher assumir os afazeres dentro de casa, enquanto o homem se responsabilizava pelos serviços externos. Como observou uma mulher: "Não faço nada lá fora. Nunca preciso. E é ele que cuida do lado de fora, enquanto eu basicamente faço tudo aqui dentro" (136).

Finalmente, em suas conversas com as prestadoras de serviço, Nelson descobriu uma distinção interessante nas relações de gênero entre as mulheres que contribuíam com partes relativamente pequenas e grandes da renda familiar. As contribuintes modestas, ela descreve, tinham de pedir ajuda aos maridos para qualquer trabalho doméstico, enquanto as que contribuíam com mais solicitavam com maior segurança a mesma ajuda como um direito que lhes assistia (para conhecer observações parecidas, leia GRASMUCK & PESSAR, 1992). De fato, em casos extremos, as esposas recrutavam os maridos para ajudar a cuidar dos filhos dos clientes.

Nas mesmas famílias, as mães também estabeleciam relações econômicas com os filhos. Muitas das mulheres, por exemplo, relataram as obrigações domésticas dos filhos. Outras, certas de que as responsabilidades de trabalho transmitiam conhecimentos valiosos aos filhos, recrutavam seus adolescentes para ajudar com o serviço de babá, às vezes remunerando-os. Quando os próprios filhos das cuidadoras tinham filhos, um interessante conjunto novo de negociações ocorria. A avó e seus filhos adultos tinham de decidir se estes deveriam ou não pagar pelos cuidados com os seus filhos. Nem todas as famílias faziam o mesmo acordo; das quatro avós que Nelson entrevistou, uma tomava conta do neto de graça, duas cobravam uma pequena tarifa e a quarta cobrava a tarifa normal.

Filhos que produzem

De modo mais geral, que função os filhos desempenham na produção doméstica? A ideia geral de que as famílias perderam as suas funções econômicas, exceto em demonstrações de consumo, sugere outro conceito equivocado: que os filhos não mais contribuem com a economia doméstica. Ademais, espera-se que quaisquer afazeres domésticos realizados pelos filhos construam o seu caráter ou as suas habilidades, sem, no entanto, ajudar os pais seriamente. É verdade que as leis trabalhistas infantis afastaram as crianças da maioria das ocupações remuneradas. Também é verdade que os filhos, assim como o pai, normalmente assumem menos afazeres domésticos do que a mãe. Entretanto, a produção doméstica não se trata apenas de trabalho adulto, tampouco constitui meramente um mecanismo educacional. Se analisarmos com cuidado as contribuições dos filhos, descobriremos a sua relevância econômica substancial para toda a família. O meu foco são os filhos menores de quatorze anos.

O significado, a organização, a contribuição e a remuneração do trabalho dos filhos variam de modo sistemático e dramático de um cenário social a outro. Vamos tentar identificar os princípios dessa variação. O argumento geral desenvolve-se assim:

- O trabalho dos filhos divide-se entre a produção imediata do valor de uso transferível e a produção de capital material, financeiro, humano, social e cultural. Por exemplo, os filhos costumam trabalhar diretamente em empreendimentos econômicos domésticos, mas, ao fazerem isso, adquirem habilidades e vínculos sociais que servirão, mais tarde, como os seus próprios empreendimentos.
- Parte da produção de capital permanece com o próprio filho para posterior transferência, mas outra parte aumenta imediatamente o capital das relações sociais e grupos onde os filhos participam, especialmente o de seus parentes e da sua casa. Por exemplo, o desempenho escolar excelente do filho melhora não somente o seu próprio futuro, como a situação da sua família.
- Formas permissíveis e proibidas de trabalho infantil variam muito de acordo com as relações sociais a ele vinculadas. Por exemplo, muitos pais exigem que os filhos limpem o canteiro de flores da família, mas qualquer professor que pedisse aos alunos para limpar o seu jardim, ou o de sua família, correria o risco de perder o emprego.
- Em cada relação social, mais precisamente, participantes e terceiros promovem uma combinação adequada de significados, meios monetários e transações econômicas, inclusive as transações que chamamos de trabalho ou produção. Por exemplo, em uma ampla gama de famílias ocidentais, os pais podem remunerar o trabalho dos filhos, mas não poderiam, de forma alguma, contratar outras crianças para fazer o mesmo trabalho, com a mesma remuneração.

• Os participantes também demarcam as fronteiras entre diferentes relações sociais com rótulos, representações simbólicas e restrições morais. Por exemplo, quase todas as famílias tecem uma acentuada distinção entre os direitos e as obrigações dos filhos que pertencem à sua família e os de crianças consideradas visitantes temporárias.

Dentro desses limites, porém, os filhos e as outras pessoas envolvidas em seu trabalho negociam incessantemente a combinação precisa de significados, meios e transações. Por exemplo, os filhos no mundo inteiro barganham com os pais quais roupas, brinquedos ou formas de lazer podem ou não comprar.

Nos Estados Unidos, os filhos participam de várias tarefas domésticas produtivas, como limpar o quarto, cozinhar, tirar o pó, lavar a roupa, lavar a louça, passar aspirador de pó, arrumar ou tirar a mesa, limpar o banheiro, varrer o chão, jogar o lixo fora, cortar a grama, limpar o quintal ou cuidar dos irmãos mais novos e dos animais de estimação. De fato, estudos recentes dizem que os filhos americanos estão empregando um tempo cada vez maior nesses afazeres domésticos (cf. LEE; SCHNEIDER & WAITE, 2003). O especialista em *marketing* infantil McNeal estima que os filhos, nos Estados Unidos, realizam 11% de todos os afazeres domésticos (McNEAL, 1999: 71; leia tb. GOLDSCHEIDER & WAITE, 1991).

Na maioria dos casos, os filhos esperam algum tipo de pagamento doméstico. E os pais atendem: de acordo com uma pesquisa de 2004, pouco mais da metade dos filhos nos Estados Unidos de seis a quatorze anos recebem um pagamento semanal (JORDAN, 2004). McNeal cita cinco fontes diferentes de renda infantil em dinheiro. No fim da década de 1990, 16% da renda dos filhos provinha de doações dos pais, 8% de doações de outras pessoas, 45% de mesadas, 10% de trabalhos feitos fora de casa e 21% de trabalhos domésticos. De modo significativo, ele observa que o pagamento efetuado aos filhos em troca de trabalho doméstico cresceu de 15% em meados da década de 1980 para 21% (McNEAL, 1999: 69, 71). Entretanto, como os pais não são patrões convencionais, a negociação de sistemas de pagamento adequados transforma-se em uma questão delicada e altamente conturbada. O que entra em jogo não é apenas uma barganha salarial, mas uma definição das relações apropriadas entre os pais e seus descendentes. Na verdade, a natureza da mesada dos filhos provoca debates há mais de um século, com alguns especialistas e pais defendendo com veemência um pagamento pelos trabalhos domésticos dos filhos, e outros insistindo em uma separação entre esforço de trabalho e mesadas (JACOBSON, 2004; ZELIZER, 1985). No caso destes, a mesada não é vista como um pagamento, mas como um presente opcional dos pais ou um direito do filho. Porém, seja ela um pagamento, uma doação ou um direito, a mesada está sujeita a uma barganha contínua entre pais e filhos.

As negociações ocorrem tanto a respeito da mesada quanto de outras transações monetárias. Os pais, por sua vez, geralmente impõem uma série de termos, fiscalização e, em alguns casos, uma supervisão muito atenta das despesas dos filhos, ou então decidindo quais tarefas devem ser remuneradas com dinheiro. Alguns pais dão aos filhos dinheiro extra por um desempenho escolar extraordinário. Nessas transações, contudo, os filhos não imitam simplesmente as preferências dos pais para os pagamentos domésticos, mas desenvolvem suas próprias visões e estratégias morais. O *The Kid's Allowance Book*, baseado em entrevistas com 166 crianças de nove a quatorze anos, de onze escolas dos Estados Unidos, descreve várias dessas lógicas e estratégias. As crianças, por exemplo, avaliam repetidamente a mesada regular como uma fonte bem-vinda de renda opcional. Antes de receber mesada, explica Katie, "Se eu quisesse um tênis especial, [os meus pais] poderiam dizer que era muito caro e desnecessário. Agora que eu tenho mesada, se eles não quiserem pagar, eu mesma pago" (NATHAN, 1998: 6).

Os filhos não são unânimes, porém, sobre o fato de a mesada dever ou não ser o pagamento de suas tarefas domésticas, algumas crianças insistem que a ajuda doméstica é uma contribuição esperada, justa e, portanto, grátis. Outras defendem vigorosamente as suas geralmente elaboradas trocas monetizadas. Veja, por exemplo, Amanda:

> Além de limpar e levar o lixo, o que Amanda B. faz em troca da mesada, ela costuma fazer outras coisas de graça, como dobrar a roupa ou arrumar a mesa. "Se eu estou por perto e a minha mãe me pede para fazer alguma coisa, eu atendo sem pedir nada em troca", diz ela, "Eu faço para ajudar". Mas, se estiver economizando para comprar algo especial, ela procura uma grande tarefa pendente, como limpar o porão. Argh! Ela pergunta à mãe se vai receber pagamento extra por isso. É aí que os trabalhos grátis compensam. "Como eu não fico sempre trabalhando por dinheiro, quando eu pergunto se ela vai pagar por algum serviço extra, ela costuma pagar."

Os filhos relatam inúmeras – e geralmente intrincadas – dicas de negociação, desde como escolher as tarefas (escolha a sua: "se a sua mãe escolher, ela pode mandar você fazer uma coisa que você detesta"); receber uma remuneração justa (descubra quanto as outras crianças ganham); garantir que os pais paguem pontualmente ("Eu lembro o meu pai na véspera, para ter certeza de que ele terá o dinheiro trocado para a minha mesada no dia seguinte") e receber aumento (eles sugerem que você não choramingue, não implore, não peça demais nem atrase o trabalho; e, ao contrário, sugerem que você "faça muita coisa para ajudar e seja bonzinho com o seu irmão ou sua irmã [se você tiver irmãos]" e "peça um aumento um pouco maior do que realmente quer, assim você pode abrir mão de um pouco e ainda ficar bem") (55, 52, 20, 46; para saber sobre outras estratégias dos filhos, cf. tb. *Consumer Reports for Kids Online* e o *website Kid's Money*).

Temos informações limitadas sobre a barganha real entre pais e filhos em trabalhos domésticos e mesadas. O mesmo se aplica a outras categorias dos esforços produtivos e remunerados dos filhos. McNeal relata que a renda dos filhos com trabalhos fora de casa, ao contrário do seu crescente pagamento por trabalhos domésticos, permanece razoavelmente estável em cerca de 10% a 13% de crianças com menos de doze anos. Os filhos ganham com serviços de babá; catar folhas do chão; cortar a grama; regar as plantas; limpar a neve; limpar a garagem; vender biscoitos, balas ou bilhetes da loteria para angariar fundos para atividades escolares ou beneficentes; lavar carros; cuidar de animais de estimação; como aviões ou espiões de traficantes de drogas; como flanelinhas; ou empacotadores em supermercados. Ultimamente, algumas crianças de onze e doze anos têm ganhado dinheiro com investimentos e poupança (McNEAL, 1999: 72; cf. tb. LEWIS, 2001).

Em alguns casos, a renda dos filhos é muito importante para a sobrevivência da família. Por exemplo, em seu estudo sobre as estratégias "de sobrevivência" de mães solteiras de baixa renda, Kathryn Edin e Laura Lein conheceram uma mulher que, depois de ter perdido outras fontes de apoio da família, recorreu aos filhos: o salário do filho adolescente que trabalhava no McDonald's após a escola, mais o dinheiro da filha de treze anos, que cuidava dos filhos dos vizinhos nos fins de semana. Às vezes, elas observam: "as mães não sabiam de onde os filhos traziam o dinheiro, mas suspeitavam de envolvimento em pequenos delitos e venda de drogas" (EDIN & LEIN, 1997: 153). Ao focarmos a nossa atenção fora de casa, torna-se clara a grande quantidade de atividades dos filhos que envolvem tipos diferentes de produção – não somente afazeres domésticos e trabalhos em meio expediente, mas também esforços voluntários e trabalhos escolares. A maioria dos filhos americanos em todos os tipos de famílias emprega uma fatia considerável de seus esforços diários trabalhando.

Em famílias imigrantes, os filhos desempenham papeis distintos na produção doméstica. Em um estudo com imigrantes do México e da América Central na área de Pico Union, centro de Los Angeles, Marjorie Orellana observou que os filhos envolviam-se em vários trabalhos diários, inclusive "tarefas domésticas de rua; cuidar dos irmãos; limpar; lavar; levar os irmãos à escola, à biblioteca e a outros compromissos; ajudar os irmãos com os deveres de casa; [...] atender o telefone e telefonar" (ORELLANA, 2001: 374). Especialmente notável foi o quanto os filhos serviam às suas famílias, cuidando das crianças menores (cf. tb. VALENZUELA, 1999: 728). Orellana também descreve o envolvimento dos filhos em trabalhos assalariados: "vendendo comida, roupa ou outras mercadorias junto com ambulantes adultos; ajudando os pais a limpar casas, cuidando de crianças ou cortando a grama; arrumando as mesas em uma *pupuseria* (um tipo de restaurante salvadorenho); varrendo o chão de um salão de beleza" (ORELLANA, 2001: 374-375; cf. tb. ORELLANA et al., 2001). Em seu estudo sobre imigrantes salvadorenhos, que também documenta as contribuições vitais dos filhos, Cecilia Menjívar conta a história de Sonia, 10 anos de idade, que acompanhava a mãe, Rosa María B., nas faxinas de casas: "Sonia ajudava a limpar, mas a menina também tomava conta de um dos filhos dos patrões, e para isso ganhava $ 5 pelas seis horas em que Rosa María limpava a casa" (MENJÍVAR, 2000: 218). E, em negócios administrados pelas próprias famílias imigrantes, os filhos ajudam a administrar a loja ou o pequeno negócio da família (cf., p. ex., PARK, 2001, 2004).

Agora vamos analisar melhor duas outras categorias de contribuições produtivas dos filhos: serviços de tradução para famílias imigrantes e prestação de cuidados pessoais em várias famílias. Ambos os casos revelam uma variedade impressionante de trabalho dos filhos e ilustram as contribuições cruciais feitas pelos filhos com a manutenção de sua família.

Os filhos como mediadores linguísticos

Considere o impacto das habilidades linguísticas dos filhos para os pais imigrantes. Mesmo quando pequenos, os filhos que são educados e criados no país receptor geralmente são muito mais habilidosos com o idioma do novo país do que os pais (leia PORTES & HAO, 2002). De modo crucial, isso inverte a distribuição usual de habilidades da família. Ao estudar famílias imigrantes mexicanas em Los Angeles, Abel Valenzuela (1999) reconheceu que essas famílias costumavam enfrentar problemas urgentes a respeito do capital sociocultural. Elas pouco sabiam sobre como as instituições estadunidenses – escolas, locais de trabalho, igrejas, sindicatos, tribunais e bancos – funcionavam. O que tinha uma importância mais imediata era não terem conhecimento da língua inglesa para negociar com tais instituições.

Os filhos tornavam-se os aliados indispensáveis dos pais. Em sessenta e oito entrevistas, incluindo quarenta e quatro chefes adultos de famílias imigrantes e vinte e quatro de seus filhos agora adultos, Valenzuela pautou-se em suas lembranças de interações passadas. Ele descobriu que os filhos ocupavam três funções domésticas principais. Primeiro, serviam como instrutores dos pais e irmãos, traduzindo, interpretando e ensinando. Além da tradução objetiva do noticiário da televisão ou de documentos oficiais, os filhos mediavam transações delicadas entre os pais e os médicos, professores, bancários e outras autoridades. A segunda função dos filhos era a de advogados, intervindo em defesa dos pais em interações complexas ou controvertidas – por exemplo, quando um funcionário público ou vendedor não compreendia ou perdia a paciência com os pais ou irmãos. As entrevistas de Valenzuela revelaram um forte padrão de gênero: as filhas assistiam os pais nas transações financeiras, trabalhistas, jurídicas e políticas com mais frequência do que os irmãos.

Acompanhando o estudo de Valenzuela, Marjorie Orellana, Lisa Dorner e Lucila Pulido (2003) partiram diretamente para a observação dos filhos pequenos (leia tb. ORELLANA et al., 2003). Elas estudaram os filhos bilíngues da 5ª e da 6ª séries de imigrantes do México e da América Central em quatro comunidades – uma no centro de Los Angeles, duas em Chicago e uma quarta em Engleville, Illinois. Baseando-se em extensas entrevistas, observação participativa na casa das crianças e na sala de aula, e em dados gravados em áudio, Orellana e suas colaboradoras documentaram detalhadamente a impressionante dependência dos pais dos conhecimentos linguísticos dos filhos. Elas relatam que os filhos intervinham como tradutores em sete domínios diferentes:

1) Educativo: por exemplo, traduzir as reuniões de pais e professores para si mesmos e/ou para os irmãos, primos ou amigos; telefonar para a escola e avisar que iriam faltar ou que os irmãos iriam faltar.

2) Médico/saúde: por exemplo, traduzir as consultas da família com o médico e o dentista; interpretar as instruções de remédios, vitaminas e outros produtos de saúde.

3) Comercial: por exemplo, fazer compras para os pais ou com eles; efetuar transações de reembolso, resolver problemas e verificar erros nas transações de vendas.

4) Cultural/lazer: por exemplo, traduzir o enredo e os diálogos dos filmes, ler e traduzir histórias, guias de autoajuda, letras de música ou manuais de instrução.

5) Jurídico/público: por exemplo, telefonar para a companhia de seguro para falar sobre danos ao carro ou acidentes; obter auxílio social ou Previdência Social, acompanhando os pais à instituição, responder perguntas.

6) Financeiro/trabalhista: por exemplo, descontar ou depositar cheques no banco ou em casas de câmbio, ou ajudar os pais a preencher requisições de trabalho ou seguro-desemprego.

7) Habitacional/residencial: por exemplo, fazer a tradução entre pais e senhorios, conversar com os administradores sobre objetos quebrados em casa (adaptado de ORELLANA; DORNER & PULIDO, 2003: 512-513, tabela 1).

Os filhos vivenciavam a maioria desses encontros linguísticos como nada além de rotinas diárias da vida familiar. Algumas das suas intervenções, porém, não somente exigiam conhecimento, mas também produziam uma tensão considerável. Conhecimento e tensão coincidiam com mais frequência quando os filhos mediavam entre os pais e estranhos importantes. Veja o exemplo de Jasmine, na área médica:

> Quando eu tinha entre 8 e 9 anos, nós fomos ao médico porque o meu irmãozinho só tinha 1 mês e pouco. Ele precisou passar por um *checkup*, e uma médica disse [perguntou] à minha mãe se ela ia dar ao meu irmão leite do peito, mas eu não sabia o que era "peito". Então eu pedi para a médica explicar o que era. Ela foi gentil e disse que sim. Ela tocou o próprio seio e eu disse à minha mãe o que a médica estava falando. Até onde eu lembro, essa foi a tradução mais assustadora que eu já fiz. Eu não traduzi tantas coisas nessa semana, mas há muito tempo eu traduzia. Bem, eu fiquei tão nervosa para traduzir para a médica porque eu achava que não conseguiria entender todas aquelas palavras difíceis que os médicos usam (ORELLANA; DORNER & PULIDO, 2003: 516).

Nessas circunstâncias, os filhos de imigrantes assumem sérias responsabilidades pelo bem-estar dos pais e da família. No processo, eles não estão apenas executando serviços fundamentais, mas agregando ao capital da família. Orellana, Dorner e Pulido observam que o conhecimento que os filhos detêm do inglês e das práticas culturais estadunidenses melhora a reprodução doméstica das suas famílias. Contudo, como Orellana e suas colaboradoras sugerem, esses filhos às vezes resistem e negociam as suas obrigações, enquanto os pais às vezes as impõem como deveres familiares (cf. tb. FERNÁNDEZ-KELLY, 2002: 198). Em seu estudo sobre os imigrantes salvadorenhos em São Francisco, Menjívar ouviu várias reclamações de que os filhos não haviam agido como os mais velhos esperavam. Ela descreve, por exemplo, a raiva de Lolita Q. quando o seu sobrinho e tradutor de doze anos tomou liberdades perigosas em uma entrevista com um assistente social:

> Para o seu pavor, ele a havia descrito como uma criminosa que traficava pessoas na fronteira como sua profissão principal. Ele havia confundido a sua prisão política em El Salvador com uma prisão criminal nos Estados Unidos e, por ter ouvido que a tia tentou entrar nos Estados Unidos mais de uma vez, concluiu que era uma atividade cotidiana (MENJÍVAR, 2000: 215).

Lolita não tinha certeza se a interpretação errada do sobrinho havia sido um erro inocente ou uma vingança deliberada. Na véspera da entrevista, Lolita o havia repreendido por tratar os pais desrespeitosamente.

Crianças que cuidam

As crianças também se envolvem nos trabalhos de cuidados familiares. No capítulo 4 vimos os obstáculos para reconhecer os cuidados pessoais, inclusive cuidados infantis, como um trabalho de verdade. Reconhecer os cuidados prestados pelas próprias crianças, porém, acaba sendo ainda mais difícil do que reconhecer os esforços dos adultos. Afinal de contas, não se espera que as crianças sejam cuidadoras, mas receptoras de cuidados. Todavia, como diversos pesquisadores mostraram, as crianças envolvem-se em muitos cuidados, desde tomar conta dos irmãos até cuidar dos avós doentes. Os tipos de cuidados dos quais as crianças participam variam drasticamente com as relações sociais: por exemplo, as crianças prestam tipos muito diferentes de serviços de cuidados a vizinhos e irmãos. Os diversos esforços com cuidados variam também em sua legitimidade moral. Como os adultos, as crianças demarcam fronteiras muito fortes entre o que definem como relações apropriadas e não apropriadas para trabalhos envolvendo cuidado. Por exemplo, uma criança que cozinha regularmente para o avô enfermo ou o conduz ao banheiro normalmente não faria o mesmo por um vizinho. Tanto adultos quanto crianças costumam demarcar essas fronteiras com evocações dos mundos hostis, observando os perigos de prestar serviços íntimos às pessoas erradas. Crianças e adultos também diferenciam trabalhos que envolvem cuidado de outros tipos de trabalho infantil, como afazeres domésticos ou trabalho assalariado. Além disso, os trabalhos infantis envolvendo cuidado que são remunerados, como tomar conta de bebês de outras famílias, diferem de modo prático e simbólico da ajuda gratuita em casa.

Os cuidados providos pelas crianças são importantes. Eles estendem-se a atividades essenciais, como garantir que membros doentes da família estão sendo medicados, portanto às vezes envolvendo as crianças na colaboração com profissionais de saúde e assistentes sociais. Nesse tipo de trabalho, as crianças não apenas produzem produtos e serviços diretamente, como também acumulam capital – como o capital humano adquirido pelo conhecimento de tratamentos médicos e o capital social adquirido através de relações com cuidadores da área de saúde. Ademais, o acúmulo individual de capital das crianças normalmente incrementa o estoque de capital disponível à família como um todo. Ao vincular as famílias a instituições externas poderosas, a mediação das crianças às vezes afeta muito a posição social da família. As famílias imigrantes, como já vimos, costumam depender de seus filhos nativos para estabelecer uma ampla gama de conexões entre os adultos da família e o ambiente externo. Ao contrário do que poderíamos imaginar, isso significa que uma família sem crianças acumulará, em certas circunstâncias, menos capital do que aquelas com crianças.

Os esforços infantis com cuidados assumem uma ampla gama de formas, cada uma correspondendo a um grupo diferente de relações sociais. Em sua descrição etnográfica sobre a hora de buscar as crianças em uma escola do ensino fundamental em uma área de renda mista e etnicamente diversa em Oakdale, Califórnia, Barrie Thorne relata:

> A cena de ir buscar as crianças oferece vislumbres das crianças construindo e negociando ativamente a vida cotidiana, incluindo divisões de trabalho dentro e fora de casa. As crianças assumem a responsabilidade de localizar os irmãos menores e levá-los para casa; organizam-se em grupos para chegar ao seu destino depois da escola; dão telefonemas para saber sobre os adultos que estão atrasados; levam recados entre a escola e a casa. Além disso, às vezes ajudam nos locais de trabalho dos adultos – por exemplo, separando as roupas para lavagem a seco na loja do tio ou ajudando a mãe a limpar as mesas em um restaurante. As crianças também contribuem com os afazeres domésticos (THORNE, 2011: 364).

Ask the Children, a pesquisa nacional efetuada por Ellen Galinsky sobre uma amostra representativa incluindo mais de mil crianças nos Estados Unidos da 3ª a 12ª série, oferece alguns vislumbres reveladores sobre a variedade dos cuidados prestados por crianças. A pesquisa, suplementada por entrevistas, descreveu crianças dizendo que "tomam conta" dos pais, descobrindo estratégias para reduzir os aborrecimentos e a fadiga deles. Uma menina de doze anos usava o humor para ajudar a mãe: "Tento fazer com que ela se sinta melhor. O meu amigo consegue fazer as pessoas rirem à toa. Então eu digo: "Chris, a minha mãe não está bem, você quer vir aqui para ela se animar?" e, em cinco minutos, a minha mãe está rindo" (GALINSKY, 1999: 240). Algumas crianças reclamaram dos seus deveres que envolviam cuidados, achando que, diz Galinsky, "seus pais haviam se tornado seus filhos e que elas estavam cuidando deles como se fossem seus pais" (240).

Numa inversão de perspectivas, Galinsky mostra, portanto, que as crianças reagiam ao trabalho dos pais de modos interessantes e inesperados. Enquanto a maioria dos especialistas e pais preocupa-se porque os pais não ficam tempo suficiente com os filhos, as crianças não se preocuparam tanto com o déficit de tempo. Elas se preocupavam muito com os pais, mas sobretudo com a qualidade dos seus intercâmbios quando os pais estavam sob forte estresse. Na verdade, ela aponta, as crianças costumam bancar detetives, reunindo "pistas do estado de ânimo" dos pais. Uma criança contou que telefonava para os pais no trabalho "para ter uma ideia do humor deles e decidir se deveria arrumar tudo antes que eles voltassem para casa" (xvii).

As crianças de fato prestam uma quantidade surpreendente de serviços à família. Porém, é claro que o escopo, a variedade, a intensidade e o valor dos cuidados providos pelas crianças não recebem a atenção que merecem. Precisamente com esse déficit em mente, defensores britânicos cunharam o termo "cuidadores jovens" para designar as crianças que contribuem crucialmente para o bem-estar dos outros (para saber sobre cuidados prestados por crianças, cf. tb. BECKER; ALDRIDGE & DEARDEN, 1998; BOULDING, 1980; OLSEN, 2000; ROBSON & ANSELL, 2000). Os trabalhos envolvendo cuidado doméstico e empreendimentos imigrantes ilustram as contribuições substanciais que as crianças fazem para a produção doméstica. Assim como nas relações entre cônjuges, além disso, esses estudos detalhados sobre as crianças não as mostram desempenhando o seu trabalho como autômatos, mas implementando e remodelando as relações entre si, com os pais e com outros adultos à medida que investem seus esforços.

Ruptura familiar

O que acontece quando as relações familiares contínuas se rompem? Como pais, filhos, irmãos e outros membros da família realinham as suas transações econômicas? Duas categorias de ruptura diferem significativamente em seu impacto sobre as relações familiares: uma rompe uma conexão existente entre a família e o resto do mundo, a outra intervém diretamente nas relações familiares. Na primeira categoria, encontramos desemprego, falência, prisões, desastres naturais e guerra; na segunda, temos a chegada, a partida ou a morte de um membro da família; doenças graves; migração; aposentadoria; e divórcio. É claro que os dois tipos de ruptura interagem. Qualquer família em que um membro importante é preso, por exemplo, passa por uma ruptura interna também, enquanto brigas internas quase sempre traduzem-se em relações alteradas com o resto do mundo. Entretanto, os dois tipos de ruptura são diferentes no modo como afetam as relações familiares e na interpretação que as pessoas constroem do que está acontecendo.

Na primeira categoria, vamos observar o que acontece com a perda de emprego e a falência[10]. Ao entrevistar famílias decadentes, Katherine Newman observou mudanças radicais nas economias domésticas depois que o pai perdia o emprego. De modo mais significativo, a crise inverteu as relações esperadas entre pais e filhos de classe média. À medida que os fundos da família diminuíam, adolescentes e jovens em idade universitária assumiam responsabilidades financeiras cada vez maiores. Os adolescentes valiam-se de empregos de meio expediente para subsidiar suas despesas, enquanto os filhos mais velhos tornavam-se os "segundos pais" ou "chefes de família juniores" indispensáveis (NEWMAN, 1988: 107, 111). Às vezes isso significava combinar faculdade e trabalho; em outras vezes, significava abrir mão da faculdade. Em determinado caso, um filho tomou vários empréstimos estudantis apenas para pagar as contas da família. John Steinberg, que já conhecemos, deixou a faculdade por um ano para trabalhar em serviços de construção. O seu salário ajudou a sustentar os pais e as irmãs mais novas. Steinberg também se lembrou do seu constrangimento quando o pai passou a cuidar dos afazeres domésticos no lugar da mãe, afazeres esses que o jovem Steinberg considerava depreciativos (118).

À medida que as suas relações econômicas mudavam, os pais frequentemente colocavam os filhos a par dos segredos financeiros da família. Isso por vezes intimidava os filhos, que antes tinham uma vida abastada sem se preocupar tanto com questões financeiras. Janet Wilson confidenciou a Newman: "Talvez porque eu fosse a filha mais velha ou porque inversões de funções já houvessem ocorrido, mas a minha mãe sempre costumava dizer que devemos saber sobre as nossas finanças, o valor da hipoteca, onde guardamos as informações sobre a conta bancária [...] Isso às vezes era assustador. Você se pergunta que perigo está à espreita" (107).

O desemprego também era uma provação às relações marido-mulher dos ex-administradores, assim como os seus vínculos com outros parentes, incluindo irmãos, pais, sogros, genros e noras. Newman observa, por exemplo, a relutância dos homens em tomar dinheiro emprestado dos membros da família. Para muitos, aceitar ajuda ou até mesmo pedir assistência financeira ameaçava os padrões estabelecidos das relações. O que exatamente eles pediam causava dilemas também: Foi presente ou empréstimo? Eles devem devolver? Em caso afirmativo, quando? (124-128). Em casos extremos, a perda do emprego significa a perda da casa, o que, por sua vez, pode fazer com que as famílias vão morar com os parentes ou aceitem ajuda sob a forma de habitação subsidiada. O estudo realizado por Margaret Nelson e Joan Smith sobre as famílias operárias de Vermont rural demonstra os custos de tais arranjos. Matt Dwire e a esposa, Patty, mudaram-se para uma casa de pro-

---

10. Sobre o impacto da depressão econômica sobre as famílias, cf. os estudos clássicos realizados por Bakke [1940], 1969; Elder, 1974; Jahoda, Lazarsfeld e Zeisel, [1933] 1971; Komarovsky, 1940. Sobre falência, leia Sullivan, Warren e Westbrook, 1999.

priedade do pai dela, pagando um aluguel reduzido, porém Matt teve de prestar serviços em meio expediente para o sogro. O trabalho de Matt consistia em executar um número significativo de tarefas em sua exótica fazenda. Matt reclamou: "Foi difícil. Dizem para nunca alugarmos nada de um membro da família. Eles esperavam mais do que haviam nos dito quando nos mudamos" (NELSON & SMITH, 1999: 115).

A falência produz efeitos paralelos. De acordo com a análise de Warren e Tyagi em *The Two-Income Trap*, a falência tornou-se mais comum e dolorosa para as famílias americanas de classe média nos últimos anos exatamente por causa de algumas das mudanças discutidas anteriormente: a compra de casas mais caras e o compromisso com cargas de dívidas maiores, supondo-se que os salários de ambos os cônjuges continuarão indefinidamente. A falência atinge não apenas maridos e mulheres, mas também seus filhos. Warren e Tyagi estimam que mais filhos estejam envolvidos na falência dos pais do que no divórcio deles. Eles preveem que, nos Estados Unidos, até 2010, um em cada sete filhos verá a falência dos pais (WARREN & TYAGI, 2003: 177). A falência obviamente rompe o relacionamento de uma família com o resto do mundo, apresentando sérias restrições à capacidade das pessoas de usar o dinheiro familiar para resolver problemas externos. Mas também requer uma adaptação dentro de casa, não simplesmente por causa da renda reduzida, mas também porque as novas adaptações exigem uma administração complicada.

Deborah Thorne entrevistou casais que estavam enfrentando a falência, assim como advogados especialistas em falência, juízes e outros para descobrir como as famílias lidam com a situação de fato. Ela encontrou membros da família à beira da falência tentando inúmeras estratégias: empenhando joias, tomando empréstimos de parentes, usando os salários de empregos em meio expediente dos filhos etc. À medida que caíam na falência, um visível padrão de gênero emergia – os maridos retiravam-se, enquanto as mulheres assumiam o trabalho sujo financeiro da casa. Muitos maridos, por exemplo, recusavam-se a atender o telefone depois que os credores passavam a persegui-los, mantinham-se distantes das finanças atuais e deixavam todo o trabalho jurídico para as esposas. Um dos maridos disse a Thorne: "Eu sou muito mau, quero dizer, eu amo a minha esposa, mas tenho que admitir que fui mau. Eles [os credores] telefonavam e eu dizia, 'Ah, desculpe, ele não está' ou 'ela [a esposa] está sim'" (THORNE, 2001: 178). Muitas esposas, então, viam-se responsáveis por guardar os papéis com cuidado, lidar com as contas, afastar credores hostis, tomar a iniciativa de declarar falência e depois lidar com a árdua papelada jurídica. Tais incumbências eram intimidantes. Uma mulher, que tomava conta dos três filhos de dia e trabalhava como garçonete à noite, descreveu a sua acrobacia financeira. Thorne descreve:

> [a mulher] usa todas as suas gorjetas nas contas mais urgentes. Por exemplo, no dia em que conversamos, ela havia recebido um telefonema da companhia elétrica: se ela não pagasse pelo menos uma parte

> do que devia, eles cortariam a sua luz. Ela me disse: "Eu recebi $ 50 [em gorjetas] na noite passada. Posso depositar esse valor e fazer um cheque para eles" (173).

Os pais em falência costumam tentar proteger os filhos dessas dificuldades. Enquanto entrevistavam mais de duas mil famílias que haviam declarado falência, Warren e Tyagi souberam dos esforços de Sara Swerdling, 38 anos, para proteger o filho de 11 anos da decadência financeira da família: "Ela escondia os avisos de datas vencidas com todo o cuidado, dizia que o telefone estava mudo devido a 'problemas técnicos' e que o carro havia sido rebocado porque a transmissão estava quebrada" (WARREN & TYAGI, 2003: 177). As mentiras funcionaram até o dia em que o ortodontista do filho, informado sobre a falência, recusou-se a continuar o tratamento ortodôntico do menino. Com grande dificuldade, Swerdling conseguiu achar um dentista disposto a retirar o aparelho se recebesse o pagamento adiantado. Explicar ao filho o que aconteceu foi ainda mais difícil. Eles dizem: "Ela precisou explicar ao filho de 11 anos o que havia dado errado na vida deles, por que um estranho retiraria o seu aparelho se os dentes ainda estavam tortos e como a vida dele iria mudar" (177). Assim, quando as famílias enfrentam o desemprego ou a falência, os seus membros readaptam não apenas as finanças, mas também seus relacionamentos. Pais e filhos, maridos e mulheres, assim como outros membros da família, às vezes dolorosamente, criam novas formas de misturar as suas relações íntimas e as transações econômicas.

Isso é ainda mais óbvio em casos de separação ou divórcio, quando um membro realmente deixa a família. Esse tipo de partida, entre outras coisas, altera o relacionamento não apenas entre os cônjuges, como também entre pais e filhos, avós e netos, assim como entre os cônjuges separados e as próprias famílias de origem. Duas vinhetas das entrevistas realizadas por Kathleen Gerson com um grupo variado de pais na área metropolitana de Nova York ilustram algumas das mudanças. Considerando as contribuições financeiras masculinas para as famílias e a sua participação nos trabalhos domésticos, Gerson classifica-os em três categorias principais: chefes de família primários, pais autônomos e pais envolvidos. Se, por exemplo, o pai recebesse uma avaliação relativamente baixa nas contribuições econômicas e na participação nos trabalhos domésticos, era classificado como autônomo. Ela constatou que, com o divórcio, alguns dos chefes de família tradicionais tornavam-se pais envolvidos. Esses homens logo descobriam importantes mudanças relacionais.

Observe o caso de Roger, executivo e pai de três filhos, que assumiu a guarda dos filhos depois que a esposa o trocou por outro. Ele descobriu a quantidade enorme de trabalho, inclusive relacional, despendida na administração de uma casa: "Eu fui de não fazer quase nada, exceto brincar, a ter de fazer praticamente tudo [...] Você senta e por onde começa? Pelo básico. Você começa a escrever uma lista de tudo o que vem à cabeça e que é necessário fazer. Você percebe que a lista vai do chão até o teto umas cinco vezes" (GERSON, 1993: 239).

Após o divórcio, alguns chefes de família seguiam um caminho oposto, distanciando-se da família. Esses pais recém-autônomos encontraram um grupo diferente de mudanças substanciais em seu relacionamento com os filhos. Alan, avaliador de bens, cuja esposa também o trocou por outro, descreveu os embates cada vez mais frequentes com o filho e a enteada: "Eles ficaram hostis, devolviam e rasgavam o dinheiro. Então, eu pensei, 'Se é assim que eles querem [...]' Eu poderia ter sido mais incisivo, mas quem ia sofrer? Pensei, 'Eles vão voltar', mas isso nunca aconteceu" (136).

As famílias rompidas por perda de emprego, falência, separação ou divórcio revelam a interdependência entre a atividade econômica familiar e as relações interpessoais íntimas. As crises que começam em um relacionamento, especialmente entre cônjuges, ramificam-se rapidamente por todas as outras relações familiares. Crises como perda de emprego e falência, que reduzem de modo radical e veloz as fontes externas de sustento à atividade familiar, alteram imediatamente as relações sociais em ambas as áreas: dentro de casa e nos vínculos entre os membros da família e o resto do mundo social. Os fluxos financeiros costumam se inverter, com filhos, irmãos ou outros parentes começando a ajudar os casais cercados de problemas. Readaptações desse tipo tornam-se ainda mais visíveis quando as transações familiares tornam-se questões de contestação judicial.

As famílias na lei

Com toda a complexa interseção de intimidade e atividade econômica acontecendo nas famílias, poderíamos pensar que os advogados adorariam levar as disputas familiares à justiça. A lei americana, na verdade, impõe barreiras importantes entre lutas familiares e litígio. Ao contrário de negócios comerciais, a lei geralmente supõe que as transações econômicas entre os membros da família que vivem juntos são "gratuitas", não estando à venda. Os tribunais são avessos a fazer valer promessas feitas em família, assim como a julgar o valor de questões como companheirismo, fidelidade e contribuições para a manutenção doméstica. Em suma, o direito americano aborda as famílias com hesitação, com o pé atrás. Porém, as relações familiares tornam-se questões de litígio judicial. Veja uma amostra de questões que foram ajuizadas nos tribunais americanos nas últimas décadas[11]:

---

11. Cf. processos desse tipo em *In re Casamento de Graham*, 135. Relator da Califórnia 2d 685 (Tribunal de Segunda Instância da Califórnia, 2003); *Riggs vs. Riggs*, 478 S.E. 2d 211 (Tribunal de Segunda Instância N.C., 1996); *Eller vs. Receita Federal*, 11 T.C. 934 (1981); *Ver Bryche vs. Ver Bryche*, 843 A. 2d 758 (Md. 2004); *In re Casamento de Morris*, 640 N.E. 2d 344 (111. Tribunal de Segunda Instância, 1994); processo de Gary Coleman contra os pais [disponível em http://www.minorcon.org/childrenaschattels.html]; L.S.K vs. H.A.N., 813 A. 2d 872 (Tribunal Superior da Pensilvânia, 2002); Bass p. Bass, 779 N.E. 2d 582 (Tribunal de Segunda Instância de Ind., 2002). Cf. tb. Spragins, 2003.

- Se um casal se divorciar, a esposa que sustentou o marido enquanto ele investia em sua formação profissional tem direito sobre a renda profissional futura dele?
- Se, sem os outros membros da família saberem, um dos cônjuges acumular uma dívida grande, o outro cônjuge será responsável?
- Se os pais remunerarem os filhos pelo trabalho em negócios da família, podem deduzir do seu imposto de renda os salários como despesas comerciais?
- Se os pais contribuírem com a entrada da compra de uma casa adquirida pelo filho e pela nora, mas o casal se divorciar depois, os pais poderão reaver a contribuição?
- Se um dos membros da família comprar um bilhete de loteria e for sorteado, que direitos os outros membros da família terão sobre o dinheiro?
- Se os pais juntarem grandes somas de dinheiro com o trabalho de um filho ator ou atleta, quanto poderão gastar legitimamente consigo mesmos?
- Se uma mãe lésbica tiver filhos enquanto viver maritalmente com alguém, a sua parceira, que divide a guarda parcial, deverá pagar pensão aos filhos em caso de separação?
- Um pai divorciado é responsável pelas despesas escolares dos filhos?

É óbvio que o dinheiro desempenha um papel importante nessas disputas. Além disso, os acordos judiciais nos processos sobre tais questões normalmente assumem a forma de pagamentos monetários compulsórios. Nos últimos anos, por exemplo, o pagamento de pensão alimentícia aos filhos tornou-se um ponto dominante em acordos de divórcio (CARBONE, 2000; ELROD & SPECTOR, 2004). Porém, as disputas vão muito além do dinheiro propriamente dito. Elas concentram-se nas obrigações e nos direitos mútuos dos membros da família.

Em vez de analisar essa ampla gama de disputas judiciais, vamos voltar às três áreas principais das práticas familiares já abordadas: controle e transferência de bens familiares, consumo-distribuição e produção familiar. No território jurídico, essas três áreas da atividade familiar normalmente reaparecem como (1) disputas sobre as finanças familiares, (2) reivindicações de propriedade familiar e (3) avaliação das contribuições econômicas dos membros da família. Como veremos, a lei tende a aceitar os aspectos familiares que se pareçam mais com questões jurídicas não familiares: contratos, atos ilícitos, crimes etc. De fato, a lei reinterpreta regularmente as transações familiares segundo a linguagem dos contratos, atos ilícitos, crimes e similares. Ademais, as famílias afetadas por morte, divórcio, separação, prisão ou falência aparecem com mais frequência nos tribunais do que famílias intactas. Como consequência, as famílias assumem aparências diferentes nos tribunais do que na vida social cotidiana.

Disputas envolvendo finanças familiares

Todas as famílias elaboram algumas adaptações para receber, guardar, distribuir e gastar os bens financeiros da casa. A maioria delas estabiliza essas adaptações servindo-se de artifícios como orçamentos, reservas, contas bancárias individuais ou conjuntas e responsabilidade pelo pagamento das contas. Assim fazendo, os membros da família representam e moldam simultaneamente a sua compreensão compartilhada das relações dentro da família e das relações coletivas da família com os outros, fora da família. Mesmo quando essas adaptações suavizam-se em rotinas das quais os membros da família não se dão conta, as circunstâncias de mudança produzem controvérsias sobre as finanças. Um novo emprego, as crianças virando adolescentes, uma doença grave e o divórcio ilustram os tipos de adaptações que a maioria das famílias faz mais cedo ou mais tarde. Na maior parte do tempo, as famílias lidam com mudanças tensas contando com os próprios recursos ou com os recursos de amigos e parentes.

Mas algumas disputas envolvendo finanças tornam-se ocasiões para ações judiciais. Assim como antes, podemos estabelecer uma distinção rudimentar, porém útil, entre as lutas que se desenvolvem a partir das relações internas da família e os conflitos que iniciam com as relações entre a família e os outros de fora. Na primeira categoria, vamos analisar especialmente disputas que se concentram em bens financeiros familiares conjuntos; na segunda, controvérsias judiciais sobre as responsabilidades de membros da família pelas atividades dúbias de um deles. É claro que a administração financeira familiar normal – quanto os membros da família gastam, com o quê, o quanto é economizado e como o dinheiro é investido – provoca disputas domésticas recorrentes, mas esses conflitos raramente chegam ao tribunal. Ainda que fossem, a lei se recusaria a intervir em tais desacordos particulares (HARTOG, 2000; SIEGEL, 1994; sobre casos excepcionais no século XIX em que a justiça interveio, leia KAHN, 1996: 383). Quando as famílias se rompem, todavia, as suas práticas financeiras mais rotineiras costumam se transformar em amargas disputas contábeis. O dinheiro coletivo deve receber novos rótulos, como sendo dele, dela ou deles.

Advogados e tribunais costumam tecer uma distinção entre propriedade marital e não marital: os bens indissoluvelmente conjuntos que pertencem à família propriamente dita, e aqueles que de alguma forma possam ser separados como pertencentes a indivíduos contratantes. Por exemplo, os tribunais costumam evocar a doutrina da transmutação, questionando se o casal tomou atitudes deliberadas que converteram bens individuais em produtos coletivos. Um dos cônjuges, por exemplo, comprou uma propriedade com os seus fundos, mas a registrou em nome de ambos os cônjuges? Ou o marido depositou o seu dinheiro individual em uma conta conjunta com a esposa? Ao fazer isso, normalmente considera-se que fundos individuais convertem-se em um bem marital (cf. HADDEN, 1993-1994; WEYRAUCH; KATZ & OLSEN, 1994: 140-156).

Na falta de uma ação deliberada, os tribunais costumam aplicar uma regra de "origem dos fundos": buscam as origens dos bens contestados, procurando indícios de que eles de fato pertencem a somente uma das partes. O marido adquiriu o bem após o divórcio? A esposa ganhou o seu dinheiro como doação pessoal ou herança? Os fundos foram a indenização por danos morais a um dos cônjuges? Nesses casos, e obviamente com a extensa e usual variação de um estado a outro, o bem geralmente é declarado não marital. Mas nem sempre. Rastrear a propriedade normalmente é uma busca judicial hercúlea. Fundos conjuntos, por exemplo, não constituem prova cabal de sua propriedade mútua. Se os fundos individuais dos cônjuges estiverem juntos em uma conta bancária conjunta e também forem usados para despesas familiares coletivas, a junção elimina vestígios prévios de propriedade individual anterior. Mas, se o tribunal conseguir rastrear as quantias individuais em uma conta conjunta ou fundo de investimentos, ou demonstrar os seus objetivos pessoais de uso, então o cônjuge conseguirá deter os direitos de propriedade individual.

Foi o que aconteceu no caso *Tolley vs. Tolley* (592 N.W. 2d 318 (Tribunal de Segunda Instância de Wisconsin, 1999)). Em 1988, Bertie Tolley havia recebido $ 300.000 como indenização por lesão corporal, enquanto Barbara, sua esposa, recebeu $ 21.000 por perda de consórcio resultante da lesão. O casal depositou as duas indenizações no nome dos dois. Quando os Tolley se divorciaram, o tribunal determinou que os fundos não pertenciam ao patrimônio do casal. Barbara recorreu, alegando que a junção das indenizações em uma conta conjunta caracterizada pelo uso do dinheiro para despesas domésticas havia convertido os fundos em propriedade marital. Porém, o Tribunal de Segunda Instância de Wisconsin indeferiu seu pedido, afirmando que a fonte do dinheiro sobrepusera-se à junção. Citando um caso mais antigo, o tribunal ressaltou a especificidade de uma indenização por lesão corporal nestes termos: "Assim como cada cônjuge tem o direito de deixar o casamento com o seu próprio corpo, presume-se que cada cônjuge tenha o direito de deixar o casamento com o que foi atribuído para substituir ou compensar um corpo que deixou de ser saudável" (318).

De um ponto de vista doutrinal, a fonte dos fundos sobrepujou-se à transmutação. Um resultado inverso ocorreu no processo de divórcio de *Spooner vs. Spooner* (850 A. 2d 354 (Me., 2004) no Supremo Tribunal do Maine. O que estava em jogo era uma conta de investimento com ações que valiam cerca de $ 60.000. Um fundo fiduciário criado pela mãe de Deborah Spooner havia favorecido Deborah com esses títulos de crédito, os quais Deborah depositou em uma conta conjunta com o marido, Stephen Spooner. Os Spooners usaram parte do dinheiro para quitar dívidas de cartão de crédito, "dar entrada em veículos tanto para Stephen quanto para Deborah, quitação de um empréstimo de automóvel, tratamento odontológico de Deborah e quitação de uma dívida com a faculdade do filho de Deborah" (357).

O tribunal regional que julgava o divórcio dos Spooners foi persuadido pelas alegações de Deborah – respaldadas por um documento do fundo fiduciário, estabelecendo-a como a única beneficiária da mãe – de que as ações eram só dela, não do marido. Stephen discordou e recorreu, afirmando que, mesmo se as ações tivessem se originado dos fundos pessoais de Deborah, elas haviam sido convertidas em propriedade marital, já que a esposa as havia depositado na conta conjunta, e eles haviam usado o dinheiro em compras e débitos mútuos. Segundo o seu argumento, havia ocorrido transmutação. O Supremo Tribunal concordou com Stephen e reformou a sentença inicial do tribunal regional. Ao fazer isso, o tribunal tomou duas decisões fundamentais nesse processo: primeiro, que a doutrina da transmutação aplica-se a títulos de crédito, não apenas a bens; segundo, que, na ausência de fortes indícios contrários, a transmutação sobrepõe-se à fonte dos fundos. O tribunal não contestou a alegação de Barbara de que as ações de sua mãe haviam sido uma doação exclusivamente para ela, mas que, tendo em vista que ela as havia depositado em uma conta conjunta, elas deixaram de constituir sua propriedade pessoal.

Em outros casos, o litígio judicial não se origina dentro de casa, mas em relações entre a família e autoridades externas. Um exemplo significativo refere-se a obrigações tributárias. Nos últimos cinquenta anos, as famílias estadunidenses normalmente têm feito declarações de renda conjuntas, assumindo a responsabilidade por eventuais erros, adulterações ou fraudes coletivamente. As instruções da Receita Federal esclarecem a extensão da responsabilidade conjunta de casais casados: "Ambos os contribuintes são individual e solidariamente responsáveis pelo imposto e quaisquer juros ou sanções sobre a declaração conjunta, mesmo em caso de posterior divórcio [...]. Um dos cônjuges poderá ser responsabilizado por todo o imposto devido, mesmo se toda a renda tiver sido auferida pelo outro cônjuge" (RECEITA FEDERAL, 2004).

O que acontece quando o marido ou a esposa faz declarações fraudulentas desconhecidas pelo outro cônjuge? Como geralmente um cônjuge prepara a declaração de renda e outro simplesmente assina, é grande a possibilidade de que problemas sérios ocorram. De fato, até 1971, segundo a lei tributária americana, o conspirador involuntário compartilhava total responsabilidade pela fraude, estando o casal casado ou divorciado. De 1971 a 1998, contudo, o Congresso introduziu certa proteção ao que chamou de "cônjuge inocente". Se a esposa ou o marido pudesse provar que desconhecia e não tinha motivos para saber sobre alguma sonegação fiscal, a Receita Federal isentaria tal cônjuge da responsabilidade injusta.

Em 1989, por exemplo, um Tribunal de Segunda Instância dos Estados Unidos declarou Patricia Price como "cônjuge inocente", reformando uma sentença anterior proferida pela Justiça Tributária dos Estados Unidos. Em suas declarações federais de renda conjuntas de 1981, Charles Price, seu marido, havia solicitado dedução de $ 90.000 por despesas relativas a um investimento em minas de ouro colombianas. Patricia declarou ter "achado que era muito", porém, tranquilizada pelo marido, assinou. Quando a Receita Federal questionou a dedução alguns anos depois, Patricia alegou inocência: ela havia confiado nos conhecimentos empresariais do marido sem suspeitar de fraude. Embora a Justiça Tributária tenha discordado das suas alegações, o Tribunal de Segunda Instância dos Estados Unidos foi persuadido, observando, entre outros fatores, o envolvimento submisso de Patricia no sistema contábil-financeiro da família:

> Observamos que Patricia tinha um envolvimento limitado nas questões financeiras do casamento com Charles, em geral, sem estar envolvida no investimento [na mina de ouro] em especial [...]. Na verdade, Charles tinha uma conta bancária individual para os seus investimentos, enquanto a participação de Patricia nas questões monetárias do casal aparentemente limitava-se a pagar as despesas domésticas e a hipoteca da casa (*Price vs. Receita Federal* 887 F. 2d 959, 965 (9ª Cir., 1989)).

Charles, concluiu o Tribunal de Segunda Instância, "aproveitou-se da falta de conhecimento de Patricia sobre as suas questões financeiras e ludibriou-a" (959). Entretanto, segundo a legislação em vigor até 1998, poucos cônjuges prejudicados pediam proteção ou ganhavam os processos (WILLIS, 1998: 2).

Em 1998, o Congresso reagiu às reclamações e reduziu a responsabilidade conjunta dali em diante, mas não a eliminou. De fato, Elizabeth Cockrell, que incitou a reforma tributária, perdeu o próprio processo no Supremo Tribunal dos Estados Unidos. Durante seu casamento de dois anos com John P. Crowley, corretor de mercadorias que especulava com operações financeiras para redução de imposto de renda, ela foi persuadida a assinar declarações de renda que alegavam deduções fraudulentas por prejuízos falsos com operações financeiras. Em 1990, nove anos após o divórcio, a Receita Federal, sem conseguir receber o que era devido de Crowley, cobrou de Cockrell, agora mãe solteira de dois filhos, $ 650.000. A alegação de inocência de Cockrell enfrentou várias dificuldades: a sua formação universitária; o seu treinamento como corretora de ações; o seu envolvimento, embora limitado, nos negócios do marido; o estilo de vida pródigo do casal; e o próprio valor alto das deduções, razão pela qual a Receita Federal os perseguia. Como resultado, tanto a Justiça Tributária quanto um Tribunal de Segunda Instância rejeitaram a defesa (*Cockrell vs. Receita Federal*, 97-2 Ação Tributária Federal (CCH) P50, 549 (2d Cir., 1997)).

Consternada com a própria derrota, Cockrell tornou-se franca defensora da reforma legislativa. Ela depôs ao Comitê de Finanças do Senado em 1998 e criou o *Women for IRS Financial Equity (Wife)* para defender cônjuges vulneráveis. O Congresso tomou providências sobre a proposta do grupo: após a reforma tributária de 1998, o número de alegações de cônjuges inocentes multiplicou-se. De 1999 a 2001, por exemplo, a Receita Federal recebeu mais de 150.000 solicitações de auxílio (COZORT, 2003; cf. tb. TRIBUNAL DE CONTAS DOS ESTADOS UNIDOS, 2002). Cockrell, porém, não se beneficiou pessoalmente. Em 1999 o Supremo Tribunal dos Estados Unidos recusou-se a ouvir o argumento de que ela era um "cônjuge inocente". Porém, as atenções ao seu problema continuaram: em dezembro de 2003, uma matéria do *Daily News* afirmou que produtores de Hollywood estavam pensando em criar um filme sobre a experiência de Cockrell e de um outro cônjuge inocente (GROVE, 2003).

Alegações de propriedade familiar contestadas

Grandes compras familiares, como vimos, normalmente envolvem a maioria ou todos os membros da família e às vezes outros parentes também. Quando os problemas começam, a natureza dessas compras e o seu pagamento frequentemente se tornam contundentes questões de litígio judicial. Em acordos de divórcio, por exemplo, a dúvida sobre um automóvel da família pertencer a um cônjuge ou a ambos costuma girar em torno do fato de ambos terem efetuado a compra separadamente, usado o automóvel separadamente ou se um cônjuge deu o automóvel ao outro de presente (cf. HADDEN, 1993-1994).

Outra forma recorrente de disputa sobre propriedade é a tentativa das partes, em uma ação judicial, de decidir se a colaboração de alguém na compra constituiu doação, empréstimo, direito ou compra conjunta. Quando a ação envolve divórcio, a casa normalmente é, de longe, a propriedade mais requisitada para a partilha. Nesse ponto, quem pagou pela casa, como e por que tornam-se a questão judicial fundamental. Quando os pais, por exemplo, deram ao filho e ao seu cônjuge dinheiro para dar entrada numa casa, eles esperavam receber a quitação, como em qualquer empréstimo, ou esse dinheiro foi um presente? Se foi um presente, foi uma doação condicional, com a expectativa de que o filho acabaria ajudando os doadores? Eles e os filhos compraram a casa juntos? Se o filho divorciar-se, o que acontecerá com o investimento dos pais? Se o pagamento qualifica-se como um empréstimo, o casal divorciado é igualmente responsável pela quitação, mas, se for uma doação, grande parte depende da definição de ter sido uma doação conjunta ou individual. Na falta de fortes indícios concernentes às intenções do doador, porém, os tribunais normalmente pautam-se na doutrina da gratuidade: a pressuposição de que as transferências de propriedade entre parentes próximos constituem doações (cf. MARVEL, 1979). Assim, se os pais compram uma casa para o filho casado, sem outros indícios das suas intenções, os tribunais geralmente decidem que a compra da casa foi uma doação.

Algumas dessas questões aparecem dramaticamente em uma disputa inusitada sobre a propriedade de uma casa, decidida em 2002 (*Hudak vs. Procek*, 806 A. 2d 140 (Del., 2002); cf. tb. *Hudak vs. Procek*, 727 A. 2d 841 (Del., 1999); *Lei dos Idosos* 2002). O que estava em questão era o investimento dos pais em uma casa comprada por um filho e as reivindicações dos membros da família sobreviventes por essa casa. Anna e John Procek, os pais, migraram da Tchecoslováquia, fixando-se em um bairro étnico de Nova Jersey com outros compatriotas checos, onde criaram três filhas. Os Proceks nunca dominaram o inglês, nem aprenderam a dirigir. Em

1978, quando tinham setenta e poucos anos, o casal decidiu vender a casa de Nova Jersey e mudar-se para Delaware, perto da filha mais velha, Helen Hudak. Helen havia prometido cuidar deles na velhice. Desconhecendo transações financeiras complexas (eles só efetuavam as suas compras em dinheiro), os Proceks incumbiram Helen de comprar sua nova casa – a um quarteirão de distância da casa dela – com o dinheiro da venda da propriedade de Nova Jersey. A casa foi registrada apenas no nome de Helen, embora ela fosse casada com John Hudak Jr. há mais de duas décadas. Depois que os Proceks mudaram-se, eles pagavam todas as despesas da nova casa, mas precisavam da ajuda de Helen e John em vários assuntos cotidianos. Helen levava os pais de carro "a lojas e consultas médicas [...]. Os Proceks davam dinheiro a Helen, que emitia cheques para pagar as contas [deles]" (*Hudak*, 806 A. 2d 145), enquanto John providenciava eventuais consertos na casa.

Em abril de 1990 uma tragédia aconteceu: Helen ficou doente e morreu de câncer. Antes de morrer, Helen havia sugerido transferir a titularidade da casa para os pais, mas eles recusaram. Portanto, após a morte de Helen, a titularidade da casa passou para o seu marido sobrevivente. Alguns meses depois, receoso de Hudak casar novamente e expulsá-los, John Procek convenceu o genro viúvo a assinar um acordo, garantindo que o casal de idosos pudesse permanecer na casa até a sua morte. Procek morreu três anos depois. Mais três anos depois, Anna, agora com noventa e dois anos, decidiu ir morar com Irene, outra de suas filhas. Foi aí que os problemas começaram. Irene e Annie (a terceira filha) pediram a Hudak para vender a casa e dividir o dinheiro igualmente entre os três. Hudak rejeitou a proposta e mudou-se com o filho para a propriedade em disputa. Anna foi à justiça, afirmando que a casa era dela, não de Hudak. Anna declarou que não havia comprado a casa como uma doação direta para a filha: "Eu pago todas as despesas da minha casa. Ela não pagava nada, apenas cuidava de mim". Quando o tribunal perguntou por que ela e o marido haviam colocado a casa no nome de Helen, Anna respondeu: "Eu achei que ela precisava tomar conta de mim, mas ela morreu tão cedo" (148). Os Proceks teriam dado a casa à filha como recompensa por seus cuidados, mas depois da morte deles, não dela.

Três sentenças judiciais apoiaram a anciã: primeiro, o Tribunal de Primeira Instância de Delaware, em 1998, e duas vezes, nos recursos, o Supremo Tribunal de Delaware. Porém, tudo estava contra Anna, afinal de contas, ela precisou se opor à forte pressuposição judicial de que, quando os pais transferem bens aos filhos, essa transferência é uma doação direta, não condicional. Para tomar as suas decisões, os tribunais levaram em conta a falta de familiaridade do casal Procek com o sistema jurídico americano para explicar por que eles provavelmente não haviam entendido as implicações jurídicas de colocar a casa em nome de Helen. Tampouco havia registros de imposto sobre doação. Ademais, os tribunais não acreditaram que pais de três filhas privilegiariam somente uma delas dessa forma. Os tribunais basearam uma parte importante da sua decisão na sua leitura das intenções dos Proceks, portanto encaixando um grupo complexo de transações familiares nos nichos mais estreitos providos pela lei.

Lutas por valoração

Disputas familiares cotidianas costumam girar em torno de contribuições de membros da família para o empreendimento coletivo: participação dos cônjuges nos afazeres domésticos, responsabilidade dos filhos pelas tarefas domésticas, negociação com organizações externas etc. Tais questões tornam-se assuntos de contestação judicial quando um ou outro membro busca compensação por serviços à família após o fato ou reivindica bens familiares em virtude das contribuições com a sua produção. Os casos mais óbvios resultam de lesão, doença, morte e divórcio. Tais abalos geralmente suscitam questões espinhosas concernentes à valoração do trabalho doméstico. Contribuições não remuneradas dão margem a questões particularmente delicadas, porque os tribunais devem decidir se tais serviços devem ou não ser valorados e, em caso afirmativo, que valor atribuir.

O memorável processo de divórcio *Hartog vs. Hartog* suscita exatamente essas questões (647 N.E. 2d 749 (N.Y., 1995)). Katherine e Albert Hartog divorciaram-se em 1991 após vinte e três anos de casamento, durante os quais criaram dois filhos, que tinham em torno de vinte anos na época. Enquanto estavam juntos, Katherine, com cinquenta e um anos na época do divórcio, havia se dedicado às suas atividades como "esposa, mãe, empregada e anfitriã" (752). Eventualmente, ela arrumava empregos esporádicos, porém mal remunerados. Albert passava de cinco a seis dias da semana trabalhando na F. Staal, empresa do ramo de joias da família dele. Ele também era diretor e acionista em dois outros negócios da família, a Hartog Trading Corporation e a Hartog Foods International. Albert, porém, não era diretamente responsável pela administração dessas empresas; o seu irmão e outras pessoas supervisionavam os dois empreendimentos. Exceto por uma conta bancária conjunta, o casal mantinha contas bancárias e de corretagem individuais. Com o passar do tempo, os Hartogs sofreram graves problemas de saúde. Katherine submeteu-se a mastectomias por causa de câncer nos seios em 1985 e 1986, enquanto Albert recebeu o diagnóstico de câncer de próstata na fase final do seu litígio de divórcio.

Quando Katherine e Albert divorciaram-se, o seu caso, conforme a definição de um juiz, apresentava "um quebra-cabeça multifacetado de questões" (752). De fato, *Hartog vs. Hartog*, julgado primeiramente pelo Supremo Tribunal de Nova York, foi alvo de dois recursos, um em 1993 e outro dois anos depois. As questões contestadas incluíam:

1) Katherine tinha direito à valorização de preço da F. Staal, onde Albert trabalhava vários dias por semana?

2) Tinha um direito equivalente à valorização de preço das duas outras empresas da família em que Albert não participava ativamente?

3) Katherine tinha direito a uma parte do bônus recebido por Albert antes do divórcio, porém pago a ele depois que o processo de divórcio começou?

4) As ações e os títulos que Albert guardava em um cofre – alguns dos quais haviam sido dados pelos pais dele – eram sua propriedade pessoal ou também pertenciam a Katherine, já que as ações e os títulos haviam sido misturados com os bens maritais?

5) Katherine tinha direito a uma pensão que garantisse a sua capacidade de manter o padrão de vida que o casal tinha antes do divórcio?

Após uma sentença contrária em 1993 pela Divisão de Recursos do Supremo Tribunal, em sua sentença final, em 1995, o Tribunal de Segunda Instância estabeleceu o direito da esposa em quase todos esses itens. A decisão mais significativa do tribunal foi que Katherine tinha direito à valorização de preço da Hartog Trading e da Hartog Foods, apesar do argumento de Albert de que nem o esforço dele nem o dela contribuíram para a valorização em disputa. O envolvimento de Albert em ambas as empresas da família, embora limitado, decidiu o tribunal, contribuiu suficientemente para a valorização delas. Assim, uma parte dessa valorização tornou-se uma propriedade marital legitimamente. Mas o que exatamente permitiu que Katherine tivesse direito à valorização de preço de duas firmas onde nunca havia trabalhado diretamente? O tribunal considerou que a manutenção que ela exerceu em relação à família Hartog era suficiente para qualificá-la. Citando princípios de distribuição equitativa doméstica de 1980 e a jurisprudência de 1986, no processo *Price vs. Price* (593 N.E. 2d 684 (N.Y., 1986)), o tribunal afirmou a intenção da lei: "tratar o casamento, em um de seus aspectos, como uma parceria econômica e, ao fazê-lo, reconhecer as contribuições diretas e indiretas de cada cônjuge, inclusive donas de casa" (*Hartog*, 647 N.E. 2d 755). Logo depois do fim do processo, Albert Hartog morreu de câncer. Katherine recebeu parte do espólio (PLESENT, 2004). *Hartog vs. Hartog* tornou-se uma referência exatamente por causa dos princípios que propiciaram os ganhos da esposa. A ideia mais geral de que o trabalho doméstico de fato contribui para o bem-estar econômico da família adquiriu uma força visível no direito americano.

As indenizações monetárias pela morte das vítimas de 11 de setembro causaram preocupações similares. Como aquelas vidas tragicamente perdidas seriam avaliadas de modo justo? É claro que o direito americano há muito tempo cria oportunidades para processos alegando morte que gera responsabilidade civil. Como vimos no capítulo 2, a perda da renda ou dos serviços práticos de uma pessoa falecida domina há muito tempo as indenizações judiciais. Porém, até o início do século XX, os tribunais relutavam em também reconhecer o valor econômico de perdas sentimentais, inclusive de companhia, afeto, cuidados pessoais e relações sexuais. Os parentes dos mortos de 11 de setembro poderiam ter ajuizado individualmente ações por morte que gera responsabilidade civil, e alguns o fizeram. Mas, ao contrário, por vários motivos, especialmente para poupar as companhias aéreas de litígios incontroláveis, o governo dos Estados Unidos decidiu minimizar os processos individuais, criando um Fundo Indenizatório às Vítimas a ser distribuído entre os candidatos certificados. O advogado Kenneth Feinberg assumiu a delicada empreitada de administrar o fundo e decidir como distribuir o dinheiro disponível entre aqueles que haviam sido fisicamente lesados no ataque e os parentes enlutados.

Feinberg tinha autonomia para decidir sobre como proceder. Assim, ele poderia simplesmente ter concedido valores iguais aos sobreviventes de cada vítima. Ou poderia ter negociado individualmente com os sobreviventes. Ao contrário, Feinberg assumiu diretamente o assustador problema de avaliar a extensão de cada perda. Essa decisão envolveu-o em uma complicação de cálculos e negociações. Ele precisou mensurar com cuidado quem era um candidato qualificado, quem tinha o direito de se pronunciar em nome dos candidatos de determinada vítima, quanto os candidatos qualificados deveriam receber e por quais perdas. Por exemplo, ele pautou-se em possíveis prejuízos econômicos variáveis para determinar os direitos dos sobreviventes, mas definiu um valor fixo para o pagamento por vítima pelos danos morais dos sobreviventes ($ 250.000 por cada pessoa morta, mais $ 100.000 por cada cônjuge ou filho sobrevivente).

À medida que as diretrizes de indenização concretizavam-se, um componente que se destacou nas discussões em torno do fundo foi a importância dos temas morais. Debates acalorados surgiram: por que viúvas ou pais de executivos ricos deveriam receber mais do que os sobreviventes de um porteiro ou um bombeiro? Parceiros de *gays* e lésbicas deveriam receber? Parceiros sobreviventes de uniões estáveis e noivos estavam qualificados para receber a indenização? E cônjuges separados? Por que limitar os danos morais? E por que a proeminência dos prejuízos econômicos? Como disse um crítico, "É mais fácil calcular horas de trabalho do que a tristeza" (MEYERSON, 2002).

Por sua vez, as famílias das vítimas mortas em outros desastres – o bombardeio de 1993 no World Trade Center, Oklahoma City, USS Cole, embaixadas no leste da África – questionaram a legitimidade moral de um fundo que indenizava as perdas de 11 de setembro, mas não as perdas sofridas por elas. Por exemplo, Kathleen Treamor, que perdeu a filha de quatro anos no ataque a Oklahoma City, indagou: "Por que é certo que a viúva de um corretor de ações de Nova York receba milhões de dólares, e não a família de um agricultor pobre de Oklahoma?[...] Por que a minha filha vale menos do que essas pessoas?" (BELKIN, 2002: 95; cf. tb. MINISTÉRIO DA JUSTIÇA DOS ESTADOS UNIDOS, 2002).

O fundo fechou em 15 de junho de 2004. Como Feinberg dividiu quase $ 7 bilhões para atender 2.900 reivindicações por morte e 4.400 por lesão corporal? Seguindo a jurisprudência em litígios por mortes que geraram responsabilidade civil, Feinberg baseou-se amplamente no prejuízo econômico gerado por cada morte. Mas duas outras questões o direcionaram de modo ainda mais direto a questões familiares. A primeira era determinar quais candidatos enlutados tinham o direito de receber a indenização monetária; a segunda era decidir o que exatamente constituía prejuízo econômico para a família. A especificação dos candidatos legítimos envolveu Feinberg na elaboração de difíceis distinções. Os membros da mesma família do falecido – cônjuges e filhos – eram candidatos óbvios. Mas Feinberg precisou enfrentar tantas outras reivindicações, especialmente de parceiros que viviam em união estável e parceiros do mesmo sexo. Para complicar ainda mais, em muitos casos os parentes e companheiros das vítimas contestavam sobre qual deles tinha direito à indenização. Por exemplo, Feinberg finalmente decidiu que um parceiro do mesmo sexo só estaria qualificado se ele(a) e a família da vítima entrassem em acordo (BOSTON, 2004; GROSS, 2002).

Cônjuges separados apresentaram problemas complicados também. Veja o caso de Mandy Chang, que trabalhava no First Commercial Bank of Taiwan e morreu no 78° andar da torre sul do World Trade Center. O seu ex-marido, James C. Burke, e a mãe dela, Feng-yu Wu, brigaram pelos seus direitos de receber a indenização do fundo. Como Burke e Chang nunca se divorciaram, ele afirmava ser o seu herdeiro legal. De acordo com os amigos dela, porém, o único motivo pelo qual o casal ainda não havia se divorciado era a relutância de Chang em entrar em uma luta judicial e financeira. A mãe de Chang, que vivia com ela em Manhattan e foi declarada como dependente para fins tributários, questionou os direitos morais do genro à indenização. O advogado dela, Michael Cervini, tentou anular o casamento (CHEN, 2002). De fato, porém, Burke não tinha como reivindicar com credibilidade seus direitos por prejuízos financeiros. Após uma desgastante negociação feita por Cervini, o ex-marido aceitou um pagamento menor e concedeu a maior parte da indenização à sogra (CERVINI, 2004).

Determinar o que constituía prejuízo econômico também foi um desafio. Inicialmente, o fundo não se manifestou a compensar os serviços domésticos não remunerados – que constituem, como já vimos, uma parte essencial da atividade econômica familiar. Grupos organizados de feministas reclamaram e questionaram Feinberg intensamente sobre a questão. Em janeiro de 2002, a Deputada Carolyn Maloney, de Nova York, e outros onze deputados protestaram por escrito contra a negligência de Feinberg em "levar em consideração os serviços domésticos executados pela pessoa que trabalhava para a família, como cuidados com crianças e manutenção da casa" (MALONEY, 2002). Martha Davis, vice-presidente e diretora jurídica da Organização Nacional do Fundo de Educação e Defesa Jurídica da Mulher, uniu-se a Joan Williams, diretora do Programa de Gênero, Trabalho e Família da Faculdade de Direito de Washington, Universidade Americana, na elaboração de um recurso detalhado. Elas alegavam que "ignorar o trabalho não remunerado executado por trabalhadoras em tempo integral suscita questões de discriminação sexual [...]. É muito mais provável que vítimas mulheres", afirmaram, "especialmente mães, tenham empregado muito tempo em trabalhos não remunerados" (DAVIS, 2002: 220).

As feministas venceram: Feinberg alterou as diretrizes. A Alteração Final do Fundo Indenizatório às Vítimas, em março de 2002, permitiu uma consideração caso a caso de pedidos de "prejuízo em serviços de substituição": os sobreviventes puderam reivindicar seus direitos à indenização pelo valor econômico dos serviços domésticos providos pela vítima (MINISTÉRIO DA JUSTIÇA DOS ESTADOS UNIDOS, 2002). O trabalho não remunerado incluía homens e mulheres. A abordagem caso a caso de Feinberg permitiu um cálculo detalhado de tais contribuições familiares. O fundo normalmente colhia indícios das despesas reais dos sobreviventes após 11 de setembro com serviços domésticos não remunerados que a vítima teria executado, depois inferia as despesas comprovadas de acordo com a expectativa de vida normal da vítima. Por exemplo, no caso de um bombeiro solteiro de 40 anos que ganhava $ 71.000 por ano, a "indenização bruta inicial estimada" equivalia a $ 1,5 milhão. O fundo incluía no cálculo da indenização o fato de que ele ajudava os pais, que tinham a saúde frágil, com várias tarefas domésticas e outros serviços. O cômputo da indenização aos pais do bombeiro usou como base os $ 3.300 que os pais gastaram com um conserto no telhado depois de 11 de setembro, tendo em vista que, se estivesse vivo, o próprio bombeiro teria executado o serviço. O fundo tratou essa despesa como "um componente de trabalho de serviços suplementares comprados" e concedeu aos pais um suplemento de $ 40.000 à indenização com base salarial pela morte do bombeiro (DREHER, 2004).

Os sobreviventes de um bombeiro casado receberam indenização suplementar com base nas despesas reais incorridas em 2002 e 2003, estendidas de acordo com a sua expectativa de vida normal. Os itens descritos incluíam:

Pintura interior da casa	$ 700
Janelas sujas	$ 400
Manutenção da grama	$ 800
Poda das árvores	$ 1.200
Substituição do telhado	$ 15.240
Remoção da neve	$ 180
Pintura exterior da casa	$ 600
Encanamento	$ 125
Total	*$ 19.245*

Está claro que os itens concentraram-se em trabalhos domésticos não remunerados masculinos (DREHER, 2004). No caso de uma contadora de 26 anos que trabalhava no World Trade Center para uma empresa de serviços financeiros, com salário de $ 50.000 ao ano, o fundo aumentou a indenização, levando em conta o valor econômico da ajuda que a mulher prestava à mãe, imigrante e incapaz, que não falava inglês. De acordo com o advogado da família: "Ela era a intermediária da mãe com o mundo externo. Era uma função maternal às avessas" (CHEN, 2004: 4).

O direito de família encontra a prática familiar

Vá à livraria. Uma livraria média tem uma prateleira inteira com livros de consultoria, que costumam encabeçar as listas dos mais vendidos. Em meio aos conselhos sobre como ganhar um bilhão de dólares, perder cinquenta quilos e transformar a sua mente, você encontrará vários conselhos jurídicos, às vezes sobre como apresentar um problema à justiça, mas, com maior frequência, sobre como proteger os seus interesses e evitar problemas com a lei. No que se refere à administração das finanças familiares, veja, por exemplo, algumas amostras dos conselhos dados por Shelby White às mulheres em seu livro *What Every Woman Should Know about Her Husband's Money*. "Se você tiver bens individuais [alerta White] pense com muito cuidado se deseja colocá-los em uma conta conjunta. É fácil abrir mão do controle para demonstrar confiança, mas você pode se arrepender no futuro" (WHITE, 1992: 29). Ela ilustra alguns dos "erros terríveis" que as mulheres cometem com o dinheiro:

> *Usar o seu dinheiro para as despesas enquanto os investimentos do marido crescem.* Durante nove dos treze anos de seu casamento, Linda ganhava mais do que o marido. Eles dividiam as despesas e usavam a renda extra dela para pagar os impostos. Parece razoável, mas o tempo todo eles usavam o dinheiro dela; a conta de investimentos individual dele, que ele tinha antes de casar, continuava a crescer (45).
>
> *Usar o dinheiro individual dela para comprar algo no nome dos dois, enquanto o marido preserva os investimentos individuais dele.* Quando se separaram, o marido de Abby ficou com metade dos bens comuns. A Abby não coube nada dos investimentos individuais dele (46).

O "maior erro de todos", porém, enfatiza White, é "pensar que falar sobre dinheiro não é romântico. As precauções que ajudariam você na hora do divórcio ou da morte do seu marido – contratos pré-nupciais, registros precisos de bens, conhecer o valor de opções de compras de ações – são consideradas não românticas" (46-47).

No que tange a empréstimos familiares, os consultores também são enfáticos. Um especialista em dinheiro, por exemplo, caracteristicamente concorda que os pais devem ajudar um filho esforçado a comprar uma casa nova ou abrir um negócio. Mas "faça como mandam os negócios", ela aconselha: "Se você não documentar a transação, corre o risco de não receber o dinheiro de volta e ter poucos recursos judiciais [...] Se você emprestar dinheiro ao seu filho e ao cônjuge dele, um acordo escrito garante que cada parte tem uma obrigação a cumprir com você em caso de morte prematura ou divórcio" (SAHADI, 2000).

O livro *A Legal Guide for Lesbian and Gay Couples* também aconselha o seu público, oferecendo várias dicas financeiras a membros de famílias do mesmo sexo. Sobre o trabalho doméstico, o livro sugere uma série específica de prescrições para tornar a divisão de trabalho igualitária:

> Uma pessoa que passa o fim de semana fazendo reparos em uma casa comum ou uma casa que pertença somente ao outro parceiro pode ser paga por hora em dinheiro pelo outro ou ser incluída nas despesas de carpintaria da casa. Um parceiro que fica em casa pode receber um salário semanal ou negociar serviços (você conserta o carro e o seu parceiro lava a roupa). Você também deve pensar sobre o futuro dele, caso vocês se separem. Vocês podem entrar em acordo sobre um período de pagamento para o parceiro que trabalha em casa, assim criando o seu próprio acordo de pensão por meio de contrato (CURRY; CLIFFORD & HERTZ, 2002, cap. 6: 22).

Na área da vida doméstica, os livros de consultoria jurídica (e seus equivalentes em jornais, revistas, sites e programas de televisão) são uma expressão sutil muito importante para o nosso entendimento sobre as famílias e a lei. Apesar das peculiaridades de cada caso, advogados, juízes e jurados seguem princípios suficientemente visíveis e uniformes para que os consultores digam aos cautelosos membros da família quais práticas terão consequências judiciais adversas. Assim, as interpretações da lei influenciam as práticas familiares.

Um outro tipo de retorno ainda mais sutil liga as rotinas judiciais às práticas familiares. Apesar do respeito geral por estatutos e jurisprudências, advogados, juízes, jurados e juristas regularmente advertem sobre as consequências perversas dos estatutos e das jurisprudências existentes – consequências para a vida fora do tribunal. Por exemplo, como já vimos, tendo descoberto como a responsabilidade coletiva por fraudes em declarações de imposto de renda penalizou famílias em que um dos cônjuges havia mentido em sua declaração de renda, as legislaturas e os tribunais americanos elaboraram uma doutrina distinta para proteger cônjuges e outros membros da família realmente inocentes. Agora os consultores alertam regularmente os cônjuges a verificar as declarações de imposto de renda antes de assinar, a fim de estarem aptos a alegar inocência em caso de futuro questionamento da Receita Federal. Um colunista do *Washington Post* é contundente:

> Amigas, como já falei milhares de vezes, leiam o que estão assinando. Mas vocês são teimosas. Todos os anos, milhares de mulheres são responsabilizadas por dívidas tributárias incorridas pelos ex-maridos. Na maioria dos casos, essas mulheres deixaram o marido fazer a declaração e depois simplesmente assinaram o formulário apresentado (SINGLETARY, 1999: HO2).

Portanto, a lei e a prática familiar mesclam-se, cada uma funcionando com princípios parcialmente independentes, cada uma reagindo à vida da outra.

As relações entre criminosos encarcerados e suas famílias elucidam de modo inesperado essa interação entre as famílias e a lei[12]. Nesse caso, o direito que lida

---

12. Clayton e Moore, 2003; Edin, Nelson e Paranel, 2004; Martin, 2001; Mumola, 2000; Western, Patillo e Weiman, 2004.

com crimes e sanções ocupa o palco central. Numa época em que os Estados Unidos só perdem para a Rússia entre os países ocidentais na proporção de prisioneiros em relação à população geral, a questão é premente (Mauer 1999: 19). Analisando o Distrito de Columbia, Donald Braman relata que "cerca de um em cada dez homens negros adultos [...] está preso e, por fim, mais da metade dos homens negros de dezoito a trinta e cinco anos foi submetida a algum tipo de supervisão corretiva". Os Estados Unidos, observa Braman, "a um custo de mais de $ 40 bilhões ao ano [...] agora detêm um em cada quatro dos prisioneiros do mundo" (BRAMAN, 2004: 3).

Embora alguns encarcerados sejam homens solitários, a maioria mantém vínculos regulares, ainda que conturbados, com a família – a sua família de origem e as famílias que eles mesmos formaram. Os membros dessas famílias que mantêm contato com os prisioneiros arcam com um ônus sério. Para documentar esse ônus, Braman passou três anos entrevistando mais de duzentos encarcerados e suas famílias no Distrito de Columbia. As interações econômicas entre famílias e prisioneiros incluíam telefonemas a cobrar (extremamente caros) efetuados pelos prisioneiros às famílias, a remessa de parte dos miseráveis salários recebidos na prisão para as famílias pobres, famílias que enviavam dinheiro para as compras dos prisioneiros na cantina da prisão, e repetidas negociações entre os prisioneiros e seus parentes sobre formas de lidar com as dificuldades econômicas impostas às famílias na ausência do prisioneiro.

Uma das famílias de Braman ilustra as violentas dificuldades enfrentadas por todo o resto. Edwina e o filho, Kenny, estavam no centro dos esforços dessa família. Anos antes, Edwina, agora com 62 anos, havia se mudado do Alabama para o Distrito de Columbia. Ela havia se separado do marido e criou os dois filhos sozinha, esforçando-se para ser promovida a um cargo de supervisora em uma divisão do Exército. Até 1998 ela estava planejando se aposentar com um pequeno salário, vender a casa e voltar para o Alabama com o valor da venda para ajudar a irmã a cuidar da mãe, que estava começando a sofrer de Alzheimer. Naquele momento Edwina dividia a sua casa com Kenny, 42 anos, e os dois filhos dele. Kenny, que trabalhava como técnico de informática, ajudava a mãe, pagando as despesas usuais e a hipoteca, além de cuidar de reparos na casa e no carro. Ele também contribuía com as despesas da faculdade de uma sobrinha que estudava na Universidade Howard. Edwina, por sua vez, ajudava Kenny a cuidar dos filhos.

Um incidente violento desorganizou a família. Certo dia, Kenny voltava para casa quando foi atacado por um viciado em craque do bairro. Ele reagiu, esfaqueando o homem com uma faca que levava para autoproteção. O homem morreu e Kenny foi preso. Depois, Tasha, filha de Kenny de um relacionamento anterior, foi morar com Edwina, levando o seu filho recém-nascido. Edwina precisou compensar a renda de Kenny, agora inexistente, e a ajuda familiar, além de administrar os custos adicionais de eventuais babás para as crianças, mais as despesas de Kenny na prisão. Assim, ela cancelou os seus planos de voltar para o Alabama, hipotecou sua casa pela segunda vez e voltou a trabalhar em meio expediente. Kenny sabia o quanto a sua falta afetava a família. Ele disse a Braman: "Como sou o homem da casa – sou do sul, você sabe como é, o homem é responsável por todas as mulheres – e tem muita coisa em casa que quebra [...]. Eu conserto o carro, os canos e [...] fica difícil achar dinheiro para consertar as coisas" (BRAMAN, 2004: 110). As contribuições de Kenny, comenta Braman, são "típicas, pois não apenas ele usava vários recursos familiares, como também contribuía com eles, beneficiando-se e beneficiando os outros também" (109).

As famílias dentro e fora da lei

Como vimos, o comércio familiar apresenta desafios ainda maiores à lei do que questões complexas provocadas por uniões e relações de cuidado. Por que é assim? As relações econômicas familiares envolvem uma mistura intricada de intimidade e atividade econômica. Elas mesclam compromisso duradouro, demandas contínuas de coordenação e reciprocidade, relações com parentes, amigos e outros fora da família, e impõem uma vulnerabilidade compartilhada por falhas, erros e malevolência dos outros membros da família. Essas múltiplas preocupações afloram na administração diária das finanças domésticas, em compras domésticas importantes e comuns, e nas negociações sobre o trabalho doméstico. Quando as famílias envolvem-se em problemas financeiros ou rompem-se, as interações econômicas dos seus membros ainda agregam uma outra camada de complexidade: os parentes ajudam os desempregados, e os papéis financeiros geralmente se invertem, com os filhos, por exemplo, sustentando os pais. Intimidade e atividade econômica continuam a interagir, mas assumindo novas configurações.

A lei enfrenta duas dificuldades para lidar com esta série formidável de transações familiares. Primeiro, faltam modelos suficientemente sutis para a representação das múltiplas relações e transações que ocorrem nas famílias. Segundo, os modelos judiciais funcionam segundo princípios diferentes, pautando-se em um grupo distinto de procedimentos e distinções quando os membros da família levam as suas disputas econômicas ao tribunal. As transações entre membros da família, por exemplo, variam enormemente em significado e consequências, desde as moedas que a mãe dá ao filho para comprar um sorvete até o dinheiro que os pais mais tarde investem na educação universitária do mesmo filho. Mas, para a maior parte dos objetivos, a lei compacta as transferências monetárias entre membros da família em apenas três categorias: doações, trocas negociadas e roubos (BARON, 1988-1989; ROSE, 1992). Além disso, enquanto os membros da família e seus parentes esforçam-se para distinguir as diferentes relações entre si, os processos judiciais normalmente juntam as relações, estabelecendo um território de contratos legalmente exequíveis e outro território onde os compromissos, embora funcionando segundo princípios morais, não estão qualificados à exequibilidade legal.

De um ponto de vista não judicial, algumas dessas distinções parecem estranhas. A lei normalmente trata as transações que seriam consideradas contratos fora das famílias – por exemplo, a execução de trabalhos domésticos – como doações. Porém, o contrário acontece na distinção entre doação e negociação; em acordos de divórcio de alto risco e indenizações por morte que gera responsabilidade civil, como vimos, os tribunais costumam começar a enumerar as contribuições não remuneradas para o bem-estar familiar como se fossem trabalho assalariado. A lei continua a distinguir entre uma esfera "gratuita" e "comercial", mas traça limites de modo diferente daquele que prevalece na prática cotidiana.

A imposição de tal distinção inclina o ângulo de reflexão quando as práticas familiares projetam-se em seus espelhos judiciais. De modo mais óbvio, as crianças desempenham funções proeminentes e influentes na vida familiar, mas as relações criança/criança e criança/adulto raramente aparecem nas contendas judiciais. É claro que as pessoas vão à justiça por causa de reclamações referentes à guarda dos filhos, maus-tratos aos filhos, paternidade e, ocasionalmente, até mesmo a educação da criança. Mas, na maior parte das vezes, os tribunais posicionam as crianças no lado gratuito da fronteira judicial, recusando-se a intervir no que definem como assuntos de família. As distinções fazem diferença. Lembre-se de que os tribunais geralmente recusam-se a aceitar o pedido de custeio da faculdade feito por um filho, porém alguns estados fazem uma expressiva exceção no caso de um divórcio. Portanto, a obrigação de um dos pais ou ambos de pagar a faculdade pode se tornar um contrato exequível. Em termos mais gerais, no mundo judicial o divórcio transporta várias relações da esfera gratuita para a esfera comercial. Ajustes similares na fronteira costumam ocorrer no tratamento judicial dispensado a heranças. As contendas sobre os direitos judiciais de famílias do mesmo sexo giram exatamente em torno dessas distinções: a que lado da linha que divide a gratuidade e o comércio as relações dentro dessas famílias pertencem? Quando casais do mesmo sexo com filhos rompem, um dos adultos tem o direito de receber pensão? De recuperar os bens familiares? E o filho, tem direito a pensão?

Assim, os litígios e as decisões na arena judicial moldam a vida familiar. A influência obviamente segue na outra direção também: advogados, juízes e jurados empregam o próprio conhecimento das mudanças na estrutura e nas práticas familiares ao tomar decisões compulsórias. União estável, divórcio e separação tornam-se mais comuns, apresentando problemas novos à lei. Mais mulheres empregam-se em funções assalariadas, e os tribunais não têm escolha, a não ser observar as mudanças na divisão do trabalho doméstico que resultam da presença feminina no mercado de trabalho. As mudanças nos cuidados, nas uniões e nas práticas familiares acabam afetando a lei, a sua interpretação e a sua aplicação a casos concretos.

Dentro ou fora da lei, as famílias absorvem alguns dos trabalhos relacionais mais intensos que as pessoas executam. Esse trabalho mistura a intimidade e a atividade econômica de forma tão acentuada que uma acaba não se distinguindo da outra. Os membros da família alimentam-se, contribuem com os empreendimentos coletivos da família por meio do seu trabalho e transferem produtos, serviços e bens como de costume. Enquanto conduzem a família como um empreendimento econômico íntimo, adultos e crianças buscam duas atividades que observamos várias vezes em nossa exploração de uniões, cuidados e vida familiar: demarcar fronteiras entre as diferentes relações que permeiam a família e, respeitando cada fronteira, combinar meios e transações com o significado distinto de cada relação. Em suas próprias versões de intervenção familiar, os tribunais fazem o mesmo. Doutrinas de mundos hostis, esferas separadas e "nada além de", como vemos mais uma vez, lamentavelmente não são capazes de captar a complexidade íntima das interações familiares.

6
Revelações íntimas

Hildegard Lee Borelli e Michael J. Borelli casaram-se em 1980. Três anos depois, quando a saúde de Michael começou a vacilar, ele foi várias vezes ao hospital com problemas cardíacos. Em 1988, depois de sofrer um ataque, os seus médicos recomendaram cuidados hospitalares em tempo integral. Mas Michael resistiu e não quis ficar no hospital. Ao contrário, prometeu à esposa que, se ela cuidasse dele em casa, ele deixaria uma grande parte do seu patrimônio para ela quando morresse. Ele não honrou a promessa. No ano seguinte, após a morte de Michael, Hildegard descobriu que ele havia legado a maior parte do seu patrimônio a Grace Brusseau, sua filha de um casamento anterior. Os apelos judiciais dela pelo cumprimento da promessa marital falharam.

Em uma decisão de 1993, o Tribunal de Segunda Instância da Califórnia indeferiu o pedido de Hildegard. A decisão tornou-se famosa entre as juristas feministas (cf., p. ex., SIEGEL, 1994; WILLIAMS, 2000). Condenando severamente a "barganha no leito do enfermo" dos Borellis, o tribunal considerou que, na condição de esposa de Michael, Hildegard lhe devia cuidados de enfermagem de graça, portanto ela não tinha o direito de solicitar indenização por seus esforços (*Borelli vs. Brusseau* 16 Relator da Califórnia 2d 16, 20 (Tribunal de Segunda Instância da Califórnia, 1993)). Um juiz discordou vigorosamente da implicação de que Hildegard "tinha um dever preexistente [...] intransferível de limpar o penico" (20). O juiz comentou que, nesta época, os cônjuges devem ter todo o direito de estabelecer contratos entre si por serviços e sua remuneração. Afinal, Hildegard poderia facilmente ter contratado ajuda comercial para o penoso trabalho diário de cuidar de um inválido, mas confiou na promessa do marido, trabalhando sozinha. A maioria do tribunal, porém, rejeitou essa visão:

> O juiz discordante afirma que os costumes mudaram tanto a ponto de os cônjuges serem tratados como se estivessem em qualquer pechincha. Independentemente de o casamento moderno ter se tornado um negócio [...] ele continua a ser definido pela lei como um relacionamento pessoal de apoio mútuo. Assim, se poucas coisas ainda podem ser feitas de graça, o apoio marital é uma delas (16).

Os dois lados da decisão judicial de *Borelli vs. Brusseau* estão frente a frente com o raciocínio de mundos hostis / "nada além de". Por um lado, declara-se que o casamento deve permanecer sagrado, isolado das transações comerciais; por outro lado, anuncia-se que o casamento *é* uma transação comercial. Ambos os lados, portanto, deixam de reconhecer uma das revelações mais importantes deste livro: todos os relacionamentos que envolvem união, cuidado e participação em uma família misturam transações econômicas e intimidade repetidamente, em geral sem contaminação, embora as relações que envolvem união, cuidado e participação em uma família funcionem de modo diferente de outros relacionamentos. Enquanto nos apegarmos à ideia de mundos hostis, jamais reconheceremos, muito menos explicaremos, o entrelaçamento penetrante de atividade econômica e intimidade. O reducionismo "nada além de" não leva em conta as propriedades distintas de uniões, cuidados e famílias. A proeminência da intimidade nessas relações sociais transforma o caráter e as consequências da atividade econômica dentro delas. A questão, portanto, não é se parceiros íntimos podem ou devem participar de transações econômicas, mas que tipos de transações econômicas combinam com as relações íntimas. Contrastando com entendimentos de mundos hostis e "nada além de", este livro transmite uma visão de vidas conexas: em todos os cenários sociais, tanto íntimos quanto impessoais, os laços sociais e as transações econômicas misturam-se à medida que os seres humanos efetuam o trabalho relacional, combinando seus laços pessoais e a atividade econômica.

Nem todas as combinações funcionam. Algumas causam indignação, ou pelo menos surpresa. Guy de Maupassant inventou uma história que ilustra exatamente esse ponto. O seu conto *Au bord du lit*, do século XIX, conta a história do Conde de Sallure, que tinha vários casos amorosos, oferecendo às mulheres "dinheiro, joias, ceias, jantares, teatros". Após ignorar a esposa por muito tempo, Sallure repentinamente desenvolve uma paixão renovada e poderosa pela condessa. O recém-impressionado Sallure passa a ter ciúmes dos vários admiradores de sua distante esposa. Certa noite, voltando de uma recepção, Sallure resolve seduzi-la, declarando a sua renascida paixão. Após lembrar ao marido suas infidelidades e afirmativas anteriores de que "o casamento entre duas pessoas inteligentes é apenas uma parceria", a condessa concorda em reavivar o relacionamento, mas a um preço. Sallure teria de lhe pagar cinco mil francos por mês, aproximadamente o que ele havia gastado com cada uma de suas amantes. Quando o marido protesta "que a ideia de um homem pagar pela esposa é estúpida", a condessa explica a barganha: "Bem, você me deseja. Não pode casar comigo porque já somos casados. Então por que você não deveria me comprar? [...] Em vez de procurar alguma prostituta que só cometeria desperdícios, o seu dinheiro ficará aqui, na sua própria casa [...]. Ao dar um preço ao nosso amor legítimo, você lhe dará um novo valor [...] o tempero da crueldade" (MAUPASSANT [1883] 1971: 215-216).

Sallure cede, atirando a carteira cheia de francos, somente pedindo que a esposa "não transforme isso num hábito". A condessa insiste em seus termos, acrescentando que "se você ficar satisfeito [...] pedirei aumento" (216). Maupassant captou a incongruência de um contrato de compensação – sexo por dinheiro – no casamento da sua época. O ponto não era que os cônjuges nunca trocavam dinheiro entre si nas famílias francesas do século XIX, mas sim que os termos do contrato proposto confundiam as fronteiras existentes entre prostituição e casamento. Ao negociar meio, transação e fronteira, o casal aristocrático estava definindo o conteúdo e as condições do seu relacionamento.

Quando a complicada jornada deste livro começou, nós nos preparamos para a busca de três grandes questões:

1) Em que condições, como e com que consequências as pessoas combinam as transações econômicas com as relações íntimas?

2) Por que e como constroem histórias e práticas complicadas para situações diferentes que misturam transações econômicas e intimidade?

3) Como o sistema jurídico americano – advogados, tribunais, juízes, jurados e juristas – negocia a coexistência de demandas econômicas e relações íntimas?

A busca pelas respostas através de uma análise de uniões, cuidados e famílias levou-nos a mundos cheios de aventuras. Vimos, por exemplo, homens e mulheres anunciando-se como comprometidos com o casamento através da compra de uma aliança cara, e depois observamos os tribunais enfrentando um problema complexo quando esses casais comprometidos rompem e recorrem à justiça. Considerando os bens transferidos durante o noivado, inclusive a aliança, quais deles pertencem a quem agora? (Nesse caso, os tribunais normalmente empregam a doutrina exótica das "doações condicionais".) No que se refere às relações de cuidado, observamos os membros da família prestando cuidados médicos a parentes enfermos, mas também vimos os tribunais decidindo se esses cuidados qualificavam o cuidador a receber indenização após a morte do enfermo. E – o que é ainda mais surpreendente – se os cuidados constituíam "influência indevida" sobre a herança do recém-falecido. As famílias apresentaram uma complexidade ainda maior. Por exemplo, as indenizações aos sobreviventes das vítimas de 11 de setembro suscitaram a complicada questão da indenização pelos trabalhos domésticos não remunerados da vítima, assim como, em famílias intactas, quem deve quais serviços não remunerados torna-se uma questão de negociação e disputa com frequência. (Nos casos de indenização às vítimas, vemos advogados debatendo o "componente trabalhista de serviços comprados suplementares".)

A nossa primeira questão – como, quando e com que consequências as pessoas misturam intimidade e atividade econômica –, portanto, recebe uma resposta dupla: a atividade econômica é integral e essencial a uma ampla gama de relações íntimas, mas a presença da intimidade empresta um significado especial à atividade econômica. As práticas econômicas, como compras grandes, orçamentos familiares, provisão de cuidados de saúde e presentes cerimoniais, fazem com que os participantes selecionem meios apropriados para o pagamento, combinando esses meios com as transações, atribuindo significado aos seus relacionamentos e demarcando fronteiras que separam os relacionamentos íntimos de outros relacionamentos com os quais possam ser fácil e perigosamente confundidos.

Por que, então, os participantes de relacionamentos íntimos criam histórias e práticas elaboradas para situações que misturam atividade econômica e intimidade? Essencialmente pelos mesmos motivos. Nas famílias, por exemplo, toda negociação tem importância tanto para a transação em questão quanto para relações de prazo mais longo entre os membros da família. Quando os membros da família tecem uma rede de reciprocidade, uma comunidade de destino e uma série de obrigações para a proteção mútua e coletiva, confundir a interação familiar com as transações comerciais comuns de fato seria uma ameaça à viabilidade familiar. Aí está a verdade das defeituosas doutrinas de esferas separadas e mundos hostis: embora estejam cheias de atividades econômicas e em geral envolvam extensamente os seus membros em transações comerciais, as zonas de intimidade funcionam de acordo com regras diferentes de outros tipos de organização.

Regras diferentes? O que aprendemos exatamente sobre as propriedades distintas dos cenários íntimos? Primeiro, uma inequívoca conclusão *negativa*: os cenários íntimos *não* se distinguem dos outros pela ausência da atividade econômica, tampouco estão desconectados do mundo comercial. Ao contrário, as uniões, os cuidados e as famílias envolvem uma extensa produção, consumo, distribuição e transferência de bens. Nenhuma dessas interações íntimas sobreviveria por muito tempo sem o seu componente econômico. Devemos, porém, manter a distinção entre *laços* íntimos e *cenários* íntimos. Os laços íntimos incluem todos aqueles em que ao menos uma parte obtém informações ou atenção que, se estivessem amplamente disponíveis, prejudicariam uma parte ou ambas as partes. Os laços íntimos ocorrem em uma ampla gama de cenários, inclusive alguns de caráter predominantemente impessoal. Vimos os laços íntimos aparecendo em relações profissional/cliente e em firmas comerciais. De fato, a doutrina de mundos hostis inversa – a intimidade corrompe a racionalidade – surge especialmente nesses cenários, mas em alguns os laços íntimos prevalecem.

Os cenários íntimos acabam tendo características distintas que os apartam de cenários impessoais. Como reconhecemos um cenário íntimo? É aquele em que uma grande proporção de interações sociais pertence a laços em que ao menos uma pessoa adquire acesso à informação e/ou atenção que, se amplamente divulgada, poderia prejudicar um dos participantes da interação. Tais cenários criam "comunidades de destino" em dois aspectos. Primeiro, os participantes estão tomando decisões e assumindo compromissos que pressupõem a disponibilidade contínua de recursos compartilhados e garantias mútuas. Segundo, pelas suas interações, estão transformando os recursos compartilhados e as garantias mútuas – degradando ou melhorando a fortuna coletiva, como a casa da família, criando ou destruindo meios de coordenação interna, como orçamentos familiares, expandindo ou estreitando a confiança, como a probabilidade de que alguém pague o empréstimo que tomou de outra pessoa etc.

Onde encontramos uma alta densidade de laços íntimos, assim vimos, outras condições cruciais também prevalecem:

- A maioria das interações tem implicações para terceiros intimamente ligados a pelo menos uma das pessoas interagentes, e frequentemente a ambas.
- Os membros dos cenários íntimos participam não somente de trocas compensatórias de curta duração, como também de reciprocidade de maior duração – compromissos em prover ajuda e atenção quando necessário.
- Por causa dessas condições, cada transação é importante para interações, terceiros e comunidades de destino momentâneos e futuros também.
- É por isso que relações confusas pertencentes a um cenário íntimo com aqueles – íntimos ou impessoais – vinculados a outros cenários não íntimos introduzem conflitos e reduzem os compromissos mútuos.
- Também é por isso que falhas aparentemente pequenas assumem uma importância expressiva para as partes: elas lançam dúvidas sobre o significado e o futuro da associação.
- Ao reagir a essas ameaças de conflito e fidelidade enfraquecida, os defensores dos cenários íntimos introduzem doutrinas e práticas de esferas separadas e mundos hostis.

Como o sistema jurídico americano lida com essas relações e cenários íntimos? As respostas a essa terceira questão evidenciaram algumas das maiores surpresas deste livro, pois vimos legisladores, advogados, juízes e jurados criando matrizes de relacionamentos dentro dessas distinções, significados e regras operacionais que parecem muito diferentes daquelas que prevalecem na prática cotidiana. O jurista Thane Rosenbaum observa as diferenças entre os processos judiciais e a prática cotidiana, mas lamenta essa diferença (cf. tb. NOONAN, 1976). Citando o exemplo das indenizações para os sobreviventes de 11 de setembro, ele condena um sistema jurídico que atribui valores monetários a perdas morais e emocionais. O que as vítimas dessas perdas precisam, argumenta Rosenbaum, é de uma chance para contar as suas histórias, lamentar com outras pessoas e receber aconselhamento moral da lei. "As pessoas recorrem à lei [declara] para obter consolo para o seu luto e alívio para o sofrimento, para receber lições morais sobre a vida [...]. O que a maioria não percebe é que juízes e advogados são motivados por planos e projetos totalmente diferentes" (ROSENBAUM, 2004: 5)[1]. A esse respeito, Rosenbaum deseja suprimir a distinção entre os processos judiciais e a prática cotidiana, ao menos a prática do discurso moral.

A proposta de Rosenbaum, contudo, ignora o fato de que especialistas jurídicos e praticantes cotidianos da intimidade estão em busca de objetivos bem diferentes. Os especialistas jurídicos geralmente buscam formas de aplicar regras disponíveis a problemas contestados, enquanto os participantes de relações íntimas,

1. Conheça uma visão contrastante das histórias e da lei em Brooks e Gewirtz, 1996. Para uma avaliação bem diferente das indenizações de 11 de setembro, leia Shapo, 2002.

na maior parte do tempo, estão simplesmente tentando viver sua vida de modo mais ou menos satisfatório. Exatamente porque a sobreposição é pequena, porém crucial e contestada, a tradução entre os dois mundos requer delicadeza, sofisticação e negociação. É claro que a lei muda à medida que as práticas gerais de intimidade mudam, as decisões judiciais afetam as práticas íntimas, e os participantes de processos judiciais apresentam as próprias experiências e entendimentos de intimidade relevantes às decisões judiciais (EWICK & SILBEY, 1998, 2003; LAZARUS-BLACK & HIRSCH, 1994). Legisladores e tribunais também mudam a lei em reação a mudanças políticas e mobilizações populares. Porém, doutrinas como consórcio, cônjuge inocente e influência indevida revelam um mundo jurídico que descreve e prescreve as relações íntimas de acordo com princípios que exigem uma séria reinterpretação dessas relações.

Até onde vão essas lições?

A descrição deste livro sobre como a intimidade e as transações econômicas misturam-se na história contemporânea americana é o resultado peculiar de uma cultura estadunidense guiada pelo dinheiro? Afinal, ele se concentra nas práticas e na lei dos Estados Unidos, sobretudo durante os últimos cinquenta anos. Certamente, a monetização moderna da vida econômica tem causado diferenças profundas em nossas experiências de intimidade. Todavia, este livro não é, de forma alguma, apenas sobre os Estados Unidos ou o passado recente[2]. Os seus argumentos mais amplos aplicam-se ao mundo todo, onde quer que e todas as vezes em que a intimidade e as transações econômicas interajam. Nunca houve uma espécie de tempo (com a qual os entusiastas sonham) que separe as esferas, em que a pureza da intimidade tenha prosperado sem se contaminar com preocupações econômicas.

Ao longo do caminho, vislumbramos o passado americano relevante, em episódios como as experiências com cuidados de Martha Ballard, em Maine, no século XVIII, os ajustes domésticos de Patsy e Samuel Miller, na Louisiana do século XIX, e o flerte de Leo Rosten com Mona, a dançarina de *taxi dancing* de Nova York durante a década de 1930. As relações, transações, os meios, limites e significados gerais da intimidade mudaram através da história e continuam a mudar. Mas, desde o início, os casais, os cuidados e a organização familiar unem atividade econômica e intimidade.

E as experiências não americanas? Poderíamos ir muito longe, até a Atenas clássica. Os atenienses adotavam uma série de distinções estranhamente familiares

---

2. Para conhecer exemplos interessantes de estudos não americanos concernentes a fenômenos parecidos, leia Altman, 2001; Castle e Konate, 2003; Collier, 1997; Cohen et al., 2002; Comaroff, 1980; Cresson, 1995; Day, 1994; Evers, Pijl e Ungerson, 1994; Fehlberg, 1997; Gowing, 1996; Guérin, 2003; Gillis, 1996; Howell, 1998; Leonard, 1980; Miller, 1994; Moodie e Ndatshe, 1994; Moors, 1998; Pahl, 1999; Saguy, 2003; Scambler e Scambler, 1997; Singh, 1997; Song, 1999; Wilson, 2004.

separando as mulheres que chamavam de *hetaeras* de outras trabalhadoras do sexo. As *hetaeras* eram caprichosas, tinham a liberdade de recusar candidatos a amantes, ofereciam ligações sexuais aos candidatos que as agradassem, esperando sedução, não barganha. Elas também insistiam em receber presentes em vez de pagamento. "As *hetaeras* tinham um poderoso interesse nesse jogo. Da condição frágil do presente dependia a sua condição frágil de 'companheiras', e não de prostitutas comuns" (DAVIDSON, 1998: 125). É óbvio que as *hetaeras* distinguiam-se de outras mulheres que proviam sexo aos atenienses em troca de dinheiro: "as mulheres que trabalhavam em bordéis eram registradas e tinham de pagar o *pornikon telos*, o imposto de prostituição. As flautistas não podiam cobrar mais do que dois dracmas por noite e eram forçadas a ir com qualquer um que o *Astynomos* [um conselho de ordem pública] determinasse" (124). Por mais de dois milênios, então, as pessoas têm empregado matrizes elaboradas de relacionamentos íntimos, tomando muito cuidado para distingui-las, geralmente usando tipos distintos de pagamento para marcar fronteiras cruciais.

As lições deste livro também evocam comparações com o resto do mundo em nosso próprio tempo. Veja este exemplo para ilustrar: a cientista social francesa Florence Weber (2003) cita o caso de famílias de lavradores, um ponto muito estudado de interação intricada entre a atividade econômica e as relações familiares. Considere as adaptações judiciais da "renda antecipada" em que o filho de uma família de lavradores acaba recebendo indenização pelo trabalho não remunerado que contribuiu para a valorização da fazenda. Na França, a renda antecipada agrícola serviu como modelo para a criação de adaptações similares no comércio a varejo, artesanato e contribuições não remuneradas de esposas que permitiram o sucesso profissional dos maridos.

Esse tipo de mistura também promoveu a invenção da doutrina do "enriquecimento indevido". Assim como a influência indevida, essa doutrina francesa suscita a seguinte questão: as contribuições não remuneradas de um filho para o cuidado dos pais idosos estabelece o direito de receber uma indenização originada do patrimônio dos pais? Embora alguns tribunais tenham rejeitado tais reivindicações, declarando a ajuda filial um dever moral, em 1994 o tribunal de segunda instância mais importante do país (*Cour de Cassation*) decidiu a favor da compensação pela assistência não remunerada que exceda o dever filial. O tribunal analisou o caso de um homem que empobreceu por assumir completamente os pais idosos e enfermos, sacrificando a própria carreira, consequentemente enriquecendo a família por evitar a despesa de uma casa de repouso. Os tribunais de primeira instância tentaram defender algo como uma doutrina de esferas separadas, mas o tribunal superior decidiu claramente a favor de uma combinação apropriada entre indenização e intimidade. Além disso, eles na verdade definiram limites judiciais para as obrigações de dedicação aos pais.

Tanto nos Estados Unidos quanto em outros lugares, a análise da lei propicia uma lição tripla. Primeiro, os sistemas jurídicos têm suas próprias convenções, doutrinas e tradições enraizadas. Acabamos de ver que a França, na qualidade de país de direito civil (*civil law*), trata a compra da intimidade em termos um tanto diferentes dos Estados Unidos, um país de direito comum (*common law*). Segundo, a lei desenvolve-se em meio a contestações e adaptações. Weber exibe a adaptação do direito civil francês através da expansão do modelo agrícola. No caso dos Estados Unidos, os capítulos anteriores descreveram a incrível evolução da cobertura e do consórcio como doutrinas que se aplicam a uniões e intimidade familiar. Terceiro, todos os sistemas jurídicos interagem com as práticas comuns em suas áreas de aplicação. Weber, por exemplo, analisa a reação dos tribunais franceses às mudanças nas economias domésticas francesas. Do lado americano, é claro, vimos muito esse tipo de interação.

Embora tenha explorado o território jurídico, este livro não tentou examinar, muito menos esgotar, toda a gama de debates jurídicos da área. Por exemplo, um jurista que explore o mesmo terreno pode muito bem analisar questões de pensão a filhos, a cônjuges, orfanatos e adoção, ou barriga de aluguel e venda de óvulos para reprodução. Outros podem analisar o impacto prático da lei sobre práticas econômicas íntimas, como a legalização do casamento *gay* ou os direitos parentais de pais solteiros. Ademais, apenas ocasionalmente este estudo explorou o amplo território adjacente onde tanto as práticas quanto a lei limitam a presença indesejada da intimidade em cenários que são presumivelmente impessoais, como empresas, escolas e serviços profissionais. Nesses cenários, de fato, geralmente vemos o que podemos chamar de raciocínio de mundos hostis às avessas: a presença da intimidade, nessa visão, corrompe os padrões apropriados, como exemplificado pelo compadrio, nepotismo, uso indevido de informações confidenciais e assédio sexual. Este livro tampouco provê análises da profissão jurídica ou das instituições jurídicas como fenômenos sociais. Porém, trata as ações judiciais – neste caso especialmente o litígio – como processos sociais, concentrando-se na sua interação com as práticas comuns fora da arena judicial. Algumas das nossas constatações mais impressionantes referem-se a essa interação, por exemplo, nas formas pelas quais os atores judiciais devem reformular as práticas que defendem a fim de enquadrá-las na lei existente.

E as regras?

Uma última ressalva: apesar das investidas ocasionais nas questões normativas, este livro não adota, de forma alguma, uma exposição sistemática de princípios normativos que devam reger as relações íntimas na prática comum ou na lei. Ao contrário, o livro esclarece os riscos de várias questões regulamentares consequenciais. Isso é feito derrubando declarações de fatos, de possibilidades e de relações de causa e efeito que aparecem frequentemente em discussões normativas. O caso mais óbvio refere-se aos agora conhecidos argumentos de esferas separadas e mundos hostis. Certamente, os guardiões dos mundos hostis preocupam-se muito com questões de injustiça, desigualdade e proteção. De fato, essas preocupações subjazem à sua insistência em isolar esferas de intimidade para proteger relações de confiança e reciprocidade. Porém, paradoxalmente, ao perpetuar o mito de divisões e batalhas inevitáveis entre os mundos do sentimento e da racionalidade, do mercado e da domesticidade, os argumentos de mundos hostis nos desviam de soluções reais. Tais mal-entendidos, portanto, não apenas geram confusões teóricas, como também têm sérias implicações práticas. Vimos várias vezes como os argumentos de mundos hostis moldam as decisões judiciais. De fato, eles costumam sustentar regras injustas, como estas:

- não pagamento de indenização às mulheres pelo trabalho doméstico em várias áreas;
- pagamento baixo aos cuidadores, como babás e auxiliares de saúde domésticos;
- condenação ao pagamento de benefícios sociais a mães solteiras, considerando-o um incentivo à dependência;
- proibições ao trabalho infantil que de fato prejudicam as famílias ou impedem as crianças de adquirir valiosas habilidades.

Considerando que as discussões normativas pressupõem a existência de esferas separadas e sua corrupção mútua no ponto de contato, esses programas normativos não conseguirão cumprir os seus objetivos anunciados.

Portanto, é importante entender a interação entre intimidade e atividade econômica. Este livro apresentou uma abordagem de vidas conexas, mostrando o cruzamento contínuo de nossas relações íntimas com as transações econômicas. Ao analisarmos as uniões, o cuidado e as famílias, não encontramos mundos separados de economia e sentimento, tampouco vimos mercados em toda parte. Ao contrário, observamos laços transversais e diferenciados que conectam as pessoas entre si. Testemunhamos pessoas investindo energia e criatividade ao demarcar as diferenças entre suas relações mútuas e incluindo regularmente as transações econômicas nessas relações íntimas. Nenhum de nós, assim vimos, vive em esferas segregadas com barreiras intransponíveis entre as nossas relações pessoais e os nossos laços econômicos.

Quais são as implicações práticas de uma abordagem assim? Direcionar a nossa busca para grupos justos e não coercivos de transações econômicas para tipos diferentes de relações íntimas. A meta, portanto, não é purgar a intimidade de preocupações econômicas: o desafio é criar misturas justas. Devemos parar de agonizar sobre a questão de o dinheiro corromper ou não, e sim analisar quais combinações de atividade econômica e relações econômicas produzem vidas mais felizes, mais justas e mais produtivas. Não é a mistura que deve nos preocupar, mas como a mistura funciona. Se não entendermos as conexões causais, obscureceremos as origens da injustiça, dos danos e do perigo. Este livro certamente não confere um selo de qualidade irrestrito à reconciliação de todas as formas de intimidade e todos os tipos de transações econômicas. A comercialização não só pode gerar, como frequentemente gera injustiça e corrupção de laços íntimos. Mas o livro rejeita veementemente as explicações existentes de como, quando e por que isso acontece.

Uma última palavra sobre o cuidado

Para uma aplicação concreta, retornemos ao controvertido tópico do cuidado remunerado, que emergiu como uma questão crucial na agenda política nacional. Com o envelhecimento da geração *baby-boom* e, à medida que a maioria das mães nos Estados Unidos participa do trabalho remunerado, o cuidado de crianças, idosos e doentes está sendo seriamente reavaliado. Estamos enfrentando, diz Arlie Hochschild, uma crise de "déficit do cuidado" (HOCHSCHILD, 1995: 342). Como declarou Deborah Stone em um editorial do *Nation*, "Temos a Carta de Direitos e direitos civis. Agora precisamos de um Direito ao Cuidado, e será preciso uma mobilização para conseguir." Observando as pressões emocionais e os constrangimentos profissionais de cuidadores informais, além de uma exploração econômica sistemática dos cuidadores formais mal remunerados, Stone insiste: "Precisamos de um movimento para demonstrar que o cuidado não é um recurso gratuito, e sim um trabalho árduo e qualificado, que requer tempo e dedicação, e que as pessoas que o desempenham estão fazendo sacrifícios" (STONE, 2000b: 13).

O ato de pagar pelo cuidado encontra as mesmas dificuldades e preocupações que vêm à tona todas as vezes em que as pessoas tentam refletir sobre os relacionamentos entre atividade comercial e obrigações sociais. O que acontecerá, muitos se questionam, se o cuidado remunerado substituir a assistência informal? A generalização do pagamento por tal cuidado destruiria o próprio cuidado? A sua sujeição ao cálculo monetário seria tão racional a ponto de acabar com a sua intimidade essencial? O reconhecimento das contribuições econômicas das donas de casa transformará as famílias em minimercados impessoais? Ou, por outro lado, os subsídios às donas de casa aumentarão as barreiras minoritárias que as separam dos outros trabalhadores? As avós devem ser pagas por cuidarem dos netos enquanto as filhas trabalham em outro lugar? Em qualquer caso, como podemos chegar a uma avaliação financeira apropriada das contribuições dos cuidadores? O pagamento pelo cuidado, portanto, suscita todas as questões de possível corrupção e rompimento que tanto preocupam os críticos da comercialização.

Cada vez mais impaciente com respostas típicas de mundos hostis e "nada além de" a essas questões, um grupo de criativas pensadoras feministas está indo em direção a uma abordagem alternativa dentro do espírito das vidas conexas. Elas identificam múltiplas formas de conexão entre relações interpessoais e esferas diferentes de vida econômica. Questionando a idealização do cuidado não remunerado, essas analistas ponderam sobre as possibilidades e exploram as práticas reais onde pagamento e cuidado coexistem proveitosamente. Assim, elas desviam-se de certezas rígidas sobre a corrupção do dinheiro e partem para uma investigação perspicaz tanto do cuidado remunerado quanto não remunerado. Também suscitam questões incisivas sobre a justeza e a propriedade que cercam a compensação e o reconhecimento do cuidado como uma contribuição crítica para o bem-estar social, provocando preocupações sobre a remuneração apropriada de cuidadores remunerados; a provisão adequada para o cuidado de crianças, doentes e idosos; e segurança econômica para cuidadores não remunerados.

Implicitamente, essas pensadoras estão reconhecendo a distinção e o valor do trabalho relacional. No processo, estão construindo uma nova economia do cuidado. Pense, por exemplo, no desafio formulado pelas economistas Nancy Folbre e Julie Nelson: "Um julgamento antecipado de que os mercados devem melhorar a provisão de cuidado através do aumento da eficiência freia a pesquisa inteligente, em vez de encorajá-la. Do mesmo modo, um julgamento antecipado de que os mercados devem degradar seriamente o trabalho de provisão de cuidado através da substituição das motivações de altruísmo pelo autointeresse também é um freio para a pesquisa". Ao contrário, insistem, "o crescente entrelaçamento entre 'amor' e 'dinheiro' causa-nos a necessidade – e a oportunidade – de pesquisas e ações inovadoras" (FOLBRE & NELSON, 2000: 123-124; cf. tb. ENGLAND & FOLBRE, 2003)[3].

Apontando para o mercado de cuidados infantis como densamente social e relacional, Julie Nelson afirma que pais ou cuidadores raramente definem esse mercado "como simplesmente uma troca impessoal de dinheiro por serviços [...]. As partes envolvidas participam amplamente de processos de confiança, interação interpessoal e contato pessoal [...]. O espectro do mercado corruptor nega que as pessoas – como muitos provedores de cuidado infantil – possam trabalhar por amor, entre as pessoas que amam, e serem remuneradas ao mesmo tempo". O cuidado remunerado, insiste, não deve ser tratado como "de segunda categoria, em termos relacionais" (NELSON, 1998: 1.470). Similarmente, Carol Sanger afirma que a gravidez através de barriga de aluguel merece reconhecimento como um trabalho feminino sério que merece plena compensação (SANGER, 1996). Este livro confirmou várias vezes e de modo amplo as afirmativas de Nelson e Sanger.

Além disso, essas desafiadoras observam que as ideias de mundos hostis que descrevem o amor e o cuidado degradados pela monetização podem, na verdade, causar discriminação econômica contra as supostamente intangíveis atividades que envolvem cuidados. Um grupo de especialistas jurídicos que analisou decisões arbitrais trabalhistas em casos envolvendo o uso do tempo de trabalho pelos fun-

3. Cf. tb. Crittenden, 2001; Folbre, 2001; Held, 2002; Himmelweit, 1999; Nelson, 1999; Ruddick, 1998. Para uma introdução a abordagens selecionadas das Ciências Sociais referentes ao cuidado, leia Cancian e Oliker, 2000; Tronto, 1994. Para visões similares sobre a consideração como incentivo à reciprocidade, leia Offer, 1997.

cionários em obrigações que envolviam cuidados descobriram indícios concretos de tal discriminação (MALIN et al., 2004). O seu estudo concentrou-se em locais de trabalhos sindicalizados, que tendem a ser mais amigáveis com as famílias do que empresas não sindicalizadas. Embora o registro das decisões tenha sido misto, o estudo constatou ações disciplinares frequentes, inclusive demissão, contra funcionários que faltavam ao trabalho para cuidar de obrigações familiares com os filhos, cônjuges, netos e pais. Os funcionários defendidos por seus sindicatos nas audiências de arbitragem vivenciaram uma ampla gama dessas obrigações: os casos incluíam um porteiro que havia perdido um dia de trabalho para cuidar de um filho deficiente, um mecânico que ficou em casa cuidando da esposa com câncer e uma trabalhadora de um centro psiquiátrico que se recusou a cumprir as horas extras obrigatórias por não ter conseguido encontrar quem cuidasse dos dois filhos pequenos. A intervenção do sindicato subverteu uma divisão extremamente rígida entre trabalho comercial e trabalho envolvendo cuidado que produzia danos a ambos os lados.

A intervenção judicial também combate a discriminação contra cuidadores. Em sua análise de processos judiciais em que os autores questionavam o "muro maternal" que discrimina os cuidadores parentais, Joan Williams e Nancy Segal proveem várias provas de tratamentos de estereotipagem e desigualdade contínuos no ambiente de trabalho contra pais e mães. De fato, elas descobriram indícios espantosos de preconceito contundente, com alguns patrões declarando abertamente que as mães não são funcionárias adequadas, e outros ridicularizando os pedidos de licença-paternidade feitos pelos pais. O mais surpreendente, porém, é que elas constataram um aumento nos litígios, já que mais funcionários ajuízam ações contra demissões ou punições injustas relacionadas ao seu trabalho envolvendo cuidado. Ademais, Williams e Segal descrevem que os tribunais parecem cada vez mais inclinados a reconhecer as reivindicações dos funcionários. Como resultado, embora a tendência seja recente, mais autores estão ganhando as causas, às vezes com indenizações e acordos monetários substanciais. Williams e Segal endossam enfaticamente essas ações judiciais como um mecanismo para acabar com a discriminação no trabalho contra cuidados parentais. A demolição do pernicioso "muro maternal" diante do reconhecimento dos direitos dos cuidadores, afirmam, produzirá locais de trabalho melhores e mais produtivos (WILLIAMS & SEGAL, 2003).

Sobre uma questão muito próxima, como Paula England e Nancy Folbre salientam, "o princípio de que o dinheiro não pode comprar o amor pode ter a consequência inesperada e perversa de perpetuar uma remuneração baixa a serviços diretos e pessoais" (ENGLAND & FOLBRE, 1999: 46). Observando que a expectativa normal é que a mulher exerça serviços envolvendo cuidado, devemos suspeitar, elas alertam, "de qualquer argumento de que o pagamento decente diminui uma vocação nobre" (48). De fato, o primeiro estudo concentrando-se no pagamento relativo de trabalhos envolvendo cuidado documenta uma "punição salarial" significativa para prestadores de serviços diretos e pessoais, como professores, consultores, auxiliares de saúde e cuidadores de crianças (ENGLAND; BUDIG & FOLBRE, 2002). Embora tanto homens quanto mulheres envolvidos em serviços que envolvem trabalho sofram essa punição, as mulheres sofrem mais, já que elas tendem mais a estar envolvidas nesse tipo de trabalho (cf. tb. BUDIG & ENGLAND, 2001).

Levando em conta a legitimidade social e moral do cuidado remunerado, a agenda feminista deixa de se questionar se o trabalho envolvendo cuidado deve ser remunerado ou não, concentrando-se no valor e na forma de remuneração e na investigação dos reais relacionamentos envolvendo cuidado. Elas descobrem que o problema não é se o dinheiro está envolvido, mas se o tipo de sistema de pagamento corresponde ao relacionamento envolvendo cuidado. No processo, essas analistas unem esforços para romper as dicotomias tradicionais de mundos hostis que equivocadamente dividem transações econômicas e relações pessoais íntimas em esferas separadas, uma antissepticamente voltada ao mercado, a outra acolhedoramente sentimental. Para tirar o trabalho que envolve cuidado do seu gueto economicamente marginal, elas estabelecem com vigor a sua importância econômica fundamental e seu conteúdo econômico variável.

Apenas depois de reconhecermos que o trabalho envolvendo cuidado sempre abrangeu transações econômicas é que poderemos construir economias democráticas e compassivas referentes ao cuidado, provendo aos cuidadores recursos, situação jurídica e respeito melhores do que desfrutaram antes. É claro que as críticas feministas recentes não são as primeiras a identificar esses desafios. Os historiadores há muito tempo documentam a ideologia do século XIX de esferas separadas segregando o mundo doméstico do mundo comercial (leia BOYDSTON, 1990; COTT, 1977); movimentos do século XIX em defesa de salários para trabalhos domésticos transferiram a questão para a política prática; e os psicólogos do desenvolvimento (cf. CHODOROW, 1978; GILLIGAN, 1982) debateram extensamente as características cognitivas de gênero desses mundos. Concentrando-se na economia do cuidado, contudo, as críticas feministas da ideologia dos mundos hostis exibem as consequências políticas e morais específicas das esferas separadas com clareza ainda maior do que seus antecessores.

Nos termos deste livro, o novo pensamento feminista sobre o cuidado refere-se à natureza e à valorização do trabalho relacional. Como constatamos em nossas discussões sobre uniões, cuidado e economias domésticas, as relações íntimas exigem um esforço extenso; as pessoas combinam relações particulares com transações e meios específicos, e distinguem-nas meticulosamente de outras relações com as quais possam se confundir. As relações envolvendo cuidado, conforme vimos, não somente consistem naquelas entre cuidador e receptor, mas também costumam envolver outros parentes, amigos e vizinhos. A demissão da babá, por exemplo, não somente rompe as relações entre babá e criança, como também provoca mudanças nas relações entre pai/mãe e filho, e frequentemente entre a babá e a sua própria família também. Hoje em dia, as interações envolvendo cuidado, além disso, sempre têm implicações para as relações futuras dos envolvidos. Em alguns casos, como acontece com as reivindicações de patrimônio dos cuidadores, essas conexões de longo prazo recebem reconhecimento judicial concreto.

Uma analogia simples com o mercado equivalente a um serviço envolvendo cuidado, portanto, está muito longe de esgotar o peso e a complexidade desse relacionamento. Por esse motivo, diretrizes que avaliam o cuidado dentro de casa com base no que está atualmente disponível no mercado ou como uma questão contratual entre duas partes não captam o provável impacto da intervenção de uma diretriz nem avaliam o serviço adequadamente. Ademais, o próprio meio e a modalidade de pagamento exercem um impacto nas relações que envolvem cuidado: eles sinalizam aos participantes que tipo de relação estão conduzindo. É por isso que, além de um acordo amplo de que o trabalho envolvendo cuidado atualmente é mal remunerado e desvalorizado, precisamos entender que a forma e as condições de pagamento são importantes. Um pagamento diário em dinheiro sinaliza um relacionamento muito diferente daquele de um cheque mensal. Embora sejam importantes em modos específicos para cenários íntimos, observar a forma de pagamento não é uma consideração sentimental trivial. Temos muitas evidências do quanto a forma de pagamento é importante até mesmo para diretores executivos de grandes empresas, que normalmente recebem várias gratificações além dos pagamentos monetários diretos. Elimine o carro da empresa, o banheiro executivo ou a viagem de luxo e você estará eliminando parte da distinção do diretor executivo.

Dinheiro...

Tais princípios ilustram de modo inesperado controvérsias sobre a condição moral da indenização monetária por morte acidental (BORNEMAN, 2002; LASCHER & POWERS, 2004). No caso dos pagamentos de 11 de setembro, os críticos várias vezes acusaram as famílias das vítimas de mera e repugnante ganância. Contudo, aqueles que receberam a indenização de 11 de setembro declararam em diversas ocasiões que "não se tratava de dinheiro". O administrador de fundos Kenneth Feinberg os apoiou:

> Ouvi [...] e li nos jornais comentários de alguns americanos expressando a opinião de que as vítimas e suas famílias são "gananciosas" por buscarem uma indenização adicional. Como declarei várias vezes [...]. Creio que essa caracterização é injusta. Este Fundo e os comentários de familiares prejudicados não significam "ganância"; ao contrário, refletem o horror de 11 de setembro e a determinação dos familiares de valorizar a vida dos entes queridos perdidos repentinamente naquele dia trágico (MINISTÉRIO DA JUSTIÇA DOS ESTADOS UNIDOS, 2002: 11, 234).

Propriamente entendidos, de fato, os recebedores estavam mais do que certos ao dizerem que não se tratava *somente* de dinheiro. Como Herbert Nass, advogado que representava a família de uma vítima de 11 de setembro, comentou, "Para eles, não se trata de dinheiro, porque é um dinheiro infeliz" (CHEN, 2003: seção B1). Em geral, as famílias das vítimas estavam em busca não apenas de benefícios financeiros, mas também do reconhecimento público da sua perda e do seu relacionamento especial com a vítima. Como vimos antes, alguns pagamentos reconheceram diretamente as contribuições não remuneradas que as vítimas davam às suas famílias. Mais uma vez, vemos que o meio e a modalidade de compensação não representam simplesmente um valor em dinheiro permutado, mas sim o sentido dos relacionamentos envolvidos. Porém, num sentido muito diferente, *tratava-se* de dinheiro. Como em casos de imperícia médica, acordos por morte que gera responsabilidade civil e indenização por lesões incapacitantes no trabalho, o pagamento de grandes somas anuncia simultaneamente a gravidade da perda envolvida e a responsabilidade de outra pessoa pela perda. Punições grandes podem até mesmo impelir os autores de condições perigosas a resolvê-las.

Para os nossos fins, a característica mais importante da indenização de 11 de setembro foi a sua atribuição de um valor significativo ao trabalho relacional. Com essa valoração, tribunais e autoridades entram no mundo que estamos explorando. Nesse mundo, uma simples busca pelo mercado mais próximo equivalente ao trabalho relacional em questão quase sempre desconstruirá e subestimará esse trabalho. Considere a analogia da intervenção ecológica, em que a compensação direta de usuários pelo valor comercial de florestas ou riachos perdidos não leva em conta o efeito geral das florestas e riachos destruídos para o meio ambiente como um todo.

Quando as medidas regulamentares valorizam o trabalho relacional dentro de cenários íntimos, elas destorcem o que estão fazendo, e os prováveis efeitos da intervenção, a menos que reconheçam o impacto das medidas regulamentares propostas sobre terceiros, difundem a reciprocidade, a segurança a longo prazo e as comunidades de destino. Tanto a curto quanto a longo prazo, medidas regulamentares superiores questionarão quais adaptações para cuidados pessoais remunerados com crianças, idosos, deficientes e enfermos prejudicam os recebedores, os cuidadores e as famílias envolvidas. Quais adaptações de fato enriquecem a vida dos participantes? As revelações íntimas deste livro, portanto, pautam-se em discussões sobre medidas regulamentares.

Deixando de lado questões sobre medidas regulamentares, esta análise também nos convida a repensar de forma mais ampla sobre como as relações íntimas funcionam. Estabelecemos a mistura complexa de intimidade e transações econômicas. Vimos que as relações íntimas não somente incorporam a atividade econômica, como também dependem dela e a organizam. Além dessa descoberta, no processo de documentar como as pessoas unem-se, cuidam-se e participam das economias domésticas, atravessamos um mundo profundamente relacional. Um mundo onde namorados adolescentes, amantes, maridos e mulheres, parceiros, filhos, avós, cuidadores e os tantos outros parceiros íntimos que encontramos estão continuamente envolvidos em manter, reforçar, testar e às vezes desafiar as suas relações mútuas. Na verdade, o seu senso de si mesmos interage de modo muito próximo com os significados de seus relacionamentos com os outros.

Esse mundo de intimidade não é, como sugerem algumas teorias do comportamento social, povoado de personagens que desempenham papéis fixos baseados em gênero, orientação sexual, religião ou etnia. Tampouco é um mundo, como outros teóricos afirmam, onde cada indivíduo está ocupado em criar estratégias para maximizar o seu próprio autointeresse. Sim, é claro que encontramos uma barganha e uma negociação contínua entre casais, cuidadores e recebedores de cuidado, assim como entre membros da família, mas não um ator estratégico contra outro. Ao contrário, encontramos pessoas que se localizam em redes de relações sociais, construindo seus lugares através da interação com os outros, e constantemente levando em conta as repercussões de qualquer relação particular para terceiros.

As relações íntimas são importantes. Por causa de sua importância, elas se tornam vulneráveis a mal-entendidos, insultos morais, incompatibilidades, falsidade e traição. A intimidade cria todos os tipos de dilemas: esta pessoa é uma interesseira ou uma amiga íntima? Esta relação é de cuidado ou exploração? Quando o cuidado deve ser remunerado? Por que devemos aceitar que uma babá seja paga, mas não uma irmã, se ela cuidar do irmão mais novo? Que tipos de despesas de crianças e adolescentes os pais devem controlar? A determinação de qual tipo de atividade econômica combina com qual tipo de intimidade é muito importante para os participantes. Vimos isso nos casais, no cuidado e nas famílias. As pessoas investem muita energia na demarcação das transações econômicas corretas para o relacionamento e numa distinção acentuada das transações econômicas erradas. Observamos isso tanto na prática quanto na arena judicial. Que transação econômica é aceitável para qual membro da família?

Em âmbito ainda mais geral, descobrimos um mundo relacional. As mesmas pessoas comportam-se de modo muito diferente em relações diferentes. Da perspectiva mais longa deste livro, a velha linha que vai desde o íntimo até o impessoal não desaparece, mas assume um novo significado. Primeiro, constatamos que de fato é uma linha, e não uma dicotomia de esferas separadas. Segundo, reconhecemos que as relações individuais e os cenários sociais variam de modo significativo ao longo da linha. Terceiro, observamos a atividade econômica em todas as etapas da linha, e não concentrada em uma das extremidades. Quarto, vemos que a atividade econômica na verdade apoia e reproduz as relações e os cenários ao longo da linha. Quinto, observamos ao longo da extensão que as pessoas estão constantemente negociando e renegociando combinações entre relações, meios, transações e fronteiras. Sexto, entendemos que algumas combinações negociadas envolvem injustiça, crueldade, prejuízo ou confusão não por misturarem as relações pessoais com a atividade econômica, mas por resultarem de exercícios de poder impróprios. Finalmente, em um alto índice de casos, testemunhamos consequências para terceiros: o modo pelo qual as pessoas interagem afeta outras relações em que essas pessoas estão envolvidas.

Obviamente, poderíamos seguir essas ideias e adentrar outros cenários íntimos que este livro não mencionou: grupos maiores de parentesco, amigos, bairros, negócios familiares, unidades de combate, alas hospitalares etc. Nesses cenários, esperaríamos as mesmas lições gerais. Com as devidas mudanças de perspectiva, também poderíamos adentrar outros cenários que não são predominantemente íntimos, mas onde as relações íntimas aparecem: corporações, escolas, alojamentos de faculdades, prisões, comércio a varejo, restaurantes populares, instituições de serviço social e artes. As lições básicas seriam as mesmas. Muito longe de constituírem uma frágil esfera separada, as relações íntimas ramificam-se em uma enorme gama de cenários e atividades sociais, além de cônjuges, amantes, filhos e parentes.

Se tiver cumprido o seu objetivo, este livro ajudará os leitores a reconhecer o que acontece com eles na vida social cotidiana. Afinal de contas, todos nós estamos constantemente negociando combinações apropriadas entre as nossas relações íntimas e as atividades econômicas fundamentais. As escolhas que as pessoas fazem a esse respeito têm um grande peso moral e sérias consequências para a viabilidade da sua vida íntima. A intimidade, como vimos, é de grande valor para os seus participantes, envolvendo, portanto, sérios riscos. Não existe um único modelo de intimidade que sirva a todos os seus usos. A intimidade assume muitas formas. E a compra da intimidade também.

Referências

ABBOTT, Andrew (1988). *The System of Professions*. Chicago: University of Chicago Press.

ABEL, Emily K. (2000). *Hearts of Wisdom*: American Women Caring for Kin 1850-1940. Cambridge, MA: Harvard University Press.

______ (1991). *Who Cares for the Elderly?* Filadélfia: Temple University Press.

______ (1990). Family Care of the Frail Elderly. In: ABEL, Emily K. & NELSON, Margaret K. (orgs.). *Circles of Care*. Albânia: State University of New York Press.

ABOLAFIA, Mitchel Y. (2001). *Making Markets*: Opportunism and Restraint on Wall Street. Cambridge, MA: Harvard University Press.

ADAMS, Rebecca G. & GRAHAM Allan (1998). *Placing Friendship in Context*. Cambridge: Cambridge University Press.

AGGLETON, Peter (org.) (1999). *Men Who Sell Sex*. Filadélfia: Temple University Press.

ALDRICH, Howard E. & JENNIFER, E. Cliff (2003). "The Pervasive Effects of Family on Entrepreneurship: Toward a Family Embeddedness Perspective". *Journal of Business Venturing*, 18, p. 573-596.

ALLAN, Graham (1989). *Friendship*: Developing a Sociological Perspective. Boulder, CO: Westview.

ALTMAN, Dennis (2001). *Global Sex*. Chicago: University of Chicago Press.

AMERICAN BAR ASSOCIATION (2003). *Model Code of Professional Responsibility* [Disponível em http://www.manupatra.com/downl oads/code%20of%20professional %20conduct/ethic s.pdf – Acesso em 09/08/03].

______ (1996). *The American Bar Association Guide to Family Law*. Nova York: Three Rivers Press.

AMERICAN PSYCHOLOGICAL ASSOCIATION (2003). "Ethical Principles of Psychology and Code of Conduct" [Disponível em http://www.apa.org/ethics/ – Acesso em 09/08/03].

ANDERSON, Elizabeth (1993). *Value in Ethics and Economics*. Cambridge, MA: Harvard University Press.

ANTONOVICS, Kate & TOWN, Robert (2004). "Are All the Good Men Married? – Uncovering the Sources of the Marital Wage Premium". *American Economic Review*, 94, mai., p. 317-321.

ARONSON, Jane & NEYSMITH, Sheila M. (1996). "'You're Not Just in There to Do the Work': Depersonalizing Policies and the Exploitation of Home Care Workers' Labor". *Gender & Society*, 10, p. 59-77.

BABCOCK, Linda & LASCHEVER, Sara (2003). *Women Don't Ask*: Negotiation and the Gender Divide. Princeton, NJ: Princeton University Press.

BAILEY, Beth (1999). *Sex in the Heartland.* Cambridge, MA: Harvard University Press.

______ (1988). *From Front Porch to Back Seat*: Courtship in Twentieth-Century America. Baltimore: Johns Hopkins University Press.

BAKKE, E. Wight [1940] (1969). *The Unemployed Worker*: A Study of the Task of Making a Living without a Job. Hamden, CT: Archon Books.

BANKS, Taunya L. (1999). "Toward a Global Critical Feminist Vision: Domestic Work and the Nanny Tax Debate". *Journal of Gender, Race & Justice*, 3, p. 1-44.

BARBER, Bernard (1983). *The Logic and Limits of Trust*. New Brunswick, NJ: Rutgers University Press.

BARON, Jane B. (1988-1989). "Gifts, Bargains, and Form". *Indiana Law Journal*, 155.

BARRON, Hal S. (1997). *Mixed Harvest*: The Second Great Transformation in the Rural North 1870-1930. Chapel Hill: University of North Carolina Press.

BARRY, Kathleen (1995). *The Prostitution of Sexuality*. Nova York: New York University Press.

BAWIN, Bernadette & DANDURAND, Renée (orgs.) (2003). "De l'intimité". Edição especial de *Sociologie et Sociétés*, 35, outono.

BECKER, Gary S. (1996). *Accounting for Tastes*. Cambridge, MA: Harvard University Press.

BECKER, Saul; ALDRIDGE, Jo & DEARDEN, Chris (1998). *Young Carers and Their Families*. Oxford: Blackwell Science.

BELKIN, Lisa (2002). "Just Money". *New York Times Magazine*, 08/12, p. 92-97, 122, 148, 156.

BENGTSON, Vern L. (2001). "Beyond the Nuclear Family: The Increasing Importance of Multigenerational Bonds". *Journal of Marriage and the Family*, 63, fev., p. 1-16.

BERHAU, Patricia (2000). *Class and the Experiences of Consumers*: A Study of the Practices of Acquisition. [s.l.]: University Temple [Tese de doutorado].

BERNSTEIN, Elizabeth (2001). "The Meaning of the Purchase: Desire, Demand and the Commerce of Sex". *Ethnography*, 2, p. 389-420.

______ (1999). "What's Wrong with Prostitution? – What's Right with Sex Work? – Comparing Markets in Female Sexual Labor". *Hastings Women's Law Journal*, 10, p. 91-119.

BIGGART, Nicole W. (1989). *Charismatic Capitalism*. Chicago: University of Chicago Press.

BITTKER, Boris I. (1983). *Fundamentals of Federal Income Taxation*. Boston: Warren/Gorham/Lamont.

BITTMAN, Michael et al. (2003). "When Does Gender Trump Money? – Bargaining and Time in Household Work". *American Journal of Sociology*, 109, p. 186-214.

Black's Law Dictionary (1999). 7. ed. rev. St. Paul, MN: West Group.

BLUMSTEIN, Philip & SCHWARTZ, Pepper (1983). *American Couples*. Nova York: William Morrow.

BOAG, Peter (2003). *Same-Sex Affairs*. Berkeley: University of California Press.

BOASE, Jeffrey & WELLMAN, Barry (2004). Personal Relationships: On and off the Internet. In: PERLMAN, Daniel & VANGELISTI, Anita L. (orgs.). *Handbook of Personal Relations*. Cambridge: Cambridge University Press.

BOHMER, Carol (2000). *The Wages of Seeking Help*. Westport, CT: Praeger.

BORNEMAN, John (2002). "On Money and the Memory of Loss". *Etnográfica*, 6 (2), p. 281-302.

BOSTON, Nicholas (2004). "The Tough Fight for Compensation". *Gay City News*, 3, 24-30/06 [Disponível em http://www.gaycitynews.com/gcn_326/thetoughfi ghtfor.html – Acesso em dez./2004].

BOULDING, Elise (1980). The Nurture of Adults by Children in Family Settings. In: LOPATA, Helena (org.). "Research in the Interweave of Social Roles". *Women and Men*, 1, p. 167-189. Greenwich, CT: JAI.

BOURGOIS, Philippe (1995). *In Search of Respect*. Nova York: Cambridge University Press.

BOURIS, Karen (2004). *Just Kiss Me and Tell Me You Did the Laundry*: How to Negotiate Equal Roles for Husband and Wife in Parenting, Career, and Home Life. Nova York: Rodale.

BOYDSTON, Jeanne (1990). *Home and Work*. Nova York: Oxford University Press.

BRAMAN, Donald (2004). *Doing Time on the Outside*: Incarceration and Family Life in Urban America. Ann Arbor: University of Michigan Press.

BRAY, Ilona M. (2001). *Fiancé and Marriage Visas*. Berkeley, CA: Nolo Press.

BREWIS, Joanna & LINSTEAD, Stephen (2000). *Sex, Work and Sex Work*. Londres: Routledge.

BRINES, Julie (1994). "Economic Dependency, Gender, and the Division of Labor at Home". *American Journal of Sociology*, 100, nov., p. 652-688.

BRINIG, Margaret F. (2000). *From Contract to Covenant*: Beyond the Law and Economics of the Family. Cambridge, MA: Harvard University Press.

BROOKS, David (2002). "Making It". *Weekly Standard*, 23/12.

BROOKS, Peter & GEWIRTZ, Paul (1996). *Law's Stories*: Narrative and Rhetoric in the Law. New Haven, CT: Yale University Press.

BROWN, Robert C. (1934). "The Action for Alienation of Affections". *University of Pennsylvania Law Review*, 82, mar., p. 472.

BUDIG, Michelle J. & ENGLAND, Paula (2001). "The Wage Penalty for Motherhood". *American Sociological Review*, 66, p. 204-225.

BUTLER, Judith (1993). *Bodies That Matter*. Nova York: Routledge.

______ (1990). *Gender Trouble*. Nova York: Routledge.

CALDER, Lendol (1999). *Financing the American Dream*. Princeton, NJ: Princeton University Press.

CANCELMO, Joseph A. & BANDINI, Carol (1999). *Childcare for Love or Money?* – A Guide to Navigating the Parent-Caregiver Relationship. Northvale, NJ: Jason Aronson.

CANCIAN, Francesca (2000). Paid Emotional Care. In: MEYER, Madonna H. (org.). *Care Work*: Gender Labor and the Welfare State. Nova York: Routledge, p. 136-148.

______ (1987). *Love in America*: Gender and Self-Development. Nova York: Cambridge University Press.

CANCIAN, Francesca & OLIKER, Stacey J. (2000). *Caring and Gender*. Thousand Oaks, CA: Pine Forge Press.

CARBONE, June (2000). *From Partners to Parents*. Nova York: Columbia University Press.

CARRINGTON, Christopher (1999). *No Place like Home*: Relationships and Family Life among Lesbians and Gay Men. Chicago: University of Chicago Press.

CASPER, Lynne M. & BIANCHI, Suzanne M. (2002). *Continuity and Change in the American Family*. Thousand Oaks, CA: Sage.

CASTLE, Sarah & KONATE, Mamadou K. (2003). "Economic Transactions Associated with Sexual Intercourse among Malian Adolescents: Implications for Sexual Health". *Reproduction and Social Context in Sub-Saharan Africa*. Westport, CT: Greenwood Press, p. 161-185.

CENTER FOR THE CHILDCARE WORKFORCE (2002). *Estimating the Size and Components of the U.S. Childcare Workforce and Caregiving Population*. Washington/Seatle: Center for the Childcare Workforce/Human Services Policy Center/Evans School of Public Affairs/University of Washington [Disponível em http://www.ccw.org/pubs/workforceestimaterepo rt.pdf – Acesso em 29/06/03].

CERVINI, Michael (2004). Correspondência pessoal, 13/07.

CHAMALLAS, Martha (1998). "The Architecture of Bias: Deep Structures in Tort Law". *University of Pennsylvania Law Review*, 146, p. 463.

CHAMBLISS, Daniel F. (1996). *Beyond Caring*: Hospitals, Nurses, and the Social Organization of Ethics. Chicago: University of Chicago Press.

CHAPKIS, Wendy (2000). Power and Control in the Commercial Sex Trade. In: WEITZER, Ronald (org.). *Sex for Sale*: Prostitution, Pornography, and the Sex Industry. Nova York: Routledge, p. 181-201.

______ (1997). *Live Sex Acts*. Nova York: Routledge.

CHAUDRY, Ajay (2004). *Putting Children First*. Nova York: Russell Sage Foundation.

CHAUNCEY, George (1994). *Gay New York*. Nova York: Basic Books.

______ (1985). "Christian Brotherhood or Sexual Perversion? – Homosexual Identities and the Construction of Sexual Boundaries in the World War One Era". *Journal of Social History*, 19, inverno, p. 189-211.

CHAYKO, Mary (2002). *Connecting*. Albânia: State University of New York Press.

CHEN, David W. (2004). "What's a Life Worth?" – Week in Review. *New York Times*, 20/06.

______ (2003). "A Slow, Deliberate Process of Weighing 9/11 Awards". *New York Times*, 18/02, seção B1.

______ (2002). "Lure of Millions Fuels 9/11 Families' Feuding". *New York Times*, 17/06, seção A1.

CHIN, Elizabeth (2001). *Purchasing Power*: Black Kids and American Consumer Culture. Mineápolis: University of Minnesota Press.

CHINOY, Ely (1955). *Automobile Workers and the American Dream*. Boston: Beacon Press.

CHODOROW, Nancy (1978). *The Reproduction of Mothering*: Psychoanalysis and the Sociology of Gender. Berkeley: University of California Press.

CLARK Jr., Homer, H. (1968). *The Law of Domestic Relations in the United States*. St. Paul, MN: West Publishing Co.

CLAYTON, Obie & MOORE, Joan (2003). "The Effects of Crime and Imprisonment on Family Formation". *Black Fathers in Contemporary American Society*. Nova York: Russell Sage Foundation, p. 84-102.

CLEMENT, Elizabeth A. (1998a). "Trick or Treat: Prostitution and Working-Class Women's Sexuality in New York City, 1900-1932". [s.l.]: University of Pensilvania [Tese de doutorado].

______ (1998b). Prostitution and Community in Turn-of-the-Century New York City. In: ELIAS, James E. et al. (orgs.). *Prostitution*: On Whores, Hustlers, and Johns. Nova York: Prometheus Books, p. 47-60.

COHEN, Jean (2002). *Regulating Intimacy*. Princeton, NJ: Princeton University Press.

COHEN, Lizabeth (2003). *A Consumers' Republic*: The Politics of Mass Consumption in Postwar America. Nova York: Alfred A. Knopf.

COHEN, Patricia C. (1998). *The Murder of Helen Jewett*. Nova York: Knopf.

COHEN, Yolande et al. (2002). *Les sciences infirmières*: Genèse d'une discipline. Montreal: Presses de l'Université de Montréal.

COLE, Steven A. & BIRD, Julian (2000). *The Medical Interview*. St. Louis: Mosby.

COLLIER, Jane F. (1997). *From Duty to Desire*: Remaking Families in a Spanish Village. Princeton, NJ: Princeton University Press.

COLLINS, Randall (2004). *Interaction Ritual Chains*. Princeton, NJ: Princeton University Press.

COLTRANE, Scott (1998). *Gender and Families*. Thousand Oaks, CA: Pine Forge Press.

______ (1996). *Family Man*. Nova York: Oxford University Press.

COMAROFF, John L. (1980). Bridewealth and the Control of Ambiguity in a Tswana Chiefdom. In: COMAROFF, John L. (org.). *The Meaning of Marriage Payments*. Londres: Academic Press, p. 161-196.

CONLEY, Dalton (1999). *Being Black, Living in the Red*: Race, Wealth, and Social Policy in America. Berkeley: University of California Press.

CONSTABLE, Nicole (2003). *Romance on a Global Stage*. Berkeley: University of California Press.

Consumer Report for Kids (2004) [Disponível em http://www.zillions.org/ – Acessado em 03/08/04].

COOKE, Maud (1896). *Social Etiquette*. Boston: [s.e.].

COOMBS, Mary (1989). "Agency and Partnership". *Yale Journal of Law and Feminism*, 2, p. 1.

COPELAND, Tom (1991). *Contracts and Policies*: How to Be Businesslike in a Caring Profession. St. Paul, MN: Redleaf Press.

CORBETT, Sara (2003). "The Last Shift". *New York Times Magazine*, 16/03.

COTT, Nancy (2000). *Public Vows*. Cambridge, MA: Harvard University Press.

______ (1977). *The Bonds of Womanhood*. New Haven, CT: Yale University Press.

COWAN, Ruth S. (1983). *More Work for Mother*. Nova York: Basic Books.

COZORT, Larry A. (2003). "Is the Tax Court Becoming a Divorce Court? – The Answer Could Change How the Innocent Spouse Rules Are Interpreted". *Journal of Accountancy*, 195, fev. [Disponível em http://www.aicpa.org/pubs/jofa/feb2003/index. htm – Acesso em nov./2004].

CRESSEY, Paul G. (1932). *The Taxi-Dance Hall*. Chicago: University of Chicago Press.

CRESSON, Geneviève (1995). *Le travail domestique de santé*. Paris: L'Harmattan.

CRITTENDEN, Ann (2001). *The Price of Motherhood*. Nova York: Metropolitan Books.

CROSS, Gary (2000). *An All-Consuming Century*: Why Commercialism Won in America. Nova York: Columbia University Press.

CULHANE, John G. (2000-2001). "A 'Clanging Silence': Same-Sex Couples and Tort Law". *Kentucky Law Journal*, 89, p. 911.

CURRAN, Sara R. & SAGUY, Abigail C. (2001). "Migration and Cultural Change: A Role for Gender and Social Networks?" *Journal for International Women's Studies* 2, p. 54-77.

CURRY, H.; CLIFFORD, Denis & HERTZ, Frederick (2002). *A Legal Guide for Lesbian and Gay Couples*. 11. ed. Berkeley, CA: Nolo Press.

CUSHING, Ethel F. (1926). *Culture and Good Manners*. Memphis: Students Educational Publishing Co.

DANIELS, Arlene K. (1987). "Invisible Work". *Social Problems*, 34, p. 403-415.

DAVIDSON, James (1998). *Courtesans and Fishcakes*. Nova York: Harper-Perennial.

DAVIS, Adrienne D. (1999). "The Private Law of Race and Sex: An Antebellum Perspective". *Stanford Law Review*, 51, p. 221.

DAVIS, Martha F. (2002). "Valuing Women: A Case Study". *Women's Rights Law Reporter*, 23, p. 219.

DAVIS, Murray S. (1983). *Smut*. Chicago: University of Chicago Press.

______ (1973). *Intimate Relations*. Nova York: Free Press.

DAVIS, Owen (2003). *Cunning-Folk*: Popular Magic in English History. Londres: Hambledon and London.

DAY, Sophie (1994). L'argent et l'esprit d'entreprise chez les prostituées à Londres. In: BLOCH, Maurice (org.). Les usages de l'argent, edição especial de *Terrain*, 23, p. 99-114.

DeFURIA Jr., Joseph W. (1989). "Testamentary Gifts Resulting from Meretricious Relationships: Undue Influence or Natural Beneficence?" *Notre Dame Law Review*, 64, p. 200.

DE LA GARZA, Rodolfo O. & LOWELL, Briant L. (2002). *Sending Money Home* – Hispanic Remittances and Community Development. Lanham, MD: Rowman and Littlefield.

D'EMILIO, John & FREEDMAN, Estelle B. (1988). *Intimate Matters*: A History of Sexuality in America. Nova York: Harper and Row.

DeVAULT, Marjorie L. (2002). Producing Family Time: Practices of Leisure Activity beyond the Home. In: GERSTEL, Naomi; CLAWSON, Dan & ZUSSMAN, Robert (orgs.). *Families at Work*: Expanding the Boundaries. Nasvile: Vanderbilt University Press, p. 266-283.

______ (1991). *Feeding the Family*. Chicago: University of Chicago Press.

DI LEONARDO, Micaela (1987). "The Female World of Cards and Holidays: Women, Families, and the Work of Kinship". *Signs*, 12, primavera, p. 440-453.

DiMAGGIO, Paul (2001). Introduction: Making Sense of the Contemporary Firm and Prefiguring Its Future. In: DiMAGGIO, Paul (org.). *The Twenty-First-Century Firm*: Changing Economic Organization in International Perspective. Princeton, NJ: Princeton University Press, p. 3-33.

DiMAGGIO, Paul & LOUCH, Hugh (1998). "Socially Embedded Consumer Transactions: For What Kinds of Purchases Do People Most Often Use Networks?" *American Sociological Review*, 63, out., p. 619-637.

DOBBS, Dan B. et al. (1988). *Prosser and Keeton on the Law of Torts* [adendo]. St. Paul, MN: West Publishing Co.

DOBRIS, Joel, C. & STERK, Stewart E. (1998). *Estates and Trusts*: Cases and Materials. Nova York: Foundation Press.

DOTY, Pamela et al. (1999). *In-Home Supportive Services for the Elderly and Disabled*: A Comparison of Client-Directed and Professional Management Models of Service Delivery. Los Angeles: Ministério da Saúde e Serviços Humanos dos Estados Unidos e Universidade da Califórnia [Disponível em http://aspe.os.dhhs.gov/daltcp/report s/ihss.htm#secI.B – Acesso em 24/05/03].

DRAPER, Elaine (2003). *The Company Doctor*. Nova York: Russell Sage Foundation.

DRAPER, Jane M. (1979). "Establishment of 'Family' Relationship to Raise Presumption That Services Were Rendered Gratuitously, as between Persons Living in Same Household but Not Related by Blood or Affinity". *American Law Reports*, 92, p. 726.

DREHER, William A. (2004). Correspondência pessoal de William A. Dreher, diretor-gerente da Compensation Strategies, Inc., 23/07.

DUBLER, Ariela R. (2003). "In the Shadow of Marriage: Single Women and the Legal Construction of the Family and the State". 112 *Yale Law Journal* 1641.

______ (2000). "Wifely Behavior: A Legal History of Acting Married". 100 *Columbia Law Review* 957.

______ (1998). "Governing through Contract: Common Law Marriage in the Nineteenth Century". *Yale Law Journal*, 107, p. 1.885.

DURAND, Jorge; PARRADO, Emilio A. & MASSEY, Douglas S. (1996). "Migradollars and Development: A Reconsideration of the Mexican Case". *International Migration Review*, 30, p. 423-444.

EATON, Leslie (2004). "In Nation's Courtrooms, Wounds from 9/11 Attacks Persist". *New York Times*, 09/09, seção B.

EDIN, Kathryn & LEIN, Laura (1997). *Making Ends Meet*: How Single Mothers Survive Welfare and Low-Wage Work. Nova York: Russell Sage Foundation.

EDIN, Kathryn; LEIN, Laura & NELSON, Timothy J. (2002). Taking Care of Business: The Economic Survival Strategies of Low-Income Fathers. In: MUNGER, Frank (org.). *Laboring below the Line*. Nova York: Russell Sage Foundation, p. 125-147.

EDIN, Kathryn; NELSON, Timothy J. & PARANEL, Rechelle (2004). Fatherhood and Incarceration as Potential Turning Points in the Criminal Careers of Unskilled Men. In: PATILLO, Mary; WEIMAN, David & WESTERN, Bruce (orgs.). *Imprisoning America*: The Social Effects of Mass Incarceration. Nova York: Russell Sage Foundation, p. 46-75.

EGGEBEEN, David J. & DAVEY, Adam (1998). "Do Safety Nets Work? – The Role of Anticipated Help in Times of Need". *Journal of Marriage and the Family*, 60, nov., p. 939-950.

ELDER Jr., Glen (1974). *Children of the Great Depression*: Social Change in Life Experiences. Chicago: University of Chicago Press.

Elder Law Fax (2002). "Parents Never Meant to Gift Home to Daughter", 26/08 [Disponível em http://www.tn-elderlaw.com/prior/020826.html – Acesso em 11/07/04].

ELROD, Linda D. & SPECTOR, Robert G. (2004). "A Review of the Year in Family Law: Children's Issues Remain the Focus". *Family Law Quarterly*, 37, p. 527.

ELSHTAIN, Jean B. (2000). *Who Are We?* Grand Rapids, MI: William B. Erdmans.

ENARSON, Elaine (1990). Experts and Caregivers: Perspectives on Underground Day Care. In: ABEL, Emily K. & NELSON, Margaret K. (orgs.). *Circles of Care*. Albânia: State University of New York Press, p. 233-245.

ENGLAND, Paula; BUDIG, Michelle & FOLBRE, Nancy (2002). "Wages of Virtue: The Relative Pay of Care Work". *Social Problems* 49, p. 455-473.

ENGLAND, Paula & FOLBRE, Nancy (2003). Contracting for Care. In: FERBER, Marianne A. & NELSON, Julie A. (orgs.). *Feminist Economics Today* – Beyond Economic Man. Chicago: University of Chicago Press, p. 61-79.

______ (1999). The Cost of Caring. In: STEINBERG, Ronnie J. & FIGART, Deborah M. (orgs.). "Emotional Labor in the Service Economy". Edição especial de *Annals of the American Academy of Political and Social Science*, 561, jan., p. 39-51.

ERTMAN, Martha M. (2003). "What's Wrong with a Parenthood Market? – A New and Improved Theory of Commodification" *North Carolina Law Review*, 82, p. 1.

______ (2001). "Marriage as a Trade: Bridging the Private/Private Distinction". *Harvard Civil Rights-Civil Liberties Law Review*, 36, p. 79.

______ (1998). "Commercializing Marriage: A Proposal for Valuing Women's Work through Premarital Security Agreements". *Texas Law Review*, 77, p. 17.

ESPELAND, Wendy N. & STEVENS, Mitchell L. (1998). "Commensuration as a Social Process". *Annual Review of Sociology*, 24, p. 13-43.

EVANS, David R. & HEARN, Margaret T. Hearn (1997). Sexual and Non-Sexual Dual Relationships: Managing the Boundaries. In: EVANS, David R. (org.). *The Law, Standards of Practice, and Ethics in the Practice of Psychology*. Toronto: Edmond Montgomery, p. 53-78.

EVERS, Adalbert; PIJL, Marja & UNGERSON, Clare (1994). *Payments for Care*: A Comparative Overview. Londres: Avebury.

EWICK, Patricia & SILBEY, Susan S. (2003). "The Double Life of Reason and Law". *University of Miami Law Review*, 57, p. 497.

______ (1998). *The Common Place of Law*: Stories from Everyday Life. Chicago: University of Chicago Press.

FAMUYIDE, Joseph R. (2002). *Green Card Interview Questions and Answers*. Brooklin, NY: Escritório de Advocacia de Joseph Famuyide.

FASS, Paula S. (1977). *The Damned and the Beautiful*: American Youth in the 1920s. Oxford: Oxford University Press.

FEHLBERG, Belinda (1997). *Sexually Transmitted Debt*. Oxford: Clarendon Press.

FELLOWS, Mary L. (1998). "Rocking the Tax Code: A Case Study of Employment-Related Child-Care Expenditures". *Yale Journal of Law and Feminism*, 10, p. 307.

FELSTINER, William L.F.; ABEL, Richard L. & SARAT, Austin (1980/1981). "The Emergence and Transformation of Disputes: Naming, Blaming, Claiming". *Law and Society Review*, 15, p. 1.631.

FERNÁNDEZ-KELLY, Patricia (2002). Ethnic Transitions: Nicaraguans in the United States. In: OSTENDORF, Berndt (org.). *Transnational America*: The Fading of Borders in the Western Hemisphere. Heidelberg: C. Winter, p. 177-203.

FINLEY, Lucinda (1989). "A Break in the Silence: Including Women's Issues in a Tort Course". *Yale Journal of Law and Feminism*, 1, p. 41.

FISH, Barry & KOTZER, Les (2002). *The Family Fight*. Washington, DC: Continental Atlantic Publications.

FLETCHER, Denise E. (org.) (2002). *Understanding the Small Family Business*. Londres: Routledge.

FLOWERS, Amy (1998). *The Fantasy Factory*: An Insider's View of the Phone Sex Industry. Filadélfia: University of Pennsylvania Press.

FOLBRE, Nancy (2001). *The Invisible Heart*: Economics and Family Values. Nova York: New Press.

FOLBRE, Nancy & NELSON, Julie A. (2000). "For Love or Money – or Both?" *Journal of Economic Perspectives*, 14 (4), out., p. 123-140.

FORMANEK-BRUNELL, Miriam (1998). Truculent and Tractable: The Gendering of Babysitting in Postwar America. In: INNESS, Sherrie A. (org.). *Delinquents and Debutantes*: Twentieth-Century American Girls' Cultures. Nova York: New York University Press, p. 61-82.

FOSTER, Henry H. (1962). "Relational Interests of the Family". *University of Illinois Law Review*, 4, p. 493.

FOX, Richard W. (1999). *Trials of Intimacy*: Love and Loss in the Beecher-Tilton Scandal. Chicago: University of Chicago Press.

FRANK, Katherine (2002). *G-Strings and Sympathy*. Durham, NC: Duke University Press.

______ (1998). "The Production of Identity and the Negotiation of Intimacy in a 'Gentleman's Club'". *Sexualities*, 1, p. 175-201.

FRIEDMAN, David D. (2000). *Law's Order*. Princeton, NJ: Princeton University Press.

FURSTENBERG Jr., Frank F. & CHERLIN, Andrew (1986). *The New American Grandparent*. Nova York: Basic Books.

FURSTENBERG Jr., Frank F.; HOFFMAN, Saul D. & SHRESTHA, Laura (1995). "The Effect of Divorce on Intergenerational Transfers: New Evidence". *Demography*, 32, p. 319-333.

FURSTENBERG Jr., Frank et al. (2004). "Growing Up Is Harder to Do". *Contexts*, 3, verão, p. 33-41.

GAL, Susan (1989). "Language and Political Economy". *Annual Review of Anthropology*, 18, p. 345-369.

GALINSKY, Ellen (1999). *Ask the Children*. Nova York: Morrow.

GALLAGHER, Maggie (2003). The Marriage Gap: How and Why Marriage Creates Wealth and Boosts the Well-Being of Adults. In: CLAYTON, Obie; MACY, Ronald B. & BLANKENHORN, David (orgs.). *Black Fathers in Contemporary American Society*. Nova York: Russell Sage Foundation, p. 71-83.

GANS, Herbert J. (1967). *The Levittowners*. Nova York: Vintage.

GARB, Sarah H. (1995). "Sex for Money Is Sex for Money: The Illegality of Pornographic Film as Prostitution". *Law and Inequality*, 13, p. 281.

GEEN, Rob (org.) (2003). *Kinship Care*. Washington, DC: Urban Institute Press.

GEORGES, Eugenia (1990). *The Making of a Transnational Community*. Nova York: Columbia University Press.

GERSHUNY, Jonathan (2000). *Changing Times*. Nova York: Oxford University Press.

GERSICK, Kelin E. et al. (1997). *Generation to Generation*. Boston: Harvard Business School Press.

GERSON, Kathleen (1993). *No Man's Land*: Changing Commitments to Family and Work. Nova York: Basic Books.

GIDDENS, Anthony (1992). *The Transformation of Intimacy*. Stanford, CA: Stanford University Press.

GILFOYLE, Timothy J. (1999). "Review Essay: Prostitutes in History; From Parables of Pornography to Metaphors of Modernity". *American Historical Review*, 104, fev., p. 117-141.

______ (1992). *City of Eros*. Nova York: Norton.

GILLIGAN, Carol (1982). *In a Different Voice*: Psychological Theory and Women's Development. Cambridge, MA: Harvard University Press.

GILLIS, John R. (1996). *A World of Their Own Making*: Myth, Ritual, and the Quest for Family Values. Cambridge, MA: Harvard University Press.

GJERDINGEN, Dwenda K. & CENTER, Bruce A. (2005). "First-time Parents' Postpartum Changes in Employment, Childcare, and Housework Responsibilities". *Social Science Research*, 34, p. 103-116.

GLAZER, Nona Y. (1993). *Women's Paid and Unpaid Labor*. Filadélfia: Temple University Press.

GLENN, Evelyn N. (1992). "From Servitude to Service Work: Historical Continuities in the Racial Division of Paid Reproductive Labor". *Signs*, 18, p. 1-43.

______ (1986). *Issei, Nisei, War Bride*: Three Generations of Japanese Women in Domestic Service. Filadélfia: Temple University Press.

GLENN, Norval & MARQUARDT, Elizabeth (2001). *Hooking Up, Hanging Out, and Hoping for Mr. Right*. Nova York: Institute for American Values.

GODBEER, Richard (2002). *Sexual Revolution in Early America*. Baltimore: Johns Hopkins University Press.

GOLDSCHEIDER, Frances K. & WAITE, Linda J. (1991). *New Families, No Families?* Berkeley: University of California Press.

GOLDSMITH, Barbara (1987). *Johnson v. Johnson*. Nova York: Knopf.

GOODMAN, Jane et al. (1991). "Money, Sex, and Death: Gender Bias in Wrongful Death Damage Awards". *Law and Society Review*, 25, p. 263.

GOWING, Laura (1996). *Domestic Dangers*: Women, Words, and Sex in Early Modern London. Oxford: Clarendon Press.

GRASMUCK, Sherri & PESSAR, Patricia R. (1992). *Between Two Islands*: Dominican International Migration. Berkeley: University of California Press.

GRAY, Leslie & FEINBERG, Lynn F. (2003). "Survey of Californians about In-Home Care Services". [s.l.]: National Center on Caregiving, Family Caregiver Alliance [Disponível em http://www.caregiver.org – Acesso em 23/05/03].

GREEN, Leon (1934). "Relational Interests". *Illinois Law Review*, 29, p. 460.

GREENSTEIN, Theodore N. (2000). "Economic Dependence, Gender, and the Division of Labor in the Home: A Replication and Extension". *Journal of Marriage and the Family*, 62, p. 322-335.

GROSS, Jane (2002). "U.S. Fund for Tower Victims Will Aid Some Gay Partners". *New York Times*, 30/05, seção Al.

GROSSBERG, Michael (1985). *Governing the Hearth*: Law and the Family in Nineteenth-Century America. Chapel Hill: University of North Carolina Press.

GROVE, Lloyd (2003). "It's a Taxing Double Feature". *Daily News Daily Dish*, 08/12 [Disponível em http://www.nydailynews.com/news/goss ip/story/143673p-127165c.html – Acesso em 11/07/04].

GUÉRIN, Isabelle (2003). *Femmnes et économie solidaire*. Paris: La Découverte.

GUZMAN, Lina (2004). "Grandma and Grandpa Taking Care of the Kids: Patterns of Involvement". Informe de pesquisa da *Child Trends*, 2004/17, jul. Washington, DC: Child Trends.

HADDEN, Cathy C. (1993-1994). "Interspousal Gifts: Separate or Marital Property?" *University of Louisville Journal of Family Law*, 32, p. 635.

HALLE, David (1993). *Inside Culture*: Art and Class in the American Home. Chicago: University of Chicago Press.

______ (1984). *America's Working Man*. Chicago: University of Chicago Press.

HAMER, Jennifer (2001). *What It Means to Be Daddy*. Nova York: Columbia University Press.

HANSEN, Karen V. (1994). *A Very Social Time*: Crafting Community in Antebellum New England. Berkeley: University of California Press.

HAREVEN, K. Tamara & LAGENBACH, Randolph (1978). *Amoskeag*: Life and Work in an American Factory-City. Nova York: Pantheon.

HARMON, Amy (2003). "Online Dating Sheds Its Stigma as Losers.com". *New York Times*, 29/06, seção 1.

HARTOG, Hendrik (2000). *Man and Wife in America*: A History. Cambridge, MA: Harvard University Press.

HASDAY, Jill E. (2004). "The Canon of Family Law". *Stanford Law Review*, 57, p. 825.

HAUSBECK, Kathryn & BRENTS, Barbara G. (2000). Inside Nevada's Brothel Industry. In: WEITZER, Ronald (org.). *Sex for Sale*: Prostitution, Pornography, and the Sex Industry. Nova York: Routledge, p. 217-243.

HEIMER, Carol A. & STINCHCOMBE, Arthur L. (1980). "Love and Irrationality: It's Got to Be Rational to Love You Because It Makes Me So Happy". *Social Science Information*, 19, p. 697-754.

HEINZE, Andrew R. (1990). *Adapting to Abundance*. Nova York: Columbia University Press.

HELD, Virginia (2002). "Care and the Extension of Markets". *Hypatia*, 17, p. 34-51.

HENLY, Julia R. (2002). Informal Support Networks and the Maintenance of Low-Wage Jobs. In: MUNGER, Frank (org.). *Laboring below the Line*. Nova York: Russell Sage Foundation, p. 179-203.

HERTZ, Rosanna (1986). *More Equal Than Others*: Women and Men in Dual-Career Marriages. Berkeley: University of California Press.

HEYL, Barbara (1979). Prostitution: An Extreme Case of Sex Stratification. In: ADLER, Freda & SIMON, Rita James (orgs.). *The Criminology of Deviant Women*. Boston: Houghton Mifflin, p. 196-210.

HIMMELWEIT, Susan (1999). Caring Labor. In: STEINBERG, Ronnie J. & FIGART, Deborah M. (orgs.). Emotional Labor in the Service Economy. Edição especial de *Annals of the American Academy of Political and Social Science*, 561, jan., p. 27-38.

HIRSCH, Fred (1976). *Social Limits to Growth*. Cambridge, MA: Harvard University Press.

HIRSCH, Jennifer S. (2003). *A Courtship after Marriage*. Berkeley: University of California Press.

HIRSCHMAN, Albert (1977). *The Passions and the Interests*: Political Arguments for Capitalism before Its Triumph. Princeton, NJ: Princeton University Press.

HIRSHMAN, Linda R. & LARSON, Jane E. (1998). *Hard Bargains*: The Politics of Sex. Nova York: Oxford University Press.

HOCHSCHILD, Arlie R. (2003). *The Commercialization of Intimate Life*. Berkeley: University of California Press.

______ (2002). Love and Gold. In: EHRENREICH, Barbara & HOSCHILD, Arlie Russell (orgs.). *Global Woman*. Nova York: Metropolitan Books, p. 15-30.

______ (2001). Eavesdropping Children, Adult Deals, and Cultures of Care. In: HERTZ, Rosanna & MARSHALL, Nancy L. (orgs.). *Working Families*. Berkeley: University of California Press, p. 340-353.

______ (1995). "The Culture of Politics: Traditional, Postmodern, Cold-Modern, and Warm-Modern Ideas of Care". *Social Politics*, 2, p. 331-346.

______ (1983). *The Managed Heart*. Berkeley: University of California Press.

HOCHSCHILD, Arlie R. & MACHUNG, Anne (1989). *The Second Shift*: Working Parents and the Revolution at Home. Nova York: Viking.

HOFFERTH, Sandra L. & SANDBERG, Jack (2001). Changes in American Children's Time, 1981-1997. In: OWENS, Timothy & HOFFERTH, Sandra L. (orgs.). *Children at the Millennium*: Where Have We Come From, Where Are We Going? Nova York: Elsevier Science, p. 193-229.

HOLBROOK, Evans (1923). "The Change in the Meaning of Consortium". *Michigan Law Review*, 22, p. 1.

HOLLAND, Dorothy C. & EISENHART, Margaret A. (1990). *Educated in Romance*. Chicago: University of Chicago Press.

HOLSON, Laura M. (2003). "For $38,00, Get the Cake, and Mickey, Too". *New York Times*, 24/05.

HONDAGNEU-SOTELO, Pierrette (2001). *Domestica*. Berkeley: University of California Press.

HONDAGNEU-SOTELO, Pierrette & AVILA, Ernestine (2002). I'm Here but I'm There: The Meanings of Transnational Motherhood. In: GERSTEL, Naomi; CLAWSON, Dan & ZUSSMAN, Robert (orgs.). *Families at Work*: Expanding the Boundaries. Nashville: Vanderbilt University Press, p. 139-161.

HOROWITZ, Daniel (1985). *The Morality of Spending*. Baltimore: Johns Hopkins University Press.

HOROWITZ, Helen L. (1987). *Campus Life*. Nova York: Knopf.

HORSBURGH, Beverly (1992). "Redefining the Family: Recognizing the Altruistic Caretaker and the Importance of Relational Needs". *University of Michigan Journal of Law Reform*, 25, p. 423.

HOWARD, Vicki J. (2000). *American Weddings*: Gender, Consumption, and the Business of Brides. Austin: University of Texas [Tese de doutorado].

HOWELL, Martha C. (1998). *The Marriage Exchange*: Property, Social Place, and Gender in Cities of the Low Countries. Chicago: University of Chicago Press, p. 1.300-1.550.

HUMPHREYS, Laud (1975). *Tearoom Trade*. Chicago: Aldine.

HUNTER, Howard O. (1978). "An Essay on Contract and Status: Race, Marriage, and the Meretricious Spouse". *Virginia Law Review*, 64, p. 1.039.

ILLOUZ, Eva (1997). *Consuming the Romantic Utopia*. Berkeley: University of California Press.

INGERSOLL-DAYTON, Berit; NEAL, Margaret B. & HAMMER, Leslie B. (2001). "Aging Parents Helping Adult Children: The Experience of the Sandwiched Generation". *Family Relations*, 50, p. 262-271.

INGRAHAM, Chrys (1999). *White Weddings*. Nova York: Routledge.

INGRAM, Paul & ROBERTS, Peter W. (2000). "Friendships among Competitors in the Sydney Hotel Industry". *American Journal of Sociology*, 106, p. 387-423.

INTERNAL REVENUE SERVICE/Department of the Treasury [Receita Federal/Ministério da Fazenda] (2004) [s.n.t.].

IZZO, Kim & MARSH, Ceri (2001). *The Fabulous Girl's Guide to Decorum*. Nova York: Broadway Books.

JACOBS, Jerry A. & GERSON, Kathleen (2004). *The Time Divide*. Cambridge, MA: Harvard University Press.

JACOBSON, Lisa (2004). Allowances. In: FASS, Paula (org.). *Encyclopedia of Children and Childhood in History and Society*. Nova York: Macmillan Reference, p. 50-51.

JAHODA, Marie; LAZARSFELD, Paul F. & ZEISEL, Hans [1933] (1971). *Marienthal*: The Sociography of an Unemployed Community. Nova York: Aldine-Atherton.

JAPENGA, Ann (2000). "Is a Luxury Hospital in Your Future?" *USA Weekend.com*, 29/10 [Disponível em http:/www.usaweekend.com/00_issues/001029/001 029 hospitals.html – Acesso em 15/06/03].

JONES, Carolyn C. (1988). "Split Income and Separate Spheres: Tax Law and Gender Roles in the 1940s". *Law and History Review*, 6, outono, p. 259-310.

JORDAN, Miriam (2004). "Ethnic Diversity Doesn't Blend in Kids' Lives". *Wall Street Journal*, 18/06.

JOSELIT, Jenna W. (1994). *The Wonders of America*. Nova York: Hill and Wang.

KAHAN, Dan M. (1999). Memorando não publicado. Yale: Faculdade de Direito, 01/10.

KAHAN, Dan M. & NUSSBAUM, Martha C. (1996). "Two Conceptions of Emotion in Criminal Law". *Columbia Law Review*, 96, p. 269.

KAHN, Zorina B. (1996). "Married Women's Property Laws and Female Commercial Activity: Evidence from United States Patent Records, 1790-1895". *Journal of Economic History*, 56, p. 356-388.

KAHN, Zorina B. & SOKOLOFF, Kenneth L. (2004). "Institutions and Democratic Invention in Nineteenth-Century America: Evidence from 'Great Inventors', 1790-1930". *American Economic Review*, 94, mai., p. 395-401.

KARNER, Tracy X. (1998). "Professional Caring: Homecare Workers as Fictive Kin". *Journal of Aging Studies*, 12, p. 69-82.

KARST, Kenneth L. (1980). "The Freedom of Intimate Association". *Yale Law Journal*, 89, p. 624-692.

KATZ, Jack (1999). *How Emotions Work*. Chicago: University of Chicago Press.

KATZMAN, David. M. (1978). *Seven Days a Week*. Nova York: Oxford University Press.

KEETON, Page W. (org.) (1984). *Prosser and Keeton on the Law of Torts*. St. Paul, MN: West Publishing Co.

KEISTER, Lisa A. (2002). "Financial Markets, Money, and Banking". *Annual Review of Sociology*, 28, p. 39-61.

KEMPER, Theodore D. (org.) (1990). *Research Agendas in the Sociology of Emotions*. Albânia: State University of New York Press.

KENDALL, Lori (2002). *Hanging Out in the Virtual Pub*. Berkeley: University of California Press.

KENNEY, Catherine (2004). "Cohabiting Couple, Filing Jointly? – Resource Pooling and U.S. Poverty Policies". *Family Relations*, 53, p. 237-247.

______ (2002). "Household Economies: Money Management and Resource Allocation among Married and Cohabiting Couples". [s.l.]: Faculdade Woodrow Wilson/Universidade de Princeton [Tese de doutorado].

KERBER, Linda (1998). *No Constitutional Right to Be Ladies*. Nova York: Hill and Wang.

Kids' Money (2004) [Disponível em http://kidsmoney.org – Acesso em 03/08].

KLEIN, William A. & BANKMAN, Joseph (1994). *Federal Income Taxation*. 10. ed. Boston: Little, Brown and Co.

KLINE, Ronald R. (2000). *Consumers in the Country*: Technology and Social Change in Rural America. Baltimore: Johns Hopkins University Press.

KNORR CETINA, Karin & BRUEGGER, Urs (2002). "Global Microstructures: The Virtual Societies of Financial Markets". *American Journal of Sociology*, 107, p. 905-950.

KOMAROVSKY, Mirra (1985). *Women in College*: Shaping New Feminine Identities. Nova York: Basic Books.

______ (1940). *The Unemployed Man and His Family*. Nova York: Dryden Press.

KORNHAUSER, Marjorie E. (1996). "Theory versus Reality: The Partnership Model of Marriage in Family and Income Tax Law". *Temple Law Review*, 69, p. 1.413.

KOROBKIN, Laura H. (1998). *Criminal Conversations*. Nova York: Columbia University Press.

KORZENOWSKI, Scott (1996). "Valuable in Life, Valuable in Death, Why Not Valuable When Severely Injured? – The Need to Recognize a Parent's Loss of a Child's Consortium in Minnesota". *Minnesota Law Review*, 80, p. 677.

KUTTNER, Robert (1997). *Everything for Sale*: The Virtues and Limits of Markets. Nova York: Knopf.

LAN, Pei-Chia (2002). "Subcontracting Filial Piety: Elder Care in Dual-Earner Chinese Immigrant Households in the Bay Area". *Journal of Family Issues*, 23, p. 812-835.

LANSBERG, Ivan (1999). *Succeeding Generations*: Realizing the Dream of Families in Business. Boston, MA: Harvard Business School Press.

LAQUEUR, Thomas (1990). *Making Sex*: Body and Gender from the Greeks to Freud. Cambridge: Harvard University Press.

LAREAU, Annette (2003). *Unequal Childhoods*. Berkeley: University of California Press.

LARSON, Jane (1993). "Women Understand So Little, They Call My Good Nature 'Deceit': A Feminist Rethinking of Seduction". *Columbia Law Review*, 93, p. 374.

LASCHER Jr., Edward L. & POWERS, Michael R. (2004). "September 11 Victims, Random Events, and the Ethics of Compensation". *American Behavioral Scientist*, 48, nov., p. 281-294.

LAUMANN, Edward O. et al. (2004). *The Sexual Organization of the City*. Chicago: University of Chicago Press.

LAZARUS-BLACK & HIRSCH, Susan F. (1994). *Contested States*: Law, Hegemony, and Resistance. Nova York: Routledge.

LEE, Yun-Suk; SCHNEIDER, Barbara & WAITE, Linda J. (2003). Children and Housework: Some Unanswered Questions. In: ROSIER, Katherine Brown (org.). *Sociological Studies of Children and Youth*, 9, p. 105-125. Oxford: Elsevier Science.

LEONARD, Arthur S. (2004). "Lesbian Partner Wins in 9/11 Fund Suit". *Downtown Express*, 17, 16-22/07 [Disponível em http://www.downtownexpress.com/de_62/l esbianpartnerwins.html – Acesso em 06/11/04].

LEONARD, Diana (1980). *Sex and Generation*: A Study of Courtship and Weddings. Londres: Tavistock.

LESLIE, Melanie (1999). "Enforcing Family Promises: Reliance, Reciprocity, and Relational Contract". *North Carolina Law Review*, 77, p. 551.

______ (1996). "The Myth of Testamentary Freedom". *Arizona Law Review*, 38, p. 235.

LESSIG, Lawrence (1998). "The New Chicago School". *Journal of Legal Studies*, 27, p. 661-691.

______ (1996). "Social Meaning and Social Norms". *University of Pennsylvania Law Review*, 144, p. 2.181.

______ (1995). "The Regulation of Social Meaning". *University of Chicago Law Review*, 62, p. 943.

LEVER, Janet & DOLNICK, Deanne (2000). Clients and Call Girls: Seeking Sex and Intimacy. In: WEITZER, Ronald (org.). *Sex for Sale*: Prostitution, Pornography, and the Sex Industry. Nova York: Routledge, p. 85-100.

LEVITT, Peggy (2004). "Salsa and Ketchup: Transnational Migrants Straddle Two Worlds". *Contexts*, 3, p. 20-26.

______ (2001a). *The Transnational Villagers*. Berkeley: University of California Press.

______ (2001b). Transnational Migration: Taking Stock and Future Directions. In: PORTES, Alejandro (org.). "New Research on Immigrant Transnationalism". Edição especial da *Global Networks*: A Journal of Transnational Affairs, 1, p. 195-216.

LEWIS, Jacqueline (2000). Controlling Lap Dancing: Law, Morality, and Sex Work. In: WEITZER, Ronald (org.). *Sex for Sale*: Prostitution, Pornography and the Sex Industry. Nova York: Routledge, p. 203-216.

LEWIS, Michael (2001). "Jonathan Lebed's Extracurricular Activities". *New York Times Magazine*, 25/02.

LIGHT, Ivan & GOLD, Steven J. (2000). *Ethnic Economies*. São Diego: Academic Press.

LINSK, Nathan L. et al. (1992). *Wages for Caring*: Compensating Family Care of the Elderly. Nova York: Praeger.

LIPPMAN, Jacob (1930). "The Breakdown of Consortium". *Columbia Law Review*, 30, p. 651.

LITWAK, Eugene (1969). "Primary Group Structures and Their Functions: Kin, Neighbors and Friends". *American Sociological Review*, 34, p. 465-481.

LITWIN, Jack L. (1976). "Annotation: Measure and Elements of Damages in Wife's Action for Loss of Consortium". *American Law Reports*, 74, p. 805.

LOBEL, Orly (2001). "Class and Care: The Roles of Private Intermediaries in the In-Home Care Industry in the United States and Israel". *Harvard Women's Law Journal*, 24, p. 89.

LOGAN, John R. & SPITZE, Glenna D. (1996). *Family Ties*: Enduring Relations between Parents and Their Grown Children. Filadélfia: Temple University Press.

LONDON, Andrew S.; SCOTT, Ellen K. & HUNTER, Vicki (2002). Children and Chronic Health Conditions: Welfare Reform and Health-Related Carework. In: CANCIAN, Francesca M. et al. (orgs.). *Childcare and Inequality*: Rethinking Carework for Children and Youth. Nova York: Routledge, p. 99-112.

LUDINGTON, J.P. (1960). "Measure and Elements of Damages for Breach of Contract to Marry". *American Law Reports*, 73, p. 553.

LUKEMEYER Anna; MEYERS, Marcia K. & SMEEDING, Timothy (2000). "Expensive Children in Poor Families: Out-of-Pocket Expenditures for the Care of Disabled and Chronically Ill Children in Welfare Families". *Journal of Marriage and the Family*, 62, p. 399-415.

LUNDBERG, Shelly J.; POLLAK, Robert A. & WALES, Terence J. (1997). "Do Husbands and Wives Pool Their Resources?" *Journal of Human Resources*, 32, p. 463-480.

LYND, Robert S. & LYND, Helen M. [1929] (1956). *Middletown*. Nova York: Harcourt Brace Jovanovich.

MacDONALD, Cameron L. & MERRILL, David A. (2002). "It Shouldn't Have to Be a Trade": Recognition and Redistribution in Care Work Advocacy". In: NELSON, Julie A. & ENGLAND, Paula (orgs.). "Feminist Philosophies of Love and Work". Edição especial de *Hypatia*, 17, primavera, p. 67-83.

MacNEIL, Ian R. (1980). *The New Social Contract*. New Haven, CT: Yale University Press.

MADOFF, Ray (1997). "Unmasking Undue Influence". *University of Minnesota Law Review*, 81, p. 571.

MAHLER, Sarah J. (2001). "Transnational Relationships: The Struggle to Communicate across Borders". *Identities*: Global Studies in Culture and Power, 7 (4), p. 583-619.

MALIN, Martin H. et al. (2004). *Work/Family Conflict*: Labor Arbitrations Involving Family Care. Washington, DC: Programa sobre Direito do Trabalho/ Faculdade de Direito de Washington/ Universidade Americana, 14/06.

MALONEY, Carolyn B. (2002). *Women Victims of 9/11 and Their Families Deserve Fair Compensation* [Comunicado à imprensa, 14/01 – Disponível em http://www .house.gov/maloney/press/107th/20020114compen sation.html – Acesso em 14/07/04.

MARGOLICK, David (1993). *Undue Influence*. Nova York: Morrow.

MARKOWITZ, Deborah L. (2000). *The Vermont Guide to Civil Unions*. Vermont: Secretaria de Estado [Disponível em http://www.sec.state.vt.us/otherprg/civilunions/civilunions.html – Acesso em 10/08/04].

MARTIN, Jamie, S. (2001). *Inside Looking Out*: Jailed Fathers' Perceptions about Separation from Their Children. Nova York: LFB Scholarly Publishing.

MARTIN, R.F. (1952). "Rights in Respect of Engagement and Courtship Presents when Marriage Does Not Ensue". *American Law Reports*, 24, p. 579.

MARVEL, Charles C. (1979). "Unexplained Gratuitous Transfer of Property from One Relative to Another as Raising Presumption of Gift". *American Law Reports*, 94, p. 608.

MAUER, Marc (1999). *Race to Incarcerate*: The Sentencing Project. Nova York: New Press.

MAULL, Samuel (2002). "Businessman Must Pay Ex-girlfriend's Rent, She Sues for $ 3.5 Million". Notícia local e estadual da *Associated Press*, 26/09. [s.l.]: Lexis Nexis Academic.

MAUPASSANT, Guy de [1883] (1971). *Selected Short Stories*. Londres: Penguin Books.

MAYER, Susan E. (1997). *What Money Can't Buy*. Cambridge, MA: Harvard University Press.

McBEE, Randy D. (2000). *Dance Hall Days*. Nova York: New York University Press.

McCAFFERY, Edward J. (1997). *Taxing Women*. Chicago: University of Chicago Press.

McCOMB, Mary C. (1998). Rate Your Date: Young Women and the Commodification of Depression Era Courtship. In: INNESS, Sherrie A. (org.). *Delinquents and Debutantes*: Twentieth-Century American Girls' Cultures. Nova York: New York University Press, p. 40-60.

McDANIEL, Paul R. et al. (1994). *Federal Income Taxation*: Cases and Materials. Westbury, NY: Foundation Press.

McKINLEY, Jesse (2003). "Vows: Sharon Decker and Rick Davidman". *New York Times*, 09/03.

McLANAHAN, Sara; REICHMAN, Nancy & TEITLER, Julien (2002). Unwed Parents or Fragile Families? – Implications for Welfare and Child Support Policy. In: WU, Lawrence L. & WOLFE, Barbara L. (orgs.). *Out of Wedlock*: Trends, Causes, and Consequences of Nonmarital Fertility. Nova York: Russell Sage Foundation, p. 202-228.

McLANAHAN, Sara & SANDERFUR, Gary (1994). *Growing Up with a Single Parent*. Cambridge, MA: Harvard University Press.

McLAREN, Angus (2002). *Sexual Blackmail*. Cambridge, MA: Harvard University Press.

McLAUGHLIN, Emma & KRAUS, Nicola (2002). *The Nanny Diaries*. Nova York: St. Martin's Press.

McMANUS, Patricia A. & DiPRETE, Thomas A. (2001). "Losers and Winners: The Financial Consequences of Separation and Divorce for Men". *American Sociological Review*, 66, p. 246-268.

McNEAL, James U. (1999). *The Kids Market*. Ithaca, NY: Paramount.

MEAD, Rebecca (2003). "You're Getting Married: The Wal-Martization of the Bridal Business". *New Yorker*, 21/04, p. 1-13 [Disponível em http://www.rebeccamead.com/ 2003/2003_04_2 l_art_wedding.htm – Acesso em 28/08/04].

______ (2001). "American Pimp". *New Yorker*, 23 e 30/04, p. 74-86.

MECKEL, Mary V. (1995). *A Sociological Analysis of the California Taxi-Dancer*: The Hidden Halls. Lewiston, NY: Edwin Mellen Press.

Medical Rants (2003). *AMA on "Boutique Medicine"*, 19/06 [Disponível em http://www.medrants.com/archives.00178.html – Acesso em 15/07/03].

MENJÍVAR, Cecilia (2002). "The Ties That Heal: Guatemalan Immigrant Women's Networks and Medical Treatment". *International Migration Review*, 36, p. 437-466.

______ (2000). *Fragmented Ties*: Salvadorian Immigrant Networks in America. Berkeley: University of California Press.

MERIN, Yuval (2002). *Equality for Same-Sex Couples*. Chicago: University of Chicago Press.

MEYER, Bruce D. & HOLTI-EAKIN, Douglas (orgs.) (2002). *Making Work Pay*: The Earned Income Tax Credit and Its Impact on America's Families. Nova York: Russell Sage.

MEYERSON, Michael I. (2002). "Losses of Equal Value". *New York Times*, 24/03, seção 4.

MICHEL, Sonya (1999). *Children's Interests/Mothers' Rights*. New Haven, CT: Yale University Press.

MILLER, Daniel (1998). *A Theory of Shopping*. Ithaca, NY: Cornell University Press.

______ (1994). *Modernity*: An Ethnographic Approach. Oxford: Oxford University Press.

MILLER, Eleanor M. (1986). *Street Woman*. Filadélfia: Temple University Press.

MILLS, C. Wright (1963). *Power, Politics, and People*: The Collected Essays of C. Wright Mills. Nova York: Bantam.

MISCHLER, Linda F. (2000). "Personal Morals Masquerading as Professional Ethics: Regulations Banning Sex between Domestic Relations Attorneys and Their Clients". *Harvard Women's Law Journal*, 23, p. 1.

______ (1996). "Reconciling Rapture, Representation, and Responsibility: An Argument against per se Bans on Attorney-Client Sex". *Georgetown Journal of Legal Ethics*, 10, p. 209.

MISSOURI, Synod (1999). *The Pastor-Penitent Relationship*: Privileged Communications. St. Louis: Sínodo de Missouri/Igreja Luterana.

MODELL, John (1989). *Into One's Own*: From Youth to Adulthood in the United States 1920-1975. Berkeley: University of California Press.

MOGILL, Michael A. (1992). "And Justice for Some: Assessing the Need to Recognize the Child's Action for Loss of Parental Consortium". *Arizona State Law Journal*, 24, p. 1.321.

MOMJIAN, Albert & MOMJIAN, Mark (2004). *Pennsylvania Family Law Annotated*. St. Paul, MN: Thomson-West.

MOMJIAN, Mark (2004). "Debts, Divorce, and Student Loans: Case Update on Division of Student Loans and Claims for Equitable Reimbursement". *Matrimonial Strategist*, 22, mar., p. 1-2, 4.

______ (1997). "Limited Engagement: Suits over Rings and Things under Pennsylvania Law". *Pennsylvania Bar Association Quarterly*, 68, out., p. 140-143.

MOODIE, T. Dunbar & NDATSCHE, Vivienne (1994). *Going for Gold*: Men, Mines, and Migration. Berkeley: University of California Press.

MOONEY, Margarita (2003). "Migrants' Social Ties in the U.S. and Investment in Mexico". *Social Forces*, 81: 1.147-1.170.

MOORS, Annelies (1998). Wearing Gold. In: SPYER, Patricia (org.). *Border Fetishisms*. Nova York: Routledge, p. 208-223.

MORAN, Rachel F. (2001). *Interracial Intimacy*. Chicago: University of Chicago Press.

MUMOLA, Christopher J. (2000). "Incarcerated Parents and Their Children". *Bureau of Justice Statistics Special Report*. Washington, DC: Ministério da Justiça dos Estados Unidos.

MURTHY, Veena K. (1997). "Undue Influence and Gender Stereotypes: Legal Doctrine or Indoctrination?" *Cardozo Women's Law Journal*, 4, p. 105.

NALS OF MISSOURI (2003). Associação de Secretários Jurídicos do Missouri [Disponível em http://www.show-me-lsa.org/membership.htm – Acesso em 09/08/03].

NATHAN, Amy (1998). *The Kids' Allowance Book*. Nova York: Walker.

NATIONAL REGISTER OF PERSONAL TRAINERS (2003). *Code of Ethics* [Disponível em http://www.nrpt.co.uk/find/nrpt/code-of-ethics.htm. – Acesso em 09/08/03.

NEIBURG, Federico (2003). "Intimacy and the Public Sphere: Politics and Culture in the Argentinian National Space, 1946-1955". *Social Anthropology*, 11, p. 63-78.

NELSON, Julie A. (1999). "Of Markets and Martyrs: Is It OK to Pay Well for Care?" *Feminist Economics*, 5, p. 43-59.

______ (1998). One Sphere or Two? In: ZELIZER, Viviana A. (org.). "Changing Forms of Payment". Edição especial do *American Behavioral Scientist*, 41, p. 1.467-1.471.

NELSON, Margaret K. (2002). Single Mothers and Social Support: The Commitment to, and Retreat from, Reciprocity". In: GERSTEL, Naomi; CLAWSON, Gerstel Dan & ZUSSMAN, Robert (orgs.). *Families at Work*: Expanding the Boundaries. Nashville: Vanderbilt University Press, p. 225-250.

______ (1990). *Negotiated Care*: The Experience of Day Care Providers. Filadélfia: Temple University Press.

NELSON, Margaret K. & SMITH, Joan (1999). *Working Hard and Making Do*: Surviving in Small Town America. Berkeley: University of California Press.

NEUS, Margaret M. (1990). *The Insider's Guide to Babysitting*: Anecdotes and Advice from Babysitters for Babysitters. Boston: Faculdade Emerson [Projeto de mestrado].

NEWMAN, Katherine S. (1988). *Falling from Grace*: The Experience of Downward Mobility in the American Middle Class. Nova York: Vintage.

NEW YORK CELEBRITY ASSISTANTS (2003) [s.n.t.] [Disponível em http://www.nycelebrityassistants.org/joinnyca .htm – Acesso em 09/08/03].

New York Daily News (2002). "True Love or Just Lust?", 27/09.

New York Law Journal (2004). "Domestic Partner's Suit to Win Portion of 9/11 Fund Award Goes Forward". *New York Law Journal*, 16/07, p. 1-7 [Edição on-line].

New York Times (2001). "A Speedy Exit for Linda Chavez". 10/01.

NICOLAIDES, Becky M. (2002). *My Blue Heaven*. Chicago: University of Chicago Press.

NIGHTINGALE, Carl H. (1993). *On the Edge*. Nova York: Basic Books.

NOONAN Jr., John T. (1976). *Persons and Masks of the Law*: Cardozo, Holmes, Jefferson and Wythe as Makers of the Masks. Berkeley: University of California Press.

NUSSBAUM, Martha C. (1999). *Sex and Social Justice*. Nova York: Oxford University Press.

______ (1998). "'Whether from Reason or Prejudice': Taking Money for Bodily Services". *Journal of Legal Studies*, 27 (2), p. 693.

Obscenity Law Bulletin (2000). A Review of Municipal Controls on Lap Dancing. Nova York: National Obscenity Law Center [Disponível em http://www.moralityinmedia.org – Acesso em 15/03/03].

OFFER, Avner (1997). "Between the Gift and the Market: The Economy of Regard". *Economic History Review*, 50, p. 450-476 [2. ser.].

OFRI, Danielle (2003). *Singular Intimacies*: Becoming a Doctor at Bellevue. Boston: Beacon.

OHIO GENERAL ASSEMBLY (2002) [s.n.t.] [Disponível em http://www.legislature.state.oh.us/bills – Acesso em 16/03/03].

OLIVER, Melvin L. & SHAPIRO, Thomas M. (1997). *Black Wealth, White Wealth*: A New Perspective on Racial Inequality. Nova York: Routledge.

OLSEN, Richard (2000). "Families under the Microscope: Parallels between the Young Carers Debate of the 1990s and the Transformation of Childhood in the Late Nineteenth Century". *Children and Society*, 14, p. 384-394.

OLSON, Laura K. (2003). *The Not-So-Golden Years*. Lanham, MD: Rowman & Littlefield.

ORELLANA, Marjorie F. (2001). "The Work Kids Do: Mexican and Central American Immigrant Children's Contributions to Households and Schools in California". *Harvard Educational Review*, 71, p. 366-389.

ORELLANA, Marjorie F.; DORNER, Lisa & PULIDO, Lucila (2003). "Accessing Assets: Immigrant Youth's Work as Family Translators or 'Para-Phrasers'". *Social Problems*, 50, p. 505-524.

ORELLANA, Marjorie F. et al. (2003). "In Other Words: Translating or 'Para-phrasing' as a Family Literacy Practice in Immigrant Households". *Reading Research Quarterly*, 38, p. 12-34.

______ (2001). "Transnational Childhoods: The Participation of Children in Processes of Family Migration". *Social Problems*, 48, p. 572-591.

OTNES, Cece C. & PLECK, Elizabeth H. (2003). *Cinderella Dreams*. Berkeley: University of California Press.

PAHL, Jan (1999). *Invisible Money*: Family Finances in the Electronic Economy. Bristol: Policy Press.

PAHL, R.E. & PAHL, Ray (2000). *On Friendship*. Cambridge: Polity Press.

PALLADINO, Grace (1996). *Teen-agers*: An American History. Nova York: Basic Books.

PALMER, Phyllis (1989). *Domesticity and Dirt*. Filadélfia: Temple University Press.

PARK, Lisa S.-H. (2004). Ensuring Upward Mobility: Obligations of Children of Immigrant Entrepreneurs. In: TONG, Benson (org.). *Asian American Children*: A Historical Handbook and Guide. Westport, CT: Greenwood Press, p. 123-135.

______ (2001). "Between Adulthood and Childhood: The Boundary Work of Immigrant Entrepreneurial Children". *Berkeley Journal of Sociology*, 45, p. 114-135.

PARREÑAS, Rhacel S. (2001). *Servants of Globalization*. Stanford, CA: Stanford University Press.

PARSONS, Talcott (1978). "The Changing Economy of the Family". *In The Changing Economy of the Family*: Report of an Interdisciplinary Seminar. Washington, DC: American Council of Life Insurance.

PASCOE, Peggy (1999). Race, Gender, and the Privileges of Property: On the Significance of Miscegenation Law in the U.S. West. In: MATSUMOTO, Valerie & ALLMENDINGER, Blake (orgs.). *Over the Edge*: Remapping the American West. Berkeley: University of California Press, p. 215-230.

PATILLO-McCOY, Mary (1999). *Black Picket Fences*. Chicago: University of Chicago Press.

PEISS, Kathy (1986). *Cheap Amusements*. Filadélfia: Temple University Press.

______ (1983). "Charity Girls" and City Pleasures: Historical Notes on Working-Class Sexuality, 1880-1920". In: SNITOW, Ann; STANSELL, Christine & THOMPSON, Sharon (orgs.). *Powers of Desire*: The Politics of Sexuality. Nova York: Monthly Review Press, p. 74-87.

PERLIS, Alan & BRADLEY, Beth (1999). *The Unofficial Guide to Buying a Home*. Nova York: Wiley.

PEROVICH, John D. (1972). "Rights in Respect of Engagement and Courtship Presents When Marriage Does Not Ensue". *American Law Reports*, 46, p. 578.

PEW HISPANIC CENTER AND THE MULTILATERAL INVESTMENT FUND (2003). *Billions in Motion:* Latino Immigrants, Remittances, and Banking [Disponível em http://www.pewhispanic.org/site/docs/pdf/bill ions_in_motion.pdf,. – Acesso em 26/09/03].

PLECK, Elizabeth H. (2000). *Celebrating the Family*: Ethnicity, Consumer Culture, and Family Rituals. Cambridge, MA: Harvard University Press.

PLESENT, Stanley (2004). Correspondência pessoal de Stanley Plesent, ex-advogado de Katherine Hartog, 30/06.

POLIVKA, Larry (2001). "Paying Family Members to Provide Care: Policy Considerations for States". Informe de Diretrizes do *National Caregiver Alliance*, 7 [Disponível em http://www.caregiver.org – Acesso em 23/05/03].

PORTES, Alejandro (org.) (1996). *The New Second Generation*. Nova York: Russell Sage Foundation.

PORTES, Alejandro & HAO, Lingxin (2002). "The Price of Uniformity: Language, Family and Personality Adjustment in the Immigrant Second Generation". *Ethnic and Racial Studies*, 25, p. 889-912.

PORTES, Alejandro & RUMBAUT, Rubén (1990). *Immigrant America*: A Portrait. Berkeley: University of California Press.

POSNER, Richard A. [1992] (1997). *Sex and Reason*. Cambridge, MA: Harvard University Press.

POSNER, Richard A. & SILBAUGH, Katharine B. (1996). *A Guide to America's Sex Laws*. Chicago: University of Chicago Press.

POST, Emily (1922). *Etiquette*. Nova York: Funk and Wagnalls Co.

POST, Peggy (1997). *Emily Post's Etiquette*. 16. ed. Nova York: HarperCollins.

POUND, Roscoe (1916). "Individual Interests in the Domestic Relation". *Michigan Law Review*, 14, p. 177.

PRESSER, Harriet B. (2003). *Working in a 24/7 Economy*. Nova York: Russell Sage.

PROSSER, William L. (1971). *Law of Torts*. St. Paul, MN: West Publishing Co.

PYKE, Karen (1999). "The Micropolitics of Care in Relationships between Aging Parents and Adult Children: Individualism, Collectivism, and Power". *Journal of Marriage and the Family*, p. 61, p. 661-672.

RADDON, Mary-Beth (2002). *Community and Money*: Caring, Gift-Giving, and Women in a Social Economy. Montreal: Black Rose Books.

RADIN, Margaret J. (1996). *Contested Commodities*. Cambridge, MA: Harvard University Press.

RASMUSSEN, Paul K. (1979). *Massage Parlors:* Sex-for-Money. São Diego: University of California [Tese de doutorado].

REID, William H. (1999). *A Clinician's Guide to Legal Issues in Psychotherapy, or Proceed with Caution*. Phoenix: Zeig, Tucker and Co.

REISS Jr., Albert J. (1961). "The Social Integration of Queers and Peers". *Social Problems*, 9, outono, p. 102-119.

"Responsibility of Noncustodial Divorced Parent to Pay for, or Contribute to, Costs of Child's College Education" (1980). *American Law Reports*, 99, p. 322.

REVERBY, Susan M. (1987). *Ordered to Care*: The Dilemma of American Nursing, 1850-1945. Cambridge: Cambridge University Press.

RICH, Grant J. & GUIDROZ, Kathleen (2000). Smart Girls Who Like Sex: Telephone Sex Workers. In: WEITZER, Ronald (org.). *Sex for Sale*: Prostitution, Pornography, and the Sex Industry. Nova York: Routledge, p. 35-38.

RIDGEWAY, Susan G. (1989). "Loss of Consortium and Loss of Services Actions: A Legacy of Separate Spheres". *Montana Law Review*, 50, p. 349.

RIFKIN, Jeremy (2000). *The Age of Access*: The New Culture of Hypercapitalism Where All of Life is a Paid-up Experience. Nova York: Jeremy P. Tarcher/Putnam.

ROBERTS, Kenneth D. & MORRIS, Michael D.S. (2003). "Fortune, Risk, and Remittances: An Application of Option Theory to Participation in Village-Based Migration Networks". *International Migration Review*, 37, p. 1.252-1.281.

ROBINSON, John P. & GODBEY, Geoffrey (1997). *Time for Life*. University Park: Pennsylvania State University Press.

ROBSON, Elsbeth & ANSELL, Nicola (2000). Young Carers in Southern Africa: Exploring Stories from Zimbabwean Secondary School Students. In: HOLLOWAY, Sarah L. & VALENTINE, Gill (orgs.). *Children's Geographies*. Londres: Routledge, p. 174-193.

ROLLINS, Judith (1985). *Between Women*: Domestics and Their Employers. Filadélfia: Temple University Press.

ROMANO, Renee C. (2003). *Race Mixing*: Black-White Marriage in Postwar America. Cambridge, MA: Harvard University Press.

ROMERO, Mary (2001). Unraveling Privilege: Workers' Children and the Hidden Costs of Paid Childcare. In: SILBAUGH, Katharine B. (org.). "Symposium on the Structures of Care Work". *Chicago-Kent Law Review*, 76, p. 1651.

______ (1996). *Maid in the USA*: Women Domestic Workers, the Service Economy, and Labor. Washington: Centro de Estudos do Trabalho/Universidade de Washington [Série sobre História do Trabalho Comparada, minuta n. 7].

______ (1992). *Maid in America*. Nova York: Routledge.

ROMICH, Jennifer L. & WEISNER, Thomas S. (2002). How Families View and Use the Earned Income Tax Credit: Advance Payment versus Lump-Sum Delivery. In: MEYER, Bruce D. & HOLTZ-EAKIN, Douglas (orgs.). *Making Work Pay*: The

Earned Income Tax Credit and the Impact on America's Families. Nova York: Russell Sage, p. 366-391.

ROSE, Carol (1994). "Rhetoric and Romance: A Comment on Spouses and Strangers". *Georgetown Law Journal*, 82, p. 2.409.

______ (1992). "Giving, Trading, Thieving, and Trusting: How and Why Gifts Become Exchanges, and (More Importantly) Vice Versa". *Florida Law Review*, 44, p. 295.

ROSE, Elizabeth (1999). *A Mother's Job*: The History of Day Care 1890-1960. Nova York: Oxford University Press.

ROSEN, Ruth (1982). *The Lost Sisterhood*: Prostitution in America, 1900-1918. Baltimore: Johns Hopkins University Press.

ROSENBAUM, Thane (2004). *The Myth of Moral Justice*. Nova York: HarperCollins.

ROSS, Brian A. (1997). "Undue Influence and Gender Inequity". *Women's Rights Law Reporter*, 19, p. 97.

ROSSI, Alice S. (org.) (2001). *Caring and Doing for Others*. Chicago: University of Chicago Press.

ROSSI, Alice S. & ROSSI, Peter H. (1990). *Of Human Bonding*. Nova York: Aldine de Gruyter.

ROSTEN, Leo (1970). *People I Have Loved, Known, or Admired*. Nova York: McGraw-Hill.

ROTHMAN, David J. (2002). Money and Medicine: What Should Physicians Earn/Be Paid? In: HOROWITZ, Irving L. (org.). *Eli Ginzberg*: The Economist as a Public Intellectual. New Brunswick, NJ: Transaction, p. 107-120.

ROTHMAN, Ellen K. (1984). *Hands and Hearts*: A History of Courtship in America. Nova York: Basic Books.

ROTMAN, Edgardo (1995). "The Inherent Problems of Legal Translation: Theoretical Aspects". *Indiana International and Comparative Law Review*, 6, p. 1.

RUBIN, Lillian B. (1985). *Just Friends*: The Role of Friendship in Our Lives. Nova York: HarperCollins.

RUDDICK, Sara (1998). "Care as Labor and Relationship". *Norms and Values*. Lanham, MD: Rowman and Littlefield, p. 3-25.

SADVIÉ, Tony & COHEN-MITCHELL, Tim (1997). *Local Currencies in Community Development*. Amherst: Centro de Educação Internacional/Universidade de Massachusetts.

SAGUY, Abigail C. (2003). *What Is Sexual Harassment?* – From Capitol Hill to the Sorbonne. Berkeley: University of California Press.

SAHADI, Jeanne (2000). "Can I Have a Loan, Mom?" *CNNMoney*, 07/08 [Disponível em http://money.cnn.com/2000/08/07/strategies/q_ retire_lending/ – Acesso em 14/07/04].

SALMON, Marylynn (1986). *Women and the Law of Property*. Chapel Hill: University of North Carolina Press.

SALZINGER, Leslie (2003). *Genders in Production*: Making Workers in Mexico's Global Factories. Berkeley: University of California Press.

SANCHEZ, Lisa E. (1997). "Boundaries of Legitimacy: Sex, Violence, Citizenship, and Community in a Local Sexual Economy". *Law and Social Inquiry*, 22, verão, p. 543-580.

SANGER, Carol (1996). "Separating from Children". *Columbia Law Review*, 96, p. 401.

SANGER, Margaret [1926] (1993). *Happiness in Marriage*. Old Saybrook, CT: Applewood Books.

SCAMBLER, Graham & SCAMBLER, Annette (1997). *Rethinking Prostitution*. Londres: Routledge.

SCHLANGER, Margo (1998). "Injured Women before Common Law Courts, 1860-1930". *Harvard Women's Law Journal*, 21, p. 79.

SCHLOSSER, Eric (2003). "Empire of the Obscene". *New Yorker*, 10/03, p. 61-71.

SCHNEIDER, Barbara & STEVENSON, David (1999). *The Ambitious Generation*: America's Teenagers Motivated but Directionless. New Haven, CT: Yale University Press.

SCHOR, Juliet B. (2004). *Born to Buy*. Nova York: Scribner.

SCHRUM, Kelly (2004). *Some Wore Bobby Sox*. Nova York: Palgrave Macmillan.

SCHULHOFER, Stephen J. (1998). *Unwanted Sex*: The Culture of Intimidation and the Failure of Law. Cambridge, MA: Harvard University Press.

SCHULTZ, Vicki (2000). "Life's Work". *Columbia Law Review*, 100, p. 1.881.

______ (1998). "Reconceptualizing Sexual Harassment". *Yale Law Journal*, 107, p. 1.683.

SCHWARTZ, Pepper (1994). *Peer Marriage*. Nova York: Free Press.

SEATTLE NANNY NETWORK (2003). *Privacy Policy* [Disponível em http://www.seattlenanny.com/docs/privacy.htm l – Acesso em 09/08/03].

SHAPO, Marshall S. (2002). "Compensation for Victims of Terror: A Specialized Jurisprudence of Injury". *Hofstra Law Review*, 30, p. 1.245.

SHERMAN, Jeffrey G. (1981). Undue Influence and the Homosexual Testator. *University of Pittsburgh Law Review*, 42, p. 225.

SHERMAN, Rachel (2002). *"Better Than Your Mother"*: Caring Labor in Luxury Hotels. Berkeley: Centro de Famílias Operárias/Universidade da Califórnia, minuta n. 53.

SHIRK, Martha; BENNET, Neil G. & ABER, J. Lawrence (1999). *Lives on the Line*: American Families and the Struggle to Make Ends Meet. Boulder, CO: Westview.

SIEGEL, Reva B. (1994). "The Modernization of Marital Status Law: Adjudicating Wives' Rights to Earnings, 1860-1930". *Georgetown Law Journal*, 82, p. 2.127.

SILBAUGH, Katharine (1997). "Commodification and Women's Household Labor". *Yale Journal of Law and Feminism*, 9, p. 81.

______ (1996). "Turning Labor into Love: Housework and the Law". *Northwestern University Law Review*, 91, p. 1.

SILVER, Allan (2003). "Friendship and Sincerity". *Sozialer Sinn*, 1, p. 123-130.

______ (1990). "Friendship in Commercial Society: Eighteenth-Century Social Theory and Modern Sociology". *American Journal of Sociology*, 95, mai., p. 1.474-1.504.

SIMMEL, Georg (1988). *Philosophie de l'amour*. Paris: Rivages Poche Petite Bibliotèque.

SINGH, Supriya (1997). *Marriage Money*: The Social Shaping of Money in Marriage and Banking. St. Leonards: Allen & Unwin.

SINGLETARY, Michelle (1999). "A Break for 'Innocent Spouses': Wives Should Watch What They Sign". *Washington Post*, 17/01 [Disponível em http://www.washingtonpost.com/wp-srv/business/longterm/tax/jan99/columnists.htm – Acesso em 14/07/04].

SLATER, Lauren (2003). "Full Disclosure". *New York Times Magazine*, 26/01.

SMEEDING, Timothy M.; PHILLIPS, Katherin Ross & O'CONNOR. Michael A. (2002). The Earned Income Tax Credit: Expectation, Use, and Economic and Social Mobility. In: MEYER, Bruce D. & HOLTZ-EAKIN, Douglas (orgs.). *Making Work Pay*: The Earned Income Tax Credit and Its Impact on America's Families. Nova York: Russell Sage, p. 301-328.

SMITH, Charles W. (1989). *Auctions*: The Social Constitution of Value, NY: Free Press.

SNEARLY, D. Susanne (2003). "Drafting College Payment Provisions in Separation Agreements". *American Journal of Family Law*, 17, p. 66.

SOEHNEL, Sonja A. (1985). "Action for Loss of Consortium Based on Non-marital Cohabitation". *American Law Reports*, 4, p. 553.

SONG, Miri (1999). *Helping Out*: Children's Labor in Ethnic Businesses. Filadélfia: Temple University Press.

SPECTOR, Barbara (org.) (2001). *The Family Business Compensation Handbook*. Filadélfia: Family Business Publishing Co.

SPRAGINS, Ellyn (2003). "When a Windfall Frays Family Ties". *New York Times*, 07/09.

______ (2002). "Help for Elderly Parent Can Fray Family Ties". *New York Times*, 03/11.

STACK, Carol B. (1997). *All Our Kin*. Nova York: Basic Books.

STANLEY, Amy D. (1998). *From Bondage to Contract*: Wage Labor, Marriage, and the Market in the Age of Slave Emancipation. Cambridge: Cambridge University Press.

STANSELL, Christine (1986). *City of Women*: Sex and Class in New York. Nova York: Knopf.

STARR, Paul (1982). *The Social Transformation of American Medicine*. Nova York: Basic Books.

STEVENS, Rosemary (1989). *In Sickness and in Wealth*: American Hospitals in the Twentieth Century. Nova York: Basic Books.

STINCHCOMBE, Arthur L. (1994). "Prostitution, Kinship, and Illegitimate Work". *Contemporary Sociology*, 23, nov., p. 856-859.

STONE, Deborah (2000a). Caring by the Book. In: MEYER, Madonna Harrington (org.). *Care Work*: Gender Labor and the Welfare State. Nova York: Routledge, p. 89-111.

______ (2000b). "Why We Need a Care Movement". *Nation*, 13/03.

______ (1999). "Care and Trembling". *The American Prospect* 43, p. 61-67.

STRINGER, Heather (2001). "Change of Heart". *NurseWeek*, 22/01 [Disponível em http://www.nurseweek.com/news/features/01-01/luxury.asp – Acesso em 15/06/03].

SULLIVAN, Maureen (2004). *The Family of Woman*. Berkeley: University of California Press.

SULLIVAN, Teresa A.; WARREN, Elizabeth & WESTBROOK, Jay L. (1999). *As We Forgive Our Debtors*. Washington, DC: BeardBooks.

SUNSTEIN, Cass (1997). *Free Markets and Social Justice*. Nova York: Oxford University Press.

SUTHERLAND, Anne & THOMPSON, Beth (2003). *Kidfluence*. Nova York: McGraw-Hill.

SWIDLER, Ann (2001). *Talk of Love*. Chicago: University of Chicago Press.

SZARWARK, Ernest J. (2003). "Recovery for Loss of Parental Consortium in Non-Wrongful Death Cases". *Whittier Law Review*, 25, p. 3.

TANNENBAUM, Michelle (2003). Correspondência pessoal, 12/02 [Membro da equipe da revista *Bride's*, citando o *Condé Nast Bridal Infobank American Wedding Study*, 2002].

TANNENBAUM, Rebecca J. (2002). *The Healer's Calling*: Women and Medicine in Early New England. Ithaca, NY: Cornell University Press.

The Abrams Report (2002). "MSNBC TV", 27/09.

THORNE, Barrie (2001). Pick-up Time at Oakdale Elementary School: Work and Family from the Vantage Points of Children. In: HERTZ, Rosanna & MARSHALL, Nancy L. (orgs.). *Working Families: The Transformation of the American Home*. Berkeley: University of California Press, p. 354-376.

THORNE, Deborah K. (2001). *Personal Bankruptcy through the Eyes of the Stigmatized*: Insights into Issues of Shame, Gender, and Marital Discord. Pullman: Universidade do Estado de Washington [Tese de doutorado].

THORNLEY, Trent. J. (1996). "The Caring Influence: Beyond Autonomy as the Foundation of Undue Influence". *Indiana Law Journal*, 71, p. 513.

TILLY, Charles. (1984). *Big Structures, Large Processes, Huge Comparisons*. Nova York: Russell Sage Foundation.

TILLY, Charles & TILLY, Chris (1998). *Work under Capitalism*. Boulder, CO: Westview.

TOMES, Nancy (2003). An Undesired Necessity: The Commodification of Medical Service in the Interwar United States. In: STRASSER, Susan (org.). *Commodifying Everything*. Nova York: Routledge, p. 97-118.

TOMKO, Elaine M. (1996). "Rights in Respect to Engagement and Courtship Presents When Marriage Does Not Ensue". *American Law Reports*, 44, p. 1.

TOWNSEND, Nicholas W. (2002). *The Package Deal*: Marriage, Work and Fatherhood in Men's Lives. Filadélfia: Temple University Press.

______ (1996). *Family Formation and Men's Transition to Adulthood*: The Role of Intergenerational Assistance in Buying a Home among Men from the American Middle-Class [Trabalho não publicado apresentado na assembleia anual da Associação da População da América].

TREAS, Judith (1993). "Transaction Costs and the Economic Organization of Marriage". *American Sociological Review*, 58, p. 723-734.

TRONTO, Joan C. (1994). *Moral Boundaries*. Nova York: Routledge.

TUOMINEN, Mary (2000). The Conflicts of Caring. In: MEYER, Madonna Harrington (org.). *Care Work*: Gender Labor and the Welfare State. Nova York: Routledge, p. 112-135.

TUSHNET, Rebecca (1998). "Rules of Engagement". *Yale Law Journal*, 107, p. 2.583.

ULRICH, Laurel T. (1991). *A Midwife's Tale*. Nova York: Vintage.

UNGERSON, Clare (2000). Cash for Care. In: MEYER, Madonna Harrington (org.). *Care Work*: Gender Labor and the Welfare State. Nova York: Routledge, p. 68-88.

______ (1997). "Social Politics and the Commodification of Care". *Social Politics*, 4, p. 362-381.

U.S. DEPARTMENT OF JUSTICE (Ministério da Justiça dos Estados Unidos) (2002) "September 11th Victim Compensation Fund of 2001: Final Rule" Procuradoria Geral dos Estados Unidos, 28 CFR, parte 104. Descrito em *Federal Register*, vol. 67, n. 49, 13/03, Normas e Regulamentações, 11, p. 233-247 [Disponível em http://www.usdoj.gov/victimcompensation/final rule.pdf –Acesso em 14/07/04].

U.S. DEPARTMENT OF LABOR (Ministério do Trabalho dos Estados Unidos)/Bureau of Labor Statistics (Departamento de Estatísticas Trabalhistas) (2004). *American Time-Use Survey*. Washington, DC.

U.S. GENERAL ACCOUNTING OFFICE (Tribunal de Contas dos Estados Unidos) (2002). *Tax Administration:* IRS's Innocent Spouse Program Performance Improved; Balanced Performance Measures Needed [Relatório ao Presidente e Membro da Minoria de Classificação, Comitê de Finanças, Senado dos Estados Unidos, abr.].

UTTAL, Lynet (2002a). *Making Care Work*. New Brunswick, NJ: Rutgers University Press.

______ (2002b). Using Kin for Childcare: Embedment in the Socio-economic Networks of Extended Families. In: GERSTEL, Naomi; CLAWSON, Dan & ZUSSMAN, Robert (orgs.). *Families at Work*: Expanding the Boundaries. Nashville: Vanderbilt University Press, p. 162-180.

UZZI, Brian & LANCASTER, Ryon (2004). "Embeddedness and the Price of Legal Services". *American Sociological Review*, 69, p. 319-344.

VALENZUELA Jr., Abel (1999). "Gender Roles and Settlement Activities among Children and Their Immigrant Families". *American Behavioral Scientist*, 42, p. 720-742.

VANDERVELDE, Lea (1996). “The Legal Ways of Seduction”. *Stanford Law Review*, 48, p. 817.

VANEK, Joanne (1974). “Time Spent in Housework”. *Scientific American*, 11, p. 116-120.

VAN TASSEL, Emily F. (1995). “‘Only the Law Would Rule between Us’: Anti-miscegenation, the Moral Economy of Dependency, and the Debate over Rights after the Civil War”. *Chicago-Kent Law Review*, 70, p. 873.

VEDDER, Clyde B. (1947). *An Analysis of the Taxi-Dance Hall as a Social Institution with Special Reference to Los Angeles and Detroit*. [s.l.]: Universidade do Sul da Califórnia [Tese de doutorado].

VELTHUIS, Olav (2003). “Symbolic Meaning of Prices: Constructing the Value of Contemporary Art in Amsterdam and New York Galleries”. *Theory and Society*, 32, p. 181-215.

WACQUANT, Loïc (1998). “A Fleshpeddler at Work: Power, Pain, and Profit in the Prizefighting Economy”. *Theory and Society*, 27 (1), fev., p. 1-42.

WAGNER, Angie (2002). “No Lap Dances outside Las Vegas”. *Adult Entertainment News*, 01/08 [Disponível em http://www.ainews.com – Acesso em 08/03/03].

WAITE, Linda J. & GALLAGHER, Maggie (2000). *The Case for Marriage*. Nova York: Broadway Books.

WALLER, Willard (1937). “The Rating and Dating Complex”. *American Sociological Review*, 2, p. 727-737.

WALLER MEYERS, Deborah (1998). *Migrant Remittances to Latin America*: Reviewing the Literature. Los Angeles: The Tomás Rivera Policy Institute/Universidade do Sul da Califórnia. Mai. [minuta – Disponível em http://www.thedialogue.org/publications/meyers.html – Acesso em 05/02/02].

WALSH, Mary R. (1977). *Doctors Wanted*: No Women Need Apply. New Haven, CT: Yale University Press.

WALZER, Michael (1983). *Spheres of Justice*. Nova York: Basic Books.

WARREN, Elizabeth & TYAGI, Amelia W. (2003). *The Two-Income Trap*. Nova York: Basic Books.

W.A.S. (1922). “Charge It to My Husband”. *Law Notes*, 26, p. 26-28.

WEBER, Florence (2003). Peut-on rémunérer l’aide familiale? In: WEBER, Florence; GOJARD, Séverine & GRAMAIN, Agnès (orgs.). *Charges de Famille*. Paris: La Découverte, p. 45-67.

WEINBERG, Dana B. (2003). *Code Green*. Ithaca, NY: Cornell University Press.

WEITMAN, Sasha (1998). "On the Elementary Forms of the Socioerotic Life". *Theory, Culture and Society*, 15, p. 71-110.

WEITZER, Ronald (2000). Why We Need More Research on Sex Work. In: WEITZER, Ronald (org.). *Sex for Sale*: Prostitution, Pornography, and the Sex Industry. Nova York: Routledge, p. 1-17.

WEITZMAN, Lenore J. (1985). *The Divorce Revolution*. Nova York: Free Press.

WELTER, Barbara (1966). "The Cult of True Womanhood: 1820-1860". *American Quarterly*, 18, p. 151-174.

WESTERN, Bruce; LOPOO, Leonard M. & McLANAHAN, Sara (2004). Incarceration and the Bonds among Parents in Fragile Families. In: PATILLO, Mary; WEIMAN, David & WESTERN, Bruce (orgs.). *Imprisoning America*: The Social Effects of Mass Incarceration. Nova York: Russell Sage Foundation, p. 21-45.

WESTERN, Bruce; PATILLO, Mary & WEIMAN, David (2004). Introduction. In: PATILLO, Mary; WEIMAN, David & WESTERN, Bruce (orgs.). *Imprisoning America*: The Social Effects of Mass Incarceration. Nova York: Russell Sage Foundation, p. 1-18.

WEYRAUCH, Walter O.; KATZ, Sanford & OLSEN, Frances (1994). *Cases and Materials on Family Law*: Legal Concepts and Changing Human Relationships. St. Paul, MN: West Publishing Co.

WHITE, Harrison (2001). *Markets from Networks*: Socioeconomic Models of Production. Princeton, NJ: Princeton University Press.

______ (1988). Varieties of Markets. In: WELLMAN, Barry & BERKOWITZ, S.D. (orgs.). *Social Structure*: A Network Approach. Nova York: Cambridge University Press, p. 226-260.

WHITE, Shelby (1992). *What Every Woman Should Know about Her Husband's Money*. Nova York: Turtle Bay Books.

WHYTE, Martin K. (1990). *Dating, Mating, and Marriage*. Nova York: Aldine.

WILLIAMS, Christine L.; GIUFFRE, Patti A. & DELLINGER, Kirsten (1999). "Sexuality in the Workplace: Organizational Control, Sexual Harassment, and the Pursuit of Pleasure". *Annual Review of Sociology*, 25, p. 73-93.

WILLIAMS, Joan (2000). *Unbending Gender*: Why Family and Work Conflict and What to Do about It. Nova York: Oxford University Press.

WILLIAMS, Joan & SEGAL, Nancy (2003). "Beyond the Maternal Wall: Relief for Family Caregivers Who Are Discriminated against on the Job". *Harvard Women's Law Journal*, 26, p. 77.

WILLIS, Lynda D. (1998). *Innocent Spouse*: Alternatives for Improving Innocent Spouse Relief. Washington, DC: Tribunal de Contas dos Estados Unidos [Depoimento ao Subcomitê de Inspeção, Comitê Federal sobre Modos e Maneiras].

WILSON, Ara (2004). *The Intimate Economies of Bangkok*. Berkeley: University of California Press.

WITT, John F. (2004). *The Accidental Republic*: Crippled Workingmen, Destitute Widows, and the Remaking of American Law. Cambridge, MA: Harvard University Press.

______ (2000). From Loss of Services to Loss of Support: The Wrongful Death Statutes, the Origins of Modern Tort Law, and the Making of the Nineteenth-Century Family. *Law and Social Inquiry*, 25, p. 717-755.

WOLF, Douglas A. (2004). Valuing Informal Elder Care. In: FOLBRE, Nancy & BITTMAN, Michael (orgs.). *Family Time*: The Social Organization of Care. Londres: Routledge, p. 110-129.

WOLFE, Tom (2000). *Hooking Up*. Nova York: Farrar, Straus and Giroux.

WOOD HILL, Marilynn (1993). *Their Sisters' Keepers*. Berkeley: University of California Press.

WOODS, James D. & LUCAS, Jay H. (1993). *The Corporate Closet*. Nova York: Free Press.

WRIGLEY, Julia (1995). *Other People's Children*. Nova York: Basic Books.

YEUNG, W. Jean et al. (2001). "Children's Time with Father in Intact Families". *Journal of Marriage and the Family*, 63, p. 136-154.

ZATZ, Noah D. (1997). "Sex Work/Sex Act: Law, Labor, and Desire in Constructions of Prostitution". *Signs*, 22, inverno, p. 277-308.

ZELIZER, Viviana A. (2004). Circuits of Commerce. In: ALEXANDER, Jeffrey C.; MARX, Gary T. & WILLIAMS, Christine (orgs.). *Self, Social Structure, and Beliefs*: Explorations in Sociology. Berkeley: University of California Press, p. 122-144.

______ (2001). Sociology of Money. In: SMELSER, Neil J. & BALTES, Paul B. (orgs.). *International Encyclopedia of the Social and Behavioral Sciences*, vol. 15, p. 9.991-9.994. Amsterdã: Elsevier.

______ (1994). *The Social Meaning of Money*. Nova York: Basic Books.

______ (1985). *Pricing the Priceless Child*: The Changing Social Value of Children. Nova York: Basic Books.

ZUKIN, Sharon (2003). *Point of Purchase*: How Shopping Changed American Culture. Londres: Routledge.

Índice

EDITORA
VOZES
Editorial